U0794973

ECONOMICS & MANAGEMENT

高等学校经济管理类主干课程教材

会计与财务系列

Tax System of China

中国税制

（第6版）

主　编　盖　地

副主编　刘秀丽　刘　荣

中国人民大学出版社

· 北京 ·

前　言

习近平总书记强调："财政是国家治理的基础和重要支柱，科学的财税体制是优化资源配置、维护市场统一、促进社会公平、实现国家长治久安的制度保障。"① 在全面建设社会主义现代化国家的新征程中，要建立现代财税金融体制，完善现代税收制度。

中国税制是高等院校应用经济类、工商管理类等多个专业的核心课程或基础课程。本书定名为"中国税制"，"税制"既包括税收理论，又包括税收实务；既包括税收法律（税法），又包括税收法规（如国务院颁布的暂行条例）、税务规章、税务行政规范，这些可以统称"税制"，但不能都冠以"税法"。因此，称"中国税制"更为贴切。注册会计师全国统一考试和税务师职业资格考试都用"税法"这一名称，作为一种约定俗成并非不可，因为《中国税制》与《税法》的内容大体一致。但从严格意义上说，税制与税法的阐释角度和叙述方式不同。

学习中国税制，首先要树立法制观念和兴税强国理念，无论是征税方还是纳税方，都要认真学习税法，严格遵守税法。其次是遵循诚信原则，对征税人来说，就是诚信征税，为国聚财，为民收税，不征"过头税""关系税"；对纳税人来说，则是诚信纳税，按照税法规定正确履行纳税义务，多尽社会责任，为国家、人民多做贡献。

本书以有关经济理论、财务理论、会计理论为基础，在第1章中较为完整地阐述了税收基本理论。其后，分章阐述我国现行各个税收实体税种；最后，简述我国税收程序法的主要内容，以便与财务管理、税务会计等课程的有关内容相衔接，构建符合专业要求的较为完整的知识结构体系。鉴于不同专业对本课程的具体要求有一定差异，课时也有所不同，在制定教学计划时，内容可以有所取舍。

本书主要有以下特点：

一是内容较新。理论部分能够反映最新的研究成果，税收法规以截稿日止的法规，即现行有效的税收法规为准。由于各项税收法规开始执行的时间并不统一，因此没有一一写出，但所涉内容均属"现行有效"规定。

二是结构合理、重点突出。全书遵循税收理论→税收实体法→税收程序法的布局和结构。在税收实体法部分，以增值税和企业所得税两大主体税种为重点。考虑到本书的适用范围，有些内容可能仅从纳税人的角度阐述。

---

① 习近平：关于《中共中央关于全面深化改革若干重大问题的决定》的说明．[2013-11-15]．http://jhsjk.people.cn/article/23559310．

三是配套性强。每章首先明确学习目标，章后有思考题、选择题、计算题等。主教材出版后，还会提供配套教学资源，如PPT、学习指导书等。

四是注重实用性。书中设置了不同类型的税收计算例题和有关重点难点的分析，而不是单纯详尽阐述税收法规制度的具体内容。烟叶税因征收范围比较窄，未纳入本书。

本次再版，根据新法律、新规定对增值税、企业所得税、个人所得税、资源税、耕地占用税、车辆购置税、契税、印花税、城市维护建设税等税种的相关内容做了修改和调整。

本书由我任主编，负责设计全书框架结构并审阅全部书稿。各章分工如下：由我撰写第1章，刘秀丽教授编写第2章至第5章，刘荣教授编写第6章至第12章。刘秀丽、刘荣两位教授多年从事税收教学，有较为丰富的教学经验和体会。本书适用于高校本科财政学、税收学、会计学、审计学、财务管理等专业，适用课程为中国税制、税法、国家税收等，也可以作为财政、税务、海关、企事业单位、中介服务等机构广大在职专业人员的业务学习用书，还可以作为注册会计师全国统一考试和税务师职业资格考试参考书。

感谢本书编辑陈永凤，感谢广大读者对本书的关注。囿于我们的水平，对书中存在的缺憾，诚望广大读者不吝赐教。

盖　地

目 录

第1章

税收基本理论

学习目标

1. 掌握税收实体法的构成要素，我国现行税收实体法的分类和内容，纳税人的权利、义务与权益保护。

2. 理解税收产生的条件和特征、税收与税法的关系、税收法定主义、税法适用原则。

3. 了解税收法律关系、税收原则、税制结构的类型、税收制度和税制结构的演变与发展。

1.1 税收与税法

1.1.1 税收

1. 税收产生的条件

税收产生的条件是什么，在学术界主要有以下观点：

(1) 国家决定论。这种观点认为，税收是为实现国家职能服务的，国家的产生和存在决定了税收的产生和存在；经济条件对税收的产生虽然重要，但是它与税收并不存在本质联系，因为经济是自人类社会产生以来就存在的，是人类一切社会活动的基础，而税收是在国家产生之后才出现的，是适应国家需要产生的。从税收与私有制的关系来看，在国家产生之前就有私有制，但并没有税收。“国家存在的经济体现就是捐税。”① 由此可见，税收与国家密不可分。

(2) 经济条件决定论。这种观点认为，税收是在国家产生之后，又具备了一定的经济条件才产生的，经济条件一般是指私有财产制度的存在和发展。没有私有财产，就没有征税的对象。因为只有对那些不属于国家所有或国家不能直接支配使用的社会产品，国家才有必要以税收形式取得财政收入。

---

① 马克思，恩格斯. 马克思恩格斯全集：第4卷. 北京：人民出版社，1958：342.

（3）国家与经济条件不可偏废论。这种观点认为，税收的产生与存在是由国家和社会经济两个条件共同决定的。因为税收是国家凭借政治权力的强制分配，所以税收的强制性、无偿性和固定性全部打上了国家的烙印。同时，税收的产生也不能脱离当时的社会经济条件，即私有财产制度的存在和商品经济的发展。

本书比较赞同第三种观点，但要强调的是，国家的产生和私有财产制度的存在是税收产生的两个互相制约的前提条件。国家的出现同税收的产生有本质联系，私有制的出现同税收的产生有直接的、必然的联系。只有同时具备这两个条件，税收才可能产生。

如果将税收视为“税金”，它就是政府为了维持其正常运转以及为社会提供公共产品、公共服务而对纳税人征收的实物或货币的总称。如果将税收视为一个经济学概念，它就是国家为实现其职能，凭借政治权力，按照法律规定的标准和程序，强制、无偿地取得再分配资源（剩余产品分配）的一种方式，它体现以国家为主体的特定征缴关系（分配关系）。

【思考】 如何理解税收具有满足公共需要的天然基因？

2. 人类历史长河中的税收

在我国历史上，“税”曾经被称为“赋税”“租税”“捐税”“税金”“税收”等。[①] 税收作为一个历史范畴，不是自古就有的，它是人类社会发展到一定历史阶段——国家出现之后的产物。“曾经有过不需要国家，而且根本不知国家和国家权力为何物的社会。在经济发展到一定阶段而必然使社会分裂为阶级时，国家就由于这种分裂而成为必要了。”[②]

“税”由“禾”与“兑”组成。“禾”为谷物，泛指农产品；“兑”有送达、换取之意。“税”的本义是社会成员以其占有的土地为基础，将一部分农产品交给国家，是国家取得财政收入的一种形式。在古汉语中，税、赋、租有共同的含义，往往互为注释。汉语中的“税”字最早见于《春秋》（或其解释《春秋左氏传》，即《左传》）所记鲁宣公十五年七月（公元前594年）“初税亩”（“初”为开始之意，“税亩”是对土地征税）[③]，这是征收田税的最早记载。实行“初税亩”反映了土地制度的变化，是历史的进步。

税收是一个历史范畴，具有鲜明的阶级性。因此，当年马克思曾号召工人阶级拒绝向资产阶级政府缴税。列宁也曾经深刻剖析资本主义国家的税收：“一个人愈穷，就愈要把自己更大一部分收入以间接税形式交给国家。少产和无产的群众占全国人口9/10，他们消费9/10的纳税产品，交纳9/10的间接税。但在全部国民收入中，他们所

---

① 在我国，贡、助、彻、徭、赋、捐、役租等都是“税”的曾用名。

② 马克思，恩格斯．马克思恩格斯选集：第4卷．北京：人民出版社，2012：190.

③ 此前，《孟子·滕文公上》有：“夏后氏五十而贡，殷人七十而助，周人百亩而彻，其实皆什一也。”“贡”是纳贡的意思，是税的雏形；“五十而贡”即以五十亩为单位按收成的1/10纳税。“助”是“借民力而耕之”。周代开始对商人和通过关卡的货物以及在山泽地区狩猎、打鱼等行为征收“关市之赋”“山泽之赋”。殷商时代，“民耕七十亩，其助公家，则七亩而已”（实为按1/10的比率纳税）。《广雅·释诂》中说：“彻，税也。”

获得的只不过十分之二三。"①

在我国古代的诗词歌赋中，不仅有描写壮美山川、四季景色与抒发人情冷暖、乡愁别绪等的诗篇佳句，还有反映对战乱祸事、苛捐杂税不满的诗词，如唐代诗人郑遨在《富贵曲》中写道："美人梳洗时，满头间珠翠。岂知两片云，戴却数乡税。"张籍在《野老歌》中写道："苗疏税多不得食，输入官仓化为土。"诗中抒发了对贫富差距、用税不当的愤懑。

"税收在历史的重大事件中所起的作用甚至比我们看到的还要迷人。事实上，它好像是隐藏在大部分重大历史事件——国家的繁荣与贫穷，起义与革命，自由与奴役，以及大部分战争——背后的自明之理；税收起到了重要作用，但这一作用很容易在戏剧性的重大事件中隐藏起来。……税收是推动文明进步的燃料。在现在已知的文明中，没有不存在税收的。"②

税收是维系一个民族命运的大血脉。"税收是我们为文明社会支付的对价。"（贾斯汀斯·奥利维尔·温德尔·霍尔姆斯）。民以食为天，国以税为本。强有力的政府、完善的公共服务和公共产品都要依靠税收支撑。

新中国成立后，我国税收走过了曲折的道路。改革开放后，尤其是提出建立社会主义市场经济后，我国税制建设取得了巨大成就，税收收入逐年大幅增长，税收在国民经济中的重要作用日趋明显。

3. 税收的特征

税收自产生以来，一直是国家取得财政收入的主要形式。税收与利润、信贷、利息、折旧、罚没、规费等分配形式具有明显的区别，成为一个特殊的分配范畴。税收的特征是区别税与非税的主要标志。一般认为，税收具有以下基本特征：

（1）强制性。任何社会制度下的税收，都是国家凭借政治权力，通过税法所进行的强制征收。"没有，从不曾有，也绝不可能有'自愿'的税收制度。"（唐纳德·C.亚历山大）"强制力是准自愿服从的基础。不过，强制力的重大意义不在于其直接使用，而在于每个纳税人做出的计算，即其他人必将自觉纳税，否则必将受到惩罚。……为了确保税收服从，政府必须具有监控和强制纳税的能力。"③ 由于税收具有强制性特征，在现实中政府往往将其作为一种惩罚手段，如为治理环境污染、抑制烟草对健康的危害等，征以惩罚性税款，即"以税治恶"。"传统的害品税包括'罪恶税'——对于酒烟及其他对健康有害的物品征税。一种新型税收是对污染和其他有害的外部效应征税。这些税被称为绿色税，因为它旨在改善环境，同时增加收入。"④ 但税收并不是万能的，"以税治恶"也会遭受抵制。因此，税收应有合理的边界，设定清晰的目标。

（2）无偿性。税收是国家对纳税人的无偿征收。征收的税款成为国家的财政收入，

① 列宁. 列宁全集：第 6 卷. 北京：人民出版社，1986：245.

② 查尔斯·亚当斯. 善与恶——税收在文明进程中的影响. 翟继光，译. 北京：中国政法大学出版社，2013.

③ 玛格丽特·利瓦伊. 统治与岁入. 周军华，译. 上海：格致出版社，2010：145.

④ 保罗·萨缪尔森，威廉·诺德豪斯. 经济学. 萧琛，等译. 北京：华夏出版社，1999：240.

不会给付任何报酬，也不再直接偿还给纳税人。正如列宁在1921年所说的："所谓税收，就是国家向居民无偿地索取。"① 税收的无偿性是指其收入具有不直接偿还性，它与政府发行债券取得收入有根本区别，也与政府收费有明显区别。

对每个纳税人来说，纳税不会得到对等的回报，因为税收是无偿的，但从宏观看，税收转化为公共支出——提供公共产品和服务，税收又是有偿的。综合两种视角下的税收特征——税收具有非个别报偿性或整体报偿性。换言之，税收体现了个体与社会共同体的关系。当它取自个体时，是无偿的；用之于社会时，则具报偿性。

（3）固定性。税收是以法律形式存在的。在征税以前，税法预先对纳税人、征税对象、税目、税率、应纳税额、纳税期限等做了具体规定，有比较稳定的适用期限，是一种连续性收入。税收的这种固定性使征纳双方都有法可依，但其固定性是相对的，国家可以依据政治、经济环境的变化修改税法，调整税收的有关规定。

有人不认同固定性特征，因为政府债券收入、罚款收入也具有固定性，应该按征收的意图予以区分。因此，税收的第三个特征应是收入性（财政目的）。如果一项行为完全脱离财政目的，仅以税收的形式实施纯粹的经济强制，达到寓禁于征的效果，这种税收就不是真正意义上的税收。

税收作为国民收入的一种分配形式，既是一个历史范畴，又是一个经济范畴。作为历史范畴，一个时期的税收应该区别于另一个时期的税收，因此，税收具有法定性、公开（透明）性、严肃性、社会性等本质特征；作为经济范畴，税收具有区别于其他经济范畴的形式特征——强制性、无偿性和固定性。

美国国内收入局对税收的定义是：立法机关行使课税权，为获得用于公共或政府目的的收入而征收的一种强制性捐献。税收不是为取得某些特权或享受服务的付款，因此，它与依据政府的专门职能和权力征收的其他各种目的的收费是不同的。② 该定义可以说明税收具有四个特征：（1）法律要求的付款；（2）按照立法机关的授权行使征收权；（3）政府取得该款项的目的是获得用于公共和政府目的的收入；（4）纳税人接受的特别利益、服务或特权不是因为支付了该项"应付款"。

延伸阅读

一部中国古代税制发展史，分明就是庙堂与江湖的心理、行为、情仇交互。最高的庙堂在金銮宝殿，最远的江湖在穷乡僻壤。庙堂虽高，率土之滨皆在掌控；江湖虽远，"任是深山更深处，也应无计避征徭"。和平年景下，庙堂自是居高临下的使动者；乱世风云中，江湖又是当仁不让的说"不"者。金銮殿的主人总是努力维持着安民、富国、强兵三大诉求的并重，可这三者在很多情况下又是难以兼顾的。让统治者与被统治者达成博弈上的均衡，在中国古代王朝的五世循环中，通常只限于初世和盛世。衰世的社会矛盾已经激化，中兴的社会裂痕略做修复，末世的社会肌体已经糜烂，都难再叙旧好。金銮殿上，一项项国策钧命在这里发布。举凡漕政、

① 列宁. 列宁全集：第41卷. 北京：人民出版社，1986：140.

② 凯文·E. 墨菲，马克·希金斯. 美国联邦税制. 解学智，译. 大连：东北财经大学出版社，2001.

盐政、茶政、马政、榷政、屯政、仓政、矿冶、织造等关乎税制的取弃兴革也自这里策动。反映为中国皇权专制时代同时也是华夏农耕文明的税制架构变奏曲也从这里奏响。

资料来源：李胜良．回望历史：金銮殿上策动的税制兴革．中国税务报，2020-09-21.

1.1.2　税法

1. 税法的历史沿革

税收的产生与发展离不开国家的产生与发展，税法则是随着税收的产生与发展而逐步产生、不断完善的。早在公元前 18 世纪，古巴比伦王国制定的《汉穆拉比法典》中就有涉及国家征税的规定。公元前 1000 年至公元 600 年的古印度法律制度中，《乔达摩法经》就设有"收入与赋税"一章；随后的《摩奴法典》进一步规定了一些简单的征税准则。中世纪以后，各国封建制度得以确立和发展，教会势力和教会法随之产生和发展起来。因此，欧洲各国有关征税的规定多见于通用的教会法典中。西方国家进入近代社会以后，资本主义税收法律制度随着资本主义生产方式的确立逐步形成。从 17 世纪到 19 世纪初，西方各国纷纷确立了立宪征税制度，税收法律制度也相继制定。

2. 税法的定义、作用和分类

税法是税收制度的法律体现形式，是国家权力机关及其授权的行政机关制定的调整国家（政府）与纳税人之间税收征纳关系的法律规范的总称。税法是贯穿税法立法、执法、司法和守法全过程、全方位的具有普遍指导意义的法律准则。税法是国家（政府）依法征税、依法治税与纳税人依法纳税、依法维权的行为准则，是保障国家利益和纳税人合法权益、维护正常的税收秩序、保证政府财政收入的法律规范。

税法是税收基本职能得以实现的法律保障；是调整税收关系、保护征纳双方合法权益、维护正常税收秩序的法律准则；是贯彻执行国家政策的重要法律形式；同时也是维护国家税收主权的法律依据。

根据立法目的、职能作用和权限的不同，税法有以下不同分类：

（1）按基本内容和效力的不同，税法可分为税收基本法和税收普通法。税收基本法亦称税收通则，在税法体系中起着税收母法的作用。目前我国尚未制定税收基本法。税收普通法是根据税收基本法的原则，对税收基本法规定的事项分别立法制定的法律，如《中华人民共和国税收征收管理法》（简称《税收征收管理法》）、《中华人民共和国企业所得税法》等。

（2）按职能作用的不同，税法可分为税收程序法和税收实体法。

（3）按照主权国家行使税收管辖权的不同，税法可分为国内税法和国际税法。国内税法一般按照属人或属地原则，规定一国的内部税收制度；国际税法是指国家间形成的税收制度，主要包括双边或多边国家间的税收协定、条约和国际惯例等。国际税法的效力一般高于国内税法。

3. 税收与税法

税收与税法关系的基础是国家强制力，税收通过法律的形式获得国家强制力。但国家强制力并不必然和仅仅表现为法律，税收也可以依靠自上而下的行政命令而不是法律来推行。在这种情况下，税收与税法就没有必然的联系。只有当国家强制力受到法律的有效制约，只能以法律的形式存在时，税收与税法之间才有必然的联系，法律才能成为税收的唯一表现形式。税法是税收的法律表现形式，税收是税法所规定的具体内容。

税收与税法的关系有一个历史演变过程。在君主主权的社会中，国家强制力来源于君主至高无上的个人意志，税收并不一定依靠法律而可以仅凭君主的意志。在一切国家权力来源于公民权利的现代法治社会，公民通过制定法律的方式行使国家权力，国家强制力只能以法律的形式存在，任何人不得未经法律许可行使国家强制力。税收与税法密不可分，有税必有法，无法不成税。税收应该以一定的法律形式存在，并借助法律的约束力来保证其实现。

4. 税收法定主义

税收法定主义亦称税收法律主义原则或税收法定性原则。税收法定是税法的最高法律原则，它是民主与法治原则等现代宪法原则在税法上的体现，对保障公民权利、维护国家利益和社会公益具有重要意义。正因如此，各国宪法一般多对其加以规定。

税收法定主义始于英国。在蓬勃发展的市民阶级抵抗运动中逐渐形成了“无代表则无税”的思想，其萌芽初现于1215年英国《大宪章》的规定：“一切盾金或援助金，若不基于朕之王国的一般评议会的决定，则在朕之王国内不允许课税。”1627年的《权利请愿书》规定，没有议会的一致同意，任何人不得被迫给予或出让礼品、贷款、捐助、税金或类似的负担，从而在早期的不成文宪法中确立了税收法定主义。1689年，英国国会制定《权利法案》，重申国王不经国会同意而任意征税，即为非法，正式确立了近代意义上的税收法定主义。

在法国，1788年议会否定了国王抽税及修改司法程序的通令。法国国王路易十六为了筹划税收方案，解决财政问题，迫不得已在1789年重新召开自1614年以来就未曾开过的三级会议，不料引发法国大革命。就在这一年，法国发布《人权宣言》，该宣言虽未直接规定征税问题，但规定人民财产不得任意侵犯，这就涉及征税问题。之后的《法兰西共和国宪法》规定，征税必须以法律规定。西方其他国家也都或早或晚地将税收法定主义作为其宪法原则加以确认，尤其是倡导并实行法治的国家多注重在其宪法中有关财税制度的部分，或在有关国家机构、权力分配、公民权利和义务的规定中，对税收法定主义予以明确规定，如意大利《宪法》规定，不根据法律，不得规定任何个人税或财产税。

由此可见，税收法定主义始终以对征税权力的限制为内核，而法治的本质内容之一在于权力必须依法律行使；税收法定主义在各国最终都是以宪法明文规定的形式得以体现，进而贯彻到税收立法中的，故“人类争取人权，要求建立现代民主宪政的历史，一直是与税收法定主义的确立和发展密切相关的”。税收法定主义的基本含义是：征什么税、征多少税不能由政府单方面说了算，而应由国家最高权力机关通过立法，以法律的形式予以确定。税法主体及其权利和义务必须由法律加以确定，没有法律依据，任何主体不得征税，国民也不得被要求缴纳税款。

对于税收法定原则，有人认为包括课税要素法定、课税要素明确和程序合法，有人认为包括税种法定、要素明确、严格征纳和程序法定。本书认为主要包括以下内容：

（1）税种法定原则。它是发生税收关系的法律前提，是税收法定主义的首要内容。其基本含义是：税种必须由法律规定，一个税种必对应一部税种法律；非经税种法律规定，征税主体没有征税权力，纳税主体不负纳税义务。

（2）税收要素法定原则。税收要素是所有税种的税收（法律）关系的基本构成要素的统称。税收要素经法律规定即为税法要素，它是各个税种法律共同具有的基本构成要素。其基本含义是：税收要素必须由法律确定。税收要素法定原则构成税收法定主义的核心内容。

（3）税收程序法定原则。其基本含义是：税收法律关系中的实体权利义务得以实现所依据的程序性要素必须由法律规定，且征纳主体双方均须依法定程序行事。税种及税收要素均须经法定程序以法律形式予以确定；非经法定程序并以法律形式予以确定，不得对法定税种及税收要素做出任何变更；在税收活动中，征税主体及纳税主体均须依法定程序行事。

相关链接　**税收立法**

2015 年 3 月 15 日，习近平主席签署第 20 号主席令，公布中华人民共和国第十二届全国人民代表大会第三次会议当日通过的《关于修改〈中华人民共和国立法法〉的决定》，自公布之日起施行。修订后的《立法法》第八条第六项规定，税种的设立、税率的确定和税收征收管理等税收基本制度只能制定法律。该项规定体现了税收法定原则。

全国人大财经委副主任尹中卿说："税收法定并不是简单地把现在的 18 个税种条例都变成法律，而是要通过税收法定的过程，重构和完善中国的税制体系，建立与高质量发展、全面建成小康社会相适应的现代税收体系。"

5. 依法治税

依法治税就是以法律为依据进行税收征收管理，其内涵是：1）依法治税的主体是征纳双方，客体是纳税人的纳税行为和税务机关工作人员的行政管理行为；2）依法治税的依据是法律法规；3）依法治税的实质是实现税收的法制化和法律化；4）依法治税的基本要求是确立和维护税收法律法规的权威，税法面前人人平等，营造人人遵守税法的社会环境；5）依法治税的核心是法治，而法治的关键在于依法"治权"、依法"治吏"，运用法律手段规范国家机关工作人员的执法行为，杜绝"人治"和权力的异化。

要做好依法治税，必须解决以下问题：

（1）完善税收法制。建立健全税收法制体系是依法治税的前提。截至 2021 年 6 月，我国现行 18 个税种中有 12 个已经立法，分别是：个人所得税（1980 年立法，最近一次修订是在2018年），企业所得税（2007年立法，2018年修订），车船税（2011年立法），环境保护税（2016年立法），烟叶税和船舶吨税（2017年立法），车辆购置税和耕地占用税（2018年立法），资源税（2019年立法），城市维护建设税和契税（2020年立法），印花税（2021年立法）。

（2）严格税收执法。这是依法治税的关键。税法需要人们遵守和执行，如果有法不依、违法难究，即使最完善的税法也将是一纸空文。要严格执法，就要造就一支在思想水平、业务素质、执法水平等方面都是高质量的严格执法队伍，保证税收法律制度的严格贯彻，维护税法的严肃性、统一性和权威性。

（3）遵纪守法，增强纳税意识。自觉守法是保证国家法治得以实行的基本条件。在税收方面，更需要加强税收法治宣传，让纳税人做到认真守法，增强纳税意识，主动自觉纳税。

（4）强化税收执法监督。这是依法治税的保证。依法治税的实质是要做到违法必究，这样才能稳定税收法律关系，维护税收秩序。税收执法监督包括对征纳双方的监督。一方面，通过税收执法检查和税务监察实现对税务人员的监督，促使税务机关及其人员依法办事、依率计征，杜绝营私舞弊、以权代法等违法行为；另一方面，通过强化税务稽查，对纳税人进行监督、检查，保证纳税人依法履行纳税义务。

依法治税包括依法履行税收工作职能、提高税收制度建设质量、健全依法决策机制、坚持严格规范公正文明执法、强化权力制约和监督、全面推进政务公开、增强全社会税收法治观念等。依法治税的精髓就是要做到“有法可依，有法必依，执法必严，违法必究”。

【思考】对于纳税人与税收征管人，税收法定原则分别意味着什么？

6. 税法适用原则

税法适用原则是指税务执法和司法机关在根据税收法律规定解决具体问题时所必须遵循的准则，旨在帮助税务执法和司法机关判定税法之间的关系，合理解决涉税法律纠纷，保障税法顺利实施，以达到税法认可的各项政策目标，维护征纳双方的合法权益。税法适用原则在一定程度上体现了税法的基本原则，但更多体现的是税法的技术性准则，即在处理涉税具体问题时的方向性指导。

（1）法律优先原则。法律优先原则亦称行政立法不得抵触法律原则，即法律的效力高于行政法规的效力。法律优先原则在税法中的作用主要体现在处理不同等级税法的关系上。为适应社会经济的多变性、复杂性，税收法规体系变得越来越复杂，立法的层次越来越多。因此，正确界定不同层次税法的效力非常必要。法律优先原则明确了税收法律效力高于税收行政法规效力，以及由此逻辑推理出的税收行政法规效力高于税收行政规章效力。

（2）法律不溯及既往原则。法律不溯及既往原则是法律程序技术原则。其基本含义是：某部新法实施后，对新法实施前的行为仍然沿用旧法。在税法领域遵循该项原则，旨在维护税法的稳定性和可预测性，使纳税人能在知晓纳税结果的前提下做出相应的决策，从而使税收的调节作用更为有效。但在某些特殊情况下，如在技术上难以区分时，这一原则有例外。还有一些国家在处理税法的溯及力问题时，坚持“有利溯及”原则，即对税法中溯及既往的规定，对纳税人有利的予以承认，对纳税人不利的则不予承认。

（3）实体从旧、程序从新原则。实体税法不具备溯及力，程序性税法在特定条件下具备一定的溯及力，即一项新税法实施前发生的应税行为在新税法实施后进入税款征收程序的，原则上新税法具有约束力。在一定条件下允许“程序从新”，是因为程序性税法规范的是程序性问题，不应以纳税人的权利义务发生时间来判定新的程序法与旧的程序法之间的效力关系，而且程序性税法主要涉及税款征收方式的改变，其效力发生时间的适当提前不会构成对纳税人权利的侵犯。

（4）新法优于旧法原则。当新法与旧法对同一应税事项有不同规定时，新法的效力优先于旧法。该原则旨在避免因法律修订带来新法与旧法对同一事项有不同的规定而给法律适用带来混乱。该原则的适用以新法实施为标志，新法实施以前（包括新法公布以后尚未实施这段时间）沿用旧法，新法不具有效力。但当新法与旧法具有普通法与特别法的关系，以及某些程序性税法引用实体从旧、程序从新原则时，该原则不适用。

（5）程序优于实体原则。该原则涉及税收争讼法，其基本含义是：在诉讼发生时，税收程序法优于税收实体法。即纳税人通过税务行政复议或税务行政诉讼寻求法律保护的前提条件之一，是必须先履行税务行政执法机关认定的纳税义务，而不管这项纳税义务实际上是否完全发生。否则，税务行政复议机关或司法机关对纳税人的申诉不予受理。适用该原则是为了确保国家的征税权，不能因争议的发生而影响税款及时足额入库。

（6）特别法优于普通法原则。当两部法律对同一应税事项分别做出一般和特别规定时，特别规定的效力高于一般规定的效力。当需要对某些税收问题做出特殊规定，但又不便于普遍修订税法时，可以通过特别法的形式加以规范。凡是特别法中规定的，即排斥普通法的适用。但这种排斥仅就特别法中的具体规定而言，并非随着特别法的出现，原居于普通法地位的税法就告废止。该原则打破了税法效力等级的限制，即作为特别法的级别较低的税法，其效力可以高于作为普通法的级别较高的税法。

7. 税收法律关系

（1）税收法律关系的含义。税收法律关系是税法所规定和确认的国家（政府）与纳税人之间在税收征纳过程中形成的权力责任/权利义务关系。税收法律关系是法律关系在税收上的具体体现。对于税收法律关系的性质，学术界有权力关系说和债务关系说两种观点。

权力关系说将税收法律关系理解为纳税人对国家征税权的服从关系，征税以国家政治权力为依据，体现国家的意志，国家在征税过程中始终处于主导地位，征税权的行使以税收法规的制定、征税行为的实施、税务罚则的运用为基本运行模式。权力关系说是从税法基本概念、基本特征做出的推理，不能体现税法的经济属性。在“税感”时代，民法、经济法的某些规范相继引入税法领域，权力关系说已经难以对所有税收法律关系问题做出圆满的解释。

债务关系说则认为税收法律关系是一种公法上的债权债务关系，是以国家为债权人而形成的一种特殊的债权债务关系。从纳税人的角度看，税收本质上是其成本费用，是现金的流出。它揭示了税收法律关系的经济属性，充实了税收法律关系的理论基础。

（2）税收法律关系的特点。

1）国家必须是税收法律关系主体的一方。税收是国家参与社会剩余产品分配而形成的一种特殊社会关系，如果没有国家的直接参与，就不能称为税收分配关系，其法律关系自然也就不是税收法律关系。因此，在税收法律关系中，国家必须以税收法律关系主体的身份出现。

2）体现国家单方面的意志。任何法律关系都体现国家的意志，但税收法律关系仅体现国家单方面的意志，而不体现纳税人一方的意志。也就是说，税收法律关系的成立、变更、取消不以主体双方意见一致为要件。因为税收是无偿占有纳税人的财产、收益，纳税人不可能心甘情愿，即双方意见不可能一致。国家的意志是通过法律规定表现出来的，只要当事人发生了税法规定的应税行为，就产生了税收法律关系。正如俄罗斯总统普京所言："法就是法，不管喜不喜欢，我们都必须遵守它。"①

3）权利义务关系不对等。在税收法律关系中，国家享有较多的权力，承担较少的责任；纳税人承担较多的义务，享受较少的权利。这种权力责任/权利义务关系的不对等性，源于税收是国家无偿占有纳税人的财产、收益，具有强制性。税法赋予税务机关较多的权力并要求纳税人承担较多的义务，是实现税收职能的法律保证。这种不对等性不仅表现在税法总体上，而且表现在每个单行税收法规中；不仅表现为实体利益上的不对等，而且表现为法律程序上的不对等。但这种不对等性不意味着双方的法律地位不平等。

4）具有财产所有权或支配权单向转移的性质。一般民事、经济法律关系中，财产所有权和经济利益的让渡转移，通常是主体双方在平等协商、等价有偿原则的基础上进行的，财产或经济利益可以互相转移；而在税收法律关系中，纳税人履行纳税义务就意味着将自己拥有或支配的一部分财物无偿地交给国家，国家不再偿还。因此，税收法律关系中的财产转移具有无偿、单向的特点，只要纳税人发生应税行为，且税法不发生变更，这种关系就会延续下去。

1.2 税收原则

1.2.1 税收原则的演进

税收原则是政府在设计和实施税收制度时所遵循的基本指导思想，也是评价税收制度、考核税务行政管理的基本标准。税收原则受经济理论的制约和影响，是在一定的社会经济环境下逐步形成的。经济理论的主张各不相同，因而税收原则也不相同。随着资本主义制度的确立，出于完善市场经济的需要、建立现代税收制度的要求，西

① 普京．致美国人民及政治领袖的一封信．纽约时报，2013-09-11.

方经济学家提出了多项税收原则。税收原则既是税收理论研究的重要内容，也是西方经济学理论的组成部分，对各国税收法规制度的制定、修订具有重要影响。在税收原则的演进过程中，最具代表性的是以下几类。

1. 威廉·配第的税收原则

税收原则理论源于 17 世纪的英国。英国古典政治经济学创始人威廉·配第（1623—1687）是历史上首次提出税收原则的人，他非常重视国家赋税对经济的影响，在《赋税论》和《政治算术》中，提出了税收的“公平、简便、节省”三原则。

2. 亚当·斯密的税收原则

英国古典政治经济学家亚当·斯密（1723—1790）第一次将税收原则提到理论高度，并进行系统阐述。他在《国民财富的性质和原因的研究》一书中提出了“平等、确实（确定）、便利（简便）、最少征收费用”的税收四原则。

3. 阿道夫·瓦格纳的税收原则

阿道夫·瓦格纳（1835—1917）是 19 世纪下半叶德国新历史学派的代表人物，他集前人税收原则理论之大成，进一步发展了税收原则理论。瓦格纳认为，税收不能以满足财政需要为唯一目的，还应以如何运用权力纠正分配不公的社会问题为目的。也就是说，税收一方面有获得财政收入的纯财政的目的，另一方面又有施加权力对所得和财产分配进行干预和调整的社会政策的目的。基于此，瓦格纳将税收原则归纳为：

（1）财政政策原则，亦称财政收入原则。即税收要以供给财政支出、满足国家实现其职能的经费需要为主要目的。为此，提出了收入充分和收入弹性两个具体原则。

（2）国民经济原则。国家征税不应阻碍国民经济的发展，更不能危及税源。在可能的范围内，还应有助于资本的形成，从而促进国民经济的发展。为此，提出了税源选择和税种选择两个具体原则。

（3）社会公平原则。社会公平原则是指税收负担应在每个人和社会各阶层之间进行公平分配。税收可以影响社会财富的分配以致影响个人的社会地位和阶级地位，因而税收负担应在每个人和社会各阶层之间公平分配，即要通过国家征税矫正社会财富分配不均、贫富两极分化的问题，缓和阶级矛盾，达到用税收政策实行社会改革的目的。该原则具体分为普遍原则和平等原则。

（4）税务行政原则，亦称课征技术原则。它是对税务行政管理方面的要求，具体包括确实原则、便利原则和节约原则。

1.2.2　现代税收原则

现代税收原则是指为适应现代社会经济发展和现代国家社会政策的需要，税收所应遵循的原则。如前所述，税收法定原则当然是现代税收的最高原则，除此之外，还有税收公平原则、税收效率原则和税收社会政策原则。

1. 税收公平原则

税收公平原则是近代平等性的政治和宪法原则在税收法律制度中的具体体现。在现代各国的税收法律关系中，所有纳税人的地位都应该是平等的，因此，税收负担在国民之间的分配也必须公平合理。税收公平原则是指国家征税要使各个纳税人承担的负担与其经济状况相适应，并使各个纳税人之间的负担水平保持均衡。何谓公平，如何判断，则是仁者见仁、智者见智。角度不同，对公平的理解和认识也不相同。

在抛弃按人头或按某种定额标准征税的“绝对公平”的主张后，学术界对税收公平原则的理解主要有受益说和负担能力说两种观点。受益说认为凡从政府所得利益相同者应该负担相同的税收，凡从政府所得利益不同者应该负担不同的税收。前者是横向比较，后者是纵向比较。这种观点看似合理，实难做到。因为政府征税后提供的是公共服务、公共产品，不可能一对一地提供服务，也不可能提供有差别的服务。负担能力说的代表人物是穆勒和庇古，他们引入相对牺牲的概念，认为凡是具有相同纳税能力的人应该负担相同的税收，凡是具有不同纳税能力的人应该负担不同的税收，即体现横向公平和纵向公平。该观点被广泛接受并引进税法的观念中，成为在税法中体现税收公平原则的量能课税原则。如何衡量（测度）纳税人的税收负担能力，即纳税人的经济负担能力，一般有收入（所得）、财产和消费（支出）三种标准。

收入（所得）通常被认为是衡量（测度）纳税人的纳税能力的最佳尺度，因为收入（所得）最能反映纳税人在特定期间的消费或增添其财富的能力。收入（所得）多表明纳税能力强，反之则弱。收入（所得）可以是货币，也可以是实物等其他形式。因此，无论是货币收入（所得）还是实物收入（所得）都应该纳税，这样才公平。此外，纳税人的收入（所得）有多种来源，既包括勤劳收入（所得），又包括消极收入（所得）。对不同来源的收入（所得）应制定不同的计税标准，这也是体现公平原则的要求。

财产是衡量（测度）纳税人纳税能力的合适尺度。财产可以代表纳税人一种独立的支付能力。一方面，纳税人可以利用财产赚取收入，仅仅拥有财产本身也可使其产生某种满足感；另一方面，纳税人通过继承遗产或受赠等增加财产的拥有量也会提高其纳税能力。

消费（支出）是衡量（测度）纳税人纳税能力的另一尺度，因为消费（支出）可以反映一个人支付能力的大小。一般情况下，凡是消费（支出）多的人，其纳税能力强；消费（支出）少的人，其纳税能力弱。

2．税收效率原则

税收效率原则要求国家征税有利于资源的有效配置和经济机制的有效运行，提高税务行政的管理效率。一般认为，税收效率原则要求以最低的成本（费用）取得最多的税收收入，并利用税收的经济调控作用最大限度地促进经济发展，或者最大限度地减少税收对经济发展的妨碍。税收效率原则包括税收经济效率和行政效率两个方面。

（1）经济效率原则。税收的经济效率原则是指税收应有利于资源的有效配置和经济的有效运行。检验税收经济效率的标准是税收的额外负担最小化和额外收益最大化。按照帕累托效率的解释，经济活动上的任何措施都应当使“得者的所得大于失者的所失”。做到这一点，经济活动就可以说是有效率的，反映到税收上就是国家征税不能干扰经济活动。税收在将社会资源从纳税人手中转移到政府部门的过程中，势必会对经济产生影响。若这种影响限于征税数额本身，则为税收的正常影响；如果除这种正常影响之外，经济活动因此受到干扰和阻碍，社会利益因此减少，便产生了税收的额外负担；如果除正常影响之外，经济活动还因此得以促进，社会利益因此增加，便产生了税收的额外收益。

（2）行政效率原则。税收的行政效率可以从税务机关的征管成本和纳税人的纳税成本两方面来分析：1）征管成本是指税务部门在征税过程中发生的各种费用支出。这些费用支出占所征税额的比重即为征税效率。征税效率的高低与税收法规制度的设计、税务人员的专业素质密切相关。税务机关也应树立成本意识，遵循成本效益原则。2）纳税人的纳税成本是指纳税人在办理纳税事务过程中发生的费用支出，可分为直接成本和间接成本，也可分为显性成本与隐性成本。应交税金与纳税成本之和是企业涉税现金总流出，降低现金总流出意味着企业实际可支配财力的提高。

3. 税收社会政策原则

税收社会政策原则指税收是国家用以推行各种社会政策，主要是经济政策的重要手段之一，其实质是税收经济职能的法律原则化。这一原则主要是在资本主义从自由竞争阶段进入垄断阶段以后提出的，随即被各国普遍采纳。税收社会政策原则确立后，税收公平原则受到一定的制约和影响。如何衡量税收公平，不仅要看不同纳税人的负担能力，还要考虑整体利益、贫富差距、社会正义、环境保护、可持续发展等。税收社会政策原则的确定及其对税收公平原则的影响，是税收原则适应现代社会环境的重大变化。

1.3 税收制度与税制结构

1.3.1 税收制度

1. 税收制度的含义

税收制度的全称为税收法律、法规制度，简称税制。它是国家以税收法律法规形式确定的税收征收及其管理办法，是明确国家与纳税人之间在征纳税方面的权力责任/权利义务关系的法律规范的总称，反映了国家与纳税人之间的经济关系，是国家财政制度的重要内容。

税法与税收密不可分，税法是税收的法律表现形式，税收是税法所规定的具体内容。在国家存在的条件下，国家通过税收分配占有一部分社会剩余产品，为了实现税收的这种分配职能，必须建立相应的税收制度。税收制度的主要内容和存在形式是税法。

国家制定怎样的税收制度，是由生产力发展水平、生产关系性质、经济管理体制以及税收应发挥的作用决定的。不同社会制度或同一社会制度的不同历史发展时期，税收制度是不同或不完全相同的。符合客观经济规律的税收制度会促进社会生产力的发展，而违反客观经济规律的税收制度会阻碍社会生产力的发展。

税收制度有广义和狭义之分。狭义的税收制度主要包括税收法律、税收暂行条例及其实施细则、税收征收管理法及其实施细则等，是用于明确或调整国家与纳税人之间税收征纳关系的制度规定。广义的税收制度除上述内容外，还包括与税收分配活动有关的调整各级政府之间税收关系的制度规定，以及调整税务机构内部关系的制度规定，如划分中央政府与地方政府之间税收管理权限的税收管理体制，税务机构的设置、分工及税务人员的职责与权限，税收会计、统计制度等。如果不特别说明，税收制度多指狭义的税收制度，本书也是指狭义范畴的税收制度。

2. 税收制度的演变和发展

各国的税收制度一般都经历了由简单到复杂、由不完善到逐步完善的发展过程。

（1）简单的直接税税制。在奴隶社会、封建社会，许多国家的税收主要来源于对人和对财产的征税，这是典型的直接税，主要的税种有人头税、土地税、青苗税、房屋税、窗户税和灶税等。

（2）以间接税为主的税收制度。早在封建社会，间接税就被许多国家采用。总体看来，间接税的征收范围并不广，其在政府财政和经济中的地位不是很重要。到封建社会晚期，特别是到资本主义社会，社会生产力有了很大发展，客观上为国家实行间接税创造了条件，传统的直接税体系逐渐被以关税、消费税等为主的间接税体系取代。

（3）以所得税为主的税收制度。随着资本主义生产力的发展和生产方式的进一步变革，以间接税为主的税收制度日益显现其弊端，表现出与资本主义的经济发展不相适应。因此，资本主义国家（政府）不得不考虑建立一种新的税收制度，现代所得税制应运而生。

（4）现代税收制度及其发展趋势。现代所得税制确立后，随着经济环境的变化，20世纪80年代以后，“简化税制，降低税率，扩大税基，加强征管”成为税制，尤其是所得税制不断改革的方向，税收的国际协调成为当今世界共同关注的问题。

税收制度的上述发展过程是西方发达国家税收制度演变的历史，所反映的是其总体演变历程。但某些特定国家，特别是一些发展中国家，其税收制度的发展历程不一定与上述发展阶段完全吻合。到了现代，不论是发达国家还是发展中国家，出于优化税制、充分促进税种之间互补作用发挥的考虑，都在积极地立足于本国的特点改革税制，总体发展趋势是以直接税为主的国家开始考虑改进间接税，而以间接税为主的国家引进现代所得税，各国税收法律制度日趋接近，基本上是朝着以现代直接税和现代间接税为双主体的复合税制结构方向发展。

3. 我国税收制度体系

税收制度体系是指国家在设计、设置税制时，根据本国的具体情况，对不同功能的税种进行组合配置，形成主体税种目标明确、辅助税种各具特色、作用和功能互补的税收体系。我国税收制度一般分为以下四个层次：

（1）税收法律。指享有国家立法权的国家最高权力机关依照法律程序制定的有关税收分配活动的基本制度。其法律地位和法律效力仅次于宪法，高于税收法规、规章。

（2）税收法规。指国家最高行政机关（国务院）根据其职权或国家最高权力机关的授权，依据宪法和有关法律，通过一定法律程序制定的有关税收活动实施的规定或办法。其效力低于宪法、税收法律，高于税务规章。

（3）税务规章。指根据法律或者国务院的行政法规、决定、命令，在财政部和（或）国家税务总局职权范围内制定的，在全国范围内对税务机关、纳税人、扣缴义务人及税务当事人具有普遍约束力的税收规范性文件。

（4）税务行政规范。它是对税务机关制定和发布的除税务规章以外的其他税务行政规范性文件的统称，多表现为税务机关对法律、行政法规和规章的说明及解释，是对法律、行政法规和规章的含义、界限以及税务行政中具体应用相关法律规范所做的具体说明。

1.3.2　税制结构

1. 税制结构的含义

税制结构是国家根据其国情所确定的税种、税类、税系构成的体系。它所处理的是各税种、税类、税系的布局及相互协调配合的问题。

设置税种的多少是税制结构的第一层次。一个国家税收制度的首要问题是设置多少种税。当然，如果仅设置一种税，就不存在各税种之间协调配合的问题，也就谈不上税制结构。只有在设置多种税的条件下，才存在各税种的布局及其相互协调配合的问题，才存在税制结构问题。

税类是对税种的分类，如所得税类、流转税类、财产税类等，不同税类的构成及其比例形成税类结构，这是税制结构的第二层次。税系结构就是直接税与间接税的配比，这是税制结构的第三层次。

在实行多税种的情况下，需要设计税种、税类与税系各层次之间合理的框架结构，形成相互协调配合的有机整体。不同税系、不同税类之间要协调配合。在同一税系、税类中，各税种之间也存在相互协调配合的问题，虽然同属于一个税系、税类，但因设置的税种不同，相互之间的结合方式也可能不同。因此，各税系、税类内部的税种也是构成税制结构的内容。

税制结构的合理性对发挥税收的作用有重要意义。税收的作用通过税收制度来体现，而一个国家税种的设置以及各税种、税类、税系的相互关系，即税制结构问题，又制约着税收作用的发挥程度。一般来说，税制结构合理，税收才能充分发挥作用；相反，税制结构不合理，税收就不能充分发挥其作用。

2. 税制结构的类型

税制结构分为单一税制和复合税制两种基本类型。

（1）单一税制。① 单一税制是指一个国家只设置一种税的税制结构。历史上曾有单一农业税、单一消费税、单一资本税和单一所得税等主张，法国经济学家托马斯·皮凯蒂在《21 世纪资本论》中提出设置全球资本税，但这些主张都是一种理论上的设想，难以付诸实践。单一税制的优点是纳税人容易知晓其纳税额，而且稽征简单、征收成本低。但是，单一税制也有明显不足，它使应税收入不充分且缺乏弹性，不能满足国家行使职能的正常资金需要。由于它仅就某一经济现象或对某一征税对象征税，势必会导致税源枯竭，阻碍国民经济的均衡和持续发展；同时，征税面比较窄造成税收负担集中在少数人身上，不能实现公平税负。因此，在历史上没有一个国家真正实行过单一税制。

---

① 单一税制不同于罗伯特·E. 霍尔、阿尔文·拉布什卡提出的“单一税”（flat tax）。单一税是指具有单一税率和消费税税基的税种。目前，在俄罗斯、匈牙利、乌克兰等国采用单一税。

（2）复合税制。复合税制是指一个国家设置多种税的税制结构。它表现为税种并存、相互配合、相互协调。复合税制的税种多、征税面宽、税源广，各税种可以相互配合、互为补充，能够保证国家财政收入，实现国民经济的均衡和持续发展。因此，复合税制被各国普遍采用。纵观各国税制结构的演变过程，都是从以简单、初始的直接税为主的制度，逐步发展到以间接税为主的制度，进而又发展到以现代的直接税为主或者是现代直接税与间接税并重的制度。可以说，目前各国采用的都是复合税制结构，但具体构成各异。

（3）复合税制结构的类型。复合税制结构主要有单主体税为主的复合税制、双主体税的复合税制和多主体税并重的复合税制三种类型：1）单主体税为主的复合税制是指在多种税的情况下，以某个税系或税类为主的税制类型。在各国不同的经济发展阶段，受各种条件的制约，有一个税系或税类发挥主导作用，从而形成了以其为主的税制结构。发展中国家一般采用以货物劳务税（间接税）为主体的税制结构，而发达国家一般采用以所得税（直接税）为主体的税制结构。2）双主体税的复合税制是指在多种税的情况下，以其中两个税系或税类为主的税制类型。转型经济国家大多采用以货物劳务税和所得税（间接税与直接税）为双主体的税制结构。3）多主体税并重的复合税制是指在多种税的情况下，以两个以上税种、税类或税系为主的税制类型。

3. 我国税制结构的发展

新中国成立后，为适应不同时期的政治经济环境，我国税制结构同样经历了一个发展演变的过程。具体而言，大致经历了以下三个发展阶段，形成了三种不同的税制结构。

（1）多税种、多次课征的商品税为主的复合税制。新中国成立初期，除农（牧）业税外，还开征了货物税、工商业税、交易税、关税、盐税、印花税等工商业税。从税制的内部结构看，是以多种税、多次课征的流转税为主体，即对同一商品流转额同时征收货物税、营业税、印花税等多种流转税，有些流转税在商品流转的各个环节还要多次征收。实行这种税制结构，是因为当时多种经济成分并存，特别是资本主义工商业大量存在。为了从各个经济成分、各生产环节和流通环节取得财政收入，调节各阶级、各经济成分的收入水平，加强对资本主义工商业的社会主义改造，采取多种税、多次课征的复合税制是完全必要的。这种税制结构对恢复和发展国民经济、保证财政收入、稳定和平抑物价、平衡城乡税收负担发挥了积极的作用。

（2）单一商品税为主的复合税制。生产资料所有制的社会主义改造完成之后，直至“文化大革命”结束，从整体结构看，这个时期的税制仍属复合税制，全国开征了工商统一税、工商所得税、关税、农（牧）业税、盐税等十几种税。但从内部结构看，实行的是单一商品税为主的税制结构。这种单一商品税为主的税制是从1958年开始形成的。1973年我国又进一步将工商统一税及其附加与对企业征收的城市房地产税、车船使用牌照税、屠宰税等合并为工商税，从而形成了以工商统一税（后改为工商税）为主的单一商品税为主的税制格局。

（3）双主体的复合税制结构。从20世纪80年代至90年代初，全国先后开征了消费税、增值税、营业税、关税等多种商品税，资源税、城镇土地使用税等多种资源税，国营企业所得税、集体企业所得税、私营企业所得税、外商投资和外国企业所得税、个人所得税等多种所得税，以及奖金税、工资调节税、房产税等多种财产行为税，合计近 40 种税。

21 世纪后，我国的税制建设进入快车道。从税系结构看，我国是以货物劳务税为主、所得税为辅的双主体税制结构。在货物劳务税占比较大的情况下，根据边际消费倾向递减规律，其累退性会给公平分配带来负面影响，因此，还应进一步优化税制结构，逐步提高所得税、财产税等直接税比重，降低货物劳务税比重，实现直接税与间接税的真正并重。

在流转税与所得税并重的双主体复合税制体系下，两类税优势互补，相互协调、配合，既可以发挥流转税征收范围广、税源充裕，保证财政收入的及时性和稳定性，又可以发挥所得税自动调节经济和公平税负等优点。

党的十九届五中全会开启了全面建设社会主义现代化国家的新征程，提出建立现代财税金融体制，完善现代税收制度。习近平总书记提出："要积极稳妥推进房地产税立法和改革，做好试点工作。要加大消费环节税收调节力度，研究扩大消费税征收范围。"①

1.4　税收程序法与税收实体法

1.4.1　税收程序法

1. 税收程序法的基本含义

程序就是事情进行或完成的先后次序，反映的是一个有序的过程。行政程序就是由行政机关做出行政行为的顺序、步骤、方式和时限等构成的行为过程。程序法就是为保证实体法所规定的公民权利和义务的实现而制定的法律。税收程序法亦称税收行政程序法，是以国家税收活动中发生的程序关系为调整对象的税法，是国家征税权行使程序和纳税人纳税义务履行程序的法律规范的总称，即只要是与税收程序有关的法律规范，不论其存在于哪个法律文件中，都属于税收程序法的范畴，如有关行政处罚、行政许可、行政强制的法律规定，同样适用于税收行政行为并对其产生约束力。

2. 税收程序法的作用

（1）保证实体法的实施。税收实体法规定了税收行政法律关系主体的权力责任/权利义务，但它不会自动实现，必须通过一定的顺序、步骤、方式和时限等具体操作程序，将税收实体法内容落到实处，使税收实体法的实施有章可循。税收程序法规定了一系列证据规则，有助于税务机关正确认定事项，准确适用法律，从而保证税收实体法的正确实施。现实中，经济活动纷繁复杂，交易行为、交易手段日新月异，而税收实体法又相对稳定，当出现这样的税收"真空"时，税收程序法在一定程度上可以发挥"补漏"的作用。

---

① 习近平. 扎实推动共同富裕. 求是，2021（20）.

（2）规范和控制行政权的行使。法国法学家孟德斯鸠说，一切有权力的人都容易滥用权力，这是一条亘古不变的经验。只有对权力进行制约，才能保护权力作用对象的权利，即实现权力对权利的尊重。

1）税收程序法可以规范行政权力的行使。税收程序法规定了税务机关行使职权的具体程序，制约税务机关的一切活动，并将税务机关的行政行为始终置于公开、公正的标准下，通过给税务机关的职权附加程序义务，实现依法治权，从而在制度建设层面避免税务机关的行政违规行为。

2）税收程序法可以制约行政权力。行政程序法以行政权力为规范对象。行使税收执法权，首先受到权力的制约：一是来自上级税务机关和专门行政机关的监督和制约；二是司法机关对税务机关的具体执法行为进行审查，制约税务机关的权力行使；三是立法机关通过法的创设，制约税收执法权的行使。其次，以权利制约权力，税收程序法的基本制度规定（如听证、说明理由等）以相对人的程序权制约税收执法权，确保税收执法权公正行使。

3）税收程序法可以控制税务机关自由裁量权的行使。法律赋予执法者一定的自由裁量权，这不仅是提高行政效率的需要，也是法律调整各种社会关系的需要，但在行权过程中往往会导致滥用。对此，实体法无能为力，只有通过健全的行政法律程序对自由裁量权的行使进行严格控制，才能防此弊端。

（3）保障纳税人的合法权益。实质上，税收程序法就是从程序角度限制税收执法行为的法律规范，旨在保护纳税人的合法权利。一方面，税收程序法明确了纳税人在行政活动中的主体地位和基本权利，并通过一系列程序制度规定对税收执法权予以制约，在规范和控制税收执法权的同时保护纳税人的合法权益；另一方面，税收程序法对纳税人权利保障的救济制度向事前、事中拓展，具体体现在行政活动的参与上。

司法正义是社会正义的最后一道防线，完整、正确地贯彻落实税收程序法是实现税收社会正义的保障。

3. 税收程序法的主要制度

税收程序法的主要制度有：

（1）表明身份的制度。税务机关及其工作人员在开展税务行政工作时，应向税务行政相对人出示其履行职权的证明，既要防止假冒、诈骗，又要防止滥用职权。

（2）回避制度。税务人员同其所处理的涉税实务有利害关系时，应另行指定他人处理，以做到公正执法。

（3）职能分离制度。税务机关内部某些相互联系的职能应该适当分离，使之分属于不同机关或由不同人员负责，以体现税务行政的公平、公正，加强对税务行政权的制约和监督。

（4）听证制度。税务机关在做出影响纳税人合法权益的决定之前，应向纳税人告知其决定及理由和听证权利，纳税人可以表达不同意见并提供相关证据，税务机关应该认真听取意见、接受证据。

（5）时限制度。税务行政行为的每个步骤、阶段及整个过程都应该有时间限制，即必须在规定时间内完成。

1.4.2 税收实体法

1. 税收实体法的意义和特点

税收实体法是有关税收法律关系主体的实体权力责任/权利义务的法律规范的总称。税收实体法直接关系到征纳双方权力责任/权利义务的界定，是税法的核心部分。如果没有税收实体法，就不能形成税法体系。税收实体法是国家向纳税人行使征税权和纳税人承担纳税义务的要件，只有根据税收实体法，纳税人才负有纳税义务，国家才能向纳税人征税。

税收实体法主要有两个特点：一是“一税一法”。国家设置每个税种的特定目的不同，因此，必须对每个税种立法才能实现开征目标。这就要求税收实体法与税种必须保持一一对应关系，即必须是“一税一法”。二是税收的基本要素统一、明确且比较固定。税收实体法虽然是“一税一法”，但其构成要素应基本一致，即都要包括纳税人、课税对象、税率、计税依据等。

2. 我国税收实体法的构成要素

（1）纳税权利义务人。纳税权利义务人简称纳税人①，是根据税法规定直接负有纳税义务并享有纳税人权利的单位和个人。纳税人可以是自然人，也可以是法人。自然人是依法享有民事权利并承担民事义务的公民。法人是依法成立、能够独立支配财产、以其名义享受民事权利并承担民事义务的社会组织。在纳税实务中，与纳税人相关的概念还有：

1）负税人。负税人即最终承担税收负担的人。某种税的纳税人可能是其负税人，也可能不承担或不完全承担税负。因此，两者可能是合一的，也可能是分离的，关键看税负能否转嫁。如果税负能够转嫁，纳税人与负税人在一定程度上是分离的；否则，两者就是合一的。根据转嫁程度，纳税人与负税人可以不完全分离或不完全合一。

2）预扣预缴、代扣（收）代缴义务人，亦称扣缴义务人。根据税法规定，扣缴义务人是指有义务从其持有的纳税人收入或从纳税人收款中按其应纳税款代为缴纳税款的单位或个人。在这种情况下，纳税主体与缴税主体两者分离，扣缴义务人完成日常申报缴纳税款程序，是法定义务的履行者，相当于税负的过程承担者，而非最终承担者。

3）代征人。代征人是受税务机关委托代征税款的单位和个人。代征人在《委托代征协议书》授权范围内的代征税款行为引起纳税人的争议或法律纠纷的，由税务机关解决并承担相应法律责任，税务机关事后可以向代征人追究法律责任。代征人违规多征税款致使纳税人受到损失的，先由税务机关赔偿，税务机关事后可向代征人追偿。

4）纳税单位。纳税单位即申报缴纳税款的单位，是纳税人的有效集合。为了便于征管和缴纳税款，可以允许在法律上负有纳税义务的同类型纳税人作为一个纳税单位，填写一份申报表进行纳税。例如，企业所得税，既可以是每个分公司分别为一个纳税单位，也可以是总公司为一个纳税单位。

---

① 笔者不认可“纳税义务人”这种说法。若没有权利，何来义务？因此，纳税人应是“纳税权利义务人”的简称，而非“纳税义务人”的简称。

(2) 征税对象。征税对象亦称课税对象、征税客体等。它是征税的标的物，用以明确对什么征税的问题。每种税都有其特定的征税对象，它是区别不同税种的主要标志，体现不同税种征税的基本界限，决定不同税种名称的由来以及各税种在性质上的差别，并对税源、税收负担等产生直接影响。

征税对象的计量标准是计税依据（课税依据或税基），它是税法中规定的据以计算应缴税款的直接数量依据。如果没有计量标准，就无法计算应缴（应征）税款。因此，计税依据要明确其计量单位，计量单位分为价值形态和实物形态两大类。如果计税依据是价值形态，如销售额、应纳税所得额等，则征税对象与计税依据的计量单位一致，均为货币计量；如果计税依据是实物形态，即以征税对象的销售数量、计税面积、长度、重量等作为计税依据，则征税对象与计税依据可能不一致，如车船税，其纳税对象是各种车辆、船舶，而其计税依据是车船的辆、吨、米等实物计量单位。以价值形态作为计税依据时，计税方法为从价计税；以实物形态作为计税依据时，计税方法为从量计税；既以价值又以实物为依据计税时，计税方法为复合计税。

(3) 税目。税目是对征税对象的分类，反映其征税范围，体现每个税种的征收广度。不是所有的税种都规定税目，对那些征税对象简单明确的税种，如增值税、房产税等，就不必另行规定税目。对征税对象比较复杂的税种（如消费税），当税种内部不同征税对象需要采取不同的税率档次时，就需要对该税种的征税对象做进一步划分，其划分类别就是税目。

(4) 税率。税率是应纳税额与计税依据之间的关系或比例，是计算应纳税额的尺度，体现课税的深度。每种税的税率高低直接关系到国家财政收入的多少和纳税人税收负担的大小。因此，税率是体现税收政策的核心环节，是构成税制的基本要素。税率可以从不同的角度进行分类。

1) 按照税率的经济意义划分，税率可以分为名义税率和实际税率两种。名义税率就是税法上规定的税率；实际税率是纳税人实际缴纳的税额占其全部收益额的比例（比重）。一般情况下，每种税的实际税率与其名义税率是不等的。纳税人进行税务筹划，就是为了使其实际税率低于名义税率。

2) 按照税率的表现形式划分，税率可以分为以绝对量形式表示的税率和以百分比形式表示的税率。我国目前主要有以下几种税率：

a. 定额税率。按征税对象的一定计量单位规定固定的税额，而不是规定征税比例，因此，又称固定税额、单位税额。它是税率的一种特殊形式，适用于从量征收的某些税种、税目。具体运用时又分为地区差别定额税率、幅度定额税率、分类分级定额税率等不同形式。

b. 比例税率。对同一征税对象，不论金额大小，都按同一比例纳税。税额与征税对象之间的比例是固定的。具体运用时，比例税率又可分为产品比例税率、行业比例税率、地区差别比例税率、幅度比例税率等多种形式。

比例税率的优点是：对同一征税对象的不同纳税人而言，税收负担相同，有利于企业在大体相同的条件下展开竞争，促进企业加强管理，提高经济效益；计算方便，也便于税收稽征管理。主要缺点是：不区分纳税人的环境、条件差异及收入、所得的多少等，都按同一税率征税，导致与纳税人的实际负担能力不完全相符，在调节企业利润水平方面有一定的局限性。

c. 累进税率。按照征税对象数额的大小，实行等级递增的税率，即将征税对象按一定的标准划分为若干个等级，从低到高分别规定逐级递增的税率。这种税率制度既可适应纳税人的负担能力，又便于充分发挥调节纳税人收入水平的作用，而且适应性强、灵活性大，一般适用于对所得和财产的征税。根据累进税率结构的不同，又可分为以下几种：

- 全额累进税率。对征税对象的全部数额按与之相适应的等级的累进税率计算征税。当征税对象提高到一个新的级距时，则提高到新的与之相适应的税率对其全额计算征税。该税率的累进幅度较大，对纳税人的应税所得具有较强的调节作用，计算方法简单，但存在税负不尽合理的弊端。
- 超额累进税率。把征税对象按数额大小划分为若干等级，从低到高对每个等级分别规定相应的税率，一定数额的征税对象可以同时适用几个等级的税率，每超过一级，超过部分则按提高一级的税率计税，这样分别计算税额，各等级应纳税额之和就是纳税人的应纳税额。该税率的累进幅度比较缓和，纳税人的税负比全额累进税率轻一些，但在计算上比较复杂。
- 超率累进税率。它与超额累进税率在原理上是相同的，只不过税率累进的依据不是绝对数，而是相对数。我国现行土地增值税采用的就是超率累进税率。

（5）纳税环节。纳税环节是指对处于不断运动中的征税对象选定应该缴纳税款的环节。税法对每一种税都要确定纳税环节，有的税种纳税环节单一，有的税种则需要在许多流转环节中选择和确定。从流转额的纳税来看，由于产品从生产到消费，中间要经过工业生产、商业批发、商业零售等环节，因此，可以选择在产品的生产环节或第一次批发环节纳税，在其他环节不纳税，即实行一次课征制，如资源税；也可以在产品出厂销售时缴纳一次工业环节的税，经过商业零售环节时再缴纳一次税，而在商业批发等中间环节不纳税，即实行两次课征制；还可以在工业品的产制、批发和零售环节都纳税，即实行多次课征制，如增值税。

（6）申报纳税期限。申报纳税期限是指纳税人在发生纳税义务后，应向税务机关申报纳税的起止时间。它是税收的强制性、固定性在时间上的体现。不同税种、不同纳税人的具体纳税申报期限不尽相同。纳税申报一般分为按期申报与按次申报两种类型。

在国家税务总局的文件中，有“纳税申报期限”“申报纳税期限”“计税期间”等多种称呼，而在《税收征管法》中，则称“纳税申报”，其中的含义，有的仅指“申报”，有的则有“申报”和“缴纳税款”两种含义。因此，对申报期限和缴纳期限一致的税种，统一采用“申报纳税（缴纳）期限”的称呼较好。

为了减轻纳税人办税负担，提升税收征管质效，实现增值税及城市维护建设税、教育费附加、地方教育附加，消费税及城市维护建设税、教育费附加、地方教育附加“一表申报、同征同管”，我国政府出台法律文件规定将财产和行为税十个税种合并申报，即纳税人可通过一张申报表申报纳税，便民增效。

（7）税额计算。税额的计算是指根据纳税人的生产经营或其他具体情况，对其应税事项，按照国家规定的税率，采取一定的方法计算出纳税人的应纳税额。每种税都

明确规定了应纳税额的具体计算公式，但其基本计算方法相同，即

应纳税额＝计税依据×适用税率(或单位税额)

公式中的“计税依据”在具体运用时涉及两个概念：一是计税单位，亦称计税标准、课税单位。它是课税对象的计量单位和缴纳标准，是课税对象的量化。计税单位分为从价计税、从量计税和混合计税三种。二是计税价格。从价计征的税种、税率一经确定，应纳税额的多少就取决于计税价格。根据计税价格是否包含税款，计税价格又分为含税计税价格和不含税计税价格两种。

（8）税负调整。纳税人负担的轻重，除了通过税基、税率，还可以通过其他措施来调整。税基、税率主要体现税负的统一性，税负调整则体现税负的灵活性，税负调整分税收减免（减轻税负）和税收加征（加重税负）两种情况。

1）税收减免。

a. 税收减免及其要求。税收减免是减税与免税的合称。减免税是国家对特定纳税人或课税对象给予减轻或者免除税收负担的一种税收优惠措施，包括税基式减免、税率式减免和税额式减免，但不包括出口退税和财政部门办理的减免税。减免税体现了税收在原则性基础上的灵活性，但也存在扭曲资源配置的可能性。

纳税人同时从事减免税项目与非减免税项目的，应分别确认计量。纳税人依法可以享受减免税待遇，但因故未享受而多缴税款的，纳税人可以在税收征收管理法规定期限内申请减免税，要求退还多缴税款。

税务机关应当遵循依法、公开、公正、高效、便利原则规范减免税管理，及时受理和核准纳税人申请的减免税事项。税务机关应当结合税收风险管理，将享受减免税的纳税人履行纳税义务的情况纳入风险管理，加强监督检查。

b. 税收减免的类型。

- 核准类减免税。纳税人应在规定期限内向税务机关提出书面申请，并按要求提交相应材料，经税务机关核准确认后执行。未按规定申请或虽申请但未经税务机关核准确认的，纳税人不得享受减免税。
- 备案类减免税。纳税人享受备案类减免税时，应向税务机关提请备案，经税务机关登记备案后，自登记备案之日起执行。
- 自行判别、申报享受、相关资料留存备查方式。企业应根据经营情况以及相关税收规定自行判断是否符合优惠事项规定的条件，符合条件的，应按《企业所得税优惠事项管理目录》列示的时间自行计算减免税额，并按规定填报企业所得税纳税申报表主表和附表。

c. 税收减免的形式。除减税（对纳税人涉税事项的税基、税率或应纳税额打一定折扣或予以降低而少征部分税款）、免税（对纳税人的应税行为免予征税）这两种基本形式外，还有以下形式：

- 起征点。起征点是对课税对象开始征税的临界点。课税对象未达到起征点的不征税；达到或超过起征点的，就其全部金额征税，而不是仅就超过部分征税。当起征点较高时，容易诱发纳税人避税。
- 免征额。免征额是对课税对象免予征税的临界点。它是按税法规定的金额，从

计税依据总额中预先减除的部分。即免征额部分不纳税，仅对超过免征额的部分征税。免征额是一种普惠制，有利于保证纳税人的基本所得，如个人所得税中计算居民综合所得时的“减除费用”。

特别提示

起征点与免征额两者的作用迥异：前者“眷顾弱小”，后者“阳光普照”。

2）税收加征。

a. 地方附加，简称附加。即地方政府按照国家规定的比例，随同正税一起征收作为地方财政收入的款项。附加是对税种的附加，适用于该税种的所有纳税人。

b. 加成征收。即在按法定税率计算出应纳税额后，再加征一定成数的税额。一成是税额的 10%，以此类推，一般最高为十成。加成实际上是税率的延伸，是对税率的补充规定。

c. 加倍征收。即在按法定税率计算出税额后，再加征一定倍数的税额。加倍征税是累进税率的一种特别补充，其延伸程度远远大于加成征税。因为加成征税并未超过税率规定的范围，最大的加成幅度是一倍，而加倍征税最少是一倍，所以其调控幅度大。加成与加倍征收是针对特定纳税人或特定纳税行为的，是对累进税率的一种特别补充，只适用于直接税。

3. 我国税收实体法的分类

税收实体法的分类标准不同，所分类别也不一样。

（1）以税收的课税对象为划分标准，可以分为货物劳务税（流转税）、所得税、财产税、资源税以及行为与特定目的税五大类，现行各自包括的税种如下：

1）货物劳务税（流转税）类，包括增值税、消费税、关税①。

2）所得税类，包括企业所得税、个人所得税。

3）财产税类，包括房产税、车船税、契税。

4）资源税类，包括资源税、城镇土地使用税、土地增值税。

5）行为与特定目的税类，包括印花税、耕地占用税、城市维护建设税、车辆购置税、烟叶税、环境保护税、船舶吨税。

（2）以税收收入归属为划分标准，可以分为中央税、地方税和共享税三类（见表 1-1）。

表 1-1　税收收入划分分类表

收入划分	税种
中央税——中央政府固定收入	海关代征进口环节增值税、消费税（含进口环节海关代征部分）、车辆购置税、关税、船舶吨税

① 由于关税的某些特殊性，也可以将关税及船舶吨税独立划分为关税类。船舶吨税作为独立税种，属于行为与特定目的税类。

续表

收入划分	税种
地方税——地方政府固定收入	城镇土地使用税、耕地占用税、土地增值税、房产税、车船税、契税、烟叶税、环境保护税、资源税、印花税、城市维护建设税
共享税——中央政府与地方政府共享收入	按比例分成的税种：增值税、企业所得税、个人所得税
	适用特定税目或特定纳税人的税种：资源税中海洋石油企业缴纳的税收为共享税，印花税中的证券交易税目为共享税，城市维护建设税中由中央主管部门集中缴纳的为共享税

（3）以税收负担能否转嫁为划分标准，可以分为直接税与间接税。直接税是纳税人与负税人一致，一般不存在税负转嫁的税种，所得税类、财产税类均属于直接税。在这类税中，国家与纳税人的关系实际上就是与负税人的关系，中间没有第三方介入。间接税是纳税人与负税人不一致，一般存在税负转嫁的税种，货物劳务税类均属于间接税。在这类税中，因纳税人介于国家与负税人之间，国家与负税人的关系是间接关系。① 对纳税人来说，直接税的税感比较强，间接税的税感则比较弱。

（4）以应纳税额与商品价格的关系为划分标准，货物劳务税类可以分为价内税与价外税。价内税是在商品价格中包括流转税金的税种，如消费税、关税等；价外税是在商品价格之外加计税金的税种，如增值税。价内税与价外税看似迥异，其实只是计税方法不同而已，并不会因此而改变性质。利润表能够真实反映价内税对企业收入、成本和利润总额的影响。作为价外税的增值税虽具有某些优越性，但对纳税人来说，其财务会计处理则具有迷惑性——从利润表看，增值税对企业利润的形成“没有影响”，似乎成了“代扣代缴”。如果说价外税的设计体现了征税方法的精妙，财务会计处理则显得左支右绌。

1.5 纳税人的权利、义务与权益保护

在税收法律关系中，权利主体双方的法律地位是平等的，只因主体双方是行政管理者与被管理者的关系，双方的权利与义务并不对等。税收征管方行使的是公权力，应该履职尽责，为国聚财。作为纳税人，应依法纳税，并充分享有法律法规赋予自己的权利，最大限度地维护自己的合法权益。

1.5.1 纳税人的权利

纳税人在税收征缴过程中，享有以下权利。

1. 知情权

纳税人有权向税务机关了解国家税收法律、行政法规的规定以及与纳税程序有关

① 间接税具有税负转嫁性，并不等于税负转嫁是绝对的、无条件的，在现实中纳税人与消费者都要承担部分税负，因此税收理论与实务似乎有些脱节。对纳税人来说，间接税与直接税都会影响企业的现金流，都是企业的成本费用，最终都会影响企业的经营成果。

的情况，包括现行税收法律、行政法规和税收政策规定；办理税收事项的时间、方式、步骤以及需要提交的资料；应纳税额核定及其他税务行政处理决定的法律依据、事实依据和计算方法；与税务机关在纳税、处罚和采取强制执行措施上发生争议或纠纷时，纳税人可以采取的法律救济途径及需要满足的条件。

2. 保密权

纳税人有权要求税务机关为纳税人的情况保密。税务机关应依法为纳税人的商业秘密和个人隐私（主要包括纳税人的技术信息、经营信息以及纳税人、主要投资人和经营者不愿公开的个人事项）保密。上述事项，如无法律、行政法规明确规定或者纳税人的许可，税务机关不能对外部单位、社会公众和其他个人提供。根据法律规定，税收违法行为信息不属于保密范围。

3. 税收监督权

对税务机关违反税收法律、行政法规的行为，如税务人员索贿受贿、徇私舞弊、玩忽职守，不征或者少征应征税款，滥用职权多征税款或者故意刁难等，纳税人可以进行检举和控告。同时，纳税人对其他纳税人的税收违法行为也有权进行检举。

4. 纳税申报方式选择权

纳税人可以直接到办税服务厅办理纳税申报或者报送预扣预缴、代扣代缴税款报告表，也可以按照规定采取邮寄、数据电文或者其他方式办理上述申报、报送事项。但采取邮寄或数据电文方式办理上述申报、报送事项的，需经纳税人的主管税务机关批准。

纳税人如采取邮寄方式办理纳税申报，应当使用统一的纳税申报专用信封，并以邮政部门收据作为申报凭据。邮寄申报以寄出的邮戳日期为实际申报日期。

数据电文方式是指税务机关确定的电话语音、电子数据交换和网络传输等电子方式。纳税人如采用电子方式办理纳税申报，应当按照税务机关规定的期限和要求保存有关资料，并定期书面报送。

5. 申请延期申报权

纳税人如不能按期办理纳税申报或者报送预扣预缴、代扣代缴税款报告表，应当在规定的期限内向税务机关提出书面延期申请，经核准可在核准的期限内办理。经核准延期办理申报、报送事项的，应当在税法规定的纳税期限内按照上期实际缴纳的税额或者税务机关核定的税额预缴税款，并在核准的延期内办理税款结算。

6. 申请延期缴纳税款权

纳税人如因特殊困难不能按期缴纳税款，经省、自治区、直辖市税务机关批准，可以延期缴纳税款，但是最长不得超过 3 个月。计划单列市税务机关可以参照省级税务机关的批准权限，审批纳税人的延期缴纳税款申请。

纳税人满足以下任何一个条件，均可以申请延期缴纳税款：一是因不可抗力导致纳税人发生较大损失，正常生产经营活动受到较大影响的；二是当期货币资金在扣除应付职工工资、社会保险费后，不足以缴纳税款的。

7. 申请退还多缴税款权

对纳税人缴纳的超过应纳税额的税款，税务机关发现后，应自发现之日起 10 日内办理退还手续；纳税人自结算缴纳税款之日起3年内发现的，可以向税务机关要求退还多缴的税款并加算银行同期存款利息。税务机关应自接到纳税人退还申请之日起30日内查实并办理退还手续，涉及从国库中退库的，依照法律、行政法规有关国库管理的规定退还。

8. 依法享受税收优惠权

纳税人可以依照法律、行政法规的规定享受税收减免等优惠。纳税人享受的税收优惠需要备案的，应当按照税收法律、行政法规和有关政策规定，及时办理事前或事后备案。

9. 委托税务代理权

纳税人有权就以下事项委托税务代理人代为办理：办理、变更或者注销税务登记，除增值税专用发票外的发票申领手续，纳税申报或扣缴税款报告，税款缴纳和申请退税，制作涉税文书，审查纳税情况，建账建制，办理财务、税务咨询，申请税务行政复议，提起税务行政诉讼以及国家税务总局规定的其他业务。

10. 陈述与申辩权

纳税人对税务机关做出的决定享有陈述权、申辩权。如果纳税人有充分的证据证明自己的行为合法，税务机关就不得对纳税人实施行政处罚；即使纳税人的陈述或申辩不充分合理，税务机关也应向纳税人解释实施行政处罚的原因，不应因纳税人的申辩而加重处罚。

11. 对未出示税务检查证和税务检查通知书的拒绝检查权

税务机关派出人员进行税务检查时，应当向纳税人出示税务检查证和税务检查通知书；对未出示税务检查证和税务检查通知书的，纳税人有权拒绝检查。

12. 税收法律救济权

纳税人对税务机关做出的决定，依法享有申请行政复议、提起行政诉讼、请求国家赔偿等权利。

纳税人、纳税担保人同税务机关在纳税上发生争议时，必须先依照税务机关的纳税决定缴纳或者解缴税款及滞纳金或者提供相应的担保，然后可以依法申请行政复议；对行政复议决定不服的，可以依法向人民法院起诉。如果纳税人对税务机关的处罚决定、强制执行措施或者税收保全措施不服，可以依法申请行政复议，也可以依法向人民法院起诉。

当税务机关的职务违法行为给纳税人和其他税务当事人的合法权益造成侵害时，纳税人和其他税务当事人可以要求税务行政赔偿。主要包括：一是纳税人在限期内已缴纳税款，税务机关未立即解除税收保全措施，使纳税人的合法权益遭受损失的；二是税务机关滥用职权违法采取税收保全措施、强制执行措施或者采取税收保全措施、强制执行措施不当，使纳税人或者纳税担保人的合法权益遭受损失的。

13. 依法要求听证的权利

对纳税人做出规定金额以上罚款的行政处罚之前，税务机关应向纳税人送达《税务行政处罚事项告知书》，告知纳税人已经查明的违法事实、证据、行政处罚的法律依据和拟将给予的行政处罚。对此，纳税人有权要求举行听证；税务机关应纳税人的要求组织听证。如果纳税人认为税务机关指定的听证主持人与本案有直接利害关系，纳税人有权申请听证主持人回避。

对应当进行听证的案件，税务机关若不组织听证，行政处罚决定不能成立，但纳税人放弃听证权利或者被正当取消听证权利的除外。

14. 索取有关税收凭证的权利

税务机关征收税款时，必须给纳税人开具完税凭证。扣缴义务人预扣/代扣税款时，纳税人要求开具扣缴税款凭证时，扣缴义务人应当开具。

税务机关扣押商品、货物或者其他财产时，必须开付收据；查封商品、货物或者其他财产时，必须开付清单。

15. 其他相关权利

除上述权利外，纳税人还享有进项税额抵扣权，出口货物、服务退税权，所得税税前扣除权等。纳税人在享有权利的同时往往伴随着义务，如依法领取发票是纳税人的权利，依法开具发票则是纳税人的义务。

特别提示

纳税人的权利不能仅限于税款征缴，从税收立法、修法到税收司法，纳税人都应依法行权。

1.5.2 纳税人的义务

依照宪法、税收法律和行政法规的规定，纳税人在纳税过程中负有以下义务。

1. 依法进行税务登记的义务

纳税人应当自领取营业执照之日起 30 日内，持有关证件向税务机关申报办理税务登记。已实行“五证合一”的纳税人不必单独办理税务登记。

2. 依法设置账簿，保管账簿和有关资料以及依法开具、使用、取得和保管发票的义务

纳税人应当按照有关法律、行政法规和国务院财政、税务主管部门的规定设置账簿，根据合法、有效凭证记账，并进行核算；从事生产、经营的，必须按照国务院财政、税务主管部门规定的保管期限保管账簿、记账凭证、完税凭证及其他有关资料；账簿、记账凭证、完税凭证及其他有关资料不得伪造、变造或者擅自损毁。

此外，纳税人在购销商品、提供或者接受经营服务以及从事其他经营活动中，应当依法开具、使用、取得和保管发票。

3. 财务会计制度和会计核算软件备案的义务

纳税人的财务、会计制度或者财务、会计处理办法和会计核算软件，应当报送税务机关备案。纳税人的财务、会计制度或者财务、会计处理办法与国务院或者国务院财政、税务主管部门有关税收的规定抵触的，应依照国务院或者国务院财政、税务主管部门有关税收的规定计算应纳税款、扣缴税款。

4. 按照规定安装、使用税控装置的义务

国家根据税收征收管理的需要，积极推广使用税控装置。纳税人应当按照规定安装、使用税控装置，不得损毁或者擅自改动税控装置。如果纳税人未按规定安装、使用税控装置，或者损毁或者擅自改动税控装置，税务机关将责令纳税人限期改正，并可根据情节轻重处以规定数额内的罚款。

5. 按时、如实申报的义务

纳税人必须依照法律、行政法规的规定或者税务机关依照法律、行政法规的规定确定的申报期限、申报内容如实办理纳税申报，报送纳税申报表、财务会计报表以及税务机关根据实际需要要求纳税人报送的其他纳税资料。

作为扣缴义务人，纳税人必须依照法律、行政法规的规定或者税务机关依照法律、行政法规的规定确定的申报期限、申报内容如实报送预扣预缴、代扣代缴税款报告表，以及税务机关根据实际需要要求纳税人报送的其他有关资料。

纳税人即使在纳税期内没有应纳税款，也应当按照规定办理纳税申报；享受减免税待遇的，在减免税期间应当按照规定办理纳税申报。

6. 按时缴纳税款的义务

纳税人应当按照法律、行政法规的规定或者税务机关依照法律、行政法规的规定确定的期限缴纳或者解缴税款。

未按照规定期限缴纳或者解缴税款的，税务机关除责令限期缴纳外，从滞纳税款之日起，按日加收滞纳税款万分之五的滞纳金。

7. 预扣、代扣税款的义务

如果纳税人按照法律、行政法规的规定负有预扣预缴、代扣代缴税款的义务，必须依照法律、行政法规的规定履行扣缴税款的义务。依法履行扣缴税款义务时，若被拒绝，应当及时报告税务机关处理。

8. 接受依法检查的义务

纳税人有接受税务机关依法进行税务检查的义务，应主动配合税务机关按法定程序进行的税务检查，如实向税务机关反映自己的生产经营情况和执行财务制度的情况，并按有关规定提供报表和资料，不得隐瞒和弄虚作假，不能阻挠、刁难税务机关的检查和监督。

9. 及时提供信息的义务

纳税人除通过税务登记和纳税申报向税务机关提供与纳税有关的信息外，还应及时提供其他信息；如果纳税人有歇业、经营情况变化、遭受各种灾害等特殊情况，应及时向税务机关说明，以便税务机关依法妥善处理。

10. 报告其他涉税信息的义务

为了保障国家税收能够及时、足额征收入库，税收法律还规定了纳税人有义务向税务机关报告如下涉税信息：

（1）纳税人有义务就纳税人与关联企业之间的业务往来，向当地税务机关提供有关价格、费用标准等资料。

纳税人有欠税情形而以财产设定抵押、质押的，应当向抵押权人、质押权人说明纳税人的欠税情况。

(2) 企业合并、分立的报告义务。纳税人有合并、分立情形的，应当向税务机关报告，并依法缴清税款；合并时未缴清税款的，应当由合并后的纳税人继续履行未履行的纳税义务；分立时未缴清税款的，分立后的纳税人对未履行的纳税义务应当承担连带责任。

(3) 报告全部账号的义务。纳税人从事生产、经营，应当按照国家有关规定，持进行过税务登记的相关证件，在银行或者其他金融机构开立基本存款账户和其他存款账户，并自开立基本存款账户或者其他存款账户之日起15日内，向纳税人的主管税务机关书面报告全部账号；发生变化的，应当自变化之日起15日内，向纳税人的主管税务机关书面报告。

(4) 处分大额财产报告的义务。纳税人的欠缴税款数额在5万元以上的，纳税人在处分不动产或者大额资产之前，应当向税务机关报告。

在“公民主权”的社会中，公民的纳税义务是以公民享有决定国家事务的政治权利为前提的。作为行使行政权的政府只有依据立法机关制定的税法依法征税的权力，而没有任何决定和变更纳税义务的权力。

上述纳税人的权利和义务仅是纳税人在征缴（纳）过程中的权利和义务。纳税人在税收立法、税收司法过程中，也有相应的权利和义务。

延伸阅读

世界银行全球指标高级经理里塔·拉莫荷表示：对于任何一个政府来说，有效的税收管理都是一个优先事项。能否行使好税收管理职能，会极大地影响人们对政府的看法。如果纳税流程简单、直接、公平，那么纳税人也会乐意接受，税法遵从度会提高，从而主动配合和支持政府的征税行为。

资料来源：阎传雨. 科技使办税更容易——普华永道与世界银行联合发布《2020年世界纳税报告》. 中国税务报，2019-12-10.

1.5.3 纳税人权益保护

保护纳税人的合法权益事关和谐社会建设，事关政府职能转变，是促进社会公平正义的现实需要，是建设服务型税务机关的重要内容，是坚持依法行政、营造良好税收环境的具体体现。保护纳税人的合法权益，有利于激发经济发展的内生动力，有利于构建和谐征纳关系，有利于维护社会稳定，有利于提高纳税服务能力和践行以人为本的理念，对于进一步深化纳税服务具有重大战略意义。

纳税人是市场经济的主体，是社会财富的创造者，是社会进步的主要推动者，也是政府财政收入的主要贡献者。各级税务机关应该按照建设服务型政府和法治政府的要求，切实转变思想，把征纳双方法律地位平等作为税收法律关系的基本准则，始终把尊重和保护纳税人的合法权益作为税务机关和税务人员的法定义务，全面理解和掌握纳税人每一项法定权利的内涵和实质，在实际工作中依法有效地保护纳税人的合法权益。

近年来，纳税人的法治意识、权利主体意识不断增强，维护自身合法权益的要求不断提高。然而，目前部分税务机关和税务人员的思想观念还未从监督管理向服务管理转变，制度性侵权问题仍然存在，个性侵权问题时有发生，这在一定程度上影响税收和谐关系的建立和纳税人税法遵从度的提高。应当建立健全纳税人权益保护①的制度和机制，全面推行依法行政，规范税收执法，强化执法监督，畅通救济渠道，切实保护纳税人的合法权益不受侵犯。

纳税人应该具有的是纳税人意识而不仅仅是纳税意识，纳税人意识是公民意识的体现。执法部门保护纳税人权益是依法治税的体现，但作为纳税人，不应该仅仅满足于“被保护”，而应主动维护和争取自己的合法权益。

相关链接 **税收“放管服”**

“放管服”是简政放权、放管结合、优化服务的简称。各级税务机关深入推进“放管服”改革，优化办税流程，推动系统集成，增进前台与后台高效衔接，深化税务与工商、银行等部门高效合作，让纳税人办税更便捷、更舒心、更有感。

大力倡导风险管理和信用管理，放管结合持续推进税企互信；创新“无纸化”和“一人一窗一机”办税模式，强化政策辅导，优化纳税服务，提升纳税人满意度；听取纳税人意见，达成纳税人心愿，让纳税人全程参与改革进程。创新举措为企业发展创造宽松便利的营商环境，给纳税人带来了实实在在的获得感。

特别提示

权力越谦抑，权利越自觉。保持权力的谦抑性，不给纳税人造成税法之外的负担，不超出税收法律所规定的范围和方式，也是对纳税人权益的一种保护。

思考与练习

一、思考题

1. 如何理解税收的特征？站在政府角度与站在纳税人角度，理解是否相同？
2. 如何理解税法的“以税治恶”“寓禁于征”手段的运用？
3. 何谓税收法定主义？税法的适用原则是什么？
4. 简述现代税收原则。

① 包括立法保护、行政保护、司法保护、纳税人自我保护和社会组织保护等方面。

5. 何谓税收制度？试述税法与税收制度的关系。
6. 何谓税制结构？简述我国税收制度体系和税制结构及其优化。
7. 何谓税收程序法？税收程序法的作用是什么？
8. 税收实体法有何特点？简述其基本构成要素。
9. 简述纳税人的权利与义务。如何保护纳税人权益？

二、单项选择题

1. 税收产生的条件是（　　）。
A. 国家　　B. 私有财产
C. 会计　　D. 国家与私有财产

2. 城镇土地使用税属于（　　）。
A. 资源税类　　B. 行为税类
C. 特定目的税类　　D. 财产税类

3. 以下说法中正确的是（　　）。
A. 价外税优于价内税
B. 价内税优于价外税
C. 价外税便于税务机关征管
D. 价内税与价外税是不同性质的两类（种）税

三、多项选择题

1. 税收具有（　　）。
A. 强制性　　B. 无偿性　　C. 规范性　　D. 固定性

2. 税收是一个（　　）。
A. 历史范畴　　B. 永恒的范畴　　C. 经济范畴　　D. 法律范畴

3. 税法是一个（　　）。
A. 永恒的范畴　　B. 历史范畴　　C. 经济范畴　　D. 法律范畴

4. 税收法定原则包括（　　）。
A. 税种法定　　B. 税收要素法定
C. 程序法定　　D. 减免税法定

5. 税收法律关系的特点有（　　）。
A. 国家可以是税收法律关系主体的一方　　B. 体现国家单方面的意志
C. 权利义务关系不对等　　D. 权利义务关系对等

6. 税制结构分为（　　）两种基本类型。
A. 流转税与所得税　　B. 直接税与间接税
C. 单一税制和复合税制　　D. 价内税与价外税

7. 税收程序法的制度有（　　）。
A. 回避制度　　B. 职能分离制度
C. 减免税制度　　D. 听证制度

8. 货物劳务税（流转税）包括（　　）。
A. 增值税　　B. 消费税
C. 资源税　　D. 城市维护建设税

9. 纳税人有（　　）。

A. 知情权　　B. 保密权　　C. 隐私权　　D. 退税权

10. 纳税人的义务包括（　　）。

A. 税务登记　　B. 依法设置账簿

C. 预扣预缴/代扣代缴　　D. 如实申报

第2章

增值税

学习目标

1. 掌握增值税的概念，增值税征税范围、纳税人和税率的规定，销项税额和进项税额的计算，纳税义务发生时间，纳税地点，增值税免抵退税的计算。

2. 理解增值额的概念，增值税的计税原理、特点及意义。

3. 了解增值税的类型、出口退税管理、增值税专用发票的使用与管理，以及我国增值税的发展改革历程。

2.1 增值税概述

2.1.1 增值税的概念

增值税是对经营者在生产经营活动中实现的增值额征收的一种间接税。增值税于1954年由法国首创，20世纪60年代西欧各国纷纷采用，70年代又被拉丁美洲及部分亚洲国家引进，80年代以后实施范围迅速扩大，几乎遍布世界各地。到目前为止，已有160多个国家和地区征收增值税，增值税成为普遍适用的一个税种。

我国从1979年开始引进并在部分城市试点增值税。1982年财政部制定《增值税暂行办法》并自1983年1月1日开始在全国试行。1984年利改税和整个工商税制改革时正式推行增值税，并公布《中华人民共和国增值税条例（草案）》及其实施细则。1994年税制改革时，以增值税作为改革的重点，设计了生产型增值税。为进一步完善税制，2008年对增值税进行了修订，由生产型增值税转为消费型增值税，并于2009年正式实施。

为了适应经济转型升级，减轻企业税收负担，2012年我国拉开了营业税改征增值税的税制结构调整的序幕。2012年1月1日，上海作为改革的试点地区，将交通运输业、现代服务业由营业税改为增值税，在这之后的3年里，陆续将试点行业扩展到邮政业和电信业，并将试点地区扩大到全国。为进一步减轻企业税负，促进经济结构转型升级，从2016年5月1日起，将营改增试点范围扩大到建筑业、房地产业、金融业和生活服务业。我国全面推开营改增后，不仅实现了货物和服务行业的全覆盖，而且将所有企业新增不动产所含增值税纳入抵扣范围，打通了税收抵扣链条，可以有效支持现代服务业的发展和制造业升级，由此建立了一个比较规范、完整的消费型增值税制度，营业税退出税收历史舞台。

增值税是以纳税人在生产经营过程中取得的增值额作为课税对象征收的一种间接税。关于增值额，从理论上讲，它是纳税人在生产经营过程中新创造的那部分价值，即货物或劳务、服务价值中的 $V+M$ 部分，在我国相当于国民收入或企业的净产值。在现实经济生活中，对增值额这一概念可以从两个角度理解：

（1）从纳税人的角度来看，增值额是其在一定时期内因销售货物或提供劳务、服务而收取的收入额扣除为生产经营这种货物（包括劳务或服务，下同）而外购的那部分货物价款后的余额。

（2）从商品的生产经营全过程来看，增值额是该商品在其生产和流通的各个环节发生的增值额之和，相当于该商品在实现消费之前最后一个流通环节的销售额。

例如，某货物经历了生产制造、批发和零售三个环节，最终销售额是 1 200 元。该货物在每个环节的增值额分别是 500 元、400 元、300 元，其合计数恰好等于该商品最后一个环节的销售额 1 200 元（见表 2－1）。

表 2－1　某商品在各环节的增值额与销售额的关系　　单位：元

生产、流通环节	销售额	增值额
制造环节	500	500
批发环节	900	400（900－500）
零售环节	1 200	300（1 200－900）

从表 2－1 中可以看出，在税率一致的情况下（都是 10%），对每一生产、流通环节征收的增值税之和，实际上就是按货物最终销售额征收的增值税。

在税收实践中，实行增值税的国家据以征税的增值额并不是理论上的增值额，而是一种法定增值额。法定增值额是各国政府根据各自的国情、政策要求，在增值税制度中人为确定的增值额。法定增值额可以等于理论上的增值额，也可以大于或小于理论上的增值额。造成法定增值额与理论上的增值额不一致的主要原因是各国在确定扣除范围时对扣除项目的规定存在差异。一般情况下，各国通常把纳税人在生产经营过程中发生的外购商品、原材料、燃料、动力、低值易耗品、包装物等物质资料及劳务作为法定的扣除项目予以扣除，对外购的固定资产的处理办法各不相同。对外购固定资产价款，有的国家允许从货物总价值中扣除，有些国家不允许扣除。在允许扣除的国家中，扣除情况也不一样。例如，假定某企业在纳税期内货物销售额为 92 万元，从外单位购入的原材料等流动资产价款为 35 万元，购入机器、设备等固定资产价款为 42 万元，当期计入成本的折旧费为 8 万元。根据上述条件可计算出该企业在不同国家理论增值额与法定增值额的区别（见表 2－2）。

从表 2－2 中可以看出，征收增值税的国家由于对外购固定资产价款的扣除额的规定不同，计算出的法定增值额也不同。在同一纳税期内，允许扣除的数额越多，法定增值额越少。

表 2-2　理论增值额与法定增值额的区别　单位：万元

国别	货物销售额	允许扣除的外购流动资产价款	允许扣除的外购固定资产价款	法定增值额	法定与理论增值额的差别
A	92	35	0	57	+8
B	92	35	8	49	0
C	92	35	42	15	−34

2.1.2　增值税的类型

根据对固定资产处理办法的不同，可将增值税划分为三种类型。

1. 生产型增值税

生产型增值税是指计算增值税时，不允许扣除任何外购固定资产的价款，作为计税基数的法定增值额包括纳税人新创造的价值，还包括当期计入成本的外购固定资产价款，即法定增值额相当于当期工资、利息、租金、利润等理论增值额与折旧额之和。从整个国民经济来看，这一计税基数大体相当于国民生产总值的统计口径，故称为生产型增值税。此种类型的增值税其法定增值额大于理论增值额，对固定资产存在重复征税，而且资本有机构成越高的行业重复征税情况就越严重。这种类型的增值税不利于鼓励投资，但有利于保证财政收入。

2. 收入型增值税

收入型增值税是指计算增值税时，对外购固定资产价款只允许扣除当期计入产品价值的折旧费部分，作为计税基数的法定增值额相当于当期工资、利息、租金、利润等各增值项目之和。从整个国民经济来看，这一计税基数相当于国民收入部分，故称为收入型增值税。收入型增值税的法定增值额与理论增值额一致，从理论上讲是一种标准的增值税。但由于外购固定资产价款是以计提折旧的方式分期转入产品价值的，且转入部分没有合法的外购凭证，故给凭票扣税的计算带来困难，影响了这种方法的广泛应用。

3. 消费型增值税

消费型增值税是指计算增值税时，允许将当期购入的固定资产价款一次全部扣除，作为计税基数的法定增值额相当于当期的全部销售额扣除外购的全部生产资料价款后的余额。从整个国民经济来看，这一计税基数相当于消费资料价值部分，故称为消费型增值税。消费型增值税在购进固定资产的当期因扣除额较大，会减少财政收入。这种方法最适宜凭票扣税的计算方法，因为凭固定资产的外购发票可以一次将其已纳税款全部扣除，既便于操作，也便于管理，所以它是三种类型中最先进、最能体现增值税优越性的。

选择何种增值税类型，主要受两个因素影响：一是商品课税的模式。若不仅对消费资料征税，同时也对生产资料征税，一般采用生产型或收入型增值税；若仅对某些消费资料征税，一般采用消费型增值税。二是投资的政策。实行鼓励投资政策的国家应采用消费型增值税；实行限制投资政策的国家应采用生产型或收入型增值税。一般情况是，经济发达国家为了鼓励投资，加速固定资产更新，大多采用消费型增值税或收入型增值税；发展中国家为了保证财政收入，大多采用生产型增值税。

【思考】我国为什么实行消费型增值税？

2.1.3 增值税的特点及意义

增值税从产生到发展至今，之所以能被世界上众多国家采用，与增值税的特点有直接关系。增值税是现代间接税，不仅传承了传统间接税的优点，而且克服了传统间接税的主要弊端，具有良好的财政和经济效应。

1. 增值税的特点

(1) 征税范围广，税源充裕。作为增值税征税对象的新增价值额遍及社会经济的各部门、各行业和各企业。纳税人不论是从事矿产开发、工业制造，还是销售货物或提供劳务和服务，都会在劳动过程中创造商品和劳务及服务的附加值，所以增值税可以在经济活动的各领域、各环节课征。例如，欧盟国家的增值税征税范围覆盖了农业、工业、商业、服务业等行业。我国的增值税征税范围逐渐从工业生产扩大到商业经营的所有货物销售环节，从部分服务领域扩大到全部服务领域，实现了增值税对工业、商业、服务业的全覆盖。

(2) 多环节征税，但税不重征。一方面，增值税保留了传统间接税对商品和劳务的道道征税机制，有利于广泛筹集财政资金，保证税收负担和预算进款的均衡；另一方面，增值税又不像传统间接税那样对外购商品和劳务实行重复征税，而只是在每一生产经营环节对销售额扣除外购商品和劳务、服务价款后的增值额征税，从而消除了重复征税的弊端。

(3) 对经济活动具有中性效应。所谓税收中性，是指政府课税对于纳税人有效率的行为选择应当不加以干预，以避免纳税人在支付税款之外，还要因纳税而不得已改变自己有效率的经济活动，使社会蒙受额外损失。增值税的中性效应表现在两方面：一是应税商品在任何一个流转环节上的税收负担，不受商品流转环节多少的影响。二是增值税对绝大多数商品和劳务、服务采用同一税率，实行等比负担。同传统间接税的差别税率相比，增值税的税收干预能力大大弱化，这在一定意义上有利于发挥市场机制对资源配置的主导作用。

(4) 税收负担具有转嫁性。增值税后一阶段纳税人总是前一阶段纳税人已缴税款的负担者，商品和劳务、服务的购买者总是销售者已纳税款的归宿。当税收负担随商品和劳务、服务流转推移至最终销售环节时，消费者便成为增值税的最终归宿。因此，增值税在西方国家被视为一种典型的间接税，税收负担具有转嫁性。

除上述增值税的一般特点外，由于我国经济处于转型过程中，税收制度也在不断调整，目前实施的增值税制度还有以下特点：

第一，实行价外税，使增值税的间接税性质更加明显。在国外，规范化的增值税均属于由生产经营者或销售者缴纳、由购买者或消费者负担、税款可以转嫁的间接税。增值税的这一特点在价内计税模式中不能明确体现出来。增值税将价内税改为价外税，即税金不再包含在销售价格内，将税款和价款明确划分开来，并在增值税专用发票上分别填写。

例如，某商品销售额为 113 元，税率为 13%，在价内税形式下，其中就含有 13 元的税额。而增值税的设计要求将原含税价 113 元中的税和价予以分离，即价格是 100 元，税额是 13 元（100×13%），并在增值税专用发票上分别注明。

增值税实行价外税的好处：一是使企业的成本核算、经济效益不受税收影响；二是更好地体现增值税的转嫁性，提高国家和企业之间税收分配关系的透明度；三是可以为发票注明税款创造条件。另外，考虑到我国长期以来人们的消费习惯和消费心理，在零售环节出售商品和对消费者提供劳务及服务时，税法规定价格和税金不再分开标明，但这并未改变增值税的间接税性质。

第二，统一实行规范化的购进扣税法，即凭发票注明税款抵扣的办法。1994 年税制改革时将增值税的计算方法确定为购进扣税法，要求销货企业在开出的专用发票上不仅注明价款，还应注明税款。这样对于购进货物的企业来说，进项税额就是发票上的销项税额，而不是自己计算出来的。这一做法大大减少了纳税人计算进项税额的工作量，也使进项税额抵扣更为准确。

第三，对不同经营规模的纳税人采取不同的计税方法。增值税计算征收方法的设计，既要借鉴国际上的通常做法，又要考虑我国中小型企业较多、经营规模较小、会计核算不够健全的实际情况。因此，现行增值税将纳税人划分为两类：一类为一般纳税人，采用购进扣税法计税；另一类是小规模纳税人，采用简易方法计税。这样既有利于规范增值税的推行，又有利于简化征收、强化管理。

第四，严格控制税收减免项目，减免税权限高度集中于国务院。大多数国家的增值税一般不设减免项目，即使是非设不可的项目，也设在最终消费环节。因为增值税属于间接税，具有转嫁性，消费者是税收负担的最终归宿，所以体现国家政策的减免税优惠的享受对象只能是消费者，而不能是生产企业和经营者。另外，非经国务院批准，任何部门、地区都无权决定减免税。在我国发展市场经济的条件下，严格限制增值税减免的范围和审批权限，对于增强增值税的刚性、实行依法治税、鼓励企业公平竞争意义重大。

2. 增值税的意义

由于增值税具有上述特点，因而它较之传统的流转税，能够对财政、经济和对外贸易等多方面产生积极的意义。

（1）从财政上看，实行增值税能够保证财政收入持续、稳定增长。首先，从征税范围上看，增值税涉及国民经济的各个产业部门，以及社会的生产、流通、消费、劳务、服务等诸多生产经营领域，凡从事应税产品生产、商品交换和提供劳务或服务，取得增值额的单位和个人都要缴纳增值税。而且，生产经营的每一个环节都征税，税基极为广泛。其次，增值税不仅税源普遍，而且能够保证国家稳定地取得财政收入。这是因为增值税不受生产结构、经营环节变化的影响，既不会因为生产经营由全能改为协作而增加企业负担，也不会因为生产经营由协作改为全能而减少财政收入。最后，增值税实行购进扣税法，凭发票注明的税款进行扣除，使购销单位之间因扣税而形成相互制约关系，有利于税务机关对纳税情况交叉稽核，及时发现并查处逃税行为。

（2）从生产经营上看，实行增值税消除了传统间接税重复征税的弊端，有利于生产经营的专业协作化发展，符合现代经济发展的需要。随着科学技术的广泛运用，现代工业生产分工越来越细，工艺越来越复杂，技术要求越来越高，产品通常具有高、精、尖、大批量生产的特点。这在客观上要求破除传统的“大而全”和“小而全”的生产模式，大力发展专业化、协作化的商品经济。然而，传统间接税课征的结果是，生产同一种产品，全能企业税负轻，专业协作企业税负重，这严重阻碍了现代工业生产和商品经济的发展。实行增值税可以从根本上解决传统间接税与现代工业发展不相适应的问题。

（3）从外贸出口上看，实行增值税有利于贯彻国家鼓励出口的政策，使出口退税准确、彻底，提高本国产品的出口竞争力。随着世界经济一体化的发展，各国之间的商品出口竞争日趋激烈，许多国家为了提高本国商品的出口竞争力，对出口商品实行退税政策，使之以不含税价格进入国际市场。然而，在传统间接税制度下，出口商品价格所包含的税金因该商品的生产结构、经营环节不同而多寡不一，给准确退税带来很大困难。退税过少起不到降低出口价格、提高出口竞争力的作用；退税过多又会形成财政补贴出口，不仅影响一国财政收入，而且有可能引起他国的贸易报复。

实行增值税从根本上消除了上述弊端。增值税的一个基本特点是，一件商品在出口之前缴纳的全部税款与该商品在最终销售环节或出口环节的总体税负是一致的。换言之，一件商品在国内各个生产环节的增值额之和，等于该商品最终销售时的销售价格。这样，根据最终销售价格和增值税税率计算出的增值税税额，也就是该商品在出口以前各环节已缴纳的增值税税款之和。如果将这笔税款退还给商品出口者，就能使出口退税准确、彻底，使出口商品以不含税的价格进入国际市场。

（4）全面推开营改增，既是我国结构性减税的重大举措，也是财政支持经济发展的重要措施。在对购进固定资产允许抵扣的基础上，将所有企业新增不动产所含的增值税纳入抵扣范围，不仅减轻了企业税收负担，促进扩大有效投资，而且有利于经济转型升级。从价值取向看，营改增突出了推动服务业特别是研发等生产性服务业的发展，可以有力促进产业分工优化，拉长产业链，带动制造业升级。可以说，营改增是创新驱动的信号源，也是经济转型升级的强大助推剂。同时，营改增通过统一税制，贯通服务业内部和第二、三产业之间的抵扣链条，从制度上比较彻底地消除了重复征税，使税收的中性作用得到充分发挥。这不仅有利于营造公平竞争的市场环境，而且有利于完善我国财税体制。

2.1.4 增值税的计税方法

增值税的计税方法可分为直接计税法和间接计税法两种。

1. 直接计税法

直接计税法是指根据法定增值额和适用税率直接计算应纳增值税税额的方法。其计算公式如下：

应纳增值税税额＝法定增值额×增值税税率

直接计税法中，因法定增值额的计算方法不同，又分为加法和减法两种。

（1）加法，又称分配法，是指首先将纳税人在一定时期内生产经营活动中影响增值的因素逐项相加，求出增值额，然后计算应纳增值税税额的方法。

增值额＝工资＋利息＋租金＋利润＋其他增值项目金额

这种方法因增值因素与非增值因素不易划分，使得增值额计算复杂且困难，实际计算时一般不采用。

（2）减法，又称扣额法，是指先从纳税人的销售额中减去生产经营过程中外购的非增值因素，求得增值额，再计算应纳增值税税额的方法。

增值额＝销售额－法定扣除额

这种方法因非增值项目金额和增值金额难以准确划分，尤其是在纳税人兼营不同税率货物或免税货物时，允许扣除的非增值项目金额在不同税率货物以及免税货物之间划分的难度更大，在实际计算时很少采用。

2. 间接计税法

间接计税法又称扣税法，是指将纳税人的销售额乘以适用税率，再减去法定扣除项目已纳税金，求出应纳增值税税额的方法。其计算公式为：

应纳增值税税额＝销售额×增值税税率－法定扣除项目已纳税金

这种方法既能避免直接计算增值额的烦琐，又能消除重复征税，简便易行，为大多数实行增值税的国家所采用。

在扣税法中，因法定扣除项目已纳税金的计算依据不同，又可分为购进扣税法和实耗扣税法。

（1）购进扣税法，是指从本期销项税额中减去本期的法定扣除项目已纳税金（税法中称为进项税额）来计算应纳增值税税额的方法。

应纳增值税税额＝本期销项税额－本期进项税额

（2）实耗扣税法，是指从本期销项税额中减去本期实际耗用的法定扣除项目已纳税金来计算应纳增值税税额的方法。

应纳增值税税额＝本期销项税额－本期实耗税额

我国现行增值税采用的是购进扣税法，并根据购进发票所列税款进行抵扣。这种抵扣方法不涉及成本、费用的核算，计算简便，纳税人易于掌握。

税款的抵扣关系可以在购销双方纳税人之间形成相互制约、相互监督的机制，有利于保证税收收入及时、足额入库。

2.2 征税范围及纳税人

2.2.1 征税范围及纳税人

1. 征税范围的基本规定

在中华人民共和国境内销售货物或者提供加工、修理修配劳务，销售服务、无形资产、不动产（以下简称应税行为）以及进口货物，都属于增值税的征税范围。具体内容如下：

（1）销售货物（包括进口货物）。货物是指除土地、房屋和其他建筑物等一切不动产之外的有形动产，包括电力、热力、气体在内。销售货物是指有偿转让货物的所有权。有偿是指从买方取得货币、货物或者其他经济利益。在境内销售货物是指销售货物的起运地或所在地在我国境内。

（2）提供加工、修理修配劳务。加工是指受托加工货物，即委托方提供原料及主要材料，受托方按照委托方的要求制造货物并收取加工费的业务。修理修配是指受托对损伤和丧失功能的货物进行修复，使其恢复原状和功能的业务。提供加工、修理修配劳务（以下简称应税劳务）是指有偿提供加工、修理修配劳务。单位或者个体经营者聘用的员工为本单位或者雇主提供加工、修理修配劳务的不包括在内。

（3）销售服务。销售服务是指提供交通运输服务、邮政服务、电信服务、建筑服务、金融服务、现代服务、生活服务。

1）交通运输服务。交通运输服务是指利用运输工具将货物或者旅客送达目的地，使其空间位置得到转移的业务活动。包括陆路运输服务、水路运输服务、航空运输服务和管道运输服务。

2）邮政服务。邮政服务是指中国邮政集团公司及其所属邮政企业提供邮件寄递、邮政汇兑和机要通信等邮政基本服务的业务活动。包括邮政普遍服务、邮政特殊服务和其他邮政服务。

3）电信服务。电信服务是指利用有线、无线的电磁系统或者光电系统等各种通信网络资源，提供语音通话服务，传送、发射、接收或者应用图像、短信等电子数据和信息的业务活动。包括基础电信服务和增值电信服务。

4）建筑服务。建筑服务是指各类建筑物、构筑物及其附属设施的建造、修缮、装饰，线路、管道、设备、设施等的安装以及其他工程作业的业务活动。包括工程服务、安装服务、修缮服务、装饰服务和其他建筑服务。

5）金融服务。金融服务是指经营金融保险的业务活动。包括贷款服务、直接收费金融服务、保险服务和金融商品转让。

6）现代服务。现代服务是指围绕制造业、文化产业、现代物流产业等提供技术性、知识性服务的业务活动。包括研发和技术服务、信息技术服务、文化创意服务、物流辅助服务、租赁服务、鉴证咨询服务、广播影视服务、商务辅助服务和其他现代服务。

7）生活服务。生活服务是指为满足城乡居民日常生活需求提供的各类服务活动。包括文化体育服务、教育医疗服务、旅游娱乐服务、餐饮住宿服务、居民日常服务和其他生活服务。

（4）销售无形资产。销售无形资产是指转让无形资产所有权或者使用权的业务活动。无形资产是指不具有实物形态但能带来经济利益的资产，包括技术、商标、著作权、商誉、自然资源使用权和其他权益性无形资产。

技术包括专利技术和非专利技术。

自然资源使用权包括土地使用权、海域使用权、探矿权、采矿权、取水权和其他自然资源使用权。

其他权益性无形资产包括基础设施资产经营权、公共事业特许权、配额、经营权（包括特许经营权、连锁经营权、其他经营权）、经销权、分销权、代理权、会员权、席位权、网络游戏虚拟道具、域名、名称权、肖像权、冠名权、转会费等。

（5）销售不动产。销售不动产是指转让不动产所有权的业务活动。不动产是指不能移动或者移动后会引起性质、形状改变的财产，包括建筑物、构筑物等。建筑物包括住宅、商业营业用房、办公楼等可供居住、工作或者进行其他活动的建造物。构筑物包括道路、桥梁、隧道、水坝等建造物。

转让建筑物有限产权或者永久使用权的，转让在建的建筑物或者构筑物所有权的，以及在转让建筑物或者构筑物时一并转让其所占土地的使用权的，按照销售不动产缴纳增值税。

特别提示

上述应税服务是指有偿提供服务、转让无形资产或者不动产。“有偿”是指从买方取得货币、货物或者其他经济利益。但是，非经营活动中销售服务、无形资产或者不动产不属于应税行为，不征收增值税。

非经营活动包括以下情形：

第一，行政单位收取的同时满足以下条件的政府性基金或者行政事业性收费。

（1）由国务院或者财政部批准设立的政府性基金，由国务院或者省级人民政府及其财政、价格主管部门批准设立的行政事业性收费；

（2）收取时开具省级以上（含省级）财政部门监（印）制的财政票据；

（3）所收款项全额上缴财政。

第二，单位或者个体工商户聘用的员工为本单位或者雇主提供取得工资的服务。

第三，单位或者个体工商户为聘用的员工提供服务。

第四，财政部和国家税务总局规定的其他情形。

在境内销售服务、无形资产或者不动产，是指服务（租赁不动产除外）或者无形资产（自然资源使用权除外）的销售方或者购买方在境内；所销售或者租赁的不动产在境内；所销售自然资源使用权对应的自然资源在境内。

特别提示

纳税人销售服务、无形资产或者不动产是否在境内，以属人原则为判定依据。

对境内的单位或者个人销售的服务（不含租赁不动产）、无形资产或者不动产，无论服务购买方为境内单位或者个人还是境外单位或者个人，无论服务发生在境内还是境外，无形资产是否在境内使用，都属于在境内销售服务、无形资产。例如，境外某一工程公司到境内给境内某单位提供工程勘察勘探服务；境外A公司向境内B公司转让A公司在境内的连锁经营权。境外单位或者个人向境内单位或者个人销售的未完全在境外发生的服务（不含租赁不动产）、在境外使用的无形资产，也属于在境内销售服务、无形资产。例如，境外一咨询公司与境内某一公司签订咨询合同，就这家境内公司开拓境内、境外市场进行实地调研并提出合理化管理建议，境外咨询公司提供的咨询服务同时在境内和境外发生；境外C公司向境内D公司转让一项专利技术，该技术同时用于D公司在境内和境外的生产线。

境内销售自然资源使用权、销售不动产的判定原则是：只要所销售的自然资源使用权对应的自然资源在境内，所销售的不动产在境内，无论销售方或购买方是否为境内单位或者个人，均属于在境内销售自然资源使用权和在境内销售不动产。例如，法国一公司将其拥有的我国境内一处矿产的探矿权转让给一家境内公司；意大利一公司将其在深圳拥有的一处办公楼销售给另一家意大利公司。

2. 征税范围的特殊规定

（1）视同销售货物行为。单位或者个体工商户的下列行为视同销售货物：

1）将货物交付其他单位或者个人代销；

2）销售代销货物；

3）设有两个以上机构并实行统一核算的纳税人，将货物从一个机构移送至其他机构用于销售，但相关机构设在同一县（市）的除外；

4）将自产或者委托加工的货物用于非增值税应税项目；

5）将自产、委托加工的货物用于集体福利或者个人消费；

6）将自产、委托加工或者购进的货物作为投资，提供给其他单位或者个体工商户；

7）将自产、委托加工或者购进的货物分配给股东或者投资者；

8）将自产、委托加工或者购进的货物无偿赠送给其他单位或者个人。

将上述八种行为确定为视同销售货物行为，按规定征收增值税的目的：一是保证增值税税款抵扣制度的实施，不致因发生上述行为造成各相关环节税款抵扣链条中断，导致各环节之间税收负担不均衡，形成重复征税；二是防止通过上述行为逃避纳税，造成税基被侵蚀，税款流失。

（2）视同销售服务、无形资产或者不动产。单位或者个体工商户向其他单位或者个人无偿提供服务、无偿转让无形资产或者不动产，视同应税行为，应征收增值税。但用于公益事业或者以社会公众为对象的除外，如纳税人无偿提供的航空运输服务、铁路运输服务不征收增值税。

将无偿行为纳入征税范围是为了防止纳税人利用无偿行为逃税，而对以公益活动为目的的服务不征税是为了促进公益事业发展。

3. 不征收增值税的项目

下列项目不征收增值税：

（1）根据国家指令无偿提供的铁路运输服务、航空运输服务，属于用于公益事业的服务。

（2）存款利息。

（3）被保险人获得的保险赔付。

（4）房地产主管部门或者其指定机构、公积金管理中心、开发企业及物业管理单位代收的住宅专项维修资金。

（5）在资产重组过程中，通过合并、分立、出售、置换等方式，将全部或者部分实物资产以及与其相关联的债权、负债和劳动力一并转让给其他单位和个人，其中涉及的不动产、土地使用权转让行为。

4. 混合销售和兼营行为的征税规定

（1）混合销售行为。一项销售行为如果既涉及货物又涉及服务，就称为混合销售行为。从事货物的生产、批发或零售的企业和个体工商户的混合销售行为，按照销售货物缴纳增值税；其他单位和个体工商户的混合销售行为，按照销售服务缴纳增值税。

以上所说的从事货物的生产、批发或零售的企业和个体工商户，包括以从事货物的生产、批发或零售为主，并兼营销售服务的单位和个体工商户。

鉴别混合销售行为成立的行为标准有两个，一是销售行为必须是一项；二是该项行为必须既涉及服务又涉及货物。在确定某行为是混合销售行为时，必须同时满足这两个标准，如果一项销售行为只涉及销售服务，不涉及货物，这种行为就不是混合销售行为；如果涉及销售服务和货物，但不同时存在于一项销售行为之中，这种行为也不是混合销售行为。例如，生产货物的单位在销售货物的同时附带运输，其销售货物及提供运输的行为属于混合销售行为，所收取的货物款项及运输费用应按销售货物计算缴纳增值税。

【思考】顾客在饭店就餐时消费烟酒，烟酒销售与饭店餐饮服务是否属于混合销售行为？

（2）兼营行为。兼营是指纳税人既有销售货物、加工修理修配劳务又有销售服务、无形资产或者不动产的行为。例如，某纳税人既从事啤酒的批发业务又从事酒吧经营，经营酒吧即属于兼营行为。由于增值税的征税范围涉及货物、劳务和应税行为，其适用的税率或者征收率不同，应注意区分适用不同税率或者征收率的销售行为。

（3）混合销售与兼营的异同。混合销售与兼营既有相同的方面，又有明显的区别。相同点是：两种行为的经营范围既包括销售货物又包括提供劳务和销售服务。区别是：混合销售强调的是在同一项销售行为中存在两类经营项目，两类经营项目存在紧密的从属关系，销售货款及劳务价款是同时从一个购买方取得的；兼营强调的是在同一纳税人的经营活动中存在多种经营项目，但这些经营项目不是在同一项销售行为中发生的，二者之间不存在从属关系。

特别提示

混合销售与兼营是不同的税收概念。一般情况下，混合销售主要按企业性质计算应缴纳的增值税，即从事货物的生产、批发或零售的企业和个体工商户的混合销售行为，按照销售货物缴纳增值税；其他单位和个体工商户的混合销售行为，按照销售服务缴纳增值税。兼营的纳税原则是按经营项目分别核算，按不同税率缴纳税款。对兼营行为不分别核算的，从高适用税率。

2.2.2 增值税纳税人

1. 增值税纳税人的基本规定

凡在中华人民共和国境内销售货物或者提供加工、修理修配劳务，销售服务、无形资产或者不动产以及进口货物的单位和个人，皆为增值税的纳税人。单位是指各类企业、行政单位、事业单位、军事单位、社会团体及其他单位。个人是指个体工商户和其他个人。其他个人是指除个体工商户以外的自然人。

单位以承包、承租、挂靠方式经营的，承包人、承租人、挂靠人（以下简称承包人）以发包人、出租人、被挂靠人（以下简称发包人）名义对外经营并由发包人承担相关法律责任的，以该发包人为纳税人；否则，以承包人为纳税人。也就是说，当以发包人名义对外经营并由发包人承担相关法律责任时，发包人是纳税人；否则，承包人是纳税人。

对报关进口的货物，以进口货物的收货人或办理报关手续的单位和个人为进口货物的纳税人。对代理进口的货物，以海关开具的完税凭证上的纳税人为增值税纳税人。也就是说，对报关进口的货物，凡是海关的完税凭证开具给委托方的，对代理方不征增值税；凡是海关的完税凭证开具给代理方的，对代理方征收增值税。

境外单位或个人在境内发生应税行为，而境内未设有经营机构的，以购买方为扣缴义务人。

两个或者两个以上的纳税人，经财政部和国家税务总局批准可以视为一个纳税人合并纳税。

2. 一般纳税人和小规模纳税人的划分

为了严格增值税的征收管理，我国对增值税实行分类管理制度，按照经营规模和会计核算水平将增值税纳税人分为一般纳税人和小规模纳税人。企业规模大小一般以年销售额为判定依据。纳税人的会计核算水平以纳税人是否能够提供准确的税务资料为依据，即能否正确核算增值税的销项税额、进项税额和应纳税额。以下是具体划分标准：

（1）小规模纳税人的认定标准与管理。凡是年应税销售额在500万元（含）以下的是小规模纳税人。在2018年12月31日之前，允许已登记为一般纳税人的企业转登记为小规模纳税人，其未抵扣的进项税额做转出处理，目的是让更多企业享受按较低征收率计税的优惠。

年应税销售额，是指纳税人在连续不超过12个月的经营期内累计应征增值税销售额，含减免税销售额、发生境外应税行为销售额以及按规定已从销售额中差额扣除的部分。如果该销售额含税，应按照适用税率或征收率换算为不含税的销售额。

年应税销售额超过小规模纳税人标准的其他个人按小规模纳税人纳税；非企业性单位、不经常发生应税行为的企业可选择按小规模纳税人纳税。兼有销售货物、提供加工修理修配劳务以及应税行为，且不经常发生应税行为的单位和个体工商户也可选择按照小规模纳税人纳税。

小规模纳税人的标准由国务院财政、税务主管部门规定。

小规模纳税人实行简易办法征收增值税，一般不使用增值税专用发票。如果小规模纳税人年应税销售额未超过规定标准，但会计核算健全，即能够按照国家统一的会计制度规定设置账簿，根据合法、有效凭证核算并能够提供准确的税务资料，可以向主管税务机关办理一般纳税人资格登记，成为一般纳税人。

(2) 一般纳税人的认定标准与管理。

1) 年应税销售额超过财政部、国家税务总局规定的小规模纳税人标准的，除另有规定外，应当向主管税务机关办理一般纳税人资格登记。

2) 年应税销售额未超过财政部、国家税务总局规定的小规模纳税人标准以及新开业的纳税人，可以向主管税务机关提出申请，登记为一般纳税人。

3) 下列纳税人不须办理一般纳税人资格登记。

a. 个体工商户以外的其他个人。其他个人是指自然人。

b. 选择按照小规模纳税人纳税的非企业性单位。非企业性单位是指行政单位、事业单位、军事单位、社会团体和其他单位。

c. 选择按照小规模纳税人纳税的不经常发生应税行为的企业。不经常发生应税行为的企业是指非增值税纳税人；不经常发生应税行为是指偶然发生增值税应税行为。

纳税人自认定机关认定为一般纳税人的次月起（新开业纳税人自主管税务机关认定为一般纳税人的当月起），按照税法的有关规定计算应纳税额，并按照规定领购、使用增值税专用发票。新开业纳税人是指自税务登记日起 30 日内申请一般纳税人资格登记的纳税人。

符合一般纳税人条件的纳税人应在规定期限内向主管税务机关办理一般纳税人资格登记；未申请办理资格登记的，应按销售额依照增值税税率计算应纳税额，不得抵扣进项税额，也不得使用增值税专用发票（含税控机动车销售统一发票）。

除国家税务总局另有规定外，纳税人一经登记为一般纳税人，不得转为小规模纳税人。

2.3 税率和征收率

2.3.1 基本税率

增值税一般纳税人销售或者进口货物，提供加工、修理修配劳务，除低税率适用范围以外，税率一律为 13%，这就是通常所说的基本税率。

提供有形动产租赁服务，税率为 13%。

2.3.2 低税率

(1) 增值税一般纳税人销售或者进口下列货物，适用低税率 9%。

1) 粮食、食用植物油、鲜奶。

2) 自来水、暖气、冷气、热水、煤气、石油液化气、天然气、沼气、居民用煤炭制品。

3) 图书、报纸、杂志。

4) 饲料、化肥、农药、农机、农膜。

5）国务院及其有关部门规定的其他货物。

（2）提供交通运输、邮政、基础电信、建筑、不动产租赁服务，销售不动产，转让土地使用权，税率为9%。

（3）除上述（2）内容外，其他应税行为（增值电信服务、金融保险服务、生活服务、现代服务、转让土地使用权以外的其他无形资产），税率为6%。

（4）纳税人购进农产品进项税额扣除率。对增值税一般纳税人购进农产品原适用10%扣除率的，扣除率调整为9%。对增值税一般纳税人购进用于生产或者委托加工13%税率货物的农产品，按照10%的扣除率计算进项税额。

纳税人兼营不同税率（征收率）的销售货物，提供加工、修理修配劳务，销售服务、无形资产或者不动产的，应当分别核算不同税率（征收率）货物或者劳务、应税行为的销售额。未分别核算销售额的，从高适用税率。

2.3.3 征收率

小规模纳税人采用简易征收办法，对小规模纳税人适用的税率称为征收率。小规模纳税人经营规模小且会计核算不健全，无法准确核算进项税额和销项税额，所以采取简便方式按照其销售额与规定的征收率计算缴纳增值税，不准抵扣进项税额。征收率的调整由国务院决定。

1. 征收率3%

小规模纳税人销售货物或者提供加工、修理修配劳务，销售应税服务、无形资产适用3%的征收率。

一般纳税人选择简易计税办法适用3%征收率的情况：

（1）销售县级及县级以下小型水力发电单位①生产的自产电力。

（2）销售自产的建筑用和生产建筑材料所用的砂、土、石料。

（3）销售以自己采掘的砂、土、石料或其他矿物连续生产的砖、瓦、石灰（不含黏土实心砖、瓦）。

（4）销售自产的用微生物、微生物代谢产物、动物毒素、人或动物的血液或组织制成的生物制品。

（5）销售自产的自来水。

（6）销售自产的商品混凝土（仅限于以水泥为原料生产的水泥混凝土）。

（7）单采血浆站销售非临床用人体血液。

（8）寄售商店代销寄售物品（包括居民个人寄售的物品在内）。

（9）典当业销售死当物品。

（10）药品经营企业销售生物制品。

（11）公共交通运输服务。

（12）经认定的动漫企业为开发动漫产品提供的动漫脚本编撰、形象设计、背景设计、动画设计、分镜、动画制作、摄制、描线、上色、画面合成、配音、配乐、音效合

---

① 小型水力发电单位是指各类投资主体建设的装机容量为5万千瓦以下（含5万千瓦）的小型水力发电单位。

成、剪辑、字幕制作、压缩转码（面向网络动漫、手机动漫格式适配）服务，以及在境内转让动漫版权（包括动漫品牌、形象或者内容的授权及再授权）。

（13）电影放映服务、仓储服务、装卸搬运服务、收派服务和文化体育服务。

（14）资管产品管理人运营资管产品过程中发生的增值税应税行为，暂适用简易计税方法，按照3%征收率缴纳增值税。

（15）提供物业管理服务的纳税人，向服务接受方收取的自来水费，以扣除其对外支付的自来水费后的余额为销售额，按照简易计税方法依3%征收率计算缴纳增值税。

（16）提供非学历教育服务、教育辅助服务。

（17）以清包工方式提供的建筑服务。

（18）销售电梯的同时提供安装服务，其安装服务可以按照甲供工程选择适用简易计税方法计税。

（19）自2018年5月1日起，增值税一般纳税人生产销售和批发、零售抗癌药品，可选择按照简易办法依照3%征收率计算缴纳增值税。

（20）自2019年3月1日起，增值税一般纳税人生产销售和批发、零售罕见病药品可选择按照简易办法依照3%征收率计算缴纳增值税。

（21）非企业性单位中的一般纳税人提供的研发和技术服务、信息技术服务、鉴证咨询服务，以及销售技术、著作权等无形资产，可以选择简易计税方法按照3%征收率计算缴纳增值税。

2. 征收率5%

小规模纳税人销售和租赁不动产（土地使用权），征收率为5%。

一般纳税人销售服务、无形资产或者不动产，按规定可以选择简易计税方法的，征收率为5%。主要适用以下情形：

（1）销售、出租2016年4月30日之前取得的不动产。

（2）房地产开发企业出租、销售自行开发房地产老项目。

（3）2016年4月30日之前签订的不动产租赁合同。

（4）以2016年4月30日之前取得不动产提供的融资租赁服务。

（5）转让2016年4月30日之前取得的土地使用权。

（6）提供劳务派遣服务、安全保护服务选择差额纳税的。

（7）提供人力资源外包服务。

（8）收取试点前开工的一级公路、二级公路、桥、闸通行费。

3. 其他规定

（1）3%征收率减按2%征收。

1）小规模纳税人（除其他个人外）销售自己使用过的固定资产，减按2%征收率征收增值税。只能开具增值税普通发票，不得由税务机关代开增值税专用发票。

2）一般纳税人销售自己使用过的物品和旧货，适用按简易计税办法依3%征税率减按2%征收增值税。旧货是指进入二次流通的具有部分使用价值的货物（含旧汽车、旧摩托车和旧游艇），但不包括自己使用过的物品。计算公式如下：

$$销售额=含税销售额\div(1+3\%)$$

应纳税额=销售额×2%

特别提示

为促进汽车消费，自2020年5月1日至2023年12月31日，从事二手车经销的纳税人销售其收购的二手车，由原按照简易计税办法依3%征收率减按2%征收增值税，改为减按0.5%征收增值税。所谓二手车，是指从办理完注册登记手续至达到国家强制报废标准之前进行交易并转移所有权的车辆。

例2-1

某生产企业是一般纳税人，2012年8月企业将不需用的已使用5年的机器设备销售处理，取得销售收入92 000元（原值9 000元，未抵扣过进项税额）；销售自己使用过的机动车，取得销售收入84 000元（原值76 000元）（以上收入均为含税收入）。计算该企业应缴纳的增值税。

销售机器设备应纳税额=92 000÷(1+3%)×2%=1 786.41(元)
销售机动车应纳税额=84 000÷(1+3%)×2%=1 631.07(元)
当月应纳税额合计=1 786.41+1 631.07=3 417.48(元)

小规模纳税人销售自己使用过的固定资产和旧货，按下列公式确定销售额和应纳税额：

销售额=含税销售额÷(1+3%)
应纳税额=销售额×2%

例2-2

某单位是小规模纳税人，某月销售使用过的一辆小汽车，取得含税收入100 000元。计算该单位应缴纳的增值税。

销售额=100 000÷(1+3%)=97 087.38(元)
应纳税额=97 087.38×2%=1 941.75(元)

3）一般纳税人销售货物属于下列情形之一的，暂按简易计税办法依照3%征收率征收增值税：

a. 寄售商店代销寄售物品（包括居民个人寄售的物品在内）；
b. 典当业销售死当物品；
c. 经国务院或国务院授权机关批准的免税商店零售的免税品。

4）属于一般纳税人的自来水公司销售自来水，按简易计税办法依照3%征收率征收增值税，不得抵扣其购进自来水取得的增值税扣税凭证上注明的增值税税款。

特别提示

一般纳税人选择简易计税办法计算缴纳增值税后，36个月内不得变更。

（2）个体工商户和其他个人出租住房，按照 5％征收率减按 1.5％征收。

2.3.4 零税率

（1）纳税人出口货物，税率为零，但是国务院另有规定的除外。税率为零不是简单地等同于免税。出口货物免税仅指在出口环节不征收增值税，而零税率是指对出口货物除了在出口环节不征增值税，还要对该产品在出口前已经缴纳的增值税进行退税，使该出口产品在出口时完全不含增值税税款。当然，我国目前并非对全部出口产品完全实行零税率。我国根据经济形势的变化和出口产品结构目标规定了出口退税率，对大部分出口产品实行零税率。

（2）境内单位和个人发生的跨境应税行为，税率为零。

境内的单位和个人销售适用增值税零税率的服务或无形资产的，可以放弃适用增值税零税率，选择免税或按规定缴纳增值税。放弃适用增值税零税率后，36 个月内不得再申请适用增值税零税率。

2.4 税收优惠

我国现行的增值税税收优惠主要包括直接免税、减征税款、即征即退、先征后返等形式。

2.4.1 税法规定的免税项目

（1）农业生产者销售的自产农产品。农业生产者销售的自产农产品是指从事种植业、养殖业、林业、牧业、水产业的单位和个人销售的自产农产品。自产农产品的范围由财政部、国家税务总局确定。上述单位和个人销售的外购农产品，以及单位和个人外购农产品生产、加工后销售的仍然属于规定范围内的农业产品，不属于免税范围，应当按照规定的税率征收增值税。

（2）避孕药品和用具。

（3）古旧图书。古旧图书指向社会收购的古书和旧书。

（4）直接用于科学研究、科学试验和教学的进口仪器、设备。

（5）外国政府、国际组织无偿援助的进口物资和设备。

（6）由残疾人组织直接进口供残疾人专用的物品。

（7）销售自己使用过的物品。

2.4.2 资源综合利用的特定减免

为了提高资源综合利用水平，促进节能减排，财政部、国家税务总局对部分产品的增值税免征做了规定。

（1）对销售下列自产货物实行免征增值税政策。

1）再生水。再生水是指对污水处理厂出水、工业排水（矿井水）、生活污水、垃圾处理厂渗透（滤）液等水源进行回收，经适当处理后达到一定水质标准，并在一定范围内重复利用的水资源。

2）以废旧轮胎为全部生产原料生产的胶粉。

3）翻新轮胎。

4）生产原料中掺兑废渣比例不低于30%的特定建材产品。特定建材产品是指砖（不含烧结普通砖）、砌砖、陶粒、墙板、管材、混凝土、砂浆、道路井盖、道路护栏、防火材料、耐火材料、保温材料、矿（岩）棉。

（2）对污水处理劳务免征增值税。

（3）对销售下列自产货物实行即征即退的政策。

1）以垃圾为燃料生产的电力或热力。垃圾是指城市生活垃圾、农作物秸秆、树皮废渣、污泥、医疗垃圾。

2）以工业废气为原料生产的高纯度二氧化碳产品。

3）以煤炭开采过程中伴生的舍弃物油母页岩为原料生产的页岩油。

4）以废旧沥青混凝土为原料生产的再生沥青混凝土。

5）采用旋窑法工艺生产的水泥，水泥生产原料中掺兑废渣比例不低于30%。

（4）对销售下列自产货物实行即征即退50%的政策。

1）以退役军用发射药为原料生产的涂料硝化棉粉。

2）对燃煤发电厂及各类工业企业产生的烟气、高硫天然气进行脱硫生产的副产品。副产品指石膏、硫酸、硫酸铵和硫黄。

3）以废弃酒糟和酿酒底锅水为原料生产的蒸汽、活性炭、白炭黑、乳酸、乳酸钙、沼气。

4）以煤矸石、煤泥、石煤、油母页岩为燃料生产的电力和热力。

5）利用风力生产的电力。

6）部分新型墙体材料产品。

（5）自2019年9月1日起，纳税人销售自产磷石膏资源综合利用产品，可享受增值税即征即退政策，退税比例为70%。

（6）对增值税一般纳税人生产的黏土实心砖、瓦，一律按适用税率征收增值税，不得采取简易计税办法征收增值税。

以立窑法工艺生产的水泥（包括水泥熟料）一律不得享受增值税即征即退政策。

（7）对销售自产的综合利用生物柴油实行先征后退政策。

（8）对节能服务公司免征增值税。节能服务公司实施符合条件的合同能源管理项目，将项目中的增值税应税货物转让给节能企业，暂免征收增值税。“符合条件”是指同时满足以下条件：一是节能服务公司实施合同能源管理项目所使用的相关技术应符合国家质量监督检验检疫总局和国家标准化管理委员会发布的《合同能源管理技术通则》规定的技术要求；二是节能服务公司与用能企业签订节能效益分享型合同，其合同格式和内容符合《中华人民共和国合同法》《合同能源管理技术通则》等规定。

2.4.3 软件产品的税收政策

软件产品是指信息处理程序及相关文档和数据，包括计算机软件产品、信息系统和嵌入式软件产品。

(1) 增值税一般纳税人销售其自行开发生产的软件产品，按13%的税率征收增值税后，对其增值税实际税负超过3%的部分实行即征即退政策。

例2-3

某软件开发企业5月销售自行开发的软件产品取得销售额68 000元，已开具增值税专用发票。本月购进材料取得的增值税专用发票上注明的增值税为1 360元。

企业应缴纳的增值税=68 000×13%－1 360=7 480(元)

企业实际承担的税收负担=7 480÷68 000×100%=11%

实际税负超过了3%，超过部分即征即退。

企业实际应缴纳的增值税=68 000×3%=2 040(元)

应退税额=7 480－2 040=5 440(元)

(2) 增值税一般纳税人将进口软件产品进行本地化改造后对外销售，其销售的软件产品可享受(1)的规定，实行即征即退。本地化改造是指对进口软件产品重新进行设计、改造、转换等，单纯对进口软件产品进行汉字化处理不包括在内。

(3) 软件企业若能取得省级软件产业主管部门认可的软件检测机构出具的证明材料和软件产业主管部门颁发的《软件产品登记证书》或著作权行政管理部门颁发的《计算机软件著作权登记证书》，经主管税务机关审核批准，也可享受上述税收政策。

(4) 软件产品增值税即征即退税额的计算。

1) 软件产品增值税即征即退税额的计算公式。

即征即退税额=当期软件产品增值税应纳税额－当期软件产品销售额×3%

当期软件产品增值税应纳税额=当期软件产品销项税额－当期软件产品可抵扣进项税额

当期软件产品销项税额=当期软件产品销售额×13%

2) 当期嵌入式软件产品销售额的计算公式。

当期嵌入式软件产品销售额=当期嵌入式软件产品与计算机硬件、机器设备销售额合计－当期计算机硬件、机器设备销售额

计算机硬件、机器设备销售额按照下列顺序确定：

a. 按纳税人最近同期同类货物的平均销售价格计算确定；

b. 按其他纳税人最近同期同类货物的平均销售价格计算确定；

c. 按计算机硬件、机器设备组成计税价格计算确定。

计算机硬件、机器设备组成计税价格=计算机硬件、机器设备成本×(1+10%)

(5) 增值税一般纳税人在销售软件产品的同时销售其他货物或者应税劳务的，对于无法划分的进项税额，应按照实际成本或销售收入比例确定软件产品应分摊的进项税额；对专用于软件产品开发生产设备及工具的进项税额，不得进行分摊。纳税人应将选定的分摊方式报主管税务机关备案，自备案之日起一年内不得变更。

专用于软件产品开发生产的设备及工具，包括但不限于用于软件设计的计算机设备、读写打印器具设备、工具软件、软件平台和测试设备。

（6）对增值税一般纳税人随同计算机硬件、机器设备一并销售的嵌入式软件产品，如果适用《财政部 国家税务总局关于软件产品增值税政策的通知》（财税〔2011〕100号）规定按照组成计税价格计算确定计算机硬件、机器设备销售额的，应当分别核算嵌入式软件产品与计算机硬件、机器设备部分的成本。凡未分别核算或者核算不清的，不得享受该通知规定的增值税政策。

2.4.4 应税行为的优惠政策

1. 下列项目免征增值税

（1）托儿所、幼儿园提供的保育和教育服务。

（2）养老机构提供的养老服务。

（3）残疾人福利机构提供的育养服务。

（4）婚姻介绍服务。

（5）殡葬服务。

（6）残疾人员本人为社会提供的服务。

（7）医疗机构提供的医疗服务。

（8）从事学历教育的学校提供的教育服务。

（9）学生勤工俭学提供的服务。

（10）农业机耕、排灌、病虫害防治、植物保护、农牧保险以及相关技术培训业务，家禽、牲畜、水生动物的配种和疾病防治。

（11）纪念馆、博物馆、文化馆、文物保护单位管理机构、美术馆、展览馆、书画院、图书馆在自己的场所提供文化体育服务取得的第一道门票收入。

（12）寺院、宫观、清真寺和教堂举办文化、宗教活动的门票收入。

（13）行政单位之外的其他单位收取的符合《营业税改征增值税试点实施办法》第十条规定条件的政府性基金和行政事业性收费。

（14）个人转让著作权。

（15）个人销售自建自用住房。

（16）台湾航运公司、航空公司从事海峡两岸海上直航、空中直航业务在大陆取得的运输收入。

（17）纳税人提供的直接或者间接国际货物运输代理服务。

（18）利息收入。如国债、地方政府债利息；人民银行对金融机构的贷款利息等。

（19）被撤销金融机构以货物、不动产、无形资产、有价证券、票据等财产清偿债务。

（20）保险公司开办的一年期以上人身保险产品取得的保费收入。

（21）金融商品转让收入。如个人从事金融商品（从事外汇、有价证券、非货物期货和其他金融商品买卖业务）转让业务，合格境外机构投资者（简称QFII）委托境内公司在我国从事证券买卖业务取得的差价收入，证券投资基金（封闭式证券投资基金和开放式证券投资基金）管理人运用基金买卖股票、债券等。

（22）金融同业往来利息收入。自2019年8月20日起，金融机构向小型企业、微型企业和个体工商户发放1年期以上（不含1年）至5年期以下（不含5年）小额贷款取得的利息收入，可选择中国人民银行授权全国银行间同业拆借中心公布的1年期贷款市场报价利率或5年期以上贷款市场报价利率，免征增值税。

(23) 符合条件的担保机构从事中小企业信用担保或者再担保业务取得的收入（不含信用评级、咨询、培训等收入）3年内免征增值税。

(24) 国家商品储备管理单位及其直属企业承担商品储备任务，从中央或者地方财政取得的利息补贴收入和价差补贴收入。

(25) 纳税人提供技术转让、技术开发和与之相关的技术咨询、技术服务。

(26) 符合条件的合同能源管理服务。

(27) 2017年12月31日前，科普单位的门票收入以及县级及以上党政部门和科协开展科普活动的门票收入。

(28) 政府举办的从事学历教育的高等、中等和初等学校（不含下属单位），举办进修班、培训班取得的全部归该学校所有的收入。

(29) 政府举办的职业学校设立的主要为在校学生提供实习场所，并由学校出资自办、由学校负责经营管理、经营收入归学校所有的企业，从事《销售服务、无形资产或者不动产注释》中现代服务（不含融资租赁服务、广告服务和其他现代服务)、生活服务（不含文化体育服务、其他生活服务和桑拿、氧吧）业务活动取得的收入。

(30) 家政服务企业由员工制家政服务员提供家政服务取得的收入。

(31) 福利彩票、体育彩票的发行收入。

(32) 军队空余房产租赁收入。

(33) 为了配合国家住房制度改革，企业、行政事业单位按房改成本价、标准价出售住房取得的收入。

(34) 将土地使用权转让给农业生产者用于农业生产。

(35) 涉及家庭财产分割的个人无偿转让不动产、土地使用权。

(36) 土地所有者出让土地使用权和土地使用者将土地使用权归还给土地所有者。

(37) 县级以上地方人民政府或自然资源行政主管部门出让、转让或收回自然资源使用权（不含土地使用权)。

(38) 随军家属就业。

(39) 军队转业干部就业。

2. 销售的下列服务和无形资产免征增值税，但财政部和国家税务总局规定适用增值税零税率的除外

(1) 下列服务：

1) 工程项目在境外的建筑服务。

2) 工程项目在境外的工程监理服务。

3) 工程、矿产资源在境外的工程勘察勘探服务。

4) 会议展览地点在境外的会议展览服务。

5) 存储地点在境外的仓储服务。

6) 标的物在境外使用的有形动产租赁服务。

7) 在境外提供的广播影视节目（作品）的播映服务。

8）在境外提供的文化体育服务、教育医疗服务、旅游服务。

（2）为出口货物提供的邮政服务、收派服务、保险服务。

（3）向境外单位提供的完全在境外消费的下列服务和无形资产：

1）电信服务。

2）知识产权服务。

3）物流辅助服务（仓储服务、收派服务除外）。

4）鉴证咨询服务。

5）专业技术服务。

6）商务辅助服务。

7）广告投放地在境外的广告服务。

8）无形资产。

完全在境外消费的服务和无形资产，是指服务的实际接受方或无形资产完全在境外使用，且与境内的货物和不动产无关。例如，境内A咨询公司与美国B集团签订法律咨询合同，如果A咨询公司为B集团在我国境内的子公司提供法律咨询，则该咨询服务不属于完全在境外消费的咨询服务。再如，境内C公司向印度D公司转让一项有关高铁轨道铺设的专利技术，用于D公司在印度建设的高铁项目，则该专利技术属于完全在境外消费的无形资产。

（4）以无运输工具承运方式提供的国际运输服务。

（5）为境外单位之间的货币资金融通及其他金融业务提供的直接收费金融服务，且该服务与境内的货物、无形资产和不动产无关。

（6）财政部和国家税务总局规定的其他服务。

按照国家有关规定应取得相关资质的国际运输服务项目，纳税人取得相关资质的，适用增值税零税率政策；未取得的，适用增值税免税政策。

境内的单位或个人提供程租服务，如果租赁的交通工具用于国际运输服务和港澳台运输服务，由出租方按规定申请适用增值税零税率。

境内的单位和个人向境内单位或个人提供期租、湿租服务，如果承租方利用租赁的交通工具向其他单位或个人提供国际运输服务和港澳台运输服务，由承租方适用增值税零税率。境内的单位或个人向境外单位或个人提供期租、湿租服务，由出租方适用增值税零税率。

境内单位和个人以无运输工具承运方式提供的国际运输服务，由境内实际承运人适用增值税零税率；无运输工具承运业务的经营者适用增值税免税政策。

3. 下列项目实行增值税即征即退政策

（1）一般纳税人提供管道运输服务，对其增值税实际税负超过3%的部分实行增值税即征即退政策。

（2）经中国人民银行、银保监会或者商务部批准从事融资租赁业务的一般纳税人，提供有形动产融资租赁服务和有形动产融资性售后回租服务，对其增值税实际税负超过3%的部分实行增值税即征即退政策。

（3）自2019年9月1日起，纳税人销售自产磷石膏和废玻璃资源综合利用产品，可享受增值税即征即退政策，退税比例为70%。

增值税实际税负，是指纳税人当期提供应税服务实际缴纳的增值税税额占纳税人当期提供应税服务取得的全部价款和价外费用的比例。

特别提示

因不动产已征收增值税，售后回租业务可以享受即征即退政策的只有有形动产的融资性售后回租，不包括不动产的融资性售后回租。

4. 销售个人购买住房的优惠政策

个人将购买不足2年的住房对外销售的，按照5%的征收率全额缴纳增值税；个人将购买2年以上（含2年）的住房对外销售的，免征增值税。上述政策适用于北京市、上海市、广州市和深圳市之外的地区。

个人将购买不足2年的住房对外销售的，按照5%的征收率全额缴纳增值税；个人将购买2年以上（含2年）的非普通住房对外销售的，以销售收入减去购买住房价款后的差额按照5%的征收率缴纳增值税；个人将购买2年以上（含2年）的普通住房对外销售的，免征增值税。上述政策仅适用于北京市、上海市、广州市和深圳市。

2.4.5 增值税起征点的规定

增值税起征点的适用范围仅限于个人（按照小规模纳税人纳税的个体工商户和自然人），不适用于认定为一般纳税人的个体工商户。具体幅度规定如下：

(1) 按期纳税的，为月销售额5 000～20 000元（含本数）。

(2) 按次纳税的，为每次（日）销售额300～500元（含本数）。

起征点的调整由财政部和国家税务总局规定。省、自治区、直辖市财政厅（局）和税务机关应在规定的幅度内，根据实际情况确定本地区适用的起征点，并报财政部和国家税务总局备案。纳税人销售额未达到国务院财政、税务主管部门规定的增值税起征点的，免征增值税；达到起征点的，全额计算缴纳增值税。

(3) 自2021年4月1日至2022年12月31日，对月销售额15万元以下（含本数）的增值税小规模纳税人，免征增值税。

特别提示

1. 小规模纳税人发生增值税应税销售行为，合计月销售额超过15万元，但扣除本期发生的销售不动产的销售额后未超过15万元的，其销售货物、劳务、服务、无形资产取得的销售额免征增值税。

2. 适用增值税差额征税政策的小规模纳税人，以差额后的销售额确定是否可以享受免征增值税。

3. 按固定期限纳税的小规模纳税人可以选择以1个月或1个季度为纳税期限，一经选择，一个会计年度内不得变更。

4. 其他个人采取一次性收取租金形式出租不动产取得的租金收入，可在对应的租赁期内平均分摊，分摊后的月租金收入未超过15万元的，免征增值税。

5. 按照现行规定应当预缴增值税税款的小规模纳税人，凡在预缴地实现的月销售额未超过15万元的，当期无须预缴税款。

6. 小规模纳税人中的单位和个体工商户销售不动产，应按其纳税期限、上述第5条以及其他现行政策规定确定是否预缴增值税；其他个人销售不动产，继续按照现行规定征免增值税。

7. 已经使用金税盘、税控盘等税控专用设备开具增值税发票的小规模纳税人，月销售额未超过15万元的，可以继续使用现有设备开具发票，也可以自愿向税务机关免费换领税务Ukey开具发票。

2.4.6 其他有关减免税的规定

（1）纳税人兼营免税、减税项目的，应当分别核算免税、减税项目的销售额；未分别核算销售额的，不得免税、减税。

（2）纳税人销售货物或者发生应税行为适用免税、减税规定的，可以放弃免税、减税，依照规定缴纳增值税。放弃免税、减税后，36个月内不得再申请免税、减税。

（3）生产和销售免征增值税货物或劳务的纳税人要求放弃免税权的，应当以书面形式提交放弃免税权声明，报主管税务机关备案。纳税人自提交备案资料的次月起，按照现行有关规定计算缴纳增值税。

（4）放弃免税权的纳税人符合一般纳税人认定条件尚未登记为增值税一般纳税人的，应当按现行规定登记为增值税一般纳税人，其销售的货物或应税行为可开具增值税专用发票。

（5）纳税人一旦放弃免税权，其生产销售的全部增值税应税货物或应税行为均应按照适用税率征税，不得选择某一免税项目放弃免税权，也不得根据不同的销售对象选择部分货物或应税行为放弃免税权。

（6）纳税人在免税期内购进用于免税项目的货物、加工修理修配劳务或者应税行为所取得的增值税扣税凭证，一律不得抵扣。

（7）纳税人发生应税行为同时适用免税和零税率规定的，可以选择适用免税或者零税率。

【思考】制定增值税税收优惠政策的目的是什么？

2.5 增值税的计算

2.5.1 一般计税方法

目前我国对一般纳税人采用的计税方法是国际上通行的购进扣税法，即增值税一般纳税人销售货物或者发生应税行为的应纳税额，等于当期销项税额抵扣当期进项税额后的余额。其计算公式如下：

当期应纳税额＝当期销项税额－当期进项税额

对于任何一个纳税人来说，其经营活动中既会发生销售货物、服务、无形资产或者不动产的行为，又会发生购进货物或接受应税劳务、服务、无形资产和不动产的情况，因此，每一个纳税人都会有收取的销项税额和支付的进项税额。增值税的核心就是用纳税人收取的销项税额扣减其支付的进项税额，其余额为纳税人实际缴纳的增值税税额。当应纳税额为正数时，则为纳税人当期应纳税额；当应纳税额为负数，也就是当期销项税额小于当期进项税额而发生不足抵扣时，其余额部分可以结转下期继续抵扣。

从公式中可以看出，增值税一般纳税人当期应纳税额的多少取决于当期销项税额和当期进项税额两个因素。因此，准确计算当期销项税额和进项税额就成为正确计算当期应纳税额的关键。

1. 当期销项税额的计算

销项税额是指纳税人销售货物或者发生应税行为，按照销售额和规定的税率计算并向购买方收取的增值税税额。销项税额的计算公式为：

销项税额＝销售额×适用税率

销项税额的定义和公式有两个含义：第一，销项税额是计算出来的，对于销货方来说，在没有依法抵扣其进项税额前，销项税额不是其应纳税额，而是销售货物或发生应税行为的整体税负；第二，销售额是不含税的，是从购买方收取的价款，体现了价外税的性质。

销项税额取决于销售额和适用税率两个因素。在适用税率既定的前提下，销项税额的大小主要取决于销售额的大小。

（1）一般销售方式下销售额的确定。销售额是指纳税人销售货物或者提供加工、修理修配劳务，或者发生应税行为向购买方收取的全部价款和价外费用，但是不包括收取的销项税额。

价外费用（实属价外收入）是指价外向购买方收取的手续费、补贴、基金、集资费、返还利润、奖励费、违约金、滞纳金、延期付款利息、赔偿金、包装费、包装物租金、储备费、优质费、运输装卸费、代收款项、代垫款项以及其他各种性质的价外收费。但下列项目不包括在内：

1）受托加工应征消费税的消费品所代收代缴的消费税。

2）以委托方名义开具发票代委托方收取的款项。例如，航空运输企业的应征增值税销售额不包括代收的机场建设费和代售其他航空运输企业客票而代收转付的价款。

3）行政单位收取的同时满足以下条件的政府性基金或者行政事业性收费：

第一，由国务院或者财政部批准设立的政府性基金，由国务院或者省级人民政府及其财政、价格主管部门批准设立的行政事业性收费；

第二，收取时开具省级以上（含省级）财政部门监（印）制的财政票据；

第三，所收款项全额上缴财政。

4）销售货物的同时代办保险等而向购买方收取的保险费，以及向购买方收取的代购买方缴纳的车辆购置税、车辆牌照费。

上述四项允许不计入价外费用是因为在满足上述相关条件后可以确认销售方在其中仅仅是代为收取了有关费用，这些价外费用确实没有形成销售方的收入。

特别提示

凡随同销售货物或提供应税劳务、应税行为向购买方收取的价外费用，无论其会计制度如何核算，均应并入销售额计算应纳税额。税法规定各种性质的价外收费都要并入销售额计算征税，目的是防止以各种名目的收费减少销售额从而逃避纳税的现象。价外费用为含税收入，在计算时应换算成不含税收入。

销售额以人民币计算。纳税人以人民币以外的货币结算销售额的，应当折合成人民币计算。折合率可以选择销售额发生的当天或者当月1日的人民币汇率中间价。纳税人应当事先确定采用何种折合率，确定后12个月内不得变更。

由于现行增值税属于价外税，应以不含增值税的销售额为计税依据。纳税人在销售货物或者提供应税劳务、应税行为中采用销售额和销项税额合并定价方法的，应按下列公式将含税销售额换算为不含税销售额：

$$不含税销售额=\frac{含税销售额}{1+税率}$$

例2-4

某一商业零售企业为增值税一般纳税人，销售货物一批，开具增值税普通发票，销售额为1130元。

该笔业务的计税销售额＝1 130÷(1＋13%)＝1 000(元)

（2）视同销售行为销售额的确定。视同销售行为是增值税税法中规定的特殊销售行为，由于视同销售行为一般不以资金形式反映出来，因此会出现视同销售而无销售额的情况。另外，纳税人销售货物或提供应税劳务、应税行为的价格明显偏低或者偏高，且不具有合理商业目的的，税务机关有权按下列顺序核定其计税销售额：

1）按照纳税人最近时期同类货物、同类服务、无形资产或者不动产的平均销售价格确定。

2）按照其他纳税人最近时期同类货物、同类服务、无形资产或者不动产的平均销售价格确定。

3）按照组成计税价格确定销售额，公式为：

组成计税价格＝成本×(1＋成本利润率)

属于应征消费税的货物，其组成计税价格应加计消费税税额，公式为：

组成计税价格＝成本×(1＋成本利润率)＋消费税税额

或　　　　$=\frac{\text{成本}\times(1+\text{成本利润率})}{1-\text{消费税税率}}$

式中，成本是指销售自产货物的实际生产成本，销售外购货物的实际采购成本。销售货物的成本利润率由国家税务总局确定，统一为 10%。应税行为的成本利润率由国家税务总局确定，暂定为 10%。

例 2-5

某服装厂是一般纳税人，将自产的衬衫作为福利发给本单位职工，共发放男衫 80 件，每件销售价 100 元（不含税）；发放女衫 200 件，无销售价，已知生产女衫的总成本是 36 000 元。

男衫、女衫的计税销售额＝80×100＋36 000×(1＋10%)＝47 600(元)

不具有合理商业目的是指以谋取税收利益为主要目的，通过人为安排减少、免除、推迟缴纳税款或者增加返还、退税收入的行动和交易。对不具有合理商业目的的行为进行限制，体现了公平税负的原则。

（3）兼营行为销售额的确定。纳税人兼营销售货物、劳务、服务、无形资产或者不动产，适用不同税率或者征收率的，应当分别核算适用不同税率或者征收率的销售额；未分别核算的，从高适用税率。

纳税人兼营免税、减税项目的，应当分别核算免税、减税项目的销售额；未分别核算的，不得扣除免税、减税项目的销售额。此规定是为了使纳税人能够准确核算和反映免税、减税项目的销售额，故将分别核算作为纳税人减免税的前置条件。

（4）特殊销售方式下的销售额的确定。在市场竞争中，为了达到促销的目的，纳税人会采取某些特殊、灵活的销售方式销售货物，不同销售方式下，销货方取得的销售额会有所不同。对不同销售方式下如何确定计征增值税的销售额，税法做出了明确规定。

1）折扣方式销售。折扣销售也称商业折扣，是指纳税人在销售货物、服务、无形资产或者不动产时，由于购货方购货数量较大等原因而给予购货方的价格优惠（如购买 5 件，销售价格折扣 10%；购买 10 件，折扣 20%等），它是与销售同时发生的。税法规定，如果价款和折扣额在同一张发票的金额栏上分别注明，按折扣后的价款为销售额计征增值税；如果没有在同一张发票上分别注明，仅在发票备注栏注明折扣额，不论其在财务上如何处理，都不得从价款中扣减折扣额。

例如，纳税人提供应税服务的价款为 100 元、折扣额为 10 元，如果将价款和折扣额在同一张发票上分别注明，则以 90 元为销售额；如果未在同一张发票上分别注明，则以 100 元为销售额。

特别提示

这里需要注意区分折扣销售、销售折扣和销售折让三个概念。

销售折扣亦称现金折扣，指销货方在销售货物、服务、无形资产或者不动产后，为了鼓励购买方及早偿还货款，而许诺给购货方的一种折扣优待（如 10 天内付款，货款折扣 2%；20 天内付款，折扣 1%；30 天内全价付款）。销售折扣发生在销售货物、服务、无形资产和不动产之后，是一种融资性质的理财费用，因此不得从销售额中扣减。

销售折让是指货物销售后，由于品种、质量等原因，购货方虽未退货，但销货方需给予购货方一定的价格折让。销售折让可以将折让后的货款作为计税销售额。

2）以旧换新方式销售。以旧换新是指纳税人在销售货物时，有偿收回同类旧货物，并用旧货物的折价款冲减新货物价款的行为。税法规定，采取以旧换新方式销售货物的，应按新货物的同期销售价格确定销售额，不得扣减旧货物的收购价格。之所以这样规定，是因为销售货物与收购货物是两个不同的业务活动，销售额与收购额不能相互抵减，同时也是为了严格增值税的计算征收，防止出现销售额不实、偷逃税收的现象。

例2-6

某商场是小规模纳税人，5月份采取以旧换新方式销售电视机，开具增值税普通发票22张，收到货款55 000元，并注明已扣除旧货折价款23 000元。

本月计税销售额＝(55 000＋23 000)÷(1＋3%)＝75 728.16(元)

注意，上述规定不适用于金银首饰的以旧换新，对金银首饰以旧换新业务，可以按销售方实际收取的不含增值税的全部价款征收增值税。

3）还本销售方式销售。还本销售是指纳税人在销售货物后，按约定的时间，由销售方一次或分次退还给购货方全部或部分货款，退还的货款即为还本支出。这实际上是一种筹集资金，以货物换取资金的使用价值，到期还本不付息的方法。税法规定，采取还本销售方式销售货物，其销售额就是货物的销售价格，不得从销售额中减除还本支出。

4）以物易物方式销售。以物易物是一种较为特殊的购销活动，购销双方不以货币结算，而是以同等价款的货物相互结算，实现货物购销。以物易物双方都应作为购销处理，以各自发出的货物核算销售额并计算销项税额，以各自收到的货物核算购货额并计算进项税额。需要注意的是，在以物易物活动中，购销双方应分别开具合法的票据，必须计算销项税额，但如果收到的货物不能取得相应的增值税专用发票或其他合法票据，就不能抵扣进项税额。

5）出租出借包装物押金是否计入销售额。包装物是指纳税人包装本单位货物的各种物品。为了促使购货方及早退回包装物以便周转使用，销货方会向购货方收取包装物押金，购货方在规定的期限内退还包装物，销货方就将收取的包装物押金退还。税法规定，纳税人为销售货物而出租出借包装物收取的押金，单独记账核算，时间在1年以内又未过期的，不并入销售额征税，但对因逾期未收回包装物，不再退还的包装物押金，应按所包装货物的适用税率计算销项税额。

上述规定中，“逾期”是指按合同约定实际逾期或以1年为期限，对收取1年以上的押金，无论是否退还均并入销售额征税。但是要注意，押金属于含税收入，应先将其换算为不含税收入，再并入销售额征税。另外，包装物押金不应混同于包装物租金，包装物租金在销货时属于价外费用，在收取时应并入销售额计算销项税额。

对销售除啤酒、黄酒外的其他酒类产品而收取的包装物押金，无论是否返还以及会计上如何核算，均应并入当期销售额征税。对销售啤酒、黄酒收取的包装物押金，按一般包装物押金的规定处理。

例2-7

某生产白酒的企业是增值税一般纳税人，某月销售白酒的收入为127.6万元（含税），当期发出包装物收取押金2.35万元，当期逾期未归还包装物押金6.96万元。

当期销售额=(127.6+2.35)÷(1+13%)=115(万元)

（5）营改增后对应税行为销售额的确定。

1）贷款服务，以提供贷款服务取得的全部利息及利息性质的收入为销售额。

2）直接收费金融服务，以提供直接收费金融服务收取的手续费、佣金、酬金、管理费、服务费、经手费、开户费、过户费、结算费、转托管费等各类费用为销售额。

3）金融商品转让，以卖出价扣除买入价后的余额为销售额。

纳税人无偿转让股票时，转出方以该股票的买入价为卖出价，按照“金融商品转让”计算缴纳增值税；在转入方将上述股票再转让时，以原转出方的卖出价为买入价，按照“金融商品转让”计算缴纳增值税。

政策解读

无偿转让股票：无偿转让应视同销售，转出方按照股票的公允价值减买入价，按照“金融商品转让”缴纳增值税即可，转入方的买入价自然就是零了。但是按照规定，纳税人无偿转让股票时，转出方以该股票的买入价为卖出价，按照“金融商品转让”计算缴纳增值税；在转入方将上述股票再转让时，以原转出方的卖出价为买入价，按照“金融商品转让”计算缴纳增值税。此时，转出方以买入价为卖出价，增值额是零，不用缴纳增值税。卖出价（卖出价=买入价）-买入价=0；转入方以原转出方的卖出价为买入价。转入方买入价=转出方卖出价；转入方将上述股票再转让时，可凭转出方开具的增值税普通发票作为依据，不得开具增值税专用发票。

转出方无论确定买入价为多少，均不纳税，然而却影响转入方再转让的计税基础。

举例：甲公司所持股票买入价为10元，9月30日，无偿转让给乙公司，当日该股票公允价值为20元；12月31日，乙公司将该股票以30元售出。9月30日甲公司应缴纳增值税=(10-10)×6%=0，12月31日乙公司应缴纳增值税=(30-10)×6%=1.2元。

金融商品的买入价，可以选择按照加权平均法或者移动加权平均法进行核算，选择后36个月内不得变更。

4）经纪代理服务，以取得的全部价款和价外费用，扣除向委托方收取并代为支付的政府性基金或者行政事业性收费后的余额为销售额。向委托方收取的政府性基金或者行政事业性收费，不得开具增值税专用发票。

5）融资租赁和融资性售后回租业务。

a. 经中国人民银行、银保监会或者商务部批准从事融资租赁业务的试点纳税人，提供融资租赁服务，以取得的全部价款和价外费用，扣除支付的借款利息（包括外汇借款和人民币借款利息）、发行债券利息和车辆购置税后的余额为销售额。

b. 经中国人民银行、银保监会或者商务部批准从事融资租赁业务的试点纳税人，提供融资性售后回租服务，以取得的全部价款和价外费用（不含本金），扣除对外支付的借款利息（包括外汇借款和人民币借款利息）、发行债券利息后的余额作为销售额。

c. 纳税人根据2016年4月30日前签订的有形动产融资性售后回租合同，在合同到期前提供的有形动产融资性售后回租服务，可继续按照有形动产融资租赁服务缴纳增值税。

继续按照有形动产融资租赁服务缴纳增值税的纳税人，经中国人民银行、银保监会或者商务部批准从事融资租赁业务的，根据2016年4月30日前签订的有形动产融资性售后回租合同，在合同到期前提供的有形动产融资性售后回租服务，可以选择以下方法之一计算销售额：

- 以向承租方收取的全部价款和价外费用，扣除向承租方收取的价款本金，以及对外支付的借款利息（包括外汇借款和人民币借款利息）、发行债券利息后的余额为销售额。

纳税人提供有形动产融资性售后回租服务，计算当期销售额时可以扣除的价款本金，为书面合同约定的当期应当收取的本金。无书面合同或者书面合同没有约定的，为当期实际收取的本金。

纳税人提供有形动产融资性售后回租服务，向承租方收取的有形动产价款本金，不得开具增值税专用发票，可以开具增值税普通发票。

- 以向承租方收取的全部价款和价外费用，扣除支付的借款利息（包括外汇借款和人民币借款利息）、发行债券利息后的余额为销售额。

d. 经商务部授权的省级商务主管部门和国家经济技术开发区批准的从事融资租赁业务的试点纳税人，2016年5月1日后实收资本达到1.7亿元的，从达到标准的当月起按照上述三点规定执行；2016年5月1日后实收资本未达到1.7亿元但注册资本达到1.7亿元的，在2016年7月31日前仍可按照上述三点规定执行，2016年8月1日后开展的融资租赁业务和融资性售后回租业务不得按照上述三点规定执行。

6）航空运输企业的销售额，不包括代收的机场建设费和代售其他航空运输企业客票而代收转付的价款。

7）纳税人中的一般纳税人提供客运场站服务，以其取得的全部价款和价外费用，扣除支付给承运方运费后的余额为销售额。

8）纳税人提供旅游服务，可以选择以取得的全部价款和价外费用，扣除向旅游服务购买方收取并支付给其他单位或者个人的住宿费、餐饮费、交通费、签证费、门票费和支付给其他接团旅游企业的旅游费用后的余额为销售额。

选择上述办法计算销售额的纳税人，向旅游服务购买方收取并支付的上述费用，不得开具增值税专用发票，可以开具增值税普通发票。

9）纳税人提供建筑服务适用简易计税方法的，以取得的全部价款和价外费用扣除支付的分包款后的余额为销售额。

a. 一般纳税人以清包工方式提供的建筑服务。清包工是指施工方仅收取人工费、管理费或者其他费用，不采购建筑工程所需的材料或只采购辅助材料，建筑工程所需的主要材料或全部材料由建设方或上一环节工程发包方采购。

b. 一般纳税人为甲供工程提供的建筑服务。甲供工程是指全部或部分设备、材料、动力由工程发包方自行采购的建筑工程。

c. 一般纳税人为建筑工程老项目提供的建筑服务。建筑工程老项目是指：《建筑工程施工许可证》上注明的合同开工日期在 2016 年 4 月 30 日前的建筑工程项目；未取得《建筑工程施工许可证》的，建筑工程承包合同注明的开工日期在 2016 年 4 月 30 日前的建筑工程项目。

【思考】为什么纳税人提供建筑服务可以按照简易计税方法计算增值税？

10）销售不动产。

a. 销售自建不动产。房地产开发企业中的一般纳税人销售其开发的房地产项目（选择简易计税方法的房地产老项目除外），以取得的全部价款和价外费用，扣除受让土地时向政府部门支付的土地价款后的余额为销售额。

b. 一般纳税人销售其 2016 年 4 月 30 日前取得（不含自建）的不动产，可以选择适用简易计税方法，以取得的全部价款和价外费用减去该项不动产购置原价或者取得不动产时的作价后的余额为销售额。

c. 小规模纳税人销售其取得（不含自建）的不动产（不含个体工商户销售购买的住房和其他个人销售不动产），应以取得的全部价款和价外费用减去该项不动产购置原价或者取得不动产时的作价后的余额为销售额。

以上纳税人按照上述 4）至 10）款的规定从全部价款和价外费用中扣除的价款，应当取得符合法律、行政法规和国家税务总局规定的有效凭证，否则不得扣除。有效凭证是指：①支付给境内单位或者个人的款项，以发票为合法有效凭证。②支付给境外单位或者个人的款项，以该单位或者个人的签收单据为合法有效凭证，税务机关对签收单据有疑义的，可以要求其提供境外公证机构的确认证明。③缴纳的税款以完税凭证为合法有效凭证。④扣除的政府性基金、行政事业性收费或者向政府支付的土地价款，以省级以上（含省级）财政部门监（印）制的财政票据为合法有效凭证。⑤国家税务总局规定的其他凭证。

2. 当期进项税额的计算

纳税人购进货物、加工修理修配劳务、服务、无形资产或者不动产，支付或者负担的增值税税额为进项税额。进项税额是与销项税额相对应的一个概念。在开具增值税专用发票的情况下，它们之间的对应关系是，销售方收取的销项税额，就是购买方支付的进项税额。因此对于任何一个一般纳税人，都会收取销项税额并支付进项税额。用当期的销项税额抵扣其支付的进项税额，余额就是纳税人实际应缴纳的增值税税额。进项税额作为可抵扣的部分，对纳税人实际纳税多少起到举足轻重的作用。

特别提示

进项税额不得随意抵扣，注意区分能够抵扣和不能抵扣的规定。

（1）准予从销项税额中抵扣的进项税额。

1）从销售方或者提供方取得的增值税专用发票（含税控机动车销售统一发票）上注明的增值税税额。

2）从海关取得的海关进口增值税专用缴款书上注明的增值税税额。

3）购进农产品，除取得增值税专用发票或者海关进口增值税专用缴款书外，按照农产品收购发票或者销售发票上注明的农产品买价和9%的扣除率计算的进项税额。进项税额的计算公式为：

$$\text{进项税额}=\text{买价}\times\text{扣除率}$$

式中，买价是指纳税人购进农产品在农产品收购发票或者销售发票上注明的价款和按照规定缴纳的烟叶税。

纳税人购进用于生产销售或委托加工13%税率货物的农产品，按照10%的扣除率计算进项税额。

纳税人从批发、零售环节购进适用免征增值税政策的蔬菜、部分鲜活肉蛋而取得的增值税普通发票，不得作为计算抵扣进项税额的凭证。

纳税人购进农产品既用于生产销售或委托受托加工13%税率货物又用于生产销售其他货物服务的，应当分别核算用于生产销售或委托受托加工13%税率货物和其他货物服务的农产品进项税额。未分别核算的，统一以增值税专用发票或海关进口增值税专用缴款书上注明的增值税税额为进项税额，或以农产品收购发票或销售发票上注明的农产品买价和10%的扣除率计算进项税额。

对烟叶税，纳税人按规定缴纳的烟叶税，准予并入烟叶产品的买价计算增值税的进项税额，并在计算缴纳增值税时予以抵扣。购进烟叶准予抵扣的增值税进项税额，按照收购烟叶实际支付的价款总额和烟叶税及法定扣除率计算。计算公式为：

$$\text{烟叶税应纳税额}=\text{收购烟叶实际支付的价款总额}\times\text{税率（即}20\%\text{）}$$

$$\begin{matrix}\text{准予抵扣的}\\\text{进项税额}\end{matrix}=\left(\begin{matrix}\text{收购烟叶实际}\\\text{支付的价款总额}\end{matrix}+\begin{matrix}\text{烟叶税}\\\text{应纳税额}\end{matrix}\right)\times\text{扣除率}$$

例2-8

某百货商场是增值税一般纳税人，2019年8月该商场从国有农场购进免税农产品，取得的销售发票上注明价款10万元，运输农产品支付运费1万元，装卸费2 000元，取得增值税专用发票。该批农产品的60%用于商场内的餐饮中心，40%用于对外销售。计算该商场可以抵扣的进项税额。

$$\text{该商场可抵扣的进项税额}=(100\,000+10\,000)\times9\%\times40\%=3\,960\text{（元）}$$

为调整和完善农产品增值税抵扣机制，经国务院批准，在部分行业开展增值税进项税额核定扣除试点。试点纳税人购进农产品不再凭增值税扣税凭证抵扣增值税进项税额。

a. 适用范围。以购进农产品为原料生产销售液体乳及乳制品、酒及酒精、植物油的增值税一般纳税人（以下称试点纳税人），纳入农产品增值税进项税额核定扣除试点范围的，其购进农产品无论是否用于生产上述产品，增值税进项税额均按照《农产品增值税进项税额核定扣除试点实施办法》的规定抵扣。增值税一般纳税人委托其他单位和个人加工液体乳及乳制品、酒及酒精、植物油，其购进的农产品也适用试点实施办法的有关规定。试点纳税人以外的纳税人，其购进农产品仍按现行增值税的有关规定抵扣农产品进项税额。

b. 农产品增值税进项税额核定方法。

第一，试点纳税人以购进农产品为原料生产货物的，农产品增值税进项税额可按照以下方法核定：

● 投入产出法。参照国家标准、行业标准（包括行业公认标准和行业平均耗用值）确定销售单位数量货物耗用外购农产品的数量（以下称农产品单耗数量）。

当期允许抵扣的农产品增值税进项税额依据农产品单耗数量、当期销售货物数量、农产品平均购买单价（含税，下同）和农产品增值税进项税额扣除率（以下简称扣除率）计算。计算公式为：

$$\text{当期允许抵扣的农产品增值税进项税额}=\text{当期农产品耗用数量}\times\text{农产品平均购买单价}\times\frac{\text{扣除率}}{1+\text{扣除率}}$$

$$\text{当期农产品耗用数量}=\text{当期销售货物数量(不含采购除农产品以外的半成品生产的货物数量)}\times\text{农产品单耗数量}$$

以单一农产品原料生产多种货物或者以多种农产品原料生产多种货物的，在核算当期农产品耗用数量和平均购买单价时，应依据合理的方法归集和分配。

平均购买单价是指购买农产品期末平均买价，不包括买价之外单独支付的运费和入库前的整理费用。期末平均买价计算公式为：

$$\text{期末平均买价}=\frac{\text{期初库存农产品数量}\times\text{期初平均买价}+\text{当期购进农产品数量}\times\text{当期买价}}{\text{期初库存农产品数量}+\text{当期购进农产品数量}}$$

按照投入产出法核定农产品增值税进项税额时，如果期初没有库存农产品，当期也未购进农产品，农产品期末平均买价以该农产品上期期末平均买价计算；上期期末仍无农产品买价的以此类推。

● 成本法。依据试点纳税人年度会计核算资料，计算耗用农产品的外购金额占生产成本的比例（以下称农产品耗用率）。当期允许抵扣的农产品增值税进项税额依据当期主营业务成本、农产品耗用率以及扣除率计算。计算公式为：

$$\text{当期允许抵扣的农产品增值税进项税额}=\text{当期主营业务成本}\times\text{农产品耗用率}\times\frac{\text{扣除率}}{1+\text{扣除率}}$$

$$\text{农产品耗用率}=\frac{\text{上年投入生产的农产品外购金额}}{\text{上年生产成本}}$$

农产品外购金额（含税）不包括不构成货物实体的农产品（包括包装物、辅助材料、燃料、低值易耗品等）和在购进农产品之外单独支付的运费、入库前的整理费用。

以单一农产品原料生产多种货物或者以多种农产品原料生产多种货物的，在核算当期主营业务成本以及核定农产品耗用率时，试点纳税人应依据合理的方法进行归集和分配。

按照成本法的有关规定核定试点纳税人农产品增值税进项税额时，“主营业务成本”“生产成本”中不包括其未耗用农产品的产品的成本。

农产品耗用率由试点纳税人向主管税务机关申请核定。

年度终了，主管税务机关应根据试点纳税人本年实际对当年已抵扣的农产品增值税进项税额进行纳税调整，重新核定当年的农产品耗用率，并将其作为下一年度的农产品耗用率。

● 参照法。新办试点纳税人或者试点纳税人新增产品的，试点纳税人可参照所属行业或者生产结构相近的其他试点纳税人确定农产品单耗数量或者农产品耗用率。次年，试点纳税人向主管税务机关申请核定当期的农产品单耗数量或者农产品耗用率，并据此计算当年允许抵扣的农产品增值税进项税额，同时对上一年增值税进项税额进行调整。核定的进项税额超过实际抵扣增值税进项税额的，其差额部分可以结转至下期继续抵扣；核定的进项税额低于实际抵扣增值税进项税额的，其差额部分应按现行增值税的有关规定做转出处理。

第二，试点纳税人购进农产品直接销售的，农产品增值税进项税额按照以下方法核定扣除：

$$\text{当期允许抵扣的农产品增值税进项税额}=\frac{\text{当期销售农产品数量}}{1-\text{损耗率}}\times\text{农产品平均购买单价}\times\frac{9\%}{1+9\%}$$

$$\text{损耗率}=\frac{\text{损耗数量}}{\text{购进数量}}$$

第三，试点纳税人购进农产品用于生产经营且不构成货物实体的（包括包装物、辅助材料、燃料、低值易耗品等），增值税进项税额按照以下方法核定扣除：

$$\text{当期允许抵扣的农产品增值税进项税额}=\text{当期耗用农产品数量}\times\text{农产品平均购买单价}\times\frac{9\%}{1+9\%}$$

农产品单耗数量、农产品耗用率和损耗率统称为农产品增值税进项税额扣除标准。试点纳税人销售货物，应合并计算当期允许抵扣的农产品增值税进项税额。

试点纳税人购进农产品取得农产品增值税专用发票和海关进口增值税专用缴款书的，按照注明的金额及增值税税额一并记入成本科目；自行开具农产品收购发票和取得农产品销售发票的，按照注明的买价直接计入成本。试点纳税人应将期初库存农产品以及库存半成品、产成品耗用的农产品增值税进项税额做转出处理。

试点纳税人购进的农产品价格明显偏高或偏低，且不具有合理商业目的的，由主管税务机关核定。

c. 扣除率为销售货物的适用税率。

4）从境外单位或者个人购进服务、无形资产或者不动产，自税务机关或者扣缴义务人取得的解缴税款的完税凭证上注明的增值税税额可以抵扣。

5）企业购置增值税防伪税控系统专用设备和通用设备，凭购货取得的专用发票注明的税额可以从销项税额中抵扣。专用设备包括税控金税卡、税控IC卡和读卡器。通用设备包括用于防伪税控系统开具专用发票的计算机和打印机。

6）增值税一般纳税人购进税控收款机所支付的增值税税额（以购进税控收款机取

得的增值税专用发票上注明的增值税税额为准），准予在当期销项税额中抵扣。

7）纳税人购进（包括接受捐赠、实物投资）或者自制（包括改扩建、安装）固定资产发生的进项税额可根据增值税专用发票（含税控机动车销售统一发票）、专用缴款书从销项税额中抵扣。

8）其他情况进项税额的抵扣。

a. 不得抵扣且未抵扣进项税额的固定资产、无形资产、不动产（专用于简易计税方法计税项目、免征增值税项目、集体福利或者个人消费项目的，该进项税额不得抵扣）发生用途改变，用于允许抵扣进项税额的应税项目，可在用途改变的次月按照下列公式计算可以抵扣的进项税额：

$$\text{可以抵扣的进项税额}=\frac{\text{固定资产、无形资产、不动产净值}}{1+\text{适用税率}}\times\text{适用税率}$$

可以抵扣的进项税额应取得合法有效的增值税扣税凭证。

b. 2016 年 5 月 1 日后取得并在会计制度上按固定资产核算的不动产或者 2016 年 5 月 1 日后取得的不动产在建工程，其进项税额应自取得之日起分 2 年从销项税额中抵扣，第一年抵扣比例为 60%，第二年抵扣比例为 40%。

自 2019 年 4 月 1 日起，纳税人取得不动产或者不动产在建工程的进项税额不再分 2 年抵扣，可一次抵扣。此前按照上述规定尚未抵扣完毕的待抵扣进项税额，可自 2019 年 4 月税款所属期起从销项税额中抵扣。

c. 一般纳税人购买自用的应征消费税的摩托车、汽车、游艇，视同购进固定资产，其进项税额准予从销项税额中抵扣。

d. 一般纳税人购进货物或者接受加工修理修配劳务，用于《销售服务、无形资产或者不动产注释》所列项目的，其进项税额准予从销项税额中抵扣。

e. 对装备制造等先进制造业、研发等现代服务业符合条件的企业和电网企业在一定时期内未抵扣完的进项税额予以一次性退还。

f. 纳税人购进国内旅客运输服务，未取得增值税专用发票的，暂按照以下规定确定进项税额。

第一，取得增值税电子普通发票的，为发票上注明的税额；

第二，取得注明旅客身份信息的航空运输电子客票行程单的，按照下列公式计算进项税额：

$$\text{航空旅客运输进项税额}=(\text{票价}+\text{燃油附加费})\div(1+9\%)\times 9\%$$

第三，取得注明旅客身份信息的铁路车票的，按照下列公式计算进项税额：

$$\text{铁路旅客运输进项税额}=\text{票面金额}\div(1+9\%)\times 9\%$$

第四，取得注明旅客身份信息的公路、水路等其他客票的，按照下列公式计算进项税额：

$$\text{公路、水路等其他旅客运输进项税额}=\text{票面金额}\div(1+3\%)\times 3\%$$

特别提示

1. 国内旅客运输服务限于与本单位签订劳动合同的员工，以及本单位作为用工单位接受的劳务派遣员工发生的国内旅客运输服务。

2. 纳税人购进国内旅客运输服务，以取得的增值税电子普通发票上注明的税额为进项税额，增值税电子普通发票上注明的购买方“名称”“纳税人识别号”等信息，应当与实际抵扣税款的纳税人一致，否则不予抵扣。

3. 纳税人允许抵扣的国内旅客运输服务进项税额，是指纳税人2019年4月1日及以后实际发生，并取得合法有效增值税扣税凭证注明的或依据其计算的增值税税额。以增值税专用发票或增值税电子普通发票为增值税扣税凭证的，为2019年4月1日及以后开具的增值税专用发票或增值税电子普通发票。

（2）不得从销项税额中抵扣的进项税额。

纳税人购进货物，接受加工修理修配劳务、服务、无形资产或者不动产，取得的增值税扣税凭证不符合法律、行政法规或者国家税务总局有关规定的，其进项税额不得从销项税额中抵扣。增值税扣税凭证是指增值税专用发票、海关进口增值税专用缴款书、农产品收购发票、农产品销售发票和完税凭证。

纳税人凭完税凭证抵扣进项税额的，应当具备书面合同、付款证明和境外单位的对账单或者发票。资料不全的，其进项税额不得从销项税额中抵扣。

下列项目的进项税额不得从销项税额中抵扣：

1）用于简易计税方法计税项目、免征增值税项目、集体福利或者个人消费的购进货物、加工修理修配劳务、服务、无形资产和不动产。

纳税人涉及的固定资产、无形资产（不包括其他权益性无形资产）、不动产专用于简易计税方法计税项目、免征增值税项目、集体福利或者个人消费项目的，其进项税额不得抵扣。因为购进的用于集体福利或者个人消费的货物及其他应税行为，并非用于企业生产经营，应承担相应的税收，所以不得抵扣。

2）非正常损失的购进货物及相关的加工修理修配劳务和交通运输服务。

3）非正常损失的在产品、产成品所耗用的购进货物（不包括固定资产）、加工修理修配劳务和交通运输服务。

4）非正常损失的不动产，以及该不动产所耗用的购进货物、设计服务和建筑服务。

5）非正常损失的不动产在建工程所耗用的购进货物、设计服务和建筑服务。纳税人新建、改建、扩建、修缮、装饰不动产，均属于不动产在建工程。

非正常损失是指因管理不善造成货物被盗、丢失、霉烂变质，以及因违反法律法规造成货物或者不动产被依法没收、销毁、拆除的情形。由纳税人自身原因造成征税对象实体灭失的，其损失应由纳税人自行承担。

特别提示

上述第4）和第5）项所称货物，是指构成不动产实体的材料和设备，包括建筑装饰材料和给排水、采暖、卫生、通风、照明、通讯、煤气、消防、中央空调、电梯、电气、智能化楼宇设备及配套设施。

6）购进的贷款服务、餐饮服务、居民日常服务和娱乐服务。

日常生活中接受餐饮服务、居民日常服务和娱乐服务的主要对象是个人。对于一般纳税人购买的餐饮服务、居民日常服务和娱乐服务，由于难以准确界定接受劳务的对象是企业还是个人，因此，一般纳税人购进的餐饮服务、居民日常服务和娱乐服务的进项税额不得从销项税额中抵扣。

贷款服务进项税额不得抵扣，指的是利息支出进项税额不得抵扣，因为目前对存款利息不征税。

纳税人购买住宿服务取得的进项税额允许按规定抵扣。

特别提示

一般纳税人会计核算不健全，或者不能提供准确税务资料，以及应当登记为一般纳税人而未登记的，如果年销售额超过小规模纳税人标准，则要按销售额依照增值税税率计算应纳税额，不得抵扣进项税额，也不得使用增值税专用发票。

（3）不得抵扣进项税额的计算。一般纳税人兼营简易计税方法计税项目、免征增值税项目而无法划分不得抵扣的进项税额的，按照下列公式计算不得抵扣的进项税额：

$$\text{不得抵扣的进项税额}=\text{当期无法划分的全部进项税额}\times\left(\text{当期简易计税方法计税项目销售额}+\text{免征增值税项目销售额}\right)\div\text{当期全部销售额}$$

在现实生产经营活动中，纳税人兼营行为是很常见的，经常出现进项税额不能准确划分的情形，比较典型的就是耗用的水和电力。但同时也有很多进项税额是可以划分清楚用途的，比如，纳税人购进的一些原材料，其用途是确定的，所对应的进项税额也就可以准确划分。因此，对那些不能准确划分的进项税额按上述销售额比例法计算。

对于能够准确划分的进项税额，可直接按照归属进行区分。纳税人全部不得抵扣的进项税额应按照下列公式计算：

$$\text{全部不得抵扣的进项税额}=\text{当期可以直接划分的不得抵扣的进项税额}+\text{当期无法划分的全部进项税额}\times\left(\text{当期简易计税方法计税项目销售额}+\text{免税增值税项目销售额}\right)\div\text{当期全部销售额}$$

（4）进项税额转出。

1）已抵扣进项税额的购进货物（不含固定资产）、劳务、服务，发生了（2）中 1）至 6）项不得抵扣的情形（简易计税方法计税项目、免征增值税项目除外），凡能够确定进项税额的，如购进后直接发生非正常损失的，应当将该进项税额从当期进项税额中扣减；凡无法确定该进项税额的，如非正常损失的在产品，按照当期实际成本计算应扣减的进项税额。

$$实际成本=进价+运费+保险费+其他有关费用$$

实际成本的计算公式，对于进口货物是完全适用的；如果是国内购进的货物，实际成本主要包括进价和运费两大部分。

2）已抵扣进项税额的固定资产、无形资产或者不动产，发生了（2）中1）至6）项不得抵扣的情形，按照下列公式计算不得抵扣的进项税额：

$$不得抵扣的进项税额=固定资产、无形资产或者不动产净值\times适用税率$$

固定资产、无形资产或者不动产净值是指纳税人根据财务会计制度计提折旧或摊销后的余额。

3）向供货方收取的返还收入的税务处理。对商业企业向供货方收取的与商品销售量、销售额挂钩（如以一定比例、金额、数量计算）的各种返还收入，均应按照平销返利行为的有关规定冲减当期增值税进项税额。冲减进项税额的计算公式为：

$$\begin{matrix}当期应冲减\\进项税额\end{matrix}=\begin{matrix}当期取得的\\返还资金\end{matrix}\div\left(1+\begin{matrix}所购货物适用\\增值税税率\end{matrix}\right)\times\begin{matrix}所购货物适用\\增值税税率\end{matrix}$$

商业企业向供货方收取的各种返还收入，一律不得开具增值税专用发票。

（5）进项税额申报抵扣的确认。自2020年3月1日起，增值税一般纳税人取得2017年1月1日及以后开具的增值税专用发票、海关进口增值税专用缴款书、机动车销售统一发票、收费公路通行费增值税电子普通发票取消认证确认、稽核比对、申报抵扣的期限（原规定，自开票之日起360日内认证）。纳税人在进行增值税纳税申报时，应当通过本省（自治区、直辖市和计划单列市）增值税发票综合服务平台对上述扣税凭证信息进行用途确认。

增值税一般纳税人取得2016年12月31日及以前开具的增值税专用发票、海关进口增值税专用缴款书、机动车销售统一发票，超过认证确认、稽核比对、申报抵扣期限，但符合规定条件的，仍可按照国家税务总局相关规定继续抵扣进项税额。

（6）扣减当期销项税额和当期进项税额的规定。纳税人销售货物或者提供应税行为，开具增值税专用发票后，由于货物质量、规格等原因发生销货退回或销售折让的，要开具红字增值税专用发票。由于销货退回或销售折让不仅涉及销货价款或折让价款的退回，还涉及增值税的退回，因此购销双方都应对当期销项税额和进项税额进行调整。税法规定，纳税人适用一般计税方法计税的，因销售折让、中止或者退回而退还给购买方的增值税税额，应当从当期的销项税额中扣减；因销售折让、中止或者退回而收回的增值税税额，应当从当期的进项税额中扣减。

（7）加计抵减进项税额。为贯彻减税降费政策，加大对服务业的支持力度，自2019年4月1日至2021年12月31日，允许生产、生活性服务业纳税人按照当期可抵扣进项税额加计10%，抵减应纳税额。自2019年10月1日至2021年12月31日，将生活性服务业纳税人加计扣除比例提升至15%。这一政策的调整不仅可以使服务供应商降低企业成本，增大盈利空间，还可以使消费者享受到更低的价格或更优质的服务，从而刺激消费，为我国服务业发展增添动力。

特别提示

所谓生产、生活性服务业纳税人，是指提供邮政服务、电信服务、现代服务、生活服务取得的销售额占全部销售额的比重超过50%的纳税人。

所谓生活性服务业纳税人，是指为满足城乡居民日常生活需求提供各类服务活动，包括文化体育服务、教育医疗服务、旅游娱乐服务、餐饮住宿、居民日常服务和其他生活服务的纳税人。

销售额，包括纳税申报销售额、稽查查补销售额、纳税评估调整销售额。

增值税一般纳税人适用简易计税方法计算应纳税额的，不能加计抵减。

加计抵减政策执行到期后，纳税人不再计提加计抵减额，结余的加计抵减额停止抵减。

1）销售额的确定。适用10%加计进项税额抵扣的纳税人，如果在2019年3月31日前设立，其销售额为自2018年4月至2019年3月期间的销售额，经营期不满12个月的，按照实际经营期的销售额计算。如果在2019年4月1日后设立，其销售额为自设立之日起3个月的销售额。

适用15%加计进项税额抵扣的纳税人，如果在2019年9月30日前设立，其销售额为自2018年10月至2019年9月期间的销售额，经营期不满12个月的，按照实际经营期的销售额计算。如果在2019年10月1日后设立，其销售额为自设立之日起3个月的销售额。

纳税人确定适用加计抵减政策后，当年内不再调整，以后年度是否适用，根据上年度销售额计算确定。

2）加计抵减额的计算。纳税人应按照当期可抵扣进项税额的10%或15%计提当期加计抵减额。按照现行规定不得从销项税额中抵扣的进项税额，不得计提加计抵减额；已计提加计抵减额的进项税额，按规定做进项税额转出的，应在进项税额转出当期相应调减加计抵减额。计算公式如下：

$$\text{当期计提加计抵减额}=\text{当期可抵扣进项税额}\times 10\%(\text{或}15\%)$$

$$\begin{matrix}\text{当期可抵减}\\\text{加计抵减额}\end{matrix}=\begin{matrix}\text{上期末加计}\\\text{抵减额余额}\end{matrix}+\begin{matrix}\text{当期计提}\\\text{加计抵减额}\end{matrix}-\begin{matrix}\text{当期调减}\\\text{加计抵减额}\end{matrix}$$

3）纳税人可计提但未计提的加计抵减额，可在确定适用加计抵减政策当期一并计提。

纳税人应按照现行规定计算一般计税方法下的应纳税额（以下称抵减前的应纳税额）后，区分以下情形加计抵减：

- 抵减前的应纳税额等于零的，当期可抵减加计抵减额全部结转下期抵减。
- 抵减前的应纳税额大于零，且大于当期可抵减加计抵减额的，当期可抵减加计抵减额全额从抵减前的应纳税额中抵减。
- 抵减前的应纳税额大于零，且小于或等于当期可抵减加计抵减额的，以当期可抵减加计抵减额抵减应纳税额至零。未抵减完的当期可抵减加计抵减额，结转下期继续抵减。

4）纳税人出口货物劳务、发生跨境应税行为不适用加计抵减政策，其对应的进项税额不得计提加计抵减额。

纳税人兼营出口货物劳务、发生跨境应税行为且无法划分不得计提加计抵减额的进项税额，按照以下公式计算：

$$\text{不得计提加计抵减额的进项税额}=\text{当期无法划分的全部进项税额}\times\text{当期出口货物劳务和发生跨境应税行为的销售额}\div\text{当期全部销售额}$$

3．增值税期末留抵税额的退税

增值税期末留抵税额退税是自2019年4月1日起试行的一项制度，主要是对纳税人增量留抵税额给予的一项退税政策。所谓增量留抵税额，是指与2019年3月底相比新增加的期末留抵税额。

2022年为支持小微企业和制造业等行业发展，提振市场主体信心、激发市场主体活力，财政部、税务总局联合发布了《财政部 税务总局关于进一步加大增值税期末留抵退税政策实施力度的公告》（财政部 税务总局公告2022年第14号），将先进制造业按月全额退还增值税增量留抵税额政策范围扩大至小微企业（含个体工商户）和制造业等行业，并一次性退还其存量留抵税额。加大了对小微企业以及制造业等行业的留抵退税力度。

公告中所称的中型企业、小型企业和微型企业，按照《中小企业划型标准规定》（工信部联企业〔2011〕300号）和《金融业企业划型标准规定》（银发〔2015〕309号）中的营业收入指标、资产总额指标确定。其中，资产总额指标按照纳税人上一会计年度年末值确定。营业收入指标按照纳税人上一会计年度增值税销售额确定；不满一个会计年度的，按照以下公式计算：

$$\text{增值税销售额(年)}=\text{上一会计年度企业实际存续期间增值税销售额}\div\text{企业实际存续月数}\times 12$$

公告中所称的增值税销售额，包括纳税申报销售额、稽查查补销售额、纳税评估调整销售额。适用增值税差额征税政策的，以差额后的销售额确定。

对于工信部联企业〔2011〕300号和银发〔2015〕309号文件所列行业以外的纳税人，以及工信部联企业〔2011〕300号文件所列行业但未采用营业收入指标或资产总额指标划型确定的纳税人，微型企业标准为增值税销售额（年）100万元以下（不含100万元）；小型企业标准为增值税销售额（年）2 000万元以下（不含2 000万元）；中型企业标准为增值税销售额（年）1亿元以下（不含1亿元）。

制造业等行业纳税人，是指从事《国民经济行业分类》中“制造业”“科学研究和技术服务业”“电力、热力、燃气及水生产和供应业”“软件和信息技术服务业”“生态保护和环境治理业”“交通运输、仓储和邮政业”业务相应发生的增值税销售额占全部增值的比重超过50%的纳税人。

办理留抵退税的小微企业、制造业等行业纳税人，需同时符合以下条件：

（1）纳税信用等级为A级或者B级；

（2）申请退税前36个月未发生骗取留抵退税、骗取出口退税或虚开增值税专用发票情形；

(3) 申请退税前 36 个月未因偷税被税务机关处罚两次及以上；

(4) 2019 年 4 月 1 日起未享受即征即退、先征后返（退）政策。

符合条件的小微企业和制造业等行业纳税人，均可以自 2022 年 4 月纳税申报期起向主管税务机关申请退还增量留抵税额。

符合条件的小微企业和制造业等行业企业，申请存量留抵退税的起始时间如下：

(1) 微型企业，可以自 2022 年 4 月纳税申报期起向主管税务机关申请一次性退还存量留抵税额；

(2) 小型企业，可以自 2022 年 5 月纳税申报期起向主管税务机关申请一次性退还存量留抵税额；

(3) 制造业等行业中的中型企业，可以自 2022 年 7 月纳税申报期起向主管税务机关申请一次性退还存量留抵税额；

(4) 制造业等行业中的大型企业，可以自 2022 年 10 月纳税申报期起向主管税务机关申请一次性退还存量留抵税额。

上述增量留抵税额，按以下情形确定：

(1) 纳税人获得一次性存量留抵退税前，增量留抵税额为当期期末留抵税额与 2019 年 3 月 31 日相比新增加的留抵税额。

(2) 纳税人获得一次性存量留抵退税后，增量留抵税额为当期期末留抵税额。

允许退还的留抵税额按照以下公式计算：

允许退还的增量留抵税额＝增量留抵税额×进项构成比例×100%

允许退还的存量留抵税额＝存量留抵税额×进项构成比例×100%

进项构成比例，为 2019 年 4 月至申请退税前一税款所属期已抵扣的增值税专用发票（含带有“增值税专用发票”字样全面数字化的电子发票、税控机动车销售统一发票）、收费公路通行费增值税电子普通发票、海关进口增值税专用缴款书、解缴税款完税凭证注明的增值税额占同期全部已抵扣进项税额的比重。

注意：纳税人出口货物劳务、发生跨境应税行为，适用免抵退税办法的，应先办理免抵退税。免抵退税办理完毕后，仍符合本公告规定条件的，可以申请退还留抵税额；适用免退税办法的，相关进项税额不得用于退还留抵税额。

4. 应纳税额的计算

应纳税额＝当期销项税额－当期进项税额

例 2－9

某日化厂为增值税一般纳税人，9 月从国内购进生产用原材料，取得增值税专用发票，注明价款 100 万元、增值税 13 万元，支付购货运费 8 万元，运输途中发生合理耗损 2%；从国外进口一台检验设备，海关填发的增值税专用缴款书注明增值税 5.38 万元。当月生产车间领用原材料，购进成本 25 万元。本月销售化妆品取得不含税销售额 210 万元；销售成套化妆品，取得不含税销售额 90 万元，发生销货运费 10 万元。本月发生的运费均取得了增值税专用发票，取得的相关凭证符合税法规定，在本月认证并抵扣。计算9月应缴纳的增值税。

准予抵扣的当月进项税额=13+(8+10)×9%+5.38=20(万元)

当月销项税额=(210+90)×13%=39(万元)

应纳税额=39−20=19(万元)

例2-10

某商业企业为增值税一般纳税人，5月采用分批收款方式批发商品，合同规定不含税销售总额为300万元，本月收回50%货款，其余货款于6月10日前收回。由于购货方资金紧张，本月实际收回不含税销售额100万元；零售商品实际取得销售收入113万元；购进商品取得增值税专用发票，支付价款200万元、增值税26万元，购进税控收款机取得增值税专用发票，支付价款0.3万元、增值税0.039万元，该税控收款机作为固定资产管理；从一般纳税人处购进的货物被盗，账面成本3万元。计算该企业5月应缴纳的增值税。（本月取得的相关发票均在本月认证并抵扣。）

销项税额=[(150+113)÷(1+13%)]×13%=30.26(万元)

准予抵扣的进项税额=26+0.039−3×13%=25.65(万元)

应纳税额=30.26−25.65=4.61(万元)

例2-11

某企业为增值税一般纳税人，8月从农业生产者手中收购大麦40吨，每吨收购价0.3万元，共支付收购价款12万元。企业将收购的大麦从收购地直接运往异地的某酒厂生产加工药酒，酒厂在加工过程中代垫辅助材料1.5万元。药酒加工完毕，企业收回药酒时取得酒厂开具的增值税专用发票，注明加工费3万元、增值税0.39万元，加工的药酒无同类产品市场价格。本月内企业将收回的药酒批发售出，取得不含税销售额26万元。另外支付给运输单位销货运费1.2万元，取得增值税专用发票。计算该企业当月应缴纳的增值税。

销项税额=26×13%=3.38(万元)

准予抵扣的进项税额=12×10%+0.39+1.2×9%=1.698(万元)

应纳税额=3.38−1.698=1.682(万元)

例2-12

某工业企业是增值税一般纳税人，5月生产经营情况如下：

(1) 购进原材料一批，取得的增值税专用发票注明价款40万元、增值税5.2万元；取得的增值税专用发票注明的运费为2万元。

(2) 接受外单位投资转入材料一批，取得的增值税专用发票注明价款10万元、增值税1.3万元。

(3) 购进低值易耗品一批，取得的增值税专用发票注明价款5万元、增值税0.65万元，款项已经支付。

(4) 销售产品一批，开出增值税专用发票，价款90万元，税款11.7万元。

(5) 将使用过的一台设备用于对外投资，该设备于上年10月购进并投入使用，原值40万元，已计提折旧3.2万元。

本月取得的相关发票均在本月认证并抵扣。计算该企业5月应缴纳的增值税。

准予抵扣的进项税额＝5.2＋2×9％＋1.3＋0.65＝7.33(万元)

销项税额＝11.7＋(40－3.2)÷(1＋13％)×13％＝15.93(万元)

应纳税额＝15.93－7.33＝8.60(万元)

例2-13

某企业为增值税一般纳税人，8月销售产品取得不含税销售收入300万元；转让库存不需用的材料，开具增值税普通发票，注明销售额33.9万元；外购原材料取得防伪税控系统开具的增值税专用发票，注明增值税10.5万元；发生购货运输，取得增值税专用发票，注明运费40万元；接受某公司捐赠的生产用材料一批，取得防伪税控系统开具的增值税专用发票，注明价款59万元、增值税7.67万元；购进生产设备一台并投入使用，取得增值税专用发票，注明价款60万元、增值税7.8万元。计算该企业8月应缴纳的增值税。

销项税额＝300×13％＋33.9÷(1＋13％)×13％＝42.9(万元)

准予抵扣的进项税额＝10.5＋40×9％＋7.67＋7.8＝29.57(万元)

应纳税额＝42.9－29.57＝13.33(万元)

例2-14

某生产企业为增值税一般纳税人，适用增值税税率13％，8月发生以下业务：

(1) 销售甲产品给某大商场，开具增值税专用发票，取得不含税销售额80万元；另外开具货物运输发票，取得销售甲产品的送货运输费收入5.85万元。

(2) 销售乙产品，开具增值税普通发票，取得含税销售额29万元。

(3) 将试制的一批新产品用于本企业基建工程，成本价为20万元，成本利润率为10％，该新产品无同类产品市场销售价格。

(4) 销售以前年度购进的作为固定资产使用的进口摩托车5辆，开具增值税普通发票，每辆取得含税销售额1.04万元；该摩托车原值每辆0.9万元。

(5) 购进货物取得增值税专用发票，注明支付的货款60万元、进项税额7.8万元；另外支付购货的运输费8万元，取得货物运输业增值税专用发票。

(6) 向农业生产者购进免税农产品一批，支付收购价30万元，支付给运输单位运费5万元，取得货物运输业增值税专用发票。本月下旬将购进的农产品的20％用于本企业职工福利。

以上票据均在本月认证并抵扣。计算该企业8月应缴纳的增值税。

销项税额＝80×13％＋5.85×9％＋29÷(1＋13％)×13％
　　＋20×(1＋10％)×13％＋1.04÷(1＋3％)×2％×5
　　＝17.22(万元)

准予抵扣的进项税额＝7.8＋8×9％＋(30×9％＋5×9％)×(1－20％)
　　＝11.04(万元)

应纳税额＝17.22－11.04＝6.18(万元)

例2－15

某增值税一般纳税人8月取得一笔设计服务费收入530万元（含税）。当期购入设计所需设备一台（首次购入），取得的增值税专用发票注明货款100万元、增值税13万元。计算8月应缴纳的增值税。

不含税销售额＝530÷(1＋6％)＝500(万元)
销项税额＝500×6％＝30(万元)
应纳税额＝30－13＝17(万元)

例2－16

某运输企业是增值税一般纳税人，2019年10月取得货物运输收入109万元（含税），当月外购汽油10万元（不含税，取得的增值税专用发票注明增值税1.3万元），购入运输车辆20万元（不含税，取得的机动车销售统一发票注明增值税2.6万元），发生联运支出50万元（不含税，取得的增值税专用发票注明增值税4.5万元）。计算10月应缴纳的增值税。

销项税额＝109÷(1＋9％)×9％＝9(万元)
进项税额＝1.3＋2.6＋4.5＝8.4(万元)
应纳税额＝9－8.4＝0.6(万元)

2.5.2 简易计税方法

小规模纳税人一律采用简易计税方法计算增值税。一般纳税人提供的特定应税服务可以选择适用简易计税方法。简易计税方法的应纳税额，是指按照销售额和增值税征收率计算的增值税税额，不得抵扣进项税额。应纳税额的计算公式为：

应纳税额＝销售额×征收率

1. 销售额的确定

(1) 小规模纳税人取得的销售额与增值税一般纳税人计算销售额的规定一样，都是销售货物、服务、无形资产或者不动产向购买方收取的全部价款和价外费用，但是不包括按3％的征收率收取的增值税税额。

小规模纳税人销售其取得（不含自建）的不动产（不含个体工商户销售购买的住房和其他个人销售不动产），以取得的全部价款和价外费用减去该项不动产购置原价或者取得不动产时的作价后的余额为销售额。

(2) 增值税一般纳税人发生下列应税行为可以选择适用简易计税方法。

1) 公共交通运输服务，包括轮客渡、公交客运、地铁、城市轻轨、出租车、长途客运、班车。

2) 经认定的动漫企业为开发动漫产品提供的动漫脚本编撰、动画设计等。

3) 电影放映服务、仓储服务、装卸搬运服务、收派服务和文化体育服务。

4) 建筑业以清包工方式提供的建筑服务；为甲供工程提供的建筑服务；为建筑工程老项目提供的建筑服务；跨县（市）提供的建筑服务等。纳税人提供建筑服务时，以取得的全部价款和价外费用扣除支付的分包款后的余额为销售额。

5）销售2016年4月30日前取得（不含自建）的不动产，以取得的全部价款和价外费用减去该项不动产购置原价或者取得不动产时的作价后的余额为销售额。征收率为5%。

2. 含税销售额的换算

由于小规模纳税人在销售货物、服务、无形资产或者不动产时开具的是增值税普通发票，取得的销售收入是含税销售额，因此，在计算应纳税额时必须将含税销售额换算为不含税销售额。换算公式为：

不含税销售额＝含税销售额÷(1＋征收率)

3. 小规模纳税人购进税控收款机的进项税额抵扣

自2004年12月1日起，小规模纳税人购进税控收款机，经主管税务机关审核批准，可凭购进税控收款机取得的增值税专用发票，按照发票上注明的增值税税额抵免当期应纳增值税；或者按照购进税控收款机取得的增值税普通发票上注明的价款，按下列公式计算可抵免的税额：

可抵免的税额＝价款÷(1＋13%)×13%

当期应纳税额不足抵免的，未抵免的部分可在下期继续抵免。

4. 发生适用简易计税方法计税的应税行为扣减销售额的规定

小规模纳税人以及选择简易计税方法计税的一般纳税人销售服务、无形资产或者不动产并收取价款后，发生销售中止、折让或者退回的，应将所退的款项从当期销售额中扣减。扣减当期销售额后仍有余额造成多缴的税款，可以从以后的应纳税额中扣减。

例2-17

某小规模纳税人仅经营某项应税服务，当年5月发生一笔销售额为1 000元的业务并就此纳税，当年6月该业务由于合理原因发生退款（销售额均为不含税销售额且不考虑小微企业政策因素）。计算6月应缴纳的增值税。

分析：假设1：6月该应税服务销售额为5 000元，在6月的销售额中扣除退款的1 000元。

6月的计税销售额＝5 000－1 000＝4 000(元)

6月应纳税额＝4 000×3%＝120(元)

假设2：6月该应税服务销售额为600元，7月该应税服务销售额为5 000元，则在6月的销售额中扣除退款的600元。

6月的计税销售额＝600－600＝0

6月应纳税额＝0×3%＝0

6月销售额不足扣减而多缴的税款＝400×3%＝12(元)

7月实际应纳税额＝5 000×3%－12＝138(元)

例2-18

某服装零售店为增值税小规模纳税人，5月购进服装取得增值税普通发票，共支付金额72 000元；经主管税务机关核准购进税控收款机一台，取得增值税普通发票，支付金额5 850元；本月销售服装取得零售收入123 600元。计算该零售店当月应缴纳的增值税。

销售额＝123 600÷(1＋3％)＝120 000(元)

应纳税额＝120 000×3％－5 850÷(1＋13％)×13％＝2 927(元)

例2-19

某饭店是小规模纳税人，当月购进粮油、蔬菜及调料等共计40万元，支付水电煤气共计3万元，提供餐饮服务取得含税销售额103万元。计算该饭店当月应缴纳的增值税。

不含税销售额＝103÷(1＋3％)＝100(万元)

应纳税额＝100×3％＝3(万元)

例2-20

某商店为增值税小规模纳税人，主要从事汽车修理和装潢业务。上年5月提供汽车修理服务取得收入25万元，销售汽车装饰用品取得收入11万元；购进的修理用配件被盗，账面成本0.6万元。计算该企业当月应缴纳的增值税。

应纳税额＝(25＋11)÷(1＋3％)×3％＝1.05(万元)

2.5.3 进口货物应纳增值税的计算

纳税人进口货物按组成计税价格和规定的税率计算应纳增值税，不得抵扣任何税款，即在计算进口环节的应纳增值税时，不得抵扣发生在我国境外的各种税金。

一般情况下，进口货物按以海关审定的成交价格为基础的到岸价格作为完税价格。成交价格是指一般贸易项下进口货物的买方为购买该项货物向卖方实际支付或应当支付的价格；到岸价格是包括货价及货物运抵我国关境输入地点起卸前的包装费、运费、保险费和其他劳务费等费用的一种价格。如果进口货物属于消费税应税消费品，其组成计税价格中还应包括进口环节已缴纳的消费税税额。

$$组成计税价格＝关税完税价格＋关税税额＝关税完税价格×(1＋关税税率)$$

或

$$组成计税价格＝关税完税价格＋关税税额＋消费税税额＝\frac{关税完税价格×(1＋关税税率)}{1－消费税税率}$$

$$应纳税额＝组成计税价格×增值税税率$$

进口货物在海关缴纳的增值税符合抵扣规定的，凭海关进口增值税专用缴款书，可以从当期销项税额中抵扣。

例 2-21

某企业为增值税一般纳税人，上年 8 月进口一批货物，买价 85 万元，境外运费及保险费共计 5 万元。适用的消费税税率为 30%，关税税率为 50%。计算当月企业进口环节应缴纳的增值税。

关税完税价格＝85＋5＝90(万元)

组成计税价格＝90×(1＋50%)÷(1－30%)＝192.86(万元)

应纳税额＝192.86×13%＝25.07(万元)

2.5.4　扣缴义务人扣缴税款的计算

境外单位或者个人在境内销售服务、无形资产或者不动产，在境内未设经营机构的，扣缴义务人按照下列公式计算应扣缴税额：

应扣缴税额＝购买方支付的价款÷(1＋增值税税率)×增值税税率

购买方支付的价款是含税价，在计算应扣缴税额时，应将应税行为购买方支付的含税价款换算为不含税价款，再乘以应税行为适用的增值税税率（注意，不是增值税征收率）。

按照上述公式计算应扣缴税额时，无论购买方支付的价款是否超过一般纳税人的标准 500 万元，无论扣缴义务人是一般纳税人还是小规模纳税人，一律按照境外单位或者个人发生应税行为的适用税率计算（有形动产租赁服务为 13%，销售不动产、不动产租赁服务、土地使用权、运输服务、基础电信服务和邮政服务为 10%，其他应税行为为 6%）。

例 2-22

境外某公司为境内某纳税人提供咨询服务，合同价款 106 万元，该境外公司未在境内设立经营机构，该业务如何缴纳增值税?

分析：服务购买方为增值税扣缴义务人。

应扣缴增值税＝106÷(1＋6%)×6%＝6(万元)

2.6　征收管理

2.6.1　纳税义务发生时间

纳税义务发生时间是纳税人发生应税行为应当承担纳税义务的起始时间。税法明确规定纳税义务发生时间，一方面是为了正式确认纳税人已经发生属于税法规定的应税行为并应承担纳税义务；另一方面有利于税务机关实施税务管理，通过合理规定申报期限和纳税期限，监督纳税人切实履行纳税义务。

销售货物或者应税劳务和服务的纳税义务发生时间可以分为一般规定和具体规定。

1. 一般规定

（1）纳税人销售货物、服务、无形资产或者不动产，其纳税义务发生时间为收讫销售款项或者取得索取销售款项凭据的当天；先开具发票的，为开具发票的当天。

（2）纳税人进口货物，其纳税义务发生时间为报关进口的当天。

（3）增值税扣缴义务发生时间为纳税人增值税纳税义务发生的当天。

2. 具体规定

销售货物或者提供应税行为的纳税义务时间，按销售结算方式的不同，具体分为：

（1）采取直接收款方式销售货物，不论货物是否发出，均为收到销售款项或者取得索取销售款项凭据的当天。

（2）采取托收承付和委托银行收款方式销售货物，为发出货物并办妥托收手续的当天。

（3）采取赊销和分期收款方式销售货物，为书面合同约定的收款日期的当天。无书面合同的或者书面合同没有约定收款日期的，为货物发出的当天。

（4）采取预收货款方式销售货物，为货物发出的当天。但生产销售工期超过12个月的大型机械设备、船舶、飞机等货物，为收到预收款或者书面合同约定的收款日期的当天。

纳税人提供建筑服务、租赁服务采取预收款方式的，其纳税义务发生时间为收到预收款的当天。

（5）委托其他纳税人代销货物，为收到代销单位的代销清单或者收到全部或者部分货款的当天。未收到代销清单及货款的，为发出代销货物满180天的当天。

（6）纳税人发生应税行为并收讫销售款项或者取得索取销售款项凭据的当天。取得索取销售款项凭据的当天，是指书面合同确定的付款日期；未签订书面合同或者书面合同未确定付款日期的，为服务、无形资产转让完成的当天或者不动产权属变更的当天。

（7）纳税人发生视同销售行为的，为货物移送的当天。纳税人发生视同提供应税行为的，为应税行为完成的当天。

（8）纳税人从事金融商品转让的，为金融商品所有权转移的当天。

2.6.2 纳税期限

增值税的纳税期限规定为1日、3日、5日、10日、15日、1个月或者1个季度。以1个季度为纳税期限的规定仅适用于小规模纳税人、银行、财务公司、信托投资公司、信用社，以及财政部和国家税务总局规定的其他纳税人。纳税人的具体纳税期限，由主管税务机关根据纳税人应纳税额的大小分别核定；不能按固定期限纳税的，可以按次纳税。

纳税人以1个月或者1个季度为纳税期的，自期满之日起15日内申报纳税；以1日、3日、5日、10日或者15日为一个纳税期的，自期满之日起5日内预缴税款，于次月1日起15日内申报纳税并结清上月应纳税款。

纳税人进口货物，应当自海关填发海关进口增值税专用缴款书之日起15日内缴纳税款。

2.6.3　纳税地点

为了保证纳税人按期申报纳税，纳税地点一般遵循属地原则。但是考虑到企业跨地区经营和商品流通的特点及不同情况，税法对增值税的纳税地点做出了具体规定：

（1）固定业户应当向其机构所在地的主管税务机关申报纳税。总机构和分支机构不在同一县（市）的，应当分别向各自所在地的主管税务机关申报纳税；经国务院财政、税务主管部门或者其授权的财政、税务机关批准，可以由总机构汇总向总机构所在地的主管税务机关申报纳税。

（2）固定业户到外县（市）销售货物或者应税劳务，应当向其机构所在地的主管税务机关申请开具外出经营活动税收管理证明，并向其机构所在地的主管税务机关申报纳税；未开具证明的，应当向销售地或者劳务发生地的主管税务机关申报纳税；未向销售地或者劳务发生地的主管税务机关申报纳税的，由其机构所在地的主管税务机关补征税款。

（3）固定业户（指增值税一般纳税人）临时到外省市销售货物，必须向经营地税务机关出示外出经营活动税收管理证明并回原地纳税，需要向购货方开具专用发票的，亦回原地补开。

（4）非固定业户销售货物或者提供应税行为，应当向销售地或者应税行为发生地的主管税务机关申报纳税；未申报纳税的，由其机构所在地或者居住地的主管税务机关补征税款。

（5）进口货物，应当向报关地海关申报纳税。

（6）其他个人提供建筑服务、销售或者租赁不动产、转让自然资源使用权，应向建筑服务发生地、不动产所在地、自然资源所在地主管税务机关申报纳税。

（7）扣缴义务人应当向其机构所在地或者居住地的主管税务机关申报缴纳其扣缴的税款。

2.6.4　纳税人转让不动产的征管办法

纳税人转让其取得的不动产，按照以下规定计算增值税。

特别提示

房地产开发企业销售自行开发的房地产项目不适用以下规定。

1. 适用简易计税方法

无论是小规模纳税人还是选择简易计税方法的一般纳税人（销售 2016 年 4 月 30 日前取得的不动产），无论是销售自建还是销售非自建的不动产，其计税依据相同，都是按照差额或全额计算，再按照 5%的征收率申报纳税。计算公式为：

$$应纳税额=\left(\begin{matrix}全部价款\\和价外费用\end{matrix}-\begin{matrix}不动产购置原价\\或取得不动产时的作价\end{matrix}\right)\div(1+5\%)\times 5\%$$

2. 适用一般计税方法

一般纳税人销售不动产，无论是2016年4月30日之前还是之后取得的，不论是自建还是非自建，其销项税额的计算是一致的，都是以取得的全部价款和价外费用为销售额，按照适用税率9%计算销项税额。应纳税额的计算公式为：

应纳税额＝全部价款和价外费用÷(1＋9%)×9%－进项税额

例2-23

某单位2018年6月30日转让其2013年购买的一层写字楼，取得转让收入1 000万元（含税，下同）。该单位2013年购买时的价格为700万元，保留有合法有效凭证。如果该纳税人为增值税一般纳税人，并对转让该房产选择简易计税方法，应如何申报纳税？

分析：本题中因纳税人转让的不动产是2013年外购的，属于非自建，应以取得的全部价款和价外费用扣除不动产购置原价或者取得不动产时的作价后的余额为计税依据，即1 000－700＝300万元。300万元为含税价，要换算为不含税价，因纳税人选择的是简易计税方法，按照5%的征收率计算，向其机构所在地税务机关申报纳税。

应纳税额＝300÷(1＋5%)×5%＝14.29(万元)

3. 其他个人（自然人）转让其取得的不动产

自然人全部属于小规模纳税人，自然人转让不动产，直接以差额或者全额依照5%的征收率计算应纳税额（计算方法同1），直接向不动产所在地主管税务机关缴纳税款。

例2-24

张某户口所在地为北京市，在深圳市工作、居住。张某在海南省买了一套海景房，价值80万元。2016年张某将海南省的房产以100万元价格卖出。假设张某销售该海景房可以享受差额征税政策，应如何计算、申报应纳税额？

分析：张某销售该海景房可以享受差额征税政策，则

应纳税额＝(100－80)÷(1＋5%)×5%＝0.95(万元)

根据纳税地点的规定，张某应在不动产所在地（海南省）就该笔税款向海南省税务机关申报纳税，不需要再回居住地申报缴纳。也就是说，张某销售海南省的房产，向海南省税务机关申报纳税后，不需要向其户口所在地（北京市）或者长期居住地（深圳市）税务机关申报。

假设该例中张某销售该海景房只能全额征税，则

应纳税额＝100÷(1＋5%)×5%＝4.76(万元)

张某在不动产所在地（海南省）就该笔税款向海南省税务机关申报纳税即可。

4. 举例说明营改增后取得不动产缴纳增值税

例2-25

假设北京市西城区某纳税人为增值税一般纳税人，2019年10月30日转让其

2016 年 6 月购买的一层写字楼，取得转让收入 1 000 万元。写字楼位于北京市西城区。纳税人购买时的价格为 777 万元，取得了增值税专用发票，注明税款 85.47 万元。该纳税人 2019 年 10 月其他业务的销项税额为 70 万元，进项税额为 30 万元，留抵税额为 33 万元。该纳税人应如何在机构所在地申报纳税？

分析：该房产属于外购的非自建不动产。

纳税人向北京市西城区税务机关申报纳税时，应将所有业务合并申报。

应纳税额＝1 000÷(1＋9％)×9％(转让不动产)＋70(其他业务销项税额)
　　　　－30(进项税额)－33(留抵税额)
　　　＝89.57(万元)

纳税人在 2019 年 11 月申报期内就转让不动产及其他业务共同申报纳税，应纳税额合计 89.57 万元。

例 2－26

假设北京市西城区某纳税人为增值税小规模纳税人，2018 年 10 月 30 日转让其 2016 年 6 月购买的一层写字楼，取得转让收入 1 000 万元。写字楼位于北京市西城区。纳税人购买时的价格为 777 万元，取得了增值税普通发票。该纳税人 2018 年 10 月其他业务的销售额为 5 万元。纳税人对转让的不动产业务应如何在机构所在地申报纳税？

分析：该房产属于外购的非自建不动产，纳税人为小规模纳税人，在 11 月纳税申报期内向北京市西城区税务机关合并申报其应纳税款。

应纳税额＝(1 000－777)÷(1＋5％)×5％＋5÷(1＋3％)×3％＝10.77(万元)

纳税人在 11 月申报期内就转让不动产及其他业务共同申报纳税，应纳税额合计 10.77 万元。

2.6.5　纳税人提供不动产经营租赁服务的征管办法

1. 纳税地点

纳税人提供不动产经营租赁服务，需要在不动产所在地预缴税款（部分情况除外，如纳税人出租不动产，机构所在地与不动产所在地在同一县（市、区）的，不需要预缴税款，自然人出租不动产不需要预缴税款），然后回机构所在地申报纳税。因为自然人只有居住地，没有机构所在地，在其出租不动产时，只需在不动产所在地预缴税款，不需要回居住地申报缴纳。而自然人以外的纳税人都有机构所在地，因此需要向机构所在地税务机关就其全部经营业务进行纳税申报，这样主管税务机关才可以全面了解、掌握纳税人的经营行为，纳税人也只有回到机构所在地申报纳税，才可以完整地核算全部业务的进项税额和销项税额，准确计算应纳税额。纳税人在不动产所在地预缴的税款，可以在应纳税额中抵减。

【思考】王某是北京市西城区的个体工商户，在天津市拥有一个商铺，将该商铺出租，是否需要预缴增值税税款？

2. 纳税人出租不动产适用一般计税方法的征管

纳税人出租不动产适用一般计税方法的，按照以下公式计算应预缴税款：

$$应预缴税款=含税销售额\div(1+9\%)\times3\%$$

一般纳税人无论出租2016年5月1日后取得的不动产，还是出租2016年4月30日前取得的不动产，均可适用一般计税方法。

不动产所在地与机构所在地不在同一县（市、区）的，纳税人应按照3%的预征率向不动产所在地税务机关预缴税款，再向机构所在地主管税务机关申报纳税。不动产所在地与机构所在地在同一县（市、区）的，纳税人只向机构所在地主管税务机关申报纳税。

例2-27

张某为天津市增值税一般纳税人，2019年6月购入北京市一栋写字楼用于出租。每月租金收入21.8万元。纳税人对出租该不动产业务选择一般计税方法。自2019年7月1日起，张某出租该写字楼，应如何预缴税款？如何计算纳税？

分析：张某是增值税一般纳税人，机构所在地在天津市，不动产在北京市，不动产所在地与机构所在地不在同一县（市、区）。因此，张某无论出租营改增之前或之后取得的不动产，都应以收取的租金按照3%的预征率计算应预缴税款，向不动产所在地北京市税务机关预缴。

$$应预缴税款=21.8\div(1+9\%)\times3\%=0.6(万元)$$

预缴税款后，再按照销项税额减去进项税额的方法计算应纳税额，向机构所在地天津市主管税务机关申报纳税。

如果张某购买天津市的一栋写字楼用于出租，因机构所在地在天津市，不动产也在天津市，不动产所在地与机构所在地在同一县（市、区），张某不需要预缴税款。增值税一般纳税人出租营改增后取得的不动产，适用一般计税方法，即应按照销项税额减去进项税额的方法计算应纳税额，向主管税务机关申报纳税。

3. 纳税人出租不动产适用简易计税方法的征管

纳税人出租不动产适用简易计税方法包括：一般纳税人出租其2016年4月30日前取得的不动产，小规模纳税人（单位和个体工商户）出租不动产（不含住房）。按照以下公式计算应预缴税款：

$$应预缴税款=含税销售额\div(1+5\%)\times5\%$$

不动产所在地与机构所在地不在同一县（市、区）的，纳税人应按照上述计税方法向不动产所在地主管税务机关预缴税款，然后向机构所在地主管税务机关申报纳税。

不动产所在地与机构所在地在同一县（市、区）的，纳税人直接向机构所在地主管税务机关申报纳税。

其他个人（自然人）出租不动产（不含住房），按照5%的征收率计算应纳税额，向不动产所在地主管税务机关申报纳税。

例 2－28

张某是天津市增值税一般纳税人，2013 年购买北京市一栋写字楼用于出租。每月租金收入 20 万元。纳税人对出租该不动产业务选择简易计税方法。自 2016 年 5 月 1 日起，张某出租该写字楼，应如何预缴税款？如何计算纳税？

分析：张某为增值税一般纳税人，机构所在地在天津市，不动产在北京市，不动产所在地与机构所在地不在同一县（市、区），因此张某应向不动产所在地税务机关预缴税款。选择简易计税方法后，预缴税款为 0.95 万元（20÷(1＋5％)×5％），再以同样的计税方法向其机构所在地天津市主管税务机关申报纳税 0.95 万元。

如果张某 2013 年购买天津市的写字楼用于出租，也选择适用简易计税方法，不动产所在地与机构所在地在同一县（市、区），因此张某不需要预缴税款，以收取的租金按照 5％的征收率计算应纳税额，向机构所在地主管税务机关申报纳税即可。

如果张某是自然人，2013 年购买天津市的写字楼用于出租，直接以收取的租金按照 5％的征收率计算应纳税额，向不动产所在地天津市税务机关申报纳税，无须预缴税款。

4. 个人出租住房增值税的计算与征管

个人出租住房，按照以下公式计算应预缴税款：

应预缴税款＝含税销售额÷(1＋5％)×1.5％

(1) 个体工商户出租住房，按照 5％的征收率减按 1.5％计算应纳税额。

不动产所在地与机构所在地不在同一县（市、区）的，纳税人应按照上述计税方法先向不动产所在地主管税务机关预缴税款，再向机构所在地主管税务机关申报纳税；不动产所在地与机构所在地在同一县（市、区）的，纳税人直接向机构所在地主管税务机关申报纳税。

(2) 其他个人（自然人）出租住房，按照 5％的征收率减按 1.5％计算应纳税额，向不动产所在地主管税务机关申报纳税。

特别提示

上述规定中仅针对个人出租住房减按 1.5％计算应纳税额。

例 2－29

张某为天津市个体工商户，购买了北京市的一套住房（住房登记在该个体工商户名下），自 2016 年 5 月 1 日起，张某出租该住房，每月租金 3.5 万元，应如何计算预缴税款？如何计算纳税？

分析：个体工商户张某的机构所在地在天津市，不动产在北京市，不动产所在地与机构所在地不在同一县（市、区），因此张某应向不动产所在地北京市税务机关预缴增值税。个体工商户张某应以收取的租金减按 1.5％的征收率计算应预缴税款：3.5÷(1＋5％)×1.5％＝0.05 万元。再按照同样的计税方法，向机构所在地天津市主管税务机关申报纳税 0.05 万元。

如果个体工商户张某购买天津市的一套住房并出租，则自 2016 年 5 月 1 日起，应向天津市税务机关申报纳税 0.05 万元（3.5÷(1+5%)×1.5%）。

例 2-30

张某为北京市居民，拥有北京市东城区住房三套，将其中两套住房出租，每月租金合计 3.3 万元，张某应如何计算应纳税额？

分析：张某为自然人，自然人出租住房，依据 5%的征收率减按 1.5%计算应纳税额。

应纳税额＝3.3÷(1+5%)×1.5%＝0.05(万元)

张某应向住房所在地的主管税务机关，即北京市东城区税务机关申报纳税 0.05 万元，无须预缴税款。

5. 预缴税款在当期应纳税额中的抵减

除自然人以外，单位和个体工商户出租不动产，向不动产所在地主管税务机关预缴的增值税可以在当期增值税应纳税额中抵减，抵减不完的，结转下期继续抵减。

纳税人以预缴税款抵减应纳税额，应以完税凭证作为合法有效凭证。

例 2-31

北京市海淀区某纳税人为增值税一般纳税人，该纳税人于 2017 年购买了天津市的一层商铺用于出租，购买价格为 500 万元，取得不动产销售统一发票。纳税人每月收取租金 10 万元。假设该纳税人 2019 年 7 月其他业务的增值税应纳税额为 25 万元。2019 年 8 月申报期，纳税人应如何计算 8 月所属纳税申报期的增值税应纳税额？应如何申报纳税？

分析：(1) 假设该纳税人对出租商铺业务选择简易计税方法。

根据规定，纳税人出租与机构所在地不在同一县（市、区）的不动产，需在不动产所在地预缴税款。该纳税人应向天津市税务机关预缴的税款如下：

应预缴税款＝10÷(1+5%)×5%＝0.48(万元)

纳税人取得天津市税务机关开具的完税凭证，回机构所在地后，计算 7 月的增值税应纳税额。

应纳税额＝10÷(1+5%)×5%(出租业务)+25(其他业务)＝25.48(万元)

纳税人 8 月 15 日前向北京市海淀区税务机关申报 7 月应纳税额 25.48 万元，同时以完税凭证为合法有效凭证，扣减已经在天津市预缴的 0.48 万元，即纳税人应缴纳增值税 25 万元。

(2) 假设该纳税人对出租商铺业务选择一般计税方法。

纳税人出租与机构所在地不在同一县（市、区）的不动产，需在不动产所在地预缴税款。该纳税人应向天津市税务机关预缴的税款如下：

应预缴税款＝10÷ (1+9%)×3%＝0.28(万元)

纳税人取得天津市税务机关开具的完税凭证，回机构所在地后，计算 7 月的增值税应纳税额。

应纳税额＝10÷(1＋9%)×9%(出租业务)＋25(其他业务)＝25.83(万元)

由于纳税人在 2017 年购买的不动产，2019 年 7 月没有相应的不动产进项税额抵扣，故纳税人应在 8 月纳税申报期内向北京市海淀区税务机关申报 7 月份应纳税额 25.83 万元，同时以完税凭证为合法有效凭证，扣减已经在天津市预缴的 0.28 万元，即纳税人应缴纳增值税 25.55 万元。

2.6.6　纳税人跨县（市、区）提供建筑服务的征管办法

1. 纳税地点

纳税人跨县（市、区）提供建筑服务，向建筑服务发生地主管税务机关预缴税款，向机构所在地主管税务机关申报纳税。

建筑服务的纳税地点，遵循机构所在地纳税的基本原则，并辅之以在建筑服务发生地实行预缴机制。建筑业具有流动性强、跨区域作业多的特点，如果纳税地点为建筑服务发生地，会出现在建筑服务发生地无法进行完整的进销项税额核算并准确计算增值税应纳税额的情况。因此，纳税地点由原营业税建筑服务发生地改为机构所在地。纳税地点的调整将改变原有的地方收入格局，对于所有异地提供建筑服务的工程项目来说，税源将由建筑服务发生地转移到机构所在地。为避免营改增后对建筑服务发生地的地方财政收入造成较大影响，对异地提供建筑服务采取先在建筑服务发生地实行预缴，然后回机构所在地申报纳税的征管模式，以确保改革前后地方利益格局基本稳定。

2. 征管机关

纳税申报的地点为机构所在地，征收管理机关为机构所在地主管税务机关。

3. 预缴税款的计算

（1）一般纳税人跨县（市、区）提供建筑服务，适用一般计税方法的，以取得的全部价款和价外费用扣除支付的分包款后的余额，按照 2%的预征率计算应预缴税款。

应预缴税款＝(全部价款和价外费用－支付的分包款)÷(1＋9%)×2%

（2）一般纳税人跨县（市、区）提供建筑服务，选择适用简易计税方法的，以取得的全部价款和价外费用扣除支付的分包款后的余额，按照 3%的征收率计算应预缴税款。

应预缴税款＝(全部价款和价外费用－支付的分包款)÷(1＋3%)×3%

（3）小规模纳税人跨县（市、区）提供建筑服务，以取得的全部价款和价外费用扣除支付的分包款后的余额，按照 3%的征收率计算应预缴税款。计算公式同（2）。

纳税人取得的全部价款和价外费用扣除支付的分包款后的余额为负数的，可结转至下次预缴税款时继续扣除。

【思考】 如果纳税人同时为多个跨县（市、区）的建筑项目提供建筑服务，应如何计算预缴税款？

例2-32

A省某建筑公司（一般纳税人）在B省分别提供两项建筑服务（适用一般计税方法），2019年6月，项目一当月取得建筑服务收入555万元，支付分包款1 555万元（取得了增值税专用发票）；项目二当月取得建筑服务收入1 665万元，支付分包款555万元（取得了增值税专用发票）。该建筑公司应如何预缴税款？

分析：该建筑公司应当在B省就两项建筑服务分别计算并预缴税款。

（1）项目一由于当月收入555万元扣除当月分包款支出1 555万元后为负数（−1 000万元），因此，项目一当月计算的预缴税款为0，剩余的1 000万元可结转至下次预缴税款时继续扣除。

（2）项目二当月收入1 665万元扣除分包款支出555万元后剩余1 110万元，因此，应以1 110万元为依据计算预缴税款。

$$\text{应预缴税款}=(1\,665-555)\div(1+9\%)\times 2\%=20.37(\text{万元})$$

例2-33

A省某建筑公司（小规模纳税人）在B省分别提供两项建筑服务（适用简易计税方法），2019年6月，项目一当月取得建筑服务收入555万元，支付分包款1 555万元（取得了增值税专用发票）；项目二当月取得建筑服务收入1 665万元，支付分包款555万元（取得了增值税专用发票）。该建筑公司应如何预缴税款？

分析：该建筑公司应当在B省就两项建筑服务分别计算并预缴税款。

（1）项目一由于当月收入555万元扣除当月分包款支出1 555万元后为负数（−1 000万元），因此，项目一当月计算的预缴税款为0，剩余的1 000万元可结转至下次预缴税款时继续扣除。

（2）项目二当月收入1 665万元扣除分包款支出555万元后剩余1 110万元，因此，应以1 110万元为依据计算预缴税款。

$$\text{应预缴税款}=(1\,665-555)\div(1+3\%)\times 3\%=32.33(\text{万元})$$

4. 纳税申报的计算与管理

纳税人跨县（市、区）提供建筑服务，向建筑服务发生地主管税务机关预缴的增值税税款，可以在当期增值税应纳税额中抵减，抵减不完的，结转下期继续抵减。纳税人以预缴税款抵减应纳税额，应以完税凭证作为合法有效凭证。

例2-34

A省某建筑企业（一般纳税人）2019年8月分别在B省和C省提供建筑服务（均为非简易计税项目，即适用一般计税方法），当月分别取得建筑服务收入（含税）1 650万元和2 970万元，分别支付分包款560万元（取得增值税专用发票，注明的增值税为46.24万元）和790万元（取得增值税专用发票，注明的增值税为65.23万元），支付不动产租赁费用109万元（取得增值税专用发票，注明的增值税为9万元），购入建筑材料1 130万元（取得增值税专用发票，注明的增值税为130万元）。该建筑企业在9月纳税申报期应如何申报缴纳增值税？

分析：该建筑公司应当在 B 省和 C 省就两项建筑服务分别计算并预缴税款。

（1）就 B 省的建筑服务计算并向建筑服务发生地主管税务机关预缴增值税。

当期预缴税款＝(1 650－560)÷(1＋9%)×2%＝20(万元)

（2）就 C 省的建筑服务计算并向建筑服务发生地主管税务机关预缴增值税。

当期预缴税款＝(2 970－790)÷(1＋9%)×2%＝40(万元)

（3）分项目预缴后，需要回到机构所在地 A 省向主管税务机关申报纳税。

当期应纳税额＝(1 650＋2 970)÷(1＋9%)×9%－46.24－65.23－9－130
＝131(万元)

当期应补税额＝131－20－40＝71(万元)

例 2－35

A 省某建筑企业（一般纳税人）2019 年 8 月分别在 B 省和 C 省提供建筑服务（均为简易计税项目，即适用简易计税方法），当月分别取得建筑服务收入（含税）1 650 万元和 2 970 万元，分别支付分包款 560 万元（取得增值税专用发票，注明的增值税为 46.24 万元）和 790 万元（取得增值税专用发票，注明的增值税为 65.23 万元），支付不动产租赁费用 109 万元（取得增值税专用发票，注明的增值税为 9 万元），购入建筑材料 1 130 万元（取得增值税专用发票，注明的增值税为 130 万元）。该建筑企业在 9 月纳税申报期应如何申报缴纳增值税？

分析：（1）就 B 省的建筑服务计算并向建筑服务发生地主管税务机关预缴增值税。

当期预缴税款＝(1 650－560)÷(1＋3%)×3%＝31.75(万元)

（2）就 C 省的建筑服务计算并向建筑服务发生地主管税务机关预缴增值税。

当期预缴税款＝(2 970－790)÷(1＋3%)×3%＝63.5(万元)

（3）分项目预缴后，需要回到机构所在地 A 省向主管税务机关申报纳税。

当期应纳税额＝(1 650＋2 970－560－790)÷(1＋3%)×3%＝95.25(万元)

当期应补税额＝95.25－31.75－63.5＝0

从以上计算可以看出，如果该纳税人除了这两项建筑服务外不再发生其他增值税应税行为，那么，该纳税人回到机构所在地计算的增值税应纳税额应该为零，即所有增值税税款均已在建筑服务发生地缴纳。

2.6.7 房地产开发企业销售自行开发的房地产的征管办法

房地产开发是指从事房地产开发的企业为了实现城市规划和城市建设（包括城市新区开发和旧区改建）而从事的土地开发和房屋建设等行为的总称。房地产开发包括土地开发和房屋开发。土地开发主要是指房屋建设的前期工作，包括两种情形：一是新区土地开发，即把农业或者其他非城市用地改造为适合工商业、居民住宅、商品房以及其他城市用途的城市用地；二是旧城区改造或二次开发，即因土地用途的改变、城市规划的改变以及其他原因，需要拆除原来的建筑物，并对土地进行重新改造，投入新的劳动。简而言之，房地产开发是在取得国有土地使用权的土地上进行基础设施、房屋建设的行为。

房地产开发经营是指房地产开发企业在城市规划区内的国有土地上进行基础设施建设、房屋建设，并转让房地产开发项目或者销售、出租商品房的行为。

因房地产开发具有投资大、耗力多、周期长、高收益、高风险的特点，国家对房地产开发经营的资格有严格的要求，不具有房地产开发经营资格的企业不能从事房地产开发经营。

随着时代的进步和经济的快速发展，我国房地产开发的范围越来越广，程度越来越深，内容越来越丰富，房地产开发活动在人们的生活中占据越来越重要的地位。为了规范房地产开发企业销售自行开发的房地产项目，营改增后，财政部和国家税务总局对房地产开发企业销售自行开发的房地产的税收征收管理做出了明确规定。

1. 适用范围

房地产开发企业是指拥有房地产开发经营资质的建设单位，按照城市房地产管理法的规定，以盈利为目的，从事房地产开发和经营的企业。按房地产开发业务在企业经营范围中地位的不同，可将房地产开发企业分为房地产开发专营企业、兼营企业和项目公司。设立房地产开发企业，应当具备下列条件：（1）有自己的名称和组织机构。（2）有固定的经营场所。（3）有符合国家规定的注册资本。（4）有足够的专业技术人员。（5）法律、行政法规规定的其他条件。

自行开发，是指在依法取得土地使用权的土地上进行基础设施和房屋建设。房地产开发企业以接盘等形式购入未完工的房地产项目，继续开发后以自己的名义立项销售的，也属于销售自行开发的房地产项目。例如，某房地产企业接盘了一栋烂尾楼，该房地产企业对烂尾楼重新办理立项手续，继续投入资金，建成后以自己的名义对外销售，可视为自行开发。

2. 销售额

（1）一般纳税人销售自行开发的房地产项目，适用一般计税方法，按照取得的全部价款和价外费用扣除当期销售房地产项目对应的土地价款后的余额计算销售额。销售额的计算公式如下：

$$\text{销售额}=(\text{全部价款和价外费用}-\text{当期允许扣除的土地价款})\div(1+9\%)$$

对应的土地价款不是一次性从销售额中全扣，而是随着销售额的确认逐步扣除。也就是说，要把土地价款按照销售进度，在不同的纳税期分期扣除，即“卖一套房，扣一笔与之相应的土地出让金”。

允许扣除的土地价款包括新项目和选择一般计税方法的老项目。对于房地产老项目，如果选择适用一般计税方法，其2016年5月1日后确认的增值税销售额，也可以扣除对应的土地价款。

当期允许扣除的土地价款按照以下公式计算：

$$\begin{matrix}\text{当期允许扣除的}\\\text{土地价款}\end{matrix}=\left(\begin{matrix}\text{当期销售房地产}\\\text{项目建筑面积}\end{matrix}\div\begin{matrix}\text{房地产项目可供}\\\text{销售建筑面积}\end{matrix}\right)\times\begin{matrix}\text{支付的}\\\text{土地价款}\end{matrix}$$

式中，当期销售房地产项目建筑面积是指当期进行纳税申报的增值税销售额对应的建筑面积。房地产项目可供销售建筑面积是指房地产项目可以出售的总建筑面积，不包括销售房地产项目时未单独作价结算的配套公共设施的建筑面积，如开发房地产项目时，配套建设的小区道路、花园、绿地、雕塑，或者物业用房、幼儿园、诊所等。支付的土地价款是指向政府、土地管理部门或受政府委托收取土地价款的单位直接支付的土地价款。计算销售额时从全部价款和价外费用中扣除土地价款，应当取得省级以上（含省级）财政部门监（印）制的财政票据。

(2) 一般纳税人销售自行开发的房地产老项目，可以选择适用简易计税方法。一般纳税人销售自行开发的房地产老项目适用简易计税方法的，以取得的全部价款和价外费用为销售额，不得扣除对应的土地价款，按照5%的征收率计税。一经选择简易计税方法计税，36个月内不得变更为一般计税方法。

房地产老项目是指《建筑工程施工许可证》注明的合同开工日期在2016年4月30日前的房地产项目，以及《建筑工程施工许可证》未注明合同开工日期或者未取得《建筑工程施工许可证》但建筑工程承包合同注明的开工日期在2016年4月30日前的建筑工程项目。

3. 进项税额

一般纳税人销售自行开发的房地产项目，兼有一般计税方法计税、简易计税方法计税、免征增值税的房地产项目而无法划分不得抵扣的进项税额的，应以《建筑工程施工许可证》注明的建设规模为依据进行划分。

$$\text{不得抵扣的进项税额}=\text{当期无法划分的全部进项税额}\times\left(\text{简易计税、免税房地产项目建设规模}\div\text{房地产项目总建设规模}\right)$$

建设规模就是项目建设面积。在计算简易计税方法和免税房地产项目对应的不得抵扣的进项税额时，应以面积为计算单位，而不能以套、层、单元、栋等作为计算依据。

4. 预缴税款和纳税申报

(1) 预缴税款。一般纳税人采取预收款方式销售自行开发的房地产项目，应在收到预收款时按照3%的预征率预缴增值税。预收款是指房地产企业预售房地产项目时收到的款项。应预缴税款按照以下公式计算：

$$\text{应预缴税款}=\text{预收款}\div(1+\text{适用税率或征收率})\times 3\%$$

适用一般计税方法的，适用税率为9%；适用简易计税方法的，征收率为5%。

一般纳税人应在取得预收款的次月纳税申报期向主管税务机关预缴税款。

(2) 纳税申报。一般纳税人销售自行开发的房地产项目适用一般计税方法的，以当期销售额和9%的适用税率计算当期应纳税额，抵减已预缴税款后，向主管税务机关申报纳税。未抵减完的预缴税款可以结转下期继续抵减。

一般纳税人销售自行开发的房地产项目适用简易计税方法的，以当期销售额和5%的征收率计算当期应纳税额，抵减已预缴税款后，向主管税务机关申报纳税。未抵减完的预缴税款可以结转下期继续抵减。

一般纳税人销售自行开发的房地产项目，可自行开具增值税发票。2016年4月30

日前收取并已向主管税务机关申报缴纳营业税的预收款，未开具营业税发票的，可以开具增值税普通发票，不得开具增值税专用发票。

一般纳税人向消费者个人（自然人）销售自行开发的房地产项目，不得开具增值税专用发票。

例2-36

某房地产企业（一般纳税人）自行开发一个房地产项目，《建筑工程施工许可证》上注明的开工日期是2015年3月15日，2016年1月15日开始预售房地产。至2016年4月30日共取得预收款4 250万元，已按照营业税规定申报缴纳营业税。该房地产企业对上述预收款开具收据，未开具营业税发票。该企业2016年5月又收到预收款5 250万元。2016年6月共开具增值税普通发票9 500万元（含2016年4月30日前取得的未开票预收款4 250万元和2016年5月收到的5 250万元预收款），同时办理房产产权转移手续。纳税人在7月申报期应申报多少增值税税款？

分析：(1) 该房地产企业销售自行开发的房地产老项目，可选择适用简易计税方法按照5%的征收率计税。

(2) 纳税人6月开具增值税普通发票9 500万元，其中包括4月30日前取得的未开票预收款4 250万元。

(3) 纳税人应在6月申报期就取得的预收款5 250万元预缴税款150万元。

应预缴税款＝5 250÷(1＋5%)×3%＝150(万元)

(4) 纳税人在7月申报期应申报的增值税税款如下：

应纳税额＝5 250÷(1＋5%)×5%－150＝250－150＝100(万元)

例2-37

某房地产企业销售自行开发的房地产项目，有关情况同上例。2016年6月该企业还取得了建筑服务增值税专用发票，价税合计1 000万元（其中，增值税为100万元），纳税人选择放弃简易计税方法，按照适用税率计算缴纳增值税。纳税人在7月申报期应申报多少增值税税款？

分析：(1) 纳税人应在6月申报期就取得的预收款计算应预缴税款。

应预缴税款＝5 250÷(1＋10%)×3%＝143.18(万元)

(2) 纳税人6月开具增值税普通发票9 500万元，其中包括4月30日前取得的未开票预收款4 250万元。

(3) 纳税人在7月申报期应申报的税额如下：

销项税额＝5 250÷(1＋10%)×10%＝477.27(万元)
进项税额＝100(万元)
应纳税额＝477.27－100－143.18＝234.09(万元)

5. 小规模纳税人的征收管理

（1）预缴税款。小规模纳税人采取预收款方式销售自行开发的房地产项目，应在收到预收款时按照 3%的预征率预缴增值税。应预缴税款按照以下公式计算：

应预缴税款＝预收款÷(1＋5%)×3%

小规模纳税人应在取得预收款的次月纳税申报期或主管税务机关核定的纳税期限向主管税务机关预缴税款。

（2）纳税申报。小规模纳税人销售自行开发的房地产项目，应以当期销售额和 5%的征收率计算当期应纳税额，抵减已预缴税款后，向主管税务机关申报纳税。未抵减完的预缴税款可以结转下期继续抵减。

小规模纳税人销售自行开发的房地产项目，可以自行开具增值税普通发票。购买方需要增值税专用发票的，小规模纳税人可以向主管税务机关申请代开。2016 年 4 月 30 日前收取并已向主管税务机关申报缴纳营业税的预收款，未开具营业税发票的，可以开具增值税普通发票，不得申请代开增值税专用发票。

小规模纳税人向消费者个人（自然人）销售自行开发的房地产项目，不得申请代开增值税专用发票。

例 2－38

某房地产企业（小规模纳税人）自行开发一个房地产项目，《建筑工程施工许可证》上注明的开工日期是 2015 年 3 月 15 日，2016 年 1 月 15 日开始预售房地产。至 2016 年 4 月 30 日共取得预收款 200 万元，已按照营业税规定申报缴纳营业税。该房地产企业对上述预收款开具收据，未开具营业税发票。该企业 2016 年 5 月又收到预收款 200 万元。2016 年 6 月共开具增值税普通发票 400 万元（含 2016 年 4 月 30 日取得的未开票预收款 200 万元和 2016 年 5 月收到的预收款 200 万元）。纳税人在 7 月申报期应如何申报纳税?

分析：（1）纳税人 6 月开具增值税普通发票 400 万元，其中包括 4 月 30 日取得的未开票预收款 200 万元。

（2）纳税人应于 6 月申报期就取得的预收款计算应预缴税款。

应预缴税款＝200÷(1＋5%)×3%＝5.71(万元)

（3）房地产企业应以当期销售额和 5%的征收率计算在 7 月申报期应向主管税务机关申报的税款。

应纳税额＝200÷(1＋5%)×5%－5.71＝3.81(万元)

2.6.8 纳税申报表

为贯彻落实中办、国办印发的《关于进一步深化税收征管改革的意见》，深入推进税务领域“放管服”改革，优化营商环境，切实减轻纳税人、缴费人申报负担，根据《国家税务总局关于开展 2021 年“我为纳税人缴费人办实事暨便民办税春风行动”的意见》（税总发〔2021〕14 号）的有关规定，自 2021 年 8 月 1 日起，增值税、消费税分别与城市维护建设税、教育费附加、地方教育附加申报表整合，启用《增值税及附加税费申报表（一般纳税人适用）》（见表 2－3）、《增值税及附加税费申报表（小规模纳税人适用)》(见表2-4)、《增值税及附加税费预缴表》及其附列资料和《消费税及附加税费申报表》。

表2-3 增值税纳税申报表

（一般纳税人适用）

根据国家税收法律法规及增值税相关规定制定本表。纳税人不论有无销售额，均应按税务机关核定的纳税期限填写本表，并向当地税务机关申报。

税款所属时间：自　年　月　日至　年　月　日　填表日期：　年　月　日　金额单位：元（列至角分）

纳税人识别号（统一社会信用代码）：□□□□□□□□□□□□□□□□□□□□□□□□ 所属行业：

纳税人名称：		法定代表人姓名		注册地址		生产经营地址	
开户银行及账号		登记注册类型		电话号码			

项目		栏次	一般项目		即征即退项目	
			本月数	本年累计	本月数	本年累计
销售额	（一）按适用税率计税销售额	1				
	其中：应税货物销售额	2				
	应税劳务销售额	3				
	纳税检查调整的销售额	4				
	（二）按简易办法计税销售额	5				
	其中：纳税检查调整的销售额	6				
	（三）免、抵、退办法出口销售额	7			—	—
	（四）免税销售额	8			—	—
	其中：免税货物销售额	9			—	—
	免税劳务销售额	10			—	—
税款计算	销项税额	11				
	进项税额	12				
	上期留抵税额	13				
	进项税额转出	14				
	免、抵、退应退税额	15			—	—
	按适用税率计算的纳税检查应补缴税额	16			—	—
	应抵扣税额合计	17=12+13−14−15+16		—		—
	实际抵扣税额	18（如17<11，则为17，否则为11）				
	应纳税额	19=11−18				
	期末留抵税额	20=17−18				—
	简易计税办法计算的应纳税额	21				
	按简易计税办法计算的纳税检查应补缴税额	22			—	—
	应纳税额减征额	23				
	应纳税额合计	24=19+21−23				

税款缴纳	期初未缴税额（多缴为负数）	25				
	实收出口开具专用缴款书退税额	26			—	—
	本期已缴税额	27=28+29+30+31				
	①分次预缴税额	28		—		—
	②出口开具专用缴款书预缴税额	29		—	—	—
	③本期缴纳上期应纳税额	30				
	④本期缴纳欠缴税额	31				
	期末未缴税额（多缴为负数）	32=24+25+26−27				
	其中：欠缴税额（≥0）	33=25+26−27		—		—
	本期应补（退）税额	34=24−28−29		—		—
	即征即退实际退税额	35	—	—		
	期初未缴查补税额	36			—	—
	本期入库查补税额	37			—	—
	期末未缴查补税额	38=16+22+36−37			—	—
附加税费	城市维护建设税本期应补（退）税额	39			—	—
	教育费附加本期应补（退）费额	40			—	—
	地方教育附加本期应补（退）费额	41			—	—

声明：此表是根据国家税收法律法规及相关规定填写的，本人（单位）对填报内容（及附带资料）的真实性、可靠性、完整性负责。

纳税人（签章）：　　　　年　月　日

经办人： 经办人身份证号： 代理机构签章： 代理机构统一社会信用代码：	受理人： 受理税务机关（章）： 受理日期：　年　月　日

表 2-4　增值税纳税申报表

（小规模纳税人适用）

纳税人识别号（统一社会信用代码）：□□□□□□□□□□□□□□□□□□□□

纳税人名称：　　　　金额单位：元（列至角分）

税款所属期：　年　月　日至　年　月　日　　　　填表日期：　年　月　日

项目		栏次	本期数		本年累计	
			货物及劳务	服务、不动产和无形资产	货物及劳务	服务、不动产和无形资产
一、计税依据	（一）应征增值税不含税销售额（3%征收率）	1				
	增值税专用发票不含税销售额	2				
	其他增值税发票不含税销售额	3				

一、计税依据	（二）应征增值税不含税销售额（5%征收率）	4	—		—	
	增值税专用发票不含税销售额	5	—		—	
	其他增值税发票不含税销售额	6	—		—	
	（三）销售使用过的固定资产不含税销售额	7（7≥8）		—		—
	其中：其他增值税发票不含税销售额	8		—		—
	（四）免税销售额	9=10+11+12				
	其中：小微企业免税销售额	10				
	未达起征点销售额	11				
	其他免税销售额	12				
	（五）出口免税销售额	13（13≥14）				
	其中：其他增值税发票不含税销售额	14				
二、税款计算	本期应纳税额	15				
	本期应纳税额减征额	16				
	本期免税额	17				
	其中：小微企业免税额	18				
	未达起征点免税额	19				
	应纳税额合计	20=15−16				
	本期预缴税额	21			—	—
	本期应补（退）税额	22=20−21			—	—
三、附加税费	城市维护建设税本期应补（退）税额	23				
	教育费附加本期应补（退）费额	24				
	地方教育附加本期应补（退）费额	25				
声明：此表是根据国家税收法律法规及相关规定填写的，本人（单位）对填报内容（及附带资料）的真实性、可靠性、完整性负责。 纳税人（签章）： 年 月 日						
经办人： 经办人身份证号： 代理机构签章： 代理机构统一社会信用代码：			受理人： 受理税务机关（章）： 受理日期： 年 月 日			

2.7 增值税发票的管理

我国增值税实行的是“凭票扣税制”管理，即纳税人凭从销售方取得的增值税专用发票注明的增值税税额抵扣税款。这不仅是国际通行做法，也符合我国国情，不仅方便征纳双方进行税款核算，而且对增值税链条购销双方通过发票相互制约、维护税基具有重要意义。增值税制度的实施必须以强大、有效的税收征管手段做支撑，而加强增值税专用发票的管理就成为增值税征收管理的关键。

我国对增值税发票的管理经历了 20 多年的实践探索，从 1994 年开始，进行了以加强专用发票管理为主要目标的“金税工程”建设。截至 2022 年，我国已经完成金税一期、金税二期、金税三期和金税四期的建设。所谓金税工程，就是吸收国际先进经验，运用高科技手段结合我国增值税管理实际设计的高科技管理系统。该系统由一个网络、四个子系统构成。一个网络是指国家税务总局与省、地、县国家税务局四级计算机网络；四个子系统是指增值税防伪税控开票子系统、防伪税控认证子系统、增值税稽核子系统和发票协查子系统。金税工程实际上就是利用覆盖全国税务机关的计算机网络对增值税专用发票和企业增值税纳税状况进行严密监控的一个体系。金税系统的使用使增值税的信息化管理工作取得了革命性的进展，有助于强化税源管理、加强风险控制，为宏观分析决策等提供了依据，为构建现代税收征管体系奠定了坚实的基础，为基本实现税收现代化提供了有力支撑。

2.7.1　增值税发票的联次

增值税发票分为增值税专用发票和普通发票两种，两者的主要区别是增值税专用发票具有税款抵扣功能。

增值税专用发票由基本联次或者基本联次附加其他联次构成，基本联次为三联：记账联、抵扣联和发票联。记账联作为销售方核算销售收入和增值税销项税额的记账凭证；抵扣联作为购买方报送主管税务机关认证和留存备查的凭证；发票联作为购买方核算采购成本和增值税进项税额的记账凭证。其他联次用途由一般纳税人自行确定。

增值税普通发票由基本联次或者基本联次附加其他联次构成，基本联次分为记账联和发票联。第一联“记账联”是销售方的记账凭证，第二联“发票联”是购买方的记账凭证。其他联次用途由纳税人自行确定。

2.7.2　增值税发票的使用

增值税发票既是商事凭证，也是计税凭证，具有许多功能。

增值税发票管理新系统具有一个系统开具多种增值税发票的功能，方便兼营多种应税、免税项目的纳税人开具发票，可以满足纳税人的不同开票需求。

（1）增值税一般纳税人销售货物、服务、无形资产、不动产和提供应税劳务，使用增值税发票管理新系统开具增值税专用发票、增值税普通发票、机动车销售统一发票、增值税电子普通发票。

1）增值税专用发票票样如图 2－1 所示。

1100134160　　北京增值税专用发票　　№

此联不作报销、扣税凭证使用　　开票日期：

购买方	名　　称： 纳税人识别号： 地 址 、电 话： 开户行及账号：					密码区		
货物或应税劳务、服务名称		规格型号	单位	数量	单价	金额	税率	税额
合　　计								
价税合计（大写）						（小写）		
销售方	名　　称 纳税人识别号： 地 址 、电 话： 开户行及账号：					备注		

收款人：　　复核：　　开票人：　　销售方：（章）

税总函［2014］××号××××公司

第一联：记账联　销售方记账凭证

图 2-1　增值税专用发票

2）增值税普通发票票样如图 2-2 所示。

1100143350　　北京增值税普通发票　　№

开票日期：

购买方	名　　称： 纳税人识别号： 地 址 、电 话： 开户行及账号：					密码区		
货物或应税劳务、服务名称		规格型号	单位	数量	单价	金额	税率	税额
合　　计								
价税合计（大写）						（小写）		
销售方	名　　称 纳税人识别号： 地 址 、电 话： 开户行及账号：					备注		

收款人：　　复核：　　开票人：　　销售方：（章）

税总函［2014］××号××××公司

第一联：记账联　销售方记账凭证

图 2-2　增值税普通发票

3）机动车销售统一发票票样如图 2－3 所示。

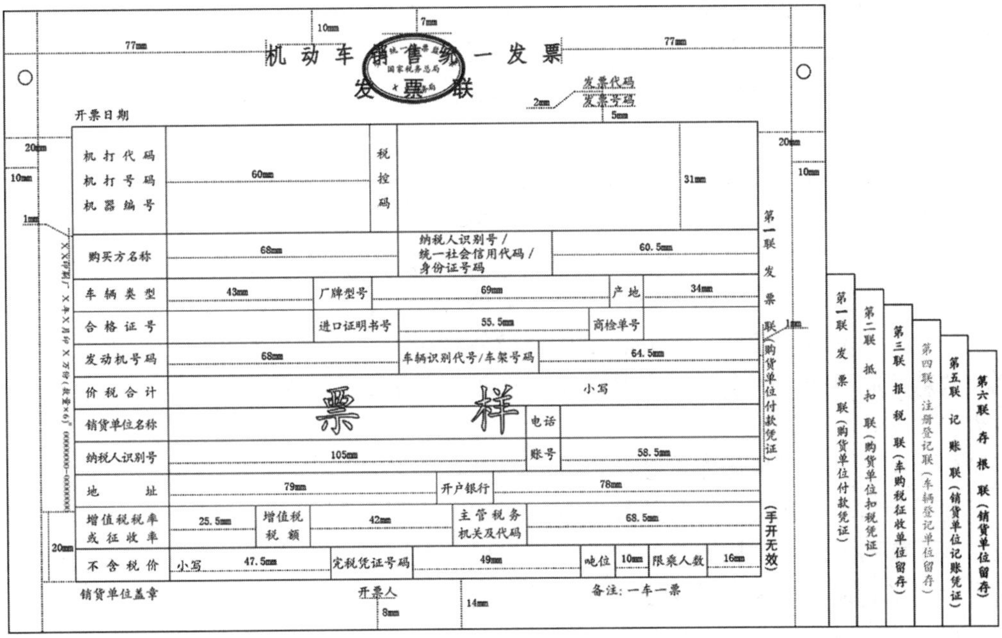

图 2－3　机动车销售统一发票

4）增值税电子普通发票票样如图 2－4 所示。

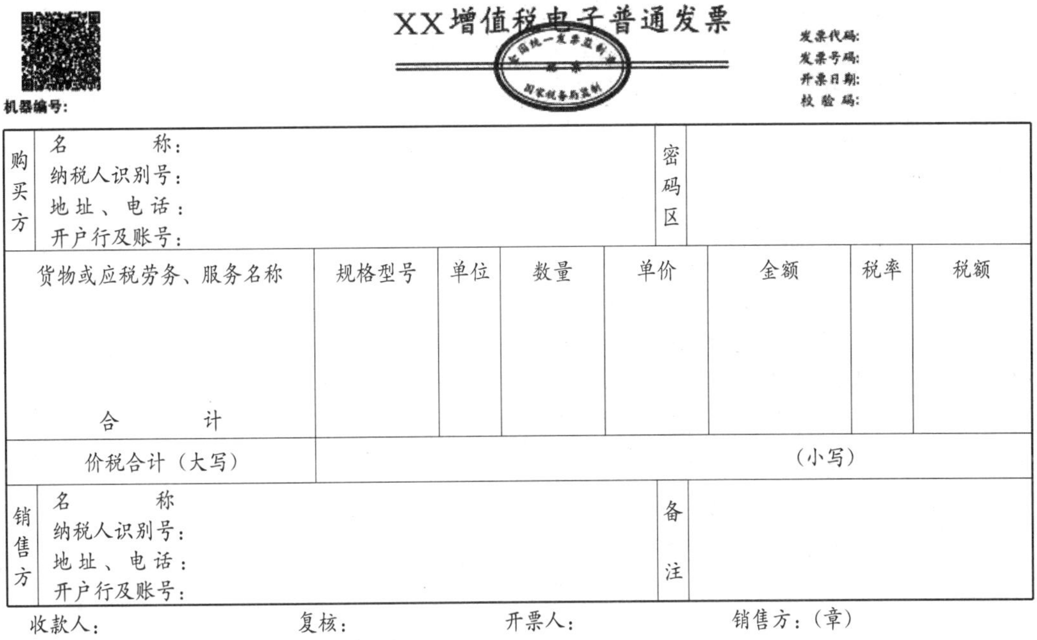

图 2－4　增值税电子普通发票

（2）已经使用金税盘、税控盘等税控专用设备开具增值税发票的小规模纳税人，月销售额未超过 15 万元的，可以继续使用现有设备开具发票，也可以自愿向税务机关免费换领税务 Ukey 开具发票。

（3）增值税纳税人购买增值税税控系统专用设备支付的费用以及缴纳的技术维护费允许在增值税应纳税额中全额抵减。但是未达到增值税起征点的小规模纳税人当前暂不纳入增值税发票管理新系统推行范围，可继续使用现有方式开票。

（4）税务机关代开增值税专用发票是指主管税务机关为所辖范围内的增值税纳税人（指已办理税务登记的小规模纳税人，包括个体经营者以及国家税务总局确定的其他可予代开增值税专用发票的纳税人）代开专用发票，其他单位和个人不得代开。代开专用发票统一使用增值税防伪税控代开票系统开具。非防伪税控代开票系统开具的专用发票不得作为增值税进项税额抵扣凭证。增值税纳税人发生增值税应税行为、需要开具专用发票时，可向其主管税务机关申请代开。为增值税纳税人代开的专用发票应统一使用六联专用发票，第五联由代开发票岗位留存，以备发票的扫描补录，第六联交税款征收岗位，用于代开发票税额与征收税款的定期核对，其他联次交增值税纳税人。

（5）电子发票是现代信息社会的产物，是在购销商品、提供或者接受服务以及从事其他经营活动中开具、收取的数据电文形式的收付款凭证。电子发票与传统发票的区别主要有两点：一是从传统的物理介质发展为数据电文形式；二是打破纸质发票作为会计记账凭证的传统，形成发票会计档案电子记账的条件。推行增值税电子发票系统不仅可节约财政资金，而且有利于促进社会进步，节约社会资源，降低纳税人经营成本，营造健康公平的税收环境，方便消费者保存使用发票，便于税务管理和大数据应用，是税务机关推进税收现代化建设，实现“互联网＋税务”的重要举措。与传统纸质发票相比，纳税人申领、开具、流转、查验电子发票等都可以通过税务机关统一的电子发票管理系统在互联网上进行，发票开具更快捷，查询更方便。增值税电子普通发票的开票方和受票方需要纸质发票的，可以自行打印增值税电子普通发票的版式文件，其法律效力、基本用途、基本使用规定等与税务机关监制的增值税普通发票相同。

2.7.3 增值税发票的开具

1. 发票开具的一般规定

《中华人民共和国发票管理办法》规定，销售商品、提供服务以及从事其他经营活动的单位和个人，对外发生经营业务收取款项，收款方应当向付款方开具发票；在特殊情况下，由付款方向收款方开具发票。所有单位和从事生产、经营活动的个人在购买商品、接受服务以及从事其他经营活动支付款项后，应当从收款方取得发票。取得发票时，不得要求变更品名和金额。开具发票应当按照规定的时限、顺序、栏目，全部联次一次性如实开具，并加盖发票专用章。

任何单位和个人不得有下列虚开发票行为：为他人、为自己开具与实际经营业务情况不符的发票；让他人为自己开具与实际经营业务情况不符的发票；介绍他人开具与实际经营业务情况不符的发票。

任何单位和个人应当按照发票管理规定使用发票，不得有下列行为：转借、转让、介绍他人转让发票、发票监制章和发票防伪专用品；知道或者应当知道是私自印制、伪造、变造、非法取得或者废止的发票而受让、开具、存放、携带、邮寄、运输；拆本使用发票；扩大发票使用范围；以其他凭证代替发票使用。

除国务院税务主管部门规定的特殊情形外，发票限于领购单位和个人在本省、自治区、直辖市内开具。省、自治区、直辖市税务机关可以规定跨市、县开具发票的办法。

除国务院税务主管部门规定的特殊情形外，任何单位和个人不得跨规定的使用区域携带、邮寄、运输空白发票。禁止携带、邮寄或者运输空白发票出入境。开具发票的单位和个人应当按照税务机关的规定存放和保管发票，不得擅自损毁。已经开具的发票存根联和发票登记簿应当保存 5 年。保存期满，报经税务机关查验后销毁。

2. 增值税专用发票的开具要求

根据《增值税专用发票使用规定》，增值税一般纳税人有下列情形之一的，不得领购开具专用发票：

(1) 会计核算不健全，不能向税务机关准确提供增值税销项税额、进项税额、应纳税额数据及其他有关增值税税务资料的。上列其他有关增值税税务资料的内容，由省、自治区、直辖市和计划单列市税务机关确定。

(2) 有《税收征收管理法》规定的税收违法行为，拒不接受税务机关处理的。

(3) 有下列行为之一，税务机关责令限期改正而未改正的：

1) 虚开增值税专用发票；

2) 私自印制专用发票；

3) 向税务机关以外的单位和个人买取专用发票；

4) 借用他人专用发票；

5) 未按《增值税专用发票使用规定》第十一条开具专用发票；

6) 未按规定保管专用发票和专用设备；

7) 未按规定申请办理防伪税控系统变更发行；

8) 未按规定接受税务机关检查。

有上列情形的，如已领购专用发票，主管税务机关应暂扣其结存的专用发票和 IC 卡。

一般纳税人销售货物或者提供应税劳务，应向购买方开具专用发票。小规模纳税人需要开具专用发票的，可向主管税务机关申请代开。销售免税货物或劳务、服务不得开具专用发票，法律法规及国家税务总局另有规定的除外。

为加快税收现代化建设，方便纳税人便捷、规范地开具增值税发票，便于税务机关加强增值税征收管理，国家税务总局编写了《商品和服务税收分类与编码（试行）》，并在增值税发票管理新系统中增加了编码相关功能。自 2016 年 5 月 1 日起，纳入新系统推行范围的营改增纳税人及新办纳税人，应使用新系统选择相应的编码开具增值税发票。

3. 下列情形不得开具增值税专用发票

一般纳税人有下列销售情形的，不得开具专用发票：

(1) 商业企业一般纳税人零售烟、酒、食品、服装、鞋帽（不包括劳保专用部分）、化妆品等消费品不得开具专用发票。

(2) 销售货物、服务、无形资产或者不动产适用免征增值税规定的，不得开具专用发票，只能开具普通发票。

（3）向消费者个人销售服务、无形资产或者不动产不得开具专用发票。

（4）纳税人提供有形动产融资性售后回租服务，向承租方收取的有形动产价款本金不得开具专用发票，可以开具普通发票。

（5）纳税人提供旅游服务，可以选择以取得的全部价款和价外费用，扣除向旅游服务购买方收取并支付给其他单位或者个人的住宿费、餐饮费、交通费、签证费、门票费和支付给其他接团旅游企业的旅游费用后的余额为销售额。选择上述办法计算销售额的纳税人，向旅游服务购买方收取并支付的上述费用，不得开具专用发票，可以开具普通发票。

4. 税务机关代开发票

为保障增值税抵扣链条完整，减轻纳税人税收负担，小规模纳税人发生应税行为，购买方索取增值税专用发票的，可以向主管税务机关申请代开。但是小规模纳税人向消费者个人销售服务、无形资产或者不动产以及应税行为适用免征增值税规定的，不得申请代开增值税专用发票。

小规模纳税人销售取得的不动产以及其他个人出租不动产，购买方或承租方不属于其他个人，纳税人缴纳增值税后，可以申请税务机关代开增值税专用发票。不能自行开具增值税普通发票的小规模纳税人销售取得的不动产以及其他个人出租不动产，可以申请税务机关代开增值税普通发票。税务机关代开发票部门通过增值税发票管理新系统代开增值税发票，系统自动在发票上打印“代开”字样。

特别提示

从2020年2月1日起所有增值税小规模纳税人（其他个人除外）发生增值税应税行为，需要开具增值税专用发票的，均可以选择使用增值税发票管理系统自行开具增值税专用发票。选择自行开具增值税专用发票的小规模纳税人，税务机关不再为其代开增值税专用发票。

5. 增值税发票管理新系统

增值税发票认证是指通过增值税发票税控系统对增值税发票所包含的数据进行识别、确认。纳税人通过增值税发票税控系统开具发票时，系统会自动将发票上的开票日期、发票号码、发票代码、购买方纳税人识别号、销售方纳税人识别号、金额、税额等要素，经过加密形成防伪电子密文打印在发票上。认证时，税务机关利用扫描仪采集发票上的密文和明文图像，或由纳税人自行采集发票电子信息传送至税务机关，通过认证系统对密文解密还原，再与发票明文进行比对，比对一致则通过认证。

发票认证是税务机关进行纳税申报管理、出口退税审核、发票稽核比对、异常发票核查以及税务稽查的重要依据，在推行以票控税、加强税收征管中发挥着重要作用。但发票认证工作量大，征纳成本高，成为发票管理的一大难题。为破解这一难题，国家税务总局推出的增值税发票管理新系统可以将包括增值税普通发票在内的所有增值税发票纳入管理范围，实现购销单位、货物品名等发票全要素信息自动实时采集，形成所有发票的电子底账库。用于申报抵扣或办理出口退税的发票只需与电子底账自动比对，便可确认发票信息的真实性。

增值税发票管理新系统的推行，为取消发票认证提供了条件。取消增值税发票认证后，税务机关会将所有使用增值税发票管理新系统开具的增值税发票进行分类并推送至纳税人，纳税人登录本省（市、区）增值税发票查询平台，销售方开具给纳税人的所有发票信息一目了然，只要查询、选择用于申报抵扣或出口退税的增值税发票信息，即可申报抵扣或办理出口退税，这有利于征纳双方减负增效。

自 2016 年 3 月 1 日起对纳税信用 A 级增值税一般纳税人取消增值税发票认证，全面推行营改增后，自 2016 年 5 月 1 日起，又将纳税信用 B 级增值税一般纳税人纳入取消增值税发票认证的范围。取消发票认证，不仅可以减轻纳税人办税负担，保护纳税人合法权益，避免因无法扫描认证给纳税人造成损失，还可以减少基层税务机关窗口办税工作量，提高征管效率。

6. 开具红字专用发票

增值税一般纳税人开具增值税专用发票后，发生销货退回、开票有误、应税服务终止等情形但不符合发票作废条件，或者因销货部分退回及发生销售折让，需要开具红字专用发票的，按以下方法处理：

（1）购买方取得专用发票已用于申报抵扣的，购买方可在增值税发票管理新系统（以下简称新系统）中填开并上传开具红字增值税专用发票信息表（以下简称信息表），在填开信息表时不填写相对应的蓝字专用发票信息，应暂依信息表所列增值税税额从当期进项税额中转出，待取得销售方开具的红字专用发票后，与信息表一并作为记账凭证。专用发票未用于申报抵扣，发票联或抵扣联无法退回的，购买方填开信息表时应填写相对应的蓝字专用发票信息。

销售方开具专用发票尚未交付购买方，以及购买方未用于申报抵扣并将发票联及抵扣联退回的，销售方可在新系统中填开并上传信息表。销售方填开信息表时应填写相对应的蓝字专用发票信息。

（2）主管税务机关通过网络接收纳税人上传的信息表，系统自动校验通过后，生成带有红字发票信息表编号的信息表，并将信息同步至纳税人端系统中。

（3）销售方凭税务机关系统校验通过的信息表开具红字专用发票，在新系统中以销项负数开具。红字专用发票应与信息表一一对应。

（4）纳税人也可凭信息表电子信息或纸质资料到税务机关对信息表内容进行系统校验。

税务机关为小规模纳税人代开专用发票，需要开具红字专用发票的，按照上述一般纳税人开具红字专用发票的方法处理。

纳税人需要开具红字增值税普通发票的，可以在所对应的蓝字发票金额范围内开具多份红字发票。红字机动车销售统一发票须与原蓝字机动车销售统一发票一一对应。

7. 对增值税专用发票异常的管理

自 2020 年 2 月 1 日起，对异常增值税扣税凭证（以下简称异常凭证）实施管理。

（1）符合下列情形之一的增值税专用发票，列入异常凭证范围：

1）纳税人丢失、被盗税控专用设备中未开具或已开具未上传的增值税专用发票。

2）非正常户纳税人未向税务机关申报或未按规定缴纳税款的增值税专用发票。

3）增值税发票管理系统稽核比对发现“比对不符”“缺联”“作废”的增值税专用发票。

4）经税务总局、省税务局大数据分析发现，纳税人开具的增值税专用发票存在涉嫌虚开、未按规定缴纳消费税等情形的。

5）走逃（失联）企业存续经营期间发生以下情形之一的增值税专用发票：

一是商贸企业购进、销售货物名称严重背离的；生产企业无实际生产加工能力且无委托加工，或生产能耗与销售情况严重不符，或购进货物并不能直接生产其销售的货物且无委托加工的。

二是直接走逃失踪不纳税申报，或虽然申报但通过填列增值税纳税申报表相关栏次，规避税务机关审核比对，进行虚假申报的。

（2）增值税一般纳税人申报抵扣异常凭证，同时符合下列情形的，其对应开具的增值税专用发票列入异常凭证范围：

1）异常凭证进项税额累计占同期全部增值税专用发票进项税额70%（含）以上的。

2）异常凭证进项税额累计超过5万元的。

纳税人尚未申报抵扣、尚未申报出口退税或已做进项税额转出的异常凭证，其涉及的进项税额不计入异常凭证进项税额的计算。

（3）增值税一般纳税人取得的增值税专用发票列入异常凭证范围的，应按照以下规定处理：

1）尚未申报抵扣增值税进项税额的，暂不允许抵扣。已经申报抵扣增值税进项税额的，除另有规定外，一律做进项税额转出处理。

2）尚未申报出口退税或者已申报但尚未办理出口退税的，除另有规定外，暂不允许办理出口退税。适用增值税免抵退税办法的纳税人已经办理出口退税的，应根据列入异常凭证范围的增值税专用发票上注明的增值税税额做进项税额转出处理；适用增值税免退税办法的纳税人已经办理出口退税的，税务机关应按照现行规定对列入异常凭证范围的增值税专用发票对应的已退税款追回。

纳税人因骗取出口退税停止出口退（免）税期间取得的增值税专用发票列入异常凭证范围的，按照上述第1）项规定执行。

3）消费税纳税人以外购或委托加工收回的已税消费品为原料连续生产应税消费品，尚未申报扣除原料已纳消费税税款的，暂不允许抵扣；已经申报抵扣的，冲减当期允许抵扣的消费税税款，当期不足冲减的应当补缴税款。

4）纳税信用A级纳税人取得异常凭证且已经申报抵扣增值税、办理出口退税或抵扣消费税的，可以自接到税务机关通知之日起10个工作日内，向主管税务机关提出核实申请。经税务机关核实，符合现行增值税进项税额抵扣、出口退税或消费税抵扣相关规定的，可不做进项税额转出、追回已退税款、冲减当期允许抵扣的消费税税款等处理。纳税人逾期未提出核实申请的，应于期满后按照上述第1）、第2）、第3）项规定进行相关处理。

5）纳税人对税务机关认定的异常凭证存有异议，可以向主管税务机关提出核实申请。经税务机关核实，符合现行增值税进项税额抵扣或出口退税相关规定的，纳税人可继续申报抵扣或者重新申报出口退税；符合消费税抵扣规定且已缴纳消费税税款的，纳税人可继续申报抵扣消费税税款。

（4）经税务总局、省税务局大数据分析发现存在涉税风险的纳税人，不得离线开具发票，其开票人员在使用开票软件时，应当按照税务机关指定的方式进行人员身份信息实名验证。

（5）新办理增值税一般纳税人登记的纳税人，自首次开票之日起 3 个月内不得离线开具发票，按照有关规定不使用网络办税或不具备风险条件的特定纳税人除外。

2.8 出口货物退（免）税

出口货物退（免）税是指国家对出口货物已承担或应承担的增值税和消费税实行退还或免征。这是国际贸易中世界各国普遍采用的一种税收措施，目的是使本国出口商品以不含税的价格或成本进入国际市场，避免国际双重征税和税负不平衡，增强本国产品的出口竞争力。

各国的出口货物退（免）税制度是在国际贸易规则体系和本国税收法律法规的基础上建立的。按照《中华人民共和国增值税暂行条例》的规定，我国实行出口货物税率为零的优惠政策。这意味着我国对出口货物不仅在出口环节不征增值税、消费税，而且要退还其在以前环节已经缴纳的税款，这就是所谓的出口退（免）税。根据出口货物的基本情况，我国遵循“征多少退多少、未征不退”的基本原则，对出口货物劳务的增值税做了明确规定。

我国从 1985 年开始改变以财政补贴扶持产品出口的做法，实行出口退税政策，有力地促进了对外贸易的发展。在 1994 年工商税制改革时，国家税务总局制定《出口货物退（免）税管理办法》，将其作为我国出口退税工作的基本规范。此后，分别于 2002 年、2005 年、2009 年根据出口退税政策在实践中遇到的问题和国内外经济形势的变化，对出口退税政策进行了多次调整和修订。尤其是 2012 年和 2013 年国家税务总局对出口货物和对外提供加工、修理修配劳务的增值税和消费税政策进行了梳理归类，并对实际操作中反映的个别问题做了明确规定。2016 年 5 月 1 日全面推行营改增后，财政部和国家税务总局对跨境应税行为适用增值税零税率和免税政策做了规定。

2.8.1 出口货物退（免）税基本政策

目前我国对出口货物采取出口退税与免税相结合的政策，具体分为三种类型。

1. 出口免税并退税（又免又退）

出口免税是指对货物在出口销售环节不征增值税和消费税，出口退税是指对货物在出口前实际承担的税收负担，按规定的退税率计算后予以退还。

2. 出口免税不退税（只免不退）

出口免税是指对货物在出口销售环节不征增值税和消费税，出口不退税（只免不退）是指适用出口货物退税政策的出口货物因在前一道生产、销售或进口环节是免税的，出口时该货物本身就不含税，所以无须退税，如来料加工复出口的货物、小规模纳税人出口的货物、避孕药品和用具、古旧图书、花生果仁、油画等。

3. 出口不免税也不退税（不免不退）

出口不免税是指将国家限制或禁止出口的某些货物的出口环节视同内销环节照常征税；出口不退税是指对这些货物出口不退还出口前其负担的税款。税法列举的限制或禁止出口的货物包括天然牛黄、麝香、白银等。

2.8.2 出口货物劳务增值税退（免）税政策

对下列出口货物劳务，除适用《关于出口货物劳务增值税和消费税政策的通知》第六条（适用增值税免税政策的出口货物劳务）和第七条（适用增值税征税政策的出口货物劳务）的规定外，实行免征和退还增值税（以下称增值税退（免）税）政策。

1. 出口企业出口货物的范围

出口企业，是指依法办理工商登记、税务登记、对外贸易经营者备案登记，自营或委托出口货物的单位或个体工商户，以及依法办理工商登记、税务登记，但未办理对外贸易经营者备案登记，委托出口货物的生产企业。

出口货物，是指向海关报关后实际离境并销售给境外单位或个人的货物，分为自营出口货物和委托出口货物两类。

生产企业，是指具有生产能力（包括加工、修理修配能力）的单位或个体工商户。

出口企业或其他单位视同出口的货物具体是指：

（1）出口企业对外援助、对外承包、境外投资的出口货物。

（2）出口企业经海关报关进入国家批准的出口加工区、保税物流园区、保税港区、综合保税区、珠澳跨境工业区（珠海园区）、中哈霍尔果斯国际边境合作中心（中方配套区域）、保税物流中心（B型）（以下统称特殊区域）并销售给特殊区域内单位或境外单位、个人的货物。

（3）免税品经营企业销售的货物（国家规定不允许经营和限制出口的货物、卷烟和超出免税品经营企业法人营业执照规定经营范围的货物除外）。具体是指：

1）中国免税品（集团）有限责任公司向海关报关运入海关监管仓库，专供其经国家批准设立的统一经营、统一组织进货、统一制定零售价格、统一管理的免税店销售的货物。

2）国家批准的除中国免税品（集团）有限责任公司外的免税品经营企业，向海关报关运入海关监管仓库，专供其所属的首都机场口岸海关隔离区内的免税店销售的货物。

3）国家批准的除中国免税品（集团）有限责任公司外的免税品经营企业所属的上海虹桥、浦东机场海关隔离区内的免税店销售的货物。

（4）出口企业或其他单位销售给用于国际金融组织或外国政府贷款国际招标建设项目的中标机电产品（以下称中标机电产品）。上述中标机电产品，包括外国企业中标再分包给出口企业或其他单位的机电产品。

（5）生产企业向海上石油天然气开采企业销售的自产的海洋工程结构物。

(6) 出口企业或其他单位销售给国际运输企业用于国际运输工具上的货物。上述规定暂仅适用于外轮供应公司、远洋运输供应公司销售给外轮、远洋货轮的货物，国内航空供应公司生产销售给国内和国外航空公司国际航班的航空食品。

(7) 出口企业或其他单位销售给特殊区域内生产企业生产耗用且不向海关报关而输入特殊区域的水（包括蒸汽）、电力、燃气（以下称输入特殊区域的水电气）。

2. 视同自产出口货物的范围

(1) 持续经营以来从未发生骗取出口退税、虚开增值税专用发票或农产品收购发票、接受虚开增值税专用发票行为且同时符合下列条件的生产企业出口的外购货物，可视同自产货物适用增值税退（免）税政策：

1) 已取得增值税一般纳税人资格。

2) 已持续经营 2 年及以上。

3) 纳税信用等级为 A 级。

4) 上一年度销售额在 5 亿元以上。

5) 外购出口的货物与本企业自产货物同类型或具有相关性。

(2) 持续经营以来从未发生骗取出口退税、虚开增值税专用发票或农产品收购发票、接受虚开增值税专用发票（善意取得虚开增值税专用发票除外）行为但不能同时符合上述规定的条件的生产企业，出口的外购货物符合下列条件之一的，可视同自产货物申报适用增值税退（免）税政策：

1) 同时符合下列条件的外购货物：

a. 与本企业生产的货物名称、性能相同。

b. 使用本企业注册商标或境外单位或个人提供给本企业使用的商标。

c. 出口给进口本企业自产货物的境外单位或个人。

2) 与本企业所生产的货物属于配套出口，且出口给进口本企业自产货物的境外单位或个人的外购货物，符合下列条件之一的：

a. 用于维修本企业出口的自产货物的工具、零部件、配件。

b. 不经过本企业加工或组装，出口后能直接与本企业自产货物组合成成套设备的货物。

3) 经集团公司总部所在地的地级以上税务机关认定的集团公司，其控股（按照《中华人民共和国公司法》第二百一十七条规定的口径执行）的生产企业之间收购的自产货物以及集团公司与其控股的生产企业之间收购的自产货物。

4) 同时符合下列条件的委托加工货物：

a. 与本企业生产的货物名称、性能相同，或者是用本企业生产的货物再委托深加工的货物。

b. 出口给进口本企业自产货物的境外单位或个人。

c. 委托方与受托方必须签订委托加工协议，且主要原材料必须由委托方提供，受托方不垫付资金，只收取加工费，开具加工费（含代垫的辅助材料）的增值税专用发票。

5) 用于本企业中标项目下的机电产品。

6) 用于对外承包工程项目下的货物。

7) 用于境外投资的货物。

8) 用于对外援助的货物。

9）生产自产货物的外购设备和原材料（农产品除外）。

3. 出口企业对外提供加工、修理修配劳务

对外提供加工、修理修配劳务，是指对进境复出口货物或从事国际运输的运输工具进行的加工、修理修配。

4. 适用增值税免税政策的出口货物劳务

（1）增值税小规模纳税人出口的货物。

（2）避孕药品和用具，古旧图书。

（3）软件产品。

（4）含黄金、铂金成分的货物、钻石及其饰品。

（5）国家计划内出口的卷烟。

（6）已使用过的设备。具体范围是指购进时未取得增值税专用发票、海关进口增值税专用缴款书，但其他相关单证齐全的已使用过的设备。

（7）非出口企业委托出口的货物。

（8）非列名生产企业出口的非视同自产货物。

（9）农业生产者自产农产品。

（10）油画、花生果仁、黑大豆等财政部和国家税务总局规定的出口免税的货物。

（11）外贸企业取得普通发票、废旧物资收购凭证、农产品收购发票、政府非税收入票据的货物。

（12）来料加工复出口的货物。

（13）特殊区域内的企业出口的特殊区域内的货物。

（14）以人民币现金作为结算方式的边境地区出口企业从所在省（自治区）的边境口岸出口到接壤国家的一般贸易和边境小额贸易出口货物。

（15）以旅游购物贸易方式报关出口的货物。

对适用增值税免税政策的出口货物劳务，在计算免税时，其进项税额不得抵扣和退税，应当转入成本。

出口卷烟依下列公式计算：

$$\begin{matrix}\text{不得抵扣的}\\\text{进项税额}\end{matrix}=\begin{matrix}\text{出口卷烟}\\\text{含消费税金额}\end{matrix}\div\left(\begin{matrix}\text{出口卷烟}\\\text{含消费税金额}\end{matrix}+\begin{matrix}\text{内销卷烟}\\\text{销售额}\end{matrix}\right)\times\begin{matrix}\text{当期全部}\\\text{进项税额}\end{matrix}$$

当生产企业销售的出口卷烟在国内有同类产品销售价格时：

$$\text{出口卷烟含消费税金额}=\text{出口销售数量}\times\text{销售价格}$$

销售价格为同类产品生产企业国内实际调拨价格。如果实际调拨价格低于税务机关公示的计税价格，销售价格为税务机关公示的计税价格；高于公示计税价格的，销售价格为实际调拨价格。

当生产企业销售的出口卷烟在国内没有同类产品销售价格时：

$$\begin{matrix}\text{出口卷烟}\\\text{含消费税金额}\end{matrix}=\left(\begin{matrix}\text{出口}\\\text{销售额}\end{matrix}+\begin{matrix}\text{出口}\\\text{销售数量}\end{matrix}\times\begin{matrix}\text{消费税}\\\text{定额税率}\end{matrix}\right)\div\left(1-\begin{matrix}\text{消费税}\\\text{比例税率}\end{matrix}\right)$$

出口销售额以出口发票上的离岸价为准。若出口发票不能如实反映离岸价，生产企业应按实际离岸价计算，否则税务机关有权按照有关规定予以核定调整。

除出口卷烟外，适用增值税免税政策的其他出口货物劳务的计算，按照增值税免税政策的统一规定执行。其中，如果涉及销售额，除来料加工复出口货物为其加工费收入外，其他均为出口离岸价或销售额。

5. 出口退税率

（1）除财政部和国家税务总局根据国务院决定明确的增值税出口退税率（以下称退税率）外，出口货物的退税率为其适用税率。

（2）退税率的特殊规定。

1）外贸企业购进按简易办法征税的出口货物、从小规模纳税人购进的出口货物，其退税率分别为简易办法实际执行的征收率、小规模纳税人征收率。上述出口货物取得增值税专用发票的，退税率按照增值税专用发票上的税率和出口货物退税率孰低的原则确定。

2）出口企业委托加工、修理修配货物，其加工、修理修配费用的退税率为出口货物的退税率。

3）中标机电产品、出口企业向海关报关进入特殊区域销售给特殊区域内生产企业生产耗用的列名原材料、输入特殊区域的水电气，其退税率为适用税率。如果国家调整列名原材料的退税率，列名原材料应当自调整之日起按调整后的退税率执行。

4）适用13%税率的境外旅客购物离境退税物品，退税率为11%；适用9%税率的境外旅客购物离境退税物品，退税率为8%。

特别提示

使用不同退税率的货物劳务，应分开报关、核算并申报退（免）税，未分开报关、核算或划分不清的，从低适用退税率。

6. 增值税退（免）税的计税依据

出口货物劳务的增值税退（免）税的计税依据，按出口货物劳务的出口发票（外销发票）、其他普通发票或购进出口货物劳务的增值税专用发票、海关进口增值税专用缴款书确定。

（1）生产企业出口货物劳务（进料加工复出口货物除外）增值税退（免）税的计税依据为出口货物劳务的实际离岸价（FOB）。实际离岸价应以出口发票上的离岸价为准，如果出口发票不能反映实际离岸价，主管税务机关有权予以核定。

（2）生产企业进料加工复出口货物增值税退（免）税的计税依据，按出口货物的离岸价（FOB）扣除出口货物所含的海关保税进口料件的金额后确定。

（3）生产企业国内购进无进项税额且不计提进项税额的免税原材料加工后出口的货物的计税依据，按出口货物的离岸价（FOB）扣除出口货物所含的国内购进免税原材料的金额后确定。

（4）外贸企业出口货物（委托加工、修理修配货物除外）增值税退（免）税的计税依据为购进出口货物的增值税专用发票注明的金额或海关进口增值税专用缴款书注明的完税价格。

（5）外贸企业出口委托加工、修理修配货物增值税退（免）税的计税依据为加工、修理修配费用增值税专用发票注明的金额。外贸企业应将加工、修理修配使用的原材料（进料加工海关保税进口料件除外）作价销售给受托加工、修理修配的生产企业，受托加工、修理修配的生产企业应将原材料成本并入加工、修理修配费用开具发票。

（6）出口进项税额未计算抵扣的已使用过的设备增值税退（免）税的计税依据，按下列公式确定：

$$\text{退(免)税计税依据}=\frac{\text{增值税专用发票上的金额或海关进口}}{\text{增值税专用缴款书注明的完税价格}}\times\text{已使用过的设备净值}\div\text{已使用过的设备原值}$$

$$\text{已使用过的设备净值}=\text{已使用过的设备原值}-\text{已使用过的设备已提累计折旧}$$

已使用过的设备是指出口企业根据财务会计制度已经计提折旧的固定资产。

（7）免税品经营企业销售的货物增值税退（免）税的计税依据为购进货物的增值税专用发票注明的金额或海关进口增值税专用缴款书注明的完税价格。

（8）中标机电产品增值税退（免）税的计税依据，生产企业为销售机电产品的普通发票注明的金额，外贸企业为购进货物的增值税专用发票注明的金额或海关进口增值税专用缴款书注明的完税价格。

（9）生产企业向海上石油天然气开采企业销售自产的海洋工程结构物增值税退（免）税的计税依据为销售海洋工程结构物的普通发票注明的金额。

（10）输入特殊区域的水电气增值税退（免）税的计税依据为作为购买方的特殊区域内生产企业购进水（包括蒸汽）、电力、燃气的增值税专用发票注明的金额。

2.8.3 出口退（免）税计算

适用增值税退（免）税政策的出口货物劳务采取两种方法计算退（免）税：一是免抵退税办法；二是免退税办法。

1. 免抵退税办法

所谓免抵退税法，免是指对生产企业出口的自产货物，免征本企业生产销售环节增值税；抵是指生产企业出口自产货物所耗用的原材料、零部件、燃料、动力等所含应予退还的进项税额，抵顶内销货物的应纳税额；退是指生产企业出口的自产货物在当月内应抵减的进项税额大于应纳税额时，对未抵减完的部分予以退税。

生产企业出口货物劳务的增值税适用免抵退税办法。生产企业出口自产货物和视同自产货物及对外提供加工、修理修配劳务，免征增值税。相应的进项税额抵减应纳增值税税额（不包括适用增值税即征即退、先征后退政策的应纳增值税税额），未抵减完的部分予以退还。

计算过程如下：

（1）当期应纳税额的计算。

$$\text{当期应纳税额}=\text{当期销项税额}-(\text{当期进项税额}-\text{当期不得免征和抵扣税额})$$

$$\text{当期不得免征和抵扣税额}=\text{当期出口货物离岸价}\times\text{外汇人民币折合率}\times(\text{出口货物适用税率}-\text{出口货物退税率})$$

$$\text{当期不得免征和抵扣税额抵减额}=\text{当期免税购进原材料价格}\times\left(\text{出口货物适用税率}-\text{出口货物退税率}\right)$$

(2) 当期免抵退税额的计算。

$$\text{当期免抵退税额}=\text{当期出口货物离岸价}\times\text{外汇人民币折合率}\times\text{出口货物退税率}-\text{当期免抵退税额抵减额}$$

当期免抵退税额抵减额＝当期免税购进原材料价格×出口货物退税率

(3) 当期应退税额和免抵税额的计算。

1) 当期期末留抵税额≤当期免抵退税额，则

当期应退税额＝当期期末留抵税额

当期免抵税额＝当期免抵退税额－当期应退税额

2) 当期期末留抵税额＞当期免抵退税额，则

当期应退税额＝当期免抵退税额

当期免抵税额＝0

当期期末留抵税额为当期增值税纳税申报表中的期末留抵税额。

(4) 当期免税购进原材料价格包括当期国内购进的无进项税额且不计提进项税额的免税原材料的价格和当期进料加工保税进口料件的价格，其中当期进料加工保税进口料件的价格为组成计税价格。

$$\text{当期进料加工保税进口料件的组成计税价格}=\text{当期进口料件到岸价格}+\text{海关实征关税}+\text{海关实征消费税}$$

1) 采用实耗法的，当期进料加工保税进口料件的组成计税价格为当期进料加工出口货物耗用的进口料件的组成计税价格。其计算公式为：

$$\text{当期进料加工保税进口料件的组成计税价格}=\text{当期进料加工出口货物离岸价}\times\text{外汇人民币折合率}\times\text{计划分配率}$$

计划分配率＝计划进口总值÷计划出口总值×100%

实行纸质手册和电子化手册的生产企业，应根据海关签发的加工贸易手册或加工贸易电子化纸质单证所列的计划进出口总值计算计划分配率。

实行电子账册的生产企业，计划分配率按前一期已核销的实际分配率确定；新启用电子账册的，计划分配率按前一期已核销的纸质手册或电子化手册的实际分配率确定。

2) 采用购进法的，当期进料加工保税进口料件的组成计税价格为当期实际购进的进口料件的组成计税价格。

若当期实际不得免征和抵扣税额抵减额大于当期出口货物离岸价×外汇人民币折合率×(出口货物适用税率－出口货物退税率)，则

$$\text{当期不得免征和抵扣税额抵减额}=\text{当期出口货物离岸价}\times\text{外汇人民币折合率}\times\left(\text{出口货物适用税率}-\text{出口货物退税率}\right)$$

例2-39

某自营出口的生产企业为增值税一般纳税人，出口货物的适用税率为13%，退税率为10%，8月购进一批原材料，取得的增值税专用发票注明价款200万元，外购货物准予抵扣的进项税额26万元，通过认证。上期期末留抵税款5万元。本月内销货物不含税销售额100万元，销项税额13万元，货款已存入银行。本月出口货物的销售额折合人民币200万元。计算该企业当期的免抵退税额。

当期免抵退税不得免征和抵扣税额＝200×(13%－10%)＝6(万元)
当期应纳税额＝100×13%－(26－6)－5＝－12(万元)
出口货物免抵退税额＝200×10%＝20(万元)

若当期期末留抵税额≤当期免抵退税额，则当期应退税额＝当期期末留抵税额，本题中当期期末留抵税额12万元小于当期免抵退税额20万元，故当期应退税额为12万元。

当期免抵税额＝当期免抵退税额－当期应退税额
＝20－12＝8(万元)

例2-40

某自营出口的生产企业为增值税一般纳税人，出口货物的适用税率为13%，退税率为10%。9月购进一批原材料，取得的增值税专用发票注明价款300万元，外购货物准予抵扣的进项税额39万元，通过认证。上期期末留抵税款5万元。本月内销货物不含税销售额100万元，销项税额13万元，货款已存入银行。本月出口货物的销售额折合人民币200万元。计算该企业当期的免抵退税额。

当期免抵退税不得免征和抵扣税额＝200×(13%－10%)＝6(万元)
当期应纳税额＝100×13%－(39－6)－5＝－25(万元)
出口货物免抵退税额＝200×10%＝20(万元)

若当期期末留抵税额＞当期免抵退税额，则当期应退税额＝当期免抵退税额，本题中当期期末留抵税额25万元大于当期免抵退税额20万元，故当期应退税额为20万元。

当期免抵税额＝当期免抵退税额－当期应退税额
＝20－20＝0

当期期末留抵结转下期继续抵扣税额为5万元（25－20）。

例2-41

某自营出口的生产企业是增值税一般纳税人，出口货物的适用税率为13%，退税率为10%。3月购进一批原材料，取得的增值税专用发票注明价款200万元，外购货物准予抵扣的进项税额26万元，通过认证。当月进料加工免税进口料件的组成计税价格为80万元（该企业采用购进法核算）。上期期末留抵税款4万元。本月内销货物不含税销售额100万元，销项税额13万元，货款已存入银行。本月出口货物的销售额折合人民币200万元。计算该企业当期的免抵退税额。

$$\text{免抵退税不得免征和抵扣税额抵减额} = \text{免税进口料件的组成计税价格} \times \left(\text{出口货物适用税率} - \text{出口货物退税率}\right)$$

$$= 80 \times (13\% - 10\%) = 2.4\text{(万元)}$$

$$\text{免抵退税不得免征和抵扣税额} = \text{当期出口货物离岸价} \times \text{外汇人民币折合率} \times \left(\text{出口货物适用税率} - \text{出口货物退税率}\right) - \text{免抵退税不得免征和抵扣税额抵减额}$$

$$= 200 \times (13\% - 10\%) - 2.4 = 3.6\text{(万元)}$$

$$\text{当期应纳税额} = 100 \times 13\% - (26 - 3.6) - 4 = -13.4\text{(万元)}$$

$$\text{免抵退税抵减额} = \text{免税购进原材料价格} \times \text{材料出口货物退税率} = 80 \times 10\% = 8\text{(万元)}$$

$$\text{出口货物免抵退税额} = 200 \times 10\% - 8 = 12\text{(万元)}$$

若当期期末留抵税额＞当期免抵退税额，则当期应退税额＝当期免抵退税额，本题中当期期末留抵税额 13.4 万元大于当期免抵退税额 12 万元，故该企业应退税额为 12 万元。

$$\text{当期免抵税额} = \text{当期免抵退税额} - \text{当期应退税额} = 12 - 12 = 0$$

当期期末留抵结转下期继续抵扣税额为 1.4 万元（13.4－12）。

2. 免退税办法

不具有生产能力的出口企业（以下称外贸企业）或其他单位出口货物劳务，适用免退税办法，出口环节免征增值税，相应的进项税额予以退还。

计算公式为：

（1）外贸企业出口委托加工、修理修配货物以外的货物。

$$\text{增值税应退税额} = \text{增值税退(免)税计税依据} \times \text{出口货物退税率}$$

（2）外贸企业出口委托加工、修理修配货物。

$$\text{出口委托加工、修理修配货物的增值税应退税额} = \text{委托加工、修理修配的增值税退(免)税计税依据} \times \text{出口货物退税率}$$

（3）退税率低于适用税率的，相应计算出的差额部分的税款计入出口货物劳务成本。

（4）出口企业既有增值税免抵退项目，也有增值税即征即退、先征后退项目的，增值税即征即退和先征后退项目不参与出口项目免抵退税计算。出口企业应分别核算增值税免抵退项目和增值税即征即退、先征后退项目，并分别申请享受增值税即征即退、先征后退和免抵退税政策。

用于增值税即征即退或者先征后退项目的进项税额无法划分的，按照下列公式计算：

$$\text{无法划分进项税额中用于增值税即征即退或者先征后退项目的部分} = \text{当月无法划分的全部进项税额} \times \text{当月增值税即征即退或者先征后退项目销售额} \div \text{当月全部销售额、营业额合计}$$

例2-42

某进出口公司8月出口美国棉布3 000米，进货的增值税专用发票列明单价20元/米，计税金额60 000元，退税率13%。计算该公司的应退税额。

应退税额=3 000×20×13%=7 800(元)

例2-43

某进出口公司3月购进棉布委托加工成服装出口，取得棉布增值税专用发票一张，注明计税金额12 000元；取得服装加工费计税金额2 500元，受托方将原材料成本并入加工费用并开具了增值税专用发票。退税率为13%。计算该公司的应退税额。

应退税额=(12 000+2 500)×13%=1 885(元)

2.8.4 跨境应税行为退（免）税政策

1. 适用增值税零税率的服务和无形资产

境内单位和个人发生的跨境应税行为，税率为零，即我国境内的单位和个人销售的下列服务和无形资产，适用增值税零税率：

（1）国际运输服务。包括：

1）在境内载运旅客或者货物出境。

2）在境外载运旅客或者货物入境。

3）在境外载运旅客或者货物。

（2）航天运输服务。

（3）向境外单位提供的完全在境外消费的下列服务：

1）研发服务。

2）合同能源管理服务。

3）设计服务。

4）广播影视节目（作品）的制作和发行服务。

5）软件服务。

6）电路设计及测试服务。

7）信息系统服务。

8）业务流程管理服务。

9）离岸服务外包业务。包括信息技术外包服务（ITO）、技术性业务流程外包服务（BPO）、技术性知识流程外包服务（KPO）。

10）转让技术。

（4）财政部和国家税务总局规定的其他服务。

2. 退税率

适用增值税零税率的服务或无形资产，退税率为境内单位和个人在境内提供对应服务或无形资产适用的增值税税率。

3. 退（免）税的计税依据

（1）实行免抵退税办法的零税率应税服务或无形资产，免抵退税计税依据为提供零税率应税服务或无形资产取得的全部价款。

（2）外贸企业兼营的零税率应税服务免退税计税依据如下：

1）从境内单位或者个人购进出口零税率应税服务或无形资产的，为取得的提供方开具的增值税专用发票上注明的金额。

2）从境外单位或者个人购进出口零税率应税服务或无形资产的，为取得的解缴税款的中华人民共和国税收缴款凭证上注明的金额。

4. 应税行为退（免）税的计算与管理

境内单位和个人提供适用增值税零税率的服务或者无形资产，适用简易计税方法的，实行免征增值税办法；适用一般计税方法的，生产企业实行免抵退税办法，外贸企业外购服务或者无形资产出口实行免退税办法，外贸企业直接将服务或自行研发的无形资产出口，视同生产企业连同其出口货物统一实行免抵退税办法。

（1）零税率应税服务或无形资产增值税免抵退税的计算。

当期免抵退税额的计算：

$$\text{当期零税率应税服务或无形资产免抵退税额}=\text{当期零税率应税服务或无形资产免抵退税计税依据}\times\text{外汇人民币折合率}\times\text{零税率应税服务或无形资产增值税退税率}$$

当期应退税额和当期免抵税额的计算：

1）当期期末留抵税额≤当期免抵退税额时：

当期应退税额＝当期期末留抵税额

当期免抵税额＝当期免抵退税额－当期应退税额

2）当期期末留抵税额＞当期免抵退税额时：

当期应退税额＝当期免抵退税额

当期免抵税额＝0

当期期末留抵税额为当期增值税纳税申报表中的期末留抵税额。

（2）外贸企业兼营的零税率应税服务或无形资产增值税免退税的计算。

$$\text{外贸企业兼营的零税率应税服务或无形资产应退税额}=\text{外贸企业兼营的零税率应税服务或无形资产免退税计税依据}\times\text{零税率应税服务或无形资产增值税退税率}$$

实行免抵退税办法的零税率应税服务或无形资产提供者如果同时有货物劳务（劳务指对外加工、修理修配劳务）出口的，可结合现行出口货物免抵退税计算公式一并计算。税务机关在审批时，按照出口货物劳务、零税率应税服务或者无形资产免抵退税额比例划分出口货物劳务、零税率应税服务或者无形资产的退税额和免抵税额。外贸企业外购服务或者无形资产出口实行免退税办法，外贸企业直接将服务或自行研发的无形资产出口，视同生产企业连同其出口货物统一实行免抵退税办法。

境内单位和个人销售适用增值税零税率的服务或无形资产，按月向主管退税的税务机关申报办理增值税退（免）税手续。具体管理办法由国家税务总局商财政部另行制定。

境内单位和个人发生的与我国香港、澳门、台湾有关的应税行为，除另有规定外，参照上述规定执行。

零税率应税服务或无形资产提供者在申报办理零税率应税服务或无形资产退（免）税前，应向主管税务机关提供相应资料，以便办理出口退（免）税资格认定。

2.8.5 出口货物退（免）税管理

1. 出口退（免）税资格认定

（1）出口企业应在办理对外贸易经营者备案登记或签订首份委托出口协议之日起30日内，持有关资料填写《出口退（免）税资格认定申请表》，到主管税务机关办理出口退（免）税资格认定。同时提供《出口退（免）税资格认定申请表》电子数据。

（2）其他单位应在发生出口货物劳务业务之前，填报《出口退（免）税资格认定申请表》，提供银行开户许可证及主管税务机关要求的其他资料，到主管税务机关办理出口退（免）税资格认定。

（3）出口企业和其他单位出口退（免）税资格认定的内容发生变更的，需自变更之日起30日内，填报《出口退（免）税资格认定变更申请表》，提供相关资料，向主管税务机关申请变更出口退（免）税资格认定。

（4）需要注销税务登记的出口企业和其他单位，应填报《出口退（免）税资格认定注销申请表》，向主管税务机关申请注销出口退（免）税资格，然后按规定办理税务登记的注销。

出口企业和其他单位在申请注销认定前，应先结清出口退（免）税款。注销认定后，出口企业和其他单位不得再申报办理出口退（免）税。

出口企业和其他单位申请变更退（免）税办法的，经主管税务机关批准变更的次月起按照变更后的退（免）税办法申报退（免）税。企业应将批准变更前全部出口货物按变更前退（免）税办法申报退（免）税，变更后不得申报变更前出口货物退（免）税。

2. 出口退（免）税申报

（1）生产企业出口货物免抵退税的申报。企业当月出口的货物需在次月的增值税纳税申报期内，向主管税务机关办理增值税纳税申报、免抵退税相关申报及消费税免税申报。

出口企业或其他单位在出口退（免）税申报期限截止之日前，申报出口退（免）税的出口报关单、代理出口货物证明、委托出口货物证明、增值税进货凭证仍没有电子信息或凭证的内容与电子信息比对不符的，应在出口退（免）税申报期限截止之日前，向主管税务机关报送《出口退（免）税凭证无相关电子信息申报表》。相关退（免）税申报凭证及资料留存企业备查，不再报送。

（2）外贸企业出口货物免退税的申报。企业当月出口的货物需在次月增值税纳税申报期内向主管税务机关办理增值税纳税申报，将适用退（免）税政策的出口货物销售额填报在增值税纳税申报表的“免税货物销售额”栏中。

企业应在货物报关出口之日次月起至次年4月30日前的各增值税纳税申报期内收

齐有关凭证，向主管税务机关申报办理出口货物增值税、消费税免退税。经主管税务机关批准的，企业在增值税纳税申报期以外的其他时间也可申报办理免退税。逾期的，企业不得申报免退税。

企业在纳税申报时需提供《外贸企业出口退税汇总申报表》《外贸企业出口退税进货明细申报表》《外贸企业出口退税出口明细申报表》，以及出口货物退（免）税正式申报电子数据，还要提供下列原始凭证：

1）出口货物报关单。

2）出口收汇核销单。

3）委托出口的货物，还应提供受托方主管税务机关签发的代理出口货物证明和代理出口协议副本。

4）属应税消费品的，还应提供消费税专用缴款书或分割单、海关进口消费税专用缴款书（提供海关进口消费税专用缴款书的，还需同时提供进口货物报关单）。

5）主管税务机关要求提供的其他资料。

（3）出口企业和其他单位出口的视同出口货物及对外提供加工、修理修配劳务的退（免）税申报。视同出口货物和对外提供加工、修理修配劳务，属于报关出口的，为报关出口之日起；属于非报关出口销售的，为出口发票或普通发票开具之日起，出口企业和其他单位应在次月至次年 4 月 30 日前的各增值税纳税申报期内申报退（免）税。逾期的，出口企业和其他单位不得申报退（免）税。申报退（免）税时，除提供各种申报表外，出口企业和其他单位还需提供其他补充资料，比如：1）对外援助的出口货物，应提供商务部批准使用援外优惠贷款的批文（援外任务书）复印件或商务部批准使用援外合资合作项目基金的批文（援外任务书）复印件。2）用于对外承包工程项目的出口货物，应提供对外承包工程合同；属于分包的，由承接分包的出口企业或其他单位申请退（免）税，申请退（免）税时除提供对外承包合同外，还需提供分包合同（协议）等。

3. 出口退（免）税申报管理

为进一步规范管理，国家税务总局细化、完善了《出口货物劳务增值税和消费税管理办法》，相关规定如下：

（1）出口企业或其他单位应使用出口退税申报系统办理出口货物劳务退（免）税、免税申报业务及申请开具相关证明业务。出口企业或其他单位报送的电子数据均应通过出口退税申报系统生成、报送。在出口退税申报系统信息生成、报送功能升级完成前，涉及需报送的电子数据，可暂报送纸质资料。

（2）在出口货物报关单上的申报日期和出口日期期间，若海关调整商品代码，导致出口货物报关单上的商品代码与调整后的商品代码不一致的，出口企业或其他单位应按照出口货物报关单上列明的商品代码申报退（免）税，并同时报送《海关出口商品代码、名称、退税率调整对应表》及电子数据。

（3）出口企业或其他单位进行正式退（免）税申报时需提供的原始凭证，应按明细申报表载明的申报顺序装订成册。

（4）2013 年 5 月 1 日以后报关出口的货物（以出口货物报关单上的出口日期为准），除下款规定以外，出口企业或其他单位申报出口退（免）税提供的出口货物报关单上的第一计量单位、第二计量单位，以及出口企业申报的计量单位，至少有一个应同与其匹配的增值税专用发票上的计量单位相符，且上述出口货物报关单、增值税专用发票上的商品名称需相符，否则不得申报出口退（免）税。

如属同一货物的多种零部件需要合并报关为同一商品名称的，企业应将出口货物报关单、增值税专用发票上不同商品名称的相关性及不同计量单位的折算标准向主管税务机关书面报告，经主管税务机关确认后，可申报退（免）税。

（5）受托方将代理多家企业出口的货物集中一笔报关出口的，委托方可提供该出口货物报关单的复印件申报出口退（免）税。

（6）出口企业或其他单位出口并按会计规定做销售的货物，需在做销售的次月进行增值税纳税申报。生产企业还需办理免抵退税相关申报及消费税免税申报（属于消费税应税货物的）。

（7）已申报免抵退税的出口货物发生退运及需改为免税或征税的，应在上述情形发生的次月增值税纳税申报期内用负数申报冲减原免抵退税申报数据，并按现行会计制度的有关规定进行相应调整。

（8）免税品经营企业应根据《企业法人营业执照》规定的经营货物范围，填写《免税品经营企业销售货物退税备案表》并生成电子数据，报主管税务机关备案。如果企业的经营范围发生变化，应在变化之日后的首个增值税纳税申报期内补充填报。

（9）用于对外承包工程项目的出口货物，由出口企业申请退（免）税。出口企业属于分包单位的，申请退（免）税时，需补充提供分包合同（协议）。

（10）其他补充规定。经税务机关审核发现的出口退（免）税疑点，出口企业或其他单位应按照主管税务机关的要求接受约谈，提供书面说明情况，报送《生产企业出口业务自查表》或《外贸企业出口业务自查表》及电子数据。

主管税务机关发现出口企业或其他单位的出口业务有以下情形之一的，该笔出口业务暂不办理出口退（免）税。已办理的，主管税务机关可按照所涉及的退税额对该企业其他已审核通过的应退税款暂缓办理出口退（免）税，无其他应退税款或应退税款小于所涉及退税额的，可由出口企业提供差额部分的担保。待税务机关核实排除相应疑点后，方可办理退（免）税或解除担保。

1）因涉嫌骗取出口退税被税务机关稽查部门立案查处未结案。

2）因涉嫌出口走私被海关立案查处未结案。

3）出口货物报关单、出口发票、海运提单等出口单证的商品名称、数量、金额等内容与进口国家（或地区）的进口报关数据不符。

4）涉嫌将低退税率出口货物以高退税率出口货物报关。

5）出口货物的供货企业存在涉嫌虚开增值税专用发票等需要对其供货的真实性及纳税情况进行核实的疑点。

出口企业或其他单位未按规定进行单证备案（因出口货物的成交方式特性，企业没有有关备案单证的情况除外）的出口货物，不得申报退（免）税，适用免税政策。已申报退（免）税的，应用负数申报冲减原申报。

出口企业或其他单位出口的货物劳务，主管税务机关发现有下列情形之一的，适用增值税征税政策。查实属于偷骗税的，应按相应的规定处理。

1）提供的增值税专用发票、海关进口增值税专用缴款书等进货凭证为虚开或伪造的。

2）提供的增值税专用发票是在供货企业税务登记被注销或被认定为非正常户之后开具的。

3）提供的增值税专用发票抵扣联上的内容与供货企业记账联上的内容不符。

4）提供的增值税专用发票上载明的货物劳务与供货企业实际销售的货物劳务不符。

5）提供的增值税专用发票上的金额与实际购进交易的金额不符。

6）提供的增值税专用发票上的货物名称、数量与供货企业的发货单、出库单及相关国内运输单据等凭证上的相关内容不符，数量属合理损溢的除外。

7）出口货物报关单上的出口日期早于申报退税匹配的进货凭证上所列货物的发货时间（供货企业发货时间）或生产企业自产货物发货时间。

8）出口货物报关单上载明的出口货物与申报退税匹配的进货凭证上载明的货物或生产企业自产货物不符。

9）出口货物报关单上的商品名称、数量、重量与出口运输单据载明的不符，数量、重量属合理损溢的除外。

10）生产企业出口自产货物的，其生产设备、工具不能生产该种货物。

11）供货企业销售的自产货物，其生产设备、工具不能生产该种货物。

12）供货企业销售的外购货物，其购进业务为虚假业务。

13）供货企业销售的委托加工收回货物，其委托加工业务为虚假业务。

14）出口货物的提单或运单等备案单证为伪造、虚假的。

15）出口货物报关单是通过报关行等单位将他人出口的货物虚构为本企业出口货物的手段取得的。

出口企业或其他单位应于每年 11 月 15 日至 30 日，根据本年度实际出口情况及次年计划出口情况，向主管税务机关填报《出口企业预计出口情况报告表》及电子数据。

思考与练习

一、思考题

1. 什么是增值税？如何理解增值额？
2. 增值税有几种类型？各有何优缺点？
3. 增值税有哪些特点？
4. 增值税一般纳税人和小规模纳税人的划分依据是什么？
5. 增值税销售额的一般规定和特殊规定包括哪些内容？
6. 增值税的免税项目主要有哪些？
7. 准予抵扣的进项税额有哪些？不准予抵扣的进项税额有哪些？
8. 跨境应税行为零税率的适用范围有哪些？
9. 增值税专用发票如何使用和管理？

二、单项选择题

1. 某白酒生产企业向某烟酒专卖店销售粮食白酒取得含税收入200万元，另收取包装物押金20万元，该企业应缴纳增值税（　　）万元。

A. 2.76　　B. 25.3　　C. 30.35　　D. 35.2

2. 下列行为属于视同销售货物，应征增值税的是（　　）。

A. 委托加工的轮胎分配给投资者

B. 某批发部门将外购的部分饮料用于集体福利

C. 某企业将外购的水泥用于不动产基建工程

D. 某企业将外购的洗衣粉用于个人销售

3. 甲进出口公司代理乙工业企业进口设备，同时委托丙货运代理人办理托运手续，海关进口增值税专用缴款书上的缴款单位是甲进出口公司。该进口设备的增值税纳税人是（　　）。

A. 甲进出口公司　　B. 乙工业企业

C. 丙货运代理人　　D. 国外销售商

4. 纳税人销售房地产业务，增值税税率为（　　）。

A. 5%　　B. 6%　　C. 9%　　D. 10%

5. 某酒店为增值税小规模纳税人，7月取得含税销售额5 800元，当月进货3 000元。当月该酒店应缴纳增值税（　　）元。

A. 168.93　　B. 223.08　　C. 386.21　　D. 800

6. 居民张某2016年7月出租房产取得月租金42 000元，当月应缴纳的增值税为（　　）元。

A. 2 100　　B. 2 000　　C. 630　　D. 600

三、多项选择题

1. 关于增值税纳税义务发生时间，表述正确的有（　　）。

A. 纳税人销售货物为收讫销售款项或者取得索取销售款项凭据的当天；先开具发票的，为开具发票的当天

B. 纳税人进口货物，为报关进口的当天

C. 纳税人提供建筑服务采取预收款方式的，为收到预收款的当天

D. 纳税人从事金融商品转让的，为金融商品所有权转移的当天

2. 以下项目可以选择简易计税方法的有（　　）。

A. 一般纳税人为建筑工程提供的装饰服务

B. 一般纳税人以清包工方式提供的建筑服务

C. 一般纳税人为甲供工程提供的建筑服务

D. 一般纳税人为建筑工程老项目提供的建筑服务

3. 下列行为中属于视同销售货物应征增值税的有（　　）。

A. 委托他人代销货物

B. 销售代销货物

C. 将自产的货物分给职工

D. 将外购的货物分给职工

4. 纳税人发生视同销售行为，主管税务机关核定其销售额的依据有（　　）。

A. 纳税人当月同类货物的平均销售价格

B. 纳税人最近时期同类货物的平均销售价格

C. 纳税人最近时期同类货物的最高销售价格

D. 组成计税价格

5. 增值税扣税凭证包括（　　）。

A. 增值税专用发票

B. 增值税普通发票

C. 海关进口增值税专用缴款书

D. 农产品收购发票

6. 境内单位和个人提供的下列服务适用增值税零税率的有（　　）。

A. 航天运输服务

B. 国际运输服务

C. 工程项目在境外的建筑服务

D. 储存地点在境外的仓储服务

四、计算题

1. 某纺织品厂为增值税一般纳税人，3月向商场销售纺织品取得价款1 500万元，销项税额195万元，开具增值税专用发票；向个体经销商销售纺织品取得销售收入1 200万元，开具增值税普通发票；当月购进棉花支付不含税价款300万元，购进棉纱支付不含税价款800万元，均取得增值税专用发票并在当月通过认证、抵扣。计算该厂应缴纳的增值税。

2. 某企业为增值税一般纳税人，兼营增值税应税项目和免税项目。8月应税项目取得不含税销售额1 200万元，适用税率13%，免税项目取得销售额1 000万元；当月购进用于应税项目的材料支付价款700万元，适用税率13%，购进用于免税项目的材料支付价款400万元；当月购进应税项目和免税项目共用的自来水支付价款10万元，进项税额0.9万元，购进共用的电力支付价款8万元，进项税额无法在应税项目和免税项目之间准确划分；当月购进项目均取得增值税专用发票，在当月通过认证并抵扣。计算当月应缴纳的增值税。

3. 某商店为增值税小规模纳税人，6月采取“以旧换新”方式销售24K金项链一条，新项链对外销售价格为9 000元，旧项链作价2 000元，向消费者收取新旧差价款7 000元；另以“以旧换新”方式销售燃气热水器一台，新燃气热水器对外销售价格为2 000元，旧热水器作价100元，向消费者收取新旧差价款1 900元。假如以上价款中均含增值税，计算该商店应缴纳的增值税。

4. 甲建筑公司为增值税一般纳税人，机构所在地为合肥市。2019年5月1日到山东省承接A工程项目，并将A项目中的部分施工项目分包给了乙公司，5月30日发包方按进度支付工程价款218万元。当月甲公司为该项目购进材料，取得的增值税专用发票上注明税额8万元；5月甲公司支付给乙公司工程分包款54.5万元，乙公司给甲公司开具增值税专用发票，税额4.5万元。对A项目甲公司选择适用一般计税方法计算应纳税额，该公司5月应缴纳多少增值税？

5. 张华为北京市居民，拥有北京市东城区三套住房，将两套住房出租，每月租金合计4.2万元，张华应如何计算应纳税额？假设张华出租的不是住房，而是商铺，商铺也在北京市东城区，每月租金仍为4.2万元，张华应如何计算应纳税额？

第3章

消费税

学习目标

1. 掌握消费税的纳税人、税目，消费税计税依据的确定和消费税的计算方法。
2. 理解消费税的概念，消费税的特点、纳税地点、纳税义务发生时间及纳税期限。
3. 了解消费税税率的设计原则、征税范围、税率、出口退税政策和计算。

3.1 消费税概述

3.1.1 消费税的概念

消费税是国家为了引导消费方向，调节社会消费结构，对在我国境内从事应税消费品生产、委托加工及进口的单位和个人征收的一种流转税。

消费税是世界各国普遍征收的一种税，是国家财政收入的重要来源。我国对消费品课税具有悠久的历史，早在周朝征收的"关市之赋"就含有对消费品课税的内容，在唐朝对茶、盐、酒等产品的征税也具有消费税的性质。1950年我国建立的新税制就开征了特种消费行为税，主要针对娱乐、筵席、冷食、旅馆等消费行为征收。20世纪80年代的税制改革中，产品税、盐税、烧油特别税都带有消费税的性质，1989年对彩色电视机和小轿车征收的特别消费税也属于消费税类型的税种。不过这些税种与目前的消费税不同，它们大多是在我国特定形势下为平抑物价、平衡供求关系而采取的一种临时措施，尚未形成完善、系统的消费税制度。1994年的税制改革取消了原有的产品税和盐税，调整了增值税和营业税制度，同时开征了比较符合国际惯例的消费税。消费税的征收主要以生产经营领域特别是消费品和消费行为为课税对象，与流转税制中的增值税相配合，形成了增值税普遍征收和消费税特殊调节的税制格局。

2008年国务院对消费税暂行条例进行修订，自2009年起实行修改后的《中华人民共和国消费税暂行条例》和《中华人民共和国消费税暂行条例实施细则》。

3.1.2 消费税的特点

消费税与其他流转税相比，主要有以下五个特点。

1. 消费税的课征范围具有较强的选择性

各国征收消费税通常是将一部分消费品列入课征范围，而不是对所有消费品都课征。尽管各国的征税范围宽窄不一，但基本上都选择将特定消费品或消费行为在税法中列举征税。1994年，我国根据国内的消费政策和财政需要，并借鉴国外通行的做法，在消费税制度设计中将奢侈品、高能耗消费品、不可再生的资源消费品，以及消费普遍而又具有一定财政意义的消费品列入征税范围。为适应我国产业结构、消费水平和消费结构的变化以及节能减排、环境保护的要求，自2006年4月1日起，对消费税的征税范围进行了调整，调整后的征税税目由原来的11个增加到14个。2014年、2015年相继对消费税的征税范围和税率进行调整，突出消费税对大气污染治理、促进发展方式转变的作用。

2. 消费税实行差别税率（税额），征收方法灵活多样

为了贯彻国家的消费政策，充分发挥税收对消费的调节作用，我国的消费税对不同的应税消费品分别设计了高低不同的税率或税额。根据不同消费品的特点分别确定以消费品的价格或数量为计税依据，采用从价定率征收或从量定额征收的方法。由于两种方法各有利弊，在实际征税时对有些产品实行复合计税方法，即在从价定率征收的同时还从量定额征收。

3. 消费税实行单环节课征

消费税通常是在消费品的生产、流通、消费过程中选择某一特定环节课征，一方面便于控制税源，方便征收与缴纳；另一方面避免消费品在某一环节征收消费税之后，在其他环节重复课征。我国的消费税主要选择在产制环节课税，仅对金银首饰自1995年1月1日起改在零售环节课征。因此，我国现行消费税对不同应税消费品分别在生产、进口、委托加工以及零售环节征收。

4. 消费税的税收负担具有明显的转嫁性

凡列入消费税征税范围的消费品，一般都是价高税多的产品，无论消费税采取价内税形式还是价外税形式，无论其在哪一环节课征，最终都是由消费者负担。我国的消费税采用价内税形式，即消费品的价款中已包括消费税金，虽然直接缴税的是从事应税消费品生产、进口和委托加工的单位和个人，但是消费税随着消费品的购买被转嫁给消费者，所以消费者是消费税的最终承担者。不过，需要说明的是，在现实经济生活中，消费税能否顺利地转嫁，还要受价格体制、市场供求状况等诸多因素的影响。

5. 消费税具有特殊的调节作用

消费税对特定消费品和消费行为征收，一般对征税的消费品规定了比较高的税率，凡是需要限制或抑制消费的消费品都要承担较重的税负。只有高税负才会使消费者受到触动，从而调整自己的消费行为，这样消费税才能发挥其调节消费的作用。另外，消费税与增值税同时存在，即增值税普遍征收后，再征收一道消费税，由此形成了一种特殊的对消费品和消费行为双层调节的税收作用。

【思考】消费税与增值税有何异同？

3.1.3　课征消费税的意义

消费税是国家用以调节和引导消费的一种重要经济杠杆，消费税的开征具有重要的社会经济意义，主要表现为：

1. 贯彻消费政策，调节消费结构

消费税的课征范围具有较大的选择性，只对国家限制消费的少数消费品征收，根据国家在一定时期内的消费政策，对应税消费品分别确定高低不同的差别税率，以体现国家调节消费的意图。在此情况下，如果消费者所选择的消费方向和内容不同，其税收负担的轻重也不同。而税收负担的轻重关系到消费者的切身利益，是消费者在选择其消费方向和消费内容时要考虑的重要因素。这样，国家就可以通过消费税课征范围的确定和税目、税率的设计，来调节纳税人的利益，影响其消费活动的方向和内容，进而调节整个社会消费结构，实施国家的消费政策。由于消费对生产具有反作用，消费结构的变化又会对产业结构和产品结构的调整产生影响，因此，通过征收消费税可以贯彻国家的消费政策，引导消费方向，促进社会消费结构的合理化，并且对产业结构的优化产生积极的影响。消费税是国家运用税收经济杠杆进行宏观调控的一个有力手段。

2. 限制过度消费，平衡供求关系

消费税的课征对象多是需求弹性较大的非必需品，对消费者来说，这些消费品绝大部分是可有可无的，并不是非买不可，消费者可能为避免较重的税收负担而改变初衷，不再购买这些消费品。因此，通过征收消费税不仅会改变一些人的消费方向，而且会起到限制过度消费和超前消费、压缩消费规模的作用。这对平衡供求关系，稳定市场物价，甚至对增加储蓄和投资，调整积累和消费的比例关系都具有积极意义。

3. 纠正不良消费习惯，改善社会环境与自然环境

吸烟，饮酒，燃放鞭炮、焰火不仅对人的身体有不良影响，而且会对自然环境和社会环境造成一定危害，引发各种事故。通过对烟、酒、鞭炮、焰火等消费品征收消费税，并采用较高的税率，有助于引导群众纠正和改变嗜烟、嗜酒，以及燃放鞭炮、焰火等不良消费习惯和旧习俗。这种寓禁于征的做法对于提高人们的健康水平，以及改善社会环境和自然环境都是十分必要的。

4. 调节纳税人的收入，促进社会分配公平

收入水平及其决定的支付能力是制约个人消费水平的主要因素。收入水平不同，消费水平也不尽相同。某些高档消费品通常只有高收入阶层才买得起，低收入者则很少问津。因此，政府可以通过对那些高档消费品征收较高的消费税来调节高收入阶层的收入，达到缩小贫富差距、促进社会分配公平的目的。

5. 为国家筹集财政资金

尽管消费税的征税范围较小，不像增值税那样普遍征收，但由于它一般采用较高的税率，应税产品又多是大宗消费品，因而仍有比较可观的税源，可为国家筹集到更多的财政资金。

3.2 征税范围与纳税人

3.2.1 消费税的征税范围

如何选择和确定消费税的征税范围，是消费税特点的重要体现。在借鉴国外经验和国际通行做法的基础上，从我国的经济发展水平、消费政策和产业政策，人民的生活水平、消费水平和消费结构状况，保证国家财政收入稳定增长等方面对消费税的征税范围进行了选择。列入消费税征税范围的应税消费品有以下四类：

（1）过度消费会对人类健康、社会秩序、生态环境等造成危害的特殊消费品。如烟、酒、鞭炮、焰火等。

（2）奢侈品和非生活必需品。如高档化妆品、贵重首饰及珠宝玉石等。

（3）高能耗消费品及高档消费品。如摩托车、小汽车等。

（4）不可再生和替代的稀缺资源消费品。如汽油、柴油等油品。

消费税的征税范围不是固定不变的，随着我国经济的发展、社会消费水平和结构的变化，必须进行适当调整。例如，2006 年 4 月对消费税的征税范围进行调整，增加了高档手表、实木地板等新的税目；2014 年 12 月取消了汽车轮胎、酒精等税目。为更好发挥消费税引导健康消费的作用，自 2022 年 11 月 1 日起对电子烟征收消费税。

3.2.2 消费税的纳税人

在中华人民共和国境内从事生产、委托加工和进口应税消费品的单位和个人为消费税的纳税人。

单位是指国有企业、集体企业、私有企业、股份制企业、外商投资企业和外国企业、其他企业和行政单位、事业单位、军事单位、社会团体及其他单位。个人是指个体经营者及其他个人。

自 2009 年 1 月 1 日起，增加了国务院确定的销售应税消费品的其他单位和个人。其中，委托加工的应税消费品由受托方于委托方提货时代扣代缴（受托方为个体经营者除外），自产自用的应税消费品由自产自用单位和个人在移送使用时缴纳消费税。

在中华人民共和国境内是指生产、委托加工和进口应税消费品的起运地或所在地在境内。

电子烟的纳税人是指在中华人民共和国境内生产（进口）、批发电子烟的单位和个人。

3.3 税目和税率

3.3.1 税目

按照《中华人民共和国消费税暂行条例》的规定，消费税的征税对象分为 15 个税目。在烟、成品油、小汽车等税目下还根据消费品的具体品种、等级、规格等做了进一步划分，设置了子目。具体税目包括：

1. 烟

凡是以烟叶为原料加工生产的产品，不论使用何种辅料，均属于本税目的征收范围。本税目包括卷烟（进口卷烟、白包卷烟、手工卷烟和未经国务院批准纳入计划的企业及个人生产的卷烟）、雪茄烟、烟丝和电子烟4个子目。

2. 酒

酒是酒精度在1度以上的各种酒类饮料。本税目包括粮食白酒、薯类白酒、黄酒、啤酒、其他酒5个子目。

特别提示

果啤属于啤酒，应征收消费税。对饮食业、商业、娱乐业举办的啤酒屋（啤酒坊）利用啤酒生产设备生产的啤酒，应当征收消费税。其他酒指酒精度在1度以上的各种酒，包括糠麸白酒、其他原料白酒、土甜酒、复制酒、果木酒、汽酒、药酒等。调味料酒按调味品分类国家标准属于调味品，对调味料酒不征收消费税。

以蒸馏酒或食用酒精为酒基，具有国家相关部门批准的国食健字或卫食健字文号，并且酒精度低于38度（含）的配制酒，按消费税税目税率表“其他酒”10%适用税率征收消费税。以发酵酒为酒基，酒精度低于20度（含）的配制酒，按消费税税目税率表“其他酒”10%适用税率征收消费税。

其他配制酒，按消费税税目税率表“白酒”适用税率征收消费税。

3. 高档化妆品

本税目的征收范围包括高档美容、修饰类化妆品，高档护肤类化妆品和成套化妆品。

高档美容、修饰类化妆品和高档护肤类化妆品是指生产（进口）环节销售（完税）价格（不含增值税）在10元/毫升（克）或15元/片（张）及以上的美容、修饰类化妆品和护肤类化妆品。舞台、戏剧、影视演员化妆用的上妆油、卸妆油、油彩不属于本税目的征收范围。

4. 贵重首饰及珠宝玉石

本税目的征收范围包括以金、银、白金、宝石、珍珠、钻石、翡翠、珊瑚、玛瑙等高贵稀有物质以及其他金属、人造宝石等制作的各种纯金银首饰及镶嵌首饰（含人造金银、合成金银首饰）和经采掘、打磨、加工的各种珠宝玉石。

5. 鞭炮、焰火

本税目的征收范围包括各种鞭炮、焰火。体育上用的发令纸、鞭炮药引线不按本税目征收。

6. 成品油

本税目包括汽油、柴油、石脑油、溶剂油、航空煤油、润滑油、燃料油7个子目。航空煤油暂缓征收。

（1）汽油。汽油是指用原油或其他原料加工生产的辛烷值不小于66的可用作汽油发动机燃料的各种轻质油。汽油分为车用汽油和航空汽油。以汽油、汽油组分调和生产的甲醇汽油、乙醇汽油也属于本税目的征收范围。

（2）柴油。柴油是指用原油或其他原料加工生产的倾点或凝点在－50号至30号的可用作柴油发动机燃料的各种轻质油和以柴油组分为主、经调和精制可用作柴油发动机燃料的非标油。以柴油、柴油组分调和生产的生物柴油也属于本税目的征收范围。

（3）石脑油。石脑油又称化工轻油，是以原油或其他原料加工生产的用于化工原料的轻质油。石脑油的征税范围包括除汽油、柴油、航空煤油、溶剂油以外的各种轻质油。非标汽油、重整生成油、拔头油、戊烷原料油、轻裂解料（减压柴油VGO和常压柴油AGO）、重裂解料、加氢裂化尾油、芳烃抽余油均属轻质油，属于石脑油的征收范围。

（4）溶剂油。溶剂油是用原油或其他原料加工生产的用于涂料、油漆、食用油、印刷油墨、皮革、农药、橡胶、化妆品生产和机械清洗、胶粘行业的轻质油。橡胶填充油、溶剂油原料属于溶剂油的征收范围。

（5）航空煤油。航空煤油也称喷气燃料，是用原油或其他原料加工生产的用作喷气发动机和喷气推进系统燃料的各种轻质油。

（6）润滑油。润滑油是用原油或其他原料加工生产的用于内燃机、机械加工过程的润滑产品。润滑油分为矿物性润滑油、植物性润滑油、动物性润滑油和化工原料合成润滑油。润滑油的征收范围包括矿物性润滑油、矿物性润滑油基础油、植物性润滑油、动物性润滑油和化工原料合成润滑油。以植物性、动物性和矿物性基础油（或矿物性润滑油）混合掺配而成的“混合性”润滑油，不论矿物性基础油（或矿物性润滑油）所占比例高低，均属润滑油的征收范围。变压器油、导热类油等绝缘油类不征收消费税。

（7）燃料油。燃料油也称重油、渣油，是用原油或其他原料加工生产的，主要用作电厂发电、锅炉用燃料、加热炉燃料、冶金和其他工业炉燃料。腊油、船用重油、常压重油、减压重油、180CTS燃料油、7号燃料油、糠醛油、工业燃料油、4～6号燃料油等油品主要用于燃料，属于燃料油的征收范围。

特别提示

为维护公平税收秩序，自2021年6月12日起，对以下进口产品征收进口环节的消费税。

1. 对归入税则号列27075000，且200摄氏度以下时蒸馏出的芳烃以体积计小于95%的进口产品，视同石脑油按1.52元/升的单位税额征收进口环节消费税。

2. 对归入税则号列27079990、27101299的进口产品，视同石脑油按1.52元/升的单位税额征收进口环节消费税。

3. 对归入税则号列27150000，且440摄氏度以下时蒸馏出的矿物油以体积计大于5%的进口产品，视同燃料油按1.2元/升的单位税额征收进口环节消费税。

上述所称视同仅涉及消费税的征、退（免）税政策。

7. **摩托车**

摩托车的征税范围包括轻便摩托车和摩托车两种。

轻便摩托车，即最大设计车速不超过50km/h、发动机气缸总工作容积不超过50ml的两轮机动车。

摩托车，即最大设计车速超过50km/h、发动机气缸总工作容积超过50ml、空车重量不超过400kg的两轮和三轮机动车。

8. **小汽车**

小汽车是指由动力驱动，具有4个或4个以上车轮的非轨道承载的车辆。

本税目的征收范围包括含驾驶员座位在内最多不超过9个座位（含）的，在设计和技术特性上用于载运乘客和货物的各类乘用车，以及含驾驶员座位在内的座位数在10～23座（含23座）的，在设计和技术特性上用于载运乘客和货物的各类中轻型商用客车。

用排气量小于1.5升（含）的乘用车底盘（车架）改装、改制的车辆属于乘用车的征收范围。用排气量大于1.5升的乘用车底盘（车架）或用中轻型商用客车底盘（车架）改装、改制的车辆属于中轻型商用客车的征收范围。

对于购进乘用车或中轻型商用客车整车改装生产的汽车，应按规定征收消费税。

含驾驶员人数（额定载客）为区间值（如8～10人、17～26人）的小汽车，按其区间值下限人数确定征收范围。

电动汽车不属于本税目的征收范围，不征收消费税。

沙滩车、雪地车、卡丁车、高尔夫车不属于消费税的征收范围，不征收消费税。

9. **高尔夫球及球具**

高尔夫球及球具是指从事高尔夫球运动所需的各种专用装备，包括高尔夫球、高尔夫球杆及高尔夫球包（袋）等。

本税目的征收范围包括高尔夫球、高尔夫球杆、高尔夫球包（袋）。高尔夫球杆的杆头、杆身和握把属于本税目的征收范围。

10. **高档手表**

高档手表是指销售价格（不含增值税）每只在10 000元（含）以上的各类手表。

本税目的征收范围包括符合以上标准的各类手表。

11. **游艇**

游艇是指长度大于8米小于90米，船体由玻璃钢、钢、铝合金、塑料等多种材料制作，可以在水上移动的水上浮载体。按照动力划分，游艇分为无动力艇、帆艇和机动艇。

本税目的征收范围包括艇身长度大于8米（含）小于90米（含），内置发动机，可以在水上移动，一般为私人或团体购置，主要用于水上运动和休闲娱乐等非牟利活动的各类机动艇。

12. **木制一次性筷子**

木制一次性筷子，又称卫生筷子，是指以木材为原料，经过锯段、浸泡、旋切、刨切、烘干、筛选、打磨、倒角、包装等环节加工而成的各类供一次性使用的筷子。

本税目的征收范围包括各种规格的木制一次性筷子。未经打磨、倒角的木制一次性筷子也属于本税目的征收范围。

13. 实木地板

实木地板是指以木材为原料，经锯割、干燥、刨光、截断、开榫、涂漆等工序加工而成的块状或条状地面装饰材料。实木地板按生产工艺不同，可分为独板（块）实木地板、实木指接地板、实木复合地板三类；按表面处理状态不同，可分为未涂饰地板（白坯板、素板）和漆饰地板两类。

本税目的征收范围包括各类规格的实木地板、实木指接地板、实木复合地板及用于装饰墙壁、天棚的侧端面为榫、槽的实木装饰板。未经涂饰的素板也属于本税目的征收范围。

14. 电池

电池是一种将化学能、光能等直接转换为电能的装置。本税目的征收范围包括原电池、蓄电池、燃料电池、太阳能电池和其他电池。

无汞原电池、金属氢化物镍蓄电池（又称氢镍蓄电池或镍氢蓄电池）、锂原电池、锂离子蓄电池、太阳能电池、燃料电池和全钒液流电池免征消费税。

2015年12月31日前对铅蓄电池缓征消费税；自2016年1月1日起，对铅蓄电池按4%税率征收消费税。

15. 涂料

涂料是涂于物体表面能形成具有保护、装饰或特殊性能的固态涂膜的一类液体或固体材料的总称。

对施工状态下挥发性有机物（volatile organic compounds，VOC）含量低于420克/升（含）的涂料免征消费税。

3.3.2 税率

消费税采用比例税率和定额税率两种税率，消费税税率形式的选择主要取决于征税对象的具体情况。对一些供求基本平衡、价格差异不大、计量单位规范的消费品，宜选择计税简便的定额税率，如黄酒、啤酒、成品油等；对一些供求矛盾突出、价格差异较大、计量单位不规范的消费品，宜选择价税联动的比例税率，如烟、化妆品、鞭炮、焰火、贵重首饰及珠宝玉石等。

一般情况下，对一种消费品只选择一种税率形式，但为了更有效地保全消费税税基，对白酒、卷烟采取比例税率和定额税率相结合的征税形式。

特别提示

纳税人发生以下两种情况，应按适用税率中最高税率征收：

一是纳税人兼营不同税率的应税消费品，即生产销售两种税率以上的应税消费品时，应当分别核算不同税率应税消费品的销售额或销售数量，未分别核算的按最高税率征税；

二是纳税人将应税消费品与非应税消费品以及适用税率不同的应税销售品组成成套消费品销售的，应根据组合产品的销售金额，按应税消费品中适用最高税率的消费品税率征税。

纳税人兼营卷烟批发和零售的，应当分别核算批发和零售环节的销售额、销售数量；未分别核算批发和零售环节的销售额、销售数量的，按照全部销售额、销售数量计征批发环节消费税。

消费税税目税率如表3-1所示。

表3-1 消费税税目税率表

税目	税率
一、烟	
1. 卷烟	
(1) 甲类卷烟（生产、进口环节）	56%加0.003元/支
(2) 乙类卷烟（生产、进口环节）	36%加0.003元/支
(3) 批发环节	11%加0.005元/支
2. 雪茄烟	36%
3. 烟丝	30%
4. 电子烟	
(1) 工业（生产、进口）	36%（盒）
(2) 商业批发	11%（盒）
二、酒	
1. 白酒（含粮食白酒和薯类白酒）	20%加0.5元/500克（或者500毫升）
2. 黄酒	240元/吨
3. 啤酒	
(1) 甲类啤酒（出厂价格≥3 000元/吨）	250元/吨
(2) 乙类啤酒（出厂价格<3 000元/吨）	220元/吨
4. 其他酒	10%
三、高档化妆品	15%
四、贵重首饰及珠宝玉石	
1. 金银首饰、铂金首饰和钻石及钻石饰品	5%
2. 其他贵重首饰和珠宝玉石	10%
五、鞭炮、焰火	15%
六、成品油	
1. 汽油、石脑油、溶剂油、润滑油	1.52元/升
2. 柴油、航空煤油、燃料油	1.20元/升
七、摩托车	
1. 气缸容量（排气量，下同）在250毫升（含250毫升）以下的	3%
2. 气缸容量在250毫升以上的	10%

续表

税目	税率
八、小汽车	
1. 乘用车	
(1) 气缸容量（排气量，下同）在1.0升（含1.0升）以下的	1%
(2) 气缸容量在1.0升以上至1.5升（含1.5升）的	3%
(3) 气缸容量在1.5升以上至2.0升（含2.0升）的	5%
(4) 气缸容量在2.0升以上至2.5升（含2.5升）的	9%
(5) 气缸容量在2.5升以上至3.0升（含3.0升）的	12%
(6) 气缸容量在3.0升以上至4.0升（含4.0升）的	25%
(7) 气缸容量在4.0升以上的	40%
2. 中轻型商用客车	5%
3. 超豪华小汽车（零售环节）	10%
九、高尔夫球及球具	10%
十、高档手表	20%
十一、游艇	10%
十二、木制一次性筷子	5%
十三、实木地板	5%
十四、电池	4%
十五、涂料	4%

【思考】消费税为什么要设计高低不等的税率？

3.4 消费税的计算

消费税的计算分为从价定率征收、从量定额征收、从价定率和从量定额复合征收三种方法。在各类应税消费品中，黄酒、啤酒和成品油实行从量定额征收，卷烟和白酒实行复合征收，其他应税消费品实行从价定率征收。

3.4.1 从价定率计算

由于消费税和增值税实行交叉征收，消费税是价内税，增值税是价外税，这种情况决定了实行从价定率征收的消费品，其消费税税基和增值税税基是一致的，即都是以含消费税而不含增值税的销售额作为计税基数。

应纳消费税税额＝应税消费品的销售额×比例税率

应纳税额的计算取决于销售额和税率两个因素。在税率已确定的情况下，销售额的确定是否准确对消费税有直接影响，所以，必须准确把握消费税的计税依据，即销售额的计算。

1. 销售额的确定

销售是指有偿转让应税消费品所有权的行为，即以从受让方取得货币、货物、劳务或其他经济利益为条件转让应税消费品所有权的行为。

销售额包括销售应税消费品从购买方收取的全部价款和价外费用。所谓价外费用，是指价外向购买方收取的手续费、补贴、基金、集资款、返还利润、违约金（延期付款利息）、包装费、包装物租金、储备费、优质费、运输装卸费、代收款项、代垫款项以及其他各种性质的价外收费。但符合下列情况的不属于价外费用：一是承运部门开具给购买方的运费发票；二是纳税人将该发票转交给购买方的。

除此之外，其他价外费用无论是否属于纳税人的收入，均应并入销售额计算纳税。

2. 含税销售额的换算

应税消费品在缴纳消费税的同时要缴纳增值税。销售额不包括向购买方收取的增值税税额。如果纳税人在应税消费品的销售额中未扣除增值税税额或者因不得开具增值税专用发票而发生价款和增值税税额合并收取的，在计算消费税时，应当换算为不含增值税税额的销售额。其换算公式为：

$$\text{不含增值税的销售额}=\frac{\text{含增值税的销售额}}{1+\text{增值税税率或征收率}}$$

3. 连同包装销售的销售额

应税消费品连同包装物销售的，无论包装物是否单独计价以及在会计上如何核算，均应并入应税消费品的销售额征收消费税。如果包装物不作价随同产品销售，而是收取押金，其押金不应并入应税消费品的销售额征税。但对逾期未收回的包装物不再退还的和已收取一年以上的押金，应并入应税消费品的销售额，按照应税消费品的适用税率征收消费税。

对既作价随同应税消费品销售，又另外收取的包装物押金，凡纳税人在规定的期限内没有退还的，均应并入应税消费品的销售额，按应税消费品的适用税率征收消费税。

特别提示

从1995年6月1日起，对酒类产品生产企业销售酒类产品而收取的包装物押金（除啤酒、黄酒外），无论押金是否返还及会计上如何核算，均应并入酒类产品销售额征收消费税。

例如，某日用化学厂销售成套化妆品收取价款65万元，收取包装费13万元（均不含增值税），化妆品消费税税率为15%，则该厂销售成套化妆品的应税销售额为78万元（65+13）。

4. 计税依据的特殊规定

（1）纳税人通过自设非独立核算门市部销售的自产应税消费品，应当按照门市部对外销售额或者销售数量计算征收消费税。

（2）应税消费品用于其他方面的规定。纳税人自产的应税消费品用于换取生产资料和消费资料、投资入股和抵偿债务等方面，应当将纳税人同类应税消费品的最高销售价格作为计税依据。

【思考】某汽车制造厂与某公司联营，汽车制造厂将8辆小客车作为投资。这种型号的客车销售单价高低不一，有44万元、47万元、49万元、51万元（均不含增值税），小客车消费税税率为5%，应税销售额是多少？

（3）纳税人将自产的应税消费品与外购或自产的非应税消费品组成套装销售的，以套装产品的销售额（不含增值税）为计税依据。

（4）纳税人销售的应税消费品以人民币以外的货币结算销售额的，其销售额的人民币折合率可以选择销售额发生的当天，或者当月1日的人民币汇率中间价。纳税人应事先确定采用哪种折合率，确定之后1年内不得变更。

例3-1

某化妆品生产企业为增值税一般纳税人。8月19日，该企业向某大型商场销售高档化妆品一批，开具增值税专用发票，取得不含增值税销售额40万元，增值税税额5.2万元；8月15日，向某单位销售高档化妆品一批，开具增值税普通发票，取得含增值税销售额3.39万元。化妆品消费税税率为15%。计算该化妆品生产企业当月应缴纳的消费税。

应税销售额＝40＋3.39÷(1＋13%)＝43(万元)

应纳税额＝43×15%＝6.45(万元)

3.4.2 从量定额计算

实行从量定额计征办法通常以每单位应税消费品的重量、容积或数量为计税依据，并按每单位应税消费品规定固定税额。

应纳税额＝应税消费品的销售数量×定额税率

1. 从量定额销售数量的确定

销售数量是指应税消费品的数量，具体为：

（1）销售应税消费品的，为应税消费品的销售数量。

（2）自产自用应税消费品的，为应税消费品的移送使用数量。

（3）委托加工应税消费品的，为纳税人收回的应税消费品数量。

（4）进口的应税消费品，为海关核定的应税消费品进口征税数量。

2. 从量定额的换算标准

在实际销售过程中，一些纳税人往往混用计量单位。为了规范不同产品的计量单位，《中华人民共和国消费税暂行条例实施细则》具体规定了吨与升两个计量单位的换算标准：

黄酒　　1吨＝962升

啤酒	1吨=988升
汽油	1吨=1 388升
柴油	1吨=1 176升
航空煤油	1吨=1 246升
石脑油	1吨=1 385升
溶剂油	1吨=1 282升
润滑油	1吨=1 126升
燃料油	1吨=1 015升

例3-2

某啤酒厂5月销售啤酒500吨，每吨出厂价格2 700元。啤酒每吨售价在3 000元以下的，适用固定税额220元。计算当月应缴纳的消费税。

应纳税额=220×500=110 000(元)

例3-3

某酒厂8月销售黄酒500吨，取得不含增值税销售额160万元，增值税税款25.6万元，另收取包装物押金13.4万元。黄酒税率每吨240元。计算当月该酒厂应缴纳的消费税。

应纳税额=500×240=120 000(元)

3.4.3　从价定率和从量定额复合计算

现行消费税的征税范围中，只有卷烟、白酒采用复合计算方法。计算公式为：

$$\text{应纳税额}=\begin{matrix}\text{应税消费品的}\\\text{销售数量}\end{matrix}\times\begin{matrix}\text{定额}\\\text{税率}\end{matrix}+\begin{matrix}\text{应税消费品的}\\\text{销售额}\end{matrix}\times\begin{matrix}\text{比例}\\\text{税率}\end{matrix}$$

例3-4

某白酒生产企业为增值税一般纳税人，4月销售白酒50吨，取得不含增值税销售额260万元。白酒适用比例税率20%，定额税率每500克0.5元。计算该企业当月应缴纳的消费税。

应纳税额=50×2 000×0.000 05+260×20%=57(万元)

3.4.4　自产自用应税消费品应纳消费税的计算

自产自用是指纳税人生产应税消费品后，不是直接对外销售，而是用于自己连续生产应税消费品或用于其他方面，如员工福利或以奖励形式发给本单位员工等。对此种情况如何计算消费税，税法有如下规定。

1. 用于连续生产应税消费品的

纳税人自产自用的应税消费品，用于连续生产应税消费品的，不纳税。纳税人自产自用的应税消费品，用于连续生产应税消费品的，是指应税消费品作为生产最终应税消费品的直接材料，并构成最终产品实体。例如，卷烟厂生产的烟丝如果直接对外销售，应缴纳消费税；如果用于连续生产卷烟，则对用于连续生产卷烟的烟丝不征收消费税，只对生产的卷烟征收消费税。税法规定自产自用的应税消费品用于连续生产应税消费品时不征税，体现了不重复课税且计税简便的原则。

2. 用于其他方面的

纳税人自产自用的应税消费品，不是用于连续生产应税消费品，而是用于其他方面的，于移送使用时纳税。所谓用于其他方面的，是指纳税人将应税消费品用于生产非应税消费品、在建工程、管理部门、非生产机构、提供劳务，以及用于馈赠、赞助、集资、广告、样品、职工福利、奖励等方面。例如，原油加工厂用生产出的应税消费品汽油调和制成溶剂汽油；某石化工厂把自己生产的柴油用于本厂基建工程的车辆、设备；汽车制造厂把生产出的小汽车提供给上级主管部门使用；摩托车厂把自己生产的摩托车赠送或赞助给摩托车拉力赛赛手使用等。总之，企业自产的应税消费品虽然没有用于销售或连续生产应税消费品，但只要是用于税法所规定的范围都应视同销售，需依法缴纳消费税。这项规定的目的是平衡外购应税消费品与自制应税消费品之间的税负，并保证财政收入。

3. 组成计税价格的计算

纳税人自产自用的应税消费品凡用于其他方面的，应当纳税。

（1）按照纳税人生产的同类消费品的销售价格计算纳税。

$$应纳税额=同类消费品的销售价格\times自产自用数量\times适用税率$$

同类消费品的销售价格是指纳税人当月销售的同类消费品的销售价格，如果当月同类消费品各期销售价格高低不同，应按销售数量加权平均计算。但销售的应税消费品有下列情况之一的，不得列入加权平均计算：

1）销售价格明显偏低又无正当理由的；

2）无销售价格的。

如果当月无销售或者当月未完结，应按照同类消费品上月或者最近月份的销售价格计算纳税。

（2）没有同类消费品销售价格的，按照组成计税价格计算纳税。

1）实行从价定率办法计算纳税的组成计税价格计算公式为：

$$组成计税价格=\frac{成本+利润}{1-消费税税率}$$

$$应纳税额=组成计税价格\times适用税率$$

2）实行复合计税办法计算纳税的组成计税价格计算公式为：

$$组成计税价格=\frac{成本+利润+自产自用数量\times定额税率}{1-比例税率}$$

$$应纳税额=组成计税价格\times比例税率+自产自用数量\times定额税率$$

式中，成本是指应税消费品的生产成本；利润是指根据应税消费品的全国平均成本利润率计算的利润。应税消费品的全国平均成本利润率由国家税务总局确定（见表3-2）。

表3-2　平均成本利润率

货物名称	利润率（%）	货物名称	利润率（%）
1. 甲类卷烟、电子烟	10	10. 贵重首饰及珠宝玉石	6
2. 乙类卷烟	5	11. 摩托车	6
3. 雪茄烟	5	12. 高尔夫球及球具	10
4. 烟丝	5	13. 高档手表	20
5. 粮食白酒	10	14. 游艇	10
6. 薯类白酒	5	15. 木质一次性筷子	5
7. 其他酒	5	16. 实木地板	5
8. 高档化妆品	5	17. 乘用车	8
9. 鞭炮、焰火	5	18. 中轻型商用客车	5

例3-5

某高档化妆品公司将一批新研制的高档化妆品作为福利发给本单位职工，高档化妆品的生产成本为30 000元，该化妆品无同类产品市场销售价格，成本利润率为5%，税率为15%。计算该批化妆品应缴纳的消费税。

组成计税价格=30 000×(1+5%)÷(1−15%)=37 058.82(元)

应纳税额=37 058.82×15%=5 558.82(元)

3.4.5　委托加工应纳消费税的计算

企业、单位或个人由于设备、技术、人力等方面的局限或其他方面的原因，常常要委托其他单位代为加工应税消费品，然后将加工好的应税消费品收回，或直接销售或自己使用。

这是生产应税消费品的另一种形式，也需要纳入征收消费税的范围。例如，某企业将购来的小客车底盘和零部件提供给某汽车改装厂，加工组装成小客车供自己使用，加工组装成的小客车需要缴纳消费税。按照规定，委托加工的应税消费品，由受托方在向委托方交货时代收代缴税款。

（1）委托加工应税消费品的确定。委托加工的应税消费品是指由委托方提供原料和主要材料，受托方只收取加工费和代垫部分辅助材料加工的应税消费品。由受托方提供原材料生产的应税消费品，或者受托方先将原材料卖给委托方，再接受加工的应税消费品，以及由受托方以委托方名义购进原材料生产的应税消费品，不论纳税人在财务上是否做销售处理，都不得作为委托加工应税消费品，而应当按照销售自制应税消费品缴纳消费税。

（2）代收代缴税款的规定。对属于委托的应税消费品，税法规定，由受托方在向委托方交货时代收代缴消费税，受托方就是法定的代收代缴义务人。如果受托方对委托加工的应税消费品没有代收代缴或少代收代缴消费税，应按照税收征收管理法的规定承担代收代缴的法律责任。因此，受托方必须严格履行代收代缴义务，正确计算和按时代缴税款。为了加强对受托方代收代缴税款的管理，委托个人（含个体工商户）加工的应税消费品，由委托方收回后在委托方所在地缴纳消费税。

受托方没有按规定代收代缴税款的，委托方要补缴税款，但受托方要受到一定的处罚。

（3）组成计税价格及应纳税额的计算。委托加工的应税消费品，按照受托方同类消费品的销售价格计算纳税，同类消费品的销售价格是指受托方当月销售的同类消费品的销售价格，如果当月同类消费品各期销售价格高低不同，应按销售数量加权平均计算。但销售的应税消费品有下列情况之一的，不得列入加权平均计算：

1）销售价格明显偏低又无正当理由的；

2）无销售价格的。

如果当月无销售或者当月未完结，应按照同类消费品上月或最近月份的销售价格计算纳税。没有同类消费品销售价格的，按照组成计税价格计算纳税。组成计税价格的计算公式为：

a. 实行从价定率办法计算纳税的组成计税价格：

$$组成计税价格=\frac{材料成本+加工费}{1-消费税税率}$$

b. 实行复合计税办法计算纳税的组成计税价格：

$$组成计税价格=\frac{材料成本+加工费+委托加工数量\times定额税率}{1-比例税率}$$

式中，材料成本是指委托方所提供加工材料的实际成本。成本必须在委托加工合同上如实注明（或以其他方式提供）；凡未提供材料成本的，受托方所在地主管税务机关有权核定其材料成本。目的是防止假冒委托加工应税消费品或少报材料成本，逃避税收。加工费是指受托方加工应税消费品向委托方收取的全部费用（包括代垫辅助材料的实际成本，不包括增值税税款），这是税法对受托方的要求。受托方必须如实提供向委托方收取的全部费用，这样才能既保证组成计税价格及代收代缴消费税的准确计算，也使受托方得以按加工费正确计算其应纳增值税。

特别提示

委托加工的应税消费品已由受托方代收代缴消费税，因此，委托方收回货物后，以不高于受托方的计税价格出售的，不再缴纳消费税；以高于受托方的计税价格出售的，需按照规定申报缴纳消费税，在计税时准予扣除受托方已代收代缴的消费税。如果委托方将收回的应税消费品用于连续生产另一种应税消费品，销售时应按新的消费品纳税，但为了避免重复征税，委托方可以按当期生产领用量抵扣委托加工收回的应税消费品已纳消费税税款。

例 3-6

某鞭炮企业1月受托为某单位加工一批鞭炮，委托单位提供的原材料金额为30万元，收取委托单位不含增值税的加工费4万元，鞭炮企业无同类产品市场价格。鞭炮的适用税率为15%。计算鞭炮企业应代收代缴的消费税。

组成计税价格＝(30＋4)÷(1－15%)＝40(万元)

应代收代缴的消费税＝40×15%＝6(万元)

3.4.6　进口环节应纳消费税的计算

进口的应税消费品于报关进口时缴纳消费税，消费税由海关代征。

进口的应税消费品，由进口人或者其代理人向报关地海关申报纳税；纳税人进口应税消费品，应当自海关填发海关进口消费税专用缴款书之日起 15 日内缴纳税款。

纳税人进口应税消费品，按照组成计税价格和规定的税率计算应纳税额。计算公式如下：

（1）从价定率应纳税额的计算。

$$\text{组成计税价格}=\frac{\text{关税完税价格}+\text{关税}}{1-\text{消费税税率}}$$

应纳税额＝组成计税价格×消费税比例税率

（2）从量定额应纳税额的计算。

应纳税额＝应税消费品数量×消费税定额税率

（3）从价定率和从量定额复合计税应纳税额的计算。

$$\text{组成计税价格}=\frac{\text{关税完税价格}+\text{关税}+\text{进口数量}\times\text{消费税定额税率}}{1-\text{消费税比例税率}}$$

应纳税额＝组成计税价格×消费税税率＋应税消费品进口数量×消费税定额税率

式中，关税完税价格是指海关核定的关税计税价格。

例 3－7

某商贸公司从国外进口一批应税消费品，经海关核定，关税完税价格为 54 万元，进口关税税率为 25%，消费税税率为 10%。计算该批消费品进口环节应缴纳的消费税。

组成计税价格＝54×(1＋25%)÷(1－10%)＝75(万元)

应纳税额＝75×10%＝7.5(万元)

3.4.7　已纳消费税扣除的计算

现实经济活动中，有些应税消费品是用外购或委托加工收回的已缴纳消费税的应税消费品连续生产出来的，对这些连续生产出来的应税消费品，为了避免重复征税，税法规定，可以将外购应税消费品和委托加工收回应税消费品已缴纳的消费税扣除。

1．外购或委托加工应税消费品已纳税的扣除范围

（1）外购或委托加工的已税烟丝生产的卷烟。

（2）外购或委托加工的已税高档化妆品生产的高档化妆品。

（3）外购或委托加工的已税珠宝玉石生产的贵重首饰及珠宝玉石。

（4）外购或委托加工的已税鞭炮、焰火生产的鞭炮、焰火。

（5）外购或委托加工的已税摩托车生产的摩托车。

（6）外购或委托加工的已税杆头、杆身和握把为原料生产的高尔夫球杆。

（7）外购或委托加工的已税木制一次性筷子为原料生产的木制一次性筷子。

（8）外购或委托加工的已税实木地板为原料生产的实木地板。

（9）外购、进口和委托加工的汽油、柴油、石脑油、燃料油、润滑油为原料生产的成品油。

需要说明的是：

（1）用外购或委托加工收回的已缴纳消费税的应税消费品连续生产出来的应税消费品，按当期生产领用数量计算准予扣除的外购或委托加工的应税消费品已纳消费税。

（2）允许扣除已纳税款的应税消费品只限于从工业企业购进的应税消费品和进口环节已缴纳消费税的应税消费品，从境内商业企业购进应税消费品的已纳税款一律不得扣除。

（3）纳税人用外购或委托加工的已税珠宝玉石生产的金银首饰（含镶嵌首饰）改在零售环节征收消费税的，在计税时一律不得扣除外购珠宝玉石的已纳税款。

（4）卷烟消费税在生产和批发两个环节征税后，批发企业在计算纳税时不得扣除已含的生产环节的消费税。

2. 准予扣除的应税消费品已纳税额的计算公式

（1）外购应税消费品已纳税额的扣除计算。

应纳税额＝销售额×税率－当期准予扣除的外购应税消费品已纳税额

当期准予扣除的外购应税消费品已纳税额＝当期准予扣除的外购应税消费品买价或数量×外购应税消费品的适用税率或税额

当期准予扣除的外购应税消费品买价＝期初库存的外购应税消费品的买价＋当期购进的应税消费品的买价－期末库存的外购应税消费品的买价

外购应税消费品的买价是指购货发票上注明的销售额（不包括增值税税款）。

例3－8

某卷烟厂当月外购已税烟丝一批，不含增值税金额500万元，当月初库存外购已税烟丝金额50万元，月末库存烟丝金额30万元，其余被当月生产雪茄烟领用。当月销售雪茄烟取得收入500万元。烟丝的消费税税率为30%，雪茄烟的消费税税率为36%。计算卷烟厂当月准许扣除的外购烟丝已缴纳的消费税和雪茄烟的应纳税额。

当期准许扣除的外购烟丝买价＝50＋500－30＝520(万元)

当月准许扣除的外购烟丝已缴纳的消费税＝520×30%＝156(万元)

应纳税额＝500×36%－156＝24(万元)

例3－9

某酒厂某月用粮食酒精勾兑白酒100吨，全部用于销售，当月取得含税销售额480万元，当月初库存外购粮食酒精余额90万元，当月购进粮食酒精110万元，月末库存外购粮食酒精20万元。白酒税率：税率20%，0.5元/斤。计算该厂当月应缴纳的消费税。

$$应纳税额=480\div(1+13\%)\times20\%+100\times2\,000\times0.5\div10\,000=94.96(万元)$$

(2) 委托加工收回的应税消费品已纳税额的扣除计算。

$$\begin{array}{c}当期准予扣除的委托加工\\应税消费品已纳税额\end{array}=\begin{array}{c}期初库存的委托加工\\应税消费品已纳税额\end{array}+\begin{array}{c}当期收回的委托加工\\应税消费品已纳税额\end{array}-\begin{array}{c}期末库存的委托加工\\应税消费品已纳税额\end{array}$$

例 3-10

某化妆品公司委托某日用化工厂加工高档化妆品，收回后以其为原料继续生产高档化妆品销售，受托方按同类化妆品每千克 60 元的销售价格代收代缴消费税。某月化妆品公司收回加工好的化妆品 4 000 千克，生产领用 3 000 千克，当月销售连续生产的高档化妆品 800 箱，每箱 600 元（不含税）。高档化妆品的税率为 15%。计算当月化妆品公司应缴纳的消费税。

$$当期准许扣除的税款=3\,000\times60\times15\%=27\,000(元)$$
$$应纳税额=600\times800\times15\%-27\,000=45\,000(元)$$

3.4.8 征税环节的特殊规定

1. 金银首饰的征税规定

金银首饰、钻石及钻石饰品在零售环节计征消费税。计税依据是不含税的销售额，应纳消费税税额的计算公式为：

$$应纳税额=销售额\times适用税率$$

式中，销售额是纳税人销售金银首饰时向买方收取的不含增值税的全部价款和价外费用。具体规定如下：

(1) 纳税人采用以旧换新、翻新改制方式销售的金银首饰，按实际收取的不含增值税的全部价款（包括增加或添加的材料价格以及收取的加工费）征收消费税。

(2) 金银首饰连同包装物一同销售的，无论包装物是否单独计价，也无论会计上如何核算，均应并入金银首饰的销售额计征消费税。

(3) 用于馈赠、赞助、集资、广告、样品、职工福利、奖励等方面的金银首饰，计税依据为纳税人销售同类金银首饰的销售价格；没有同类金银首饰销售价格的，计税依据为组成计税价格。计算公式为：

$$组成计税价格=\frac{购进原价\times(1+利润率)}{1-金银首饰消费税税率}$$

式中，购进原价是对商业企业而言的，纳税人为生产企业时，购进原价为生产成本。利润率一律定为 6%。

(4) 带料加工的金银首饰的计税依据为受托方同类金银首饰的销售价格，没有同类金银首饰销售价格的，按组成计税价格计算纳税。计算公式为：

$$组成计税价格=\frac{材料成本+加工费}{1-金银首饰消费税税率}$$

（5）纳税人用已税珠宝玉石生产的金、银和金基、银基合金的镶嵌首饰，在计税时一律不得扣除已纳消费税。金银首饰与其他产品组成成套消费品销售的，按销售额全额征收消费税。

（6）经营单位兼营生产、加工、批发、零售金银首饰业务的，应分别核算销售额，未分别核算或划分不清的，一律视同零售金银首饰征收消费税。

例3-11

某首饰商城为增值税一般纳税人，某月发生以下业务：

（1）零售金银首饰与镀金首饰组成的套装礼盒，取得收入29.25万元，其中金银首饰收入20万元，镀金首饰收入9.25万元。

（2）采取以旧换新方式向消费者销售金项链1 000条，新项链每条零售价0.26万元，旧项链每条作价0.23万元，每条项链取得差价款0.03万元。

（3）为个人加工定制金银首饰，商城提供原料的含税金额为34.2万元，取得个人支付的含税加工费收入5万元（商城无同类首饰价格）。

（4）用300条银基项链抵偿债务，该批项链的账面成本为42万元，零售价为67万元。

金银首饰零售环节的消费税税率为5%。计算上述业务应缴纳的消费税。

销售套装礼盒应缴纳的消费税＝29.25÷(1＋13%)×5%＝1.29(万元)

以旧换新销售金项链应缴纳的消费税＝1 000×0.03÷(1＋13%)×5%
＝1.33(万元)

加工定制金银首饰应缴纳的消费税＝(34.2＋5)÷(1＋13%)÷(1－5%)×5%
＝1.83(万元)

用银基项链抵偿债务应缴纳的消费税＝67÷(1＋13%)×5%＝2.96(万元)

2. 卷烟批发环节的征税规定

为完善烟产品消费税制度，适当增加财政收入，自2009年5月1日起，在卷烟批发环节加征一道消费税。主要的规定如下：

（1）纳税人：在我国境内从事卷烟批发业务的单位和个人。

（2）征税范围：纳税人批发销售的所有牌号规格的卷烟。

（3）计税依据：纳税人批发卷烟的不含增值税的销售额。纳税人应将卷烟销售和其他商品销售分开核算，未分开核算的，一并征收消费税。

（4）适用税率：从价税率11%，从量税率0.005元/支。

（5）纳税人销售给纳税人以外的单位和个人的卷烟于销售时纳税。纳税人之间销售的卷烟不缴纳消费税。

（6）卷烟消费税在生产和批发两个环节征税后，批发企业在计算纳税时不得扣除已含的生产环节的消费税。

3. 超豪华小汽车零售环节的征税规定

为了引导合理消费，促进节能减排，对超豪华小汽车加征零售环节消费税。

（1）纳税人：将超豪华小汽车销售给消费者的单位和个人为超豪华小汽车零售环节纳税人。

（2）纳税环节及税率：对超豪华小汽车，在生产（进口）环节按现行税率征收消费税的基础上，在零售环节加征消费税，税率为10%。

（3）超豪华小汽车零售环节消费税应纳税额的计算公式为：

应纳税额=零售环节销售额（不含增值税，下同）×零售环节税率

国内汽车生产企业直接销售给消费者的超豪华小汽车，消费税税率按照生产环节税率和零售环节税率加总计算。

消费税应纳税额的计算公式为：

应纳税额=销售额×（生产环节税率+零售环节税率）

3.5 出口货物退（免）税

3.5.1 出口应税消费品的退（免）税政策

对出口的消费品实行免税政策是国际上通行的做法。一方面是为了鼓励出口，扩大对外贸易；另一方面，消费税的征税范围限于发生在本国境内的商品消费行为，而出口的消费品并没有在国内市场上消费，所以，不应该对其征收消费税。

我国对出口应税消费品实行出口免税并退税、出口免税但不退税、出口不免税也不退税三个政策。

3.5.2 消费税退税的计算

$$\frac{\text{消费税}}{\text{应退税额}}=\frac{\text{从价定率计征消费税的}}{\text{退税计税依据}}\times\frac{\text{比例}}{\text{税率}}+\frac{\text{从量定额计征消费税的}}{\text{退税计税依据}}\times\frac{\text{定额}}{\text{税率}}$$

出口货物的消费税应退税额的计税依据，按购进出口货物的消费税专用缴款书和海关进口消费税专用缴款书确定。属于从价定率计征消费税的，为已征且未在内销应税消费品应纳税额中抵扣的购进出口货物金额；属于从量定额计征消费税的，为已征且未在内销应税消费品应纳税额中抵扣的购进出口货物数量；属于复合计征消费税的，按从价定率和从量定额的计税依据分别确定。

3.6 征收管理

3.6.1 纳税义务发生时间

消费税的纳税义务发生时间，以货款结算方式或行为发生时间分别确定。

（1）纳税人销售的应税消费品，其纳税义务发生时间如下：

1）纳税人采取赊销和分期收款结算方式的，为销售合同规定的收款日期的当天。

2）纳税人采取预收货款结算方式的，为发出应税消费品的当天。

3）纳税人采取托收承付和委托银行收款方式销售应税消费品的，为发出应税消费品并办妥托收手续的当天。

4）纳税人采取其他结算方式的，为收讫销售款项或者取得索取销售款项凭据的

当天。

（2）纳税人自产自用的应税消费品，为移送使用的当天。

（3）纳税人委托加工的应税消费品，为纳税人提货的当天。

（4）纳税人进口的应税消费品，为报关进口的当天。

3.6.2 纳税地点

（1）纳税人销售或自产自用的应税消费品，除国家另有规定外，应当向纳税人机构所在地或者居住地的主管税务机关申报纳税。

委托加工应税消费品，由受托方向所在地税务机关代收代缴消费税。

进口应税消费品，由进口人向报关地海关申报纳税。

纳税人到外地销售应税消费品，于销售后回纳税人核算地缴税。

（2）委托加工的应税消费品，除受托方为个人外，由受托方向机构所在地或者居住地的主管税务机关报缴税款。

（3）进口的应税消费品，由进口人或由其代理人向报关地海关申报纳税。

（4）纳税人到外县（市）销售或委托外县（市）代销自产应税消费品的，应事先向其所在地主管税务机关提出申请，并于应税消费品销售后回纳税人机构所在地或者居住地向主管税务机关报缴税款。

3.6.3 纳税环节

消费税的纳税环节分为以下几种情况。

1. 生产环节

纳税人生产的应税消费品，由生产者于销售时纳税。其中，生产者自产自用的应税消费品，用于本企业连续生产的不征税；用于其他方面的，于移送使用时纳税。

委托加工的应税消费品，由受托方向委托方交货时代收代缴税款。委托加工的应税消费品直接出售的，不再征收消费税；委托加工的应税消费品收回后用于连续生产应税消费品的，受托方代收代缴的消费税税款准予抵扣。

2. 进口环节

进口的应税消费品，由进口报关者于报关进口时纳税。

3. 零售环节

金银首饰的消费税在零售环节征收。超豪华小汽车在零售环节加征一道从价税。

4. 批发环节

自2009年5月1日起，除生产环节外，对卷烟批发环节加征一道从价税。

3.6.4 纳税期限

消费税的纳税期限分别为1日、3日、5日、10日、15日、1个月或者1个季度。纳税人的具体纳税期限，由主管税务机关根据纳税人应纳税额的大小分别核定；不能按照固定期限纳税的，可以按次纳税。

纳税人以1个月或者1个季度为一个纳税期的，自期满之日起15日内申报纳税；

以其他期限纳税的，自期满之日起 5 日内预缴税款，于次月 1 日起至 15 日内申报纳税并结清上月税款。

纳税人进口应税消费品，应当自海关填发海关进口消费税专用缴款书之日起 15 日内缴纳税款。

纳税人应按有关规定及时办理纳税申报，并如实填写消费税纳税申报表。

思考与练习

一、思考题

1. 消费税有哪些特点？其征收的意义是什么？
2. 消费税的征税范围是如何确定的？具体的税目是什么？
3. 消费税的计算方法有几种？分别适用哪些应税消费品？
4. 消费税的计税依据是如何规定的？哪些情况下适用组成计税价格？
5. 消费税的纳税环节是如何规定的？

二、单项选择题

1. 某免税商店销售金银首饰取得收入 40 万元，应缴纳的消费税为（　　）万元。

A. 0　　B. 1　　C. 2　　D. 4

2. 关于消费税纳税地点，正确的规定是（　　）。

A. 纳税人销售应税消费品向机构所在地或居住地的主管税务机关纳税

B. 纳税人销售应税消费品向核算地的主管税务机关纳税

C. 纳税人销售应税消费品向销售地的主管税务机关纳税

D. 纳税人销售应税消费品向生产地的主管税务机关纳税

3. 某工艺品厂外购已税珠宝玉石用于加工各种饰品，允许从应纳消费税中扣除外购已税珠宝玉石已纳消费税的是（　　）。

A. 外购已税玉石用于镶嵌纯金戒指　　B. 外购已税玉石用于镶嵌镀金项链

C. 外购已税珍珠用于加工珍珠项链　　D. 外购已税钻石用于镶嵌白金戒指

4. 下列关于高尔夫球及球具的消费税处理，正确的是（　　）。

A. 外购已税杆头的消费税可以按购进入库数量在应纳消费税税款中扣除

B. 外购已税杆头的消费税可以按生产领用数量在应纳消费税税款中扣除

C. 外购已税杆头的消费税可以按出厂销售数量在应纳消费税税款中扣除

D. 外购已税杆身的消费税不可以在应纳消费税税款中扣除

5. 下列各项中应征收消费税的是（　　）。

A. 生产环节的冰箱　　B. 批发环节的白酒

C. 批发环节的卷烟　　D. 零售环节的化妆品

三、多项选择题

1. 下列委托加工行为中，委托方（非个人）应代收代缴消费税的有（　　）。

A. 汽车制造厂委托加工一批汽车轮胎，收回后全部用于大客车生产

B. 某企业将外购汽车底盘及配件委托加工成小货车自用

C. 某企业委托加工一批化妆品，收回后作为福利发给职工

D. 某商场委托加工普通护发品，收回后用于直接销售

2. 下列各项关于从量计征消费税计税依据确定方法的表述中，正确的有（　　）。

A. 销售应税消费品的，为应税消费品的销售数量

B. 进口应税消费品的，为海关核定的应税消费品数量

C. 以应税消费品投资入股的，为加工完成的应税消费品数量

D. 委托加工应税消费品的，为加工完成的应税消费品数量

3. 下列消费品属于消费税征税范围的有（　　）。

A. 果酒　　B. 调味料酒　　C. 黄酒　　D. 复制酒

4. 下列关于消费税纳税环节的说法中，正确的有（　　）。

A. 金店销售金银首饰在销售环节纳税　　B. 啤酒屋自制的啤酒在销售环节纳税

C. 白酒在生产环节和批发环节纳税　　D. 销售珍珠饰品在零售环节纳税

5. 下列行为中属于自制应税消费品的有（　　）。

A. 由受托方提供原材料生产的应税消费品

B. 受托方先将原材料卖给委托方，再接受加工的应税消费品

C. 由委托方提供原料和主要材料，受托方只收取加工费和代垫部分辅助材料加工的应税消费品

D. 由受托方以委托方的名义购进原材料生产的应税消费品

四、计算题

1. 上年某进出口公司进口10箱卷烟（5万支/箱），经海关审定，关税完税价格为22万元/箱，关税税率为50%，消费税税率为56%，定额税率为150元/箱。计算该公司进口环节应缴纳的消费税。

2. 1月国内某手表厂进口手表机芯6 000只，海关审定的完税价格为0.5万元/只，关税税率为30%，完税后海关放行；当月生产销售手表8 000只，单价为1.25万元（不含税）。计算1月该手表厂国内销售环节应缴纳的增值税和消费税。

3. 某酒厂8月销售粮食白酒6 000千克，售价为10元/千克，随同销售的包装物价格为6 200元。本月销售礼品盒6 000套，售价为300元/套，每套包括粮食白酒1千克，单价160元；干红酒1千克，单价140元。计算该酒厂8月应缴纳的消费税。

4. 某化妆品厂为增值税一般纳税人，2月销售一批高档化妆品，不含税价款为200万元，货款已经收到，货物已经发出。两个月前收取包装物租金3 390元，押金22 600元。购销双方约定，两个月归还包装物并退还押金，但购货方逾期未归还包装物，该化妆品厂没收押金。计算该化妆品厂当月应缴纳的增值税和消费税。

第4章 关税和船舶吨税

学习目标

1. 掌握关税的分类、进口货物相关费用的核定、计税依据的规定、关税的计算。
2. 理解关税的特点、关税的作用、进出口关税的适用税率、特殊进口货物的完税价格。
3. 了解关税的起源和发展，关税的概念，关税纳税人、征税对象、特定减免税、纳税地点的规定，以及征收船舶吨税的意义。

4.1 关税概述

4.1.1 关税的概念

关税是海关根据国家制定的有关法律，对进出关境或国境的货物和物品征收的一种商品税。

关境是指一个主权国家行使关税权力的领域范围。国境是指一个主权国家行使政治权力的领域范围，包括领土、领海、领空。一般情况下，关境和国境是一致的，但当某个国家的领土范围内存在免征关税的自由贸易港或自由贸易区时，关境小于国境；当几个国家结成关税同盟，在成员国之间货物进出国境免征关税，而非同盟成员国的货物进出共同关境要征收关税时，对各同盟成员国来说，关境大于国境。

关税概念中的货物是指因从事贸易行为而进出境的商品性物资，物品则是指由旅客和交通服务人员携带，以及个人邮递进出境的以自用为目的的非商品性物资，货物与物品通常简称为货物。

关税是随着商品交换领域不断扩大而产生并逐步发展的。关于关税的产生，威廉·配第在《赋税论》中表示，关税最初是为了保护进出口的货物免遭海盗劫掠而送给君主的报酬。我国早在西周时期就在边境设立关卡，《周礼·地官》中有最早的"关市之征"的记载。

"关市之征"是我国关税的雏形，"关税"的名称由此演变而来。春秋以后，诸侯割据，纷纷在各自的领地边界设立关卡，“关市之征”的记载也逐渐增多。汉唐以后，各代国境不断扩大，纷纷在各国内地和沿海口岸设关卡征税，这种税收开始具有边境关税的性质。尽管我国有陆地和海上的“丝绸之路”，但对外贸易并不发达，关税主要是内地关税。清朝康熙年间在粤、闽、浙沿海等地设立海关，对进出口的货物征收船钞和货税，此时的关税概念仍包括内地关税和边境关税。鸦片战争后，海关管理权落入外国人手中，英国人引进了近代关税概念，国境关税和内地关税逐渐区分。到1931年国民党政府取消常关税、厘金等国内关税，才有了真正意义上的进口税和出口税。

1949年以后，我国取得了真正意义上的关税自主权，建立了新中国的关税制度。但是在新中国成立初期，由于各种原因，关税工作比较简单。改革开放之后，我国对外贸易大量增多，关税的作用日益突出。关税已成为配合对外贸易管理、贯彻执行统一对外经济政策和宏观经济调控的重要工具，也是维护国家利益、保护国内生产、保证财政收入的重要手段。

4.1.2 关税的特点

关税作为独特的税种，除了具有一般税收的特点以外，还具有以下特点：

（1）征收的对象是进出境的货物和物品。对在境内流通的货物不征收关税，这是关税与其他税种的主要区别。另外，关税的征收环节是货物的进出口环节，征税一次后，货物即可在全国境内或整个关境内流通，不再征收关税。

（2）关税有较强的涉外性。关税只对进出境的货物和物品征收，因此，关税税则的制定、税率的高低、减免税等会直接影响国际贸易的开展。随着世界经济一体化的发展，世界各国的经济联系越来越密切，贸易关系不仅反映简单的经济关系，而且成为一种政治关系。关税常常成为国际谈判的一项重要内容。

（3）关税的征收机构是海关。关税由海关总署及所属机构具体管理和征收，征收关税是海关工作的一个重要组成部分。《中华人民共和国海关法》（简称《海关法》）规定，中华人民共和国海关是国家的进出关境监督管理机关。海关依照本法和其他有关法律、行政法规，监管进出境的运输工具、货物、行李物品、邮递物品和其他物品，征收关税和其他税、费，查缉走私，并编制海关统计和办理其他海关业务。可见，监督管理、征收关税和查缉走私是海关的三项基本任务。

4.1.3 关税的分类

1. 按征税对象的流向分类

（1）进口关税。进口关税是在外国货物输入时征收的关税。一般在货物进入国境或关境时征收，或者在货物从自由贸易区、保税区、保税仓库转出，投入国内市场时征收。它是关税中最主要的一种征税形式。目前，许多国家已不征收出口关税和过境关税，进口关税就成为唯一的关税。

（2）出口关税。出口关税是在本国货物出境时征收的关税。由于征收出口关税会增加出口货物的成本，不利于本国商品在国际市场上的竞争，因此，很多发达国家都取消了出口关税，也有部分国家出于限制本国某些产品或自然资源的输出等原因，仍然对部分或少量货物征收出口关税。

（3）过境关税。过境关税是从一国运往第三国的货物通过本国国境或关境时征收的一种关税。由于过境货物对本国工农业生产和市场不产生影响，因此，目前大多数国家不征收过境关税。但过境货物毕竟要占用本国的交通运输、港口、仓库等设施，有些国家出于财政考虑，对过境货物征收少量的鉴证费、印花税、统计费等。

2. 按征税目的分类

（1）财政关税。财政关税是以增加国家财政收入为目的而征收的关税。其基本特征是，关税的税率视增加国家财政收入的需要和影响国际贸易数量的大小而定。在现代经济中，财政关税的地位大为削弱，关税在财政收入中的比重大幅下降。但在发展中国家，关税在财政收入中仍占有重要的地位。

（2）保护关税。保护关税是以保护国内经济为目的而征收的关税。在现代经济生活中，保护关税已成为大多数国家用来保护本国经济的重要工具。不同国家利用关税保护国内经济的侧重点有所不同，发达国家所要保护的通常是国际竞争很激烈的商品，从而扩大商品在国际市场上的占有率，发展中国家则侧重保护本国的幼稚产业。

3. 按征收标准和征收方法分类

（1）从价税。从价税是一种最常用的关税计税标准。它是以货物的价格或者价值作为计税标准而征收的税。从价税的税率是应征税额与货物价格或者价值的比率。从价税的特点是价格越高，税额越高。优点是税负公平明确，易于实施。从价税也存在不足，如不同品种、规格、质量的同一货物价格有很大差异，海关审定价格有一定的难度，为防止纳税人低报、瞒报价格，海关要采用多种方法审定货物价格，这会导致征纳双方产生分歧，延缓货物通关进程，增加征管成本。

（2）从量税。从量税是以货物的数量、重量、体积、容量等计量单位作为计税标准，以每计量单位货物的应征税额为税率征收的税。从量税的特点是每一种货物的单位税额固定，不受该货物价格的影响。以货物的计量单位乘以每单位税额即可得出该货物的关税税额。从量税的优点是计算简便，通关手续快捷，特别是对数量众多、体积庞大、价格低廉的货物征税时，可以节省大量的征收费用，同时能抑制低廉或故意低瞒价格的货物的进口。不足是，由于税额固定，税额不能随物价涨落而相应变化，因此，在物价上涨时，关税的调控作用相对减弱。此外，从量税难以发挥保护国内产业的作用，在物价上涨时，从量税不能及时提高税率，致使进口货物税负减轻。我国目前对原油、啤酒和胶卷等进口商品征收从量税。

（3）复合税。复合税又称混合税，对同一税目订立从价和从量两种税率。既采用从价又采用从量两种税率计征税收的，就是复合税。从理论上讲，复合税的税负适度、公正、科学。当物价上涨时，所征税额比单纯征收从量税多；当物价下跌时，所征税额比单纯征收从价税多。可见，复合税具有较好的互补性，尤其是在物价波动时可以减少对财政收入的影响，又能起到一定的保护经济的作用。我国目前仅对录像机、放像机、摄像机、数字照相机和摄录一体机等进口商品征收复合税。

（4）选择税。在税则的同一税目中有从价和从量两种税率，征税时由海关选择其中一种计征的称为选择税。海关一般选择税额较高的一种，也有可能选择税额较低的一种。选择税的使用大多取决于产品价格的高低，当价格上涨时，使用从价税；价格下跌时，使用从量税。这样不仅能保证国家的财政收入，还可以保护本国产业的发展。但是由于选择税通常就高不就低，征税标准摇摆不定，海关计税手续繁杂，同时，纳税人不能预知缴纳税款的多少，税收的透明度不高，会妨碍国际贸易的顺利进行。

（5）滑准税。滑准税是根据货物的不同价格适用不同税率的一类特殊的从价关税。它是一种关税税率随进口货物价格由高至低而由低至高设置计征关税的方法。简单地讲，就是进口货物的价格越高，其进口关税税率越低；进口货物的价格越低，其进口关税税率越高。滑准税是为了保持实行滑准税商品的国内市场价格相对稳定，不受国际市场价格波动的影响。2005年5月我国开始对关税配额外棉花进口配额征收滑准税，税率滑动的范围为5%～40%，征收的目的是在大量棉花进口的情况下，减少进口棉花对国内棉花市场的冲击，确保棉农收益。这相当于为进口棉花价格设置了底线，对国内棉花市场价格形成支撑。

4. 按征税性质分类

（1）普通关税。普通关税又称一般关税，是对与本国没有签署贸易或经济互惠等友好协定的国家原产的货物征收的非优惠性关税。一般来说，普通关税与优惠关税的税率差别较大。

（2）优惠关税。优惠关税一般是互惠关税，即优惠协定的双方互相给对方优惠关税待遇。也有单向优惠关税，即只对受惠国给予优惠待遇，没有反向优惠。优惠关税的形式有互惠关税、特惠关税、普惠关税、最惠国待遇。

1）互惠关税，是两国给予对方比其他国家优惠的税率的一种协定关税。其目的在于发展双方之间的贸易关系，促进双方国家经济的发展。

2）特惠关税，是对有特殊关系的国家，单方面或相互间按协定采用特别低的进口税率甚至免税的一种关税。其优惠程度高于互惠关税，但只限有特殊关系的国家。

3）普惠关税，是发达国家给予发展中国家出口货物的一种优惠关税。普惠制是广大发展中国家长期斗争的结果，它对打破发达国家的关税壁垒、扩大发展中国家货物进入给惠国市场、推动本国经济的发展有积极意义。但在实践中，普惠制经常遭遇发达国家为了自身的经济利益而设置的种种障碍和限制。

4）最惠国待遇，是指缔约国一方现在和将来给予任何第三国的一切特权、优惠和豁免待遇，同样给予对方的一种优惠待遇。它是国际贸易协定中的一项重要内容，适用范围最初限于关税的优惠，后扩大到其他税收、配额、航运、港口、仓储、输出等许多方面，但关税仍是主要的。我国对外贸易条约或协定中也规定了最惠国待遇条款，目的是在平等互利的基础上扩大贸易往来，促进双方经济发展，避免歧视待遇。

（3）差别关税。差别关税是保护一国产业所采用的特别手段，其主要形式有加重关税、抵消关税、反倾销关税、报复关税。

1）加重关税，是出于某种原因或为达到某种目的，对某国货物或某种货物的输入加重征收的一种关税。

2）抵消关税，又称反补贴关税，是对接受任何补贴的外国进口货物附加征收的一种关税，是差别关税的重要形式之一。货物输出国为了增强本国产品在国际市场上的竞争力，往往对输出产品给予津贴、补贴或奖励，以降低成本，使产品进入国外市场。输入国为防止他国补贴货物进入本国市场，威胁本国产业正常发展，对输入本国的补贴产品课征反补贴关税，以削弱补贴产品的竞争优势。

3）反倾销关税，是对外国的倾销商品在征收正常进口关税的同时附加征收的一种关税，是差别关税的又一种重要形式。

4）报复关税，是指他国政府以不公正、不平等、不友好的态度对待本国输出的货物时，为维护本国利益，报复该国对本国输出货物的不公正、不平等、不友好，对该国输入本国的货物加重征收的一种关税。

5. 按保护形式和程度分类

（1）关税壁垒。关税壁垒是指一国政府以提高关税的办法限制外国商品进口的措施。关税壁垒的目的是抵制外国商品进入本国市场，最大限度地削弱外国商品在本国市场上的竞争力，保护本国商品的竞争优势。高额关税就像高墙一样阻止或限制外国商品输入，因此称为关税壁垒。

（2）非关税壁垒。非关税壁垒是指除关税以外的一切限制进口的措施，有直接非关税壁垒和间接非关税壁垒之分。直接非关税壁垒通过对本国产品和进口商品的差别待遇或迫使出口国限制商品出口等措施，直接限制进口。其措施有政府采购、海关估价、进口许可制度、进口配额制、关税配额制等。间接非关税壁垒并非对商品进口进行直接限制，而是为了其他目的所采取的同样能起到限制商品进口效果的各种措施，如外汇管制、进出口国家垄断、复杂的海关手续、苛刻的卫生安全和技术标准等。

4.1.4　关税的作用

1. 维护国家的主权和经济利益

作为对外政策的组成部分，我国通过进口税率的形式对进出口货物征收关税，从表面上看这似乎只是一个与对外贸易相关联的税收问题，其实一国采取什么样的关税政策直接关系到国家的主权和经济利益。历史发展到今天，关税已成为各国政府维护政治、经济权益，进行国际经济斗争的重要手段。我国根据平等互利等原则，通过关税复式税则的运用等方式，努力争取国际关税互惠并反对他国对我国进行关税歧视。关税在促进对外经济贸易往来、扩大对外经济合作方面发挥了积极作用。

2. 保护和促进本国工农业生产

关税具有保护本国产业发展的功能。一个国家采取什么样的关税政策，是实行自由贸易还是采取保护关税政策，是由该国的经济发展水平、产业结构状况、国际贸易收支状况以及参与国际经济竞争的能力等多种因素决定的。有些经济学家认为，自由贸易政策不适合发展中国家；相反，这些国家为了顺利发展民族经济、实现工业化，必须实行保护关税政策。我国作为发展中国家，十分重视利用关税保护本国的新兴产业、幼稚产业、高科技产业的发展。在进口方面，通过征收进口关税，提高进口商品的销售成本和价格，削弱进口商品在国内市场上的竞争力；在出口方面，对国内紧缺的资源或能源产品征收出口关税，以限制或控制出口，保证国内正常生产。在现代经济社会，关税在保护和促进本国民族产业发展方面发挥了重要作用。

3. 调节国民经济和发展对外贸易

关税是国家进行宏观经济调控的重要手段，政府可以根据国内生产和生活的需要，通过税率的高低和关税减免影响进出口规模和结构，调节国民经济活动。例如，通过关税对进出口商品流通进行调节，既可保证某些商品的市场供求平衡，又可防止某些商品的价格波动给生产和生活带来不利影响；通过关税政策调节出口商品和出口商品生产企业的利润水平，有意识地引导各类商品的生产，调节进出口商品数量和结构，促进国内市场上商品的供需平衡，保持国内市场的物价稳定。

4. 筹集财政资金

关税是国家财政收入的重要组成部分，为国家筹集财政资金是海关的基本职能。各国经验表明，关税在组织财政收入方面的作用与国家经济发展水平相适应。美国财政学家马斯格雷夫在20世纪60年代得出结论：进出口关税占税收收入的比重同人均国民生产总值（GNP）负相关，即随人均GNP的增长，进出口关税占税收收入的比重下降。我国是一个发展中的大国，生产力水平较低，关税收入仍是财政收入的重要组成部分。新中国成立以来，关税为经济建设筹集了大量的财政资金。改革开放后，我国的关税增长迅速，到2020年关税收入达17 099.1亿元，占当年税收收入的13%。发挥关税在筹集建设资金方面的作用仍然是我国关税政策的一项重要内容。

4.2 纳税人和征税对象

4.2.1 关税的征税对象

我国现行的关税以《海关法》、《中华人民共和国进出口关税条例》和《中华人民共和国进出口税则》为基本法规。

关税的征税对象是准许进出境的货物和物品。货物指贸易性商品；物品指入境旅客随身携带的行李物品，个人邮递物品，各种运输工具上的服务人员携带进口的自用物品、馈赠物品以及以其他方式进境的个人物品。

4.2.2 关税的纳税人

进口货物的收货人、出口货物的发货人、进出境物品的所有人，是关税的纳税人。

进出口货物的收发货人是依法取得对外贸易经营权，并进口或出口货物的法人或者其他社会团体。进出境物品的所有人包括该物品的所有人和推定为所有人的人。一般情况下，对于携带进境的物品，推定其携带人为所有人；对分离运输的行李，推定相应的进出境旅客为所有人；对以邮递方式进境的物品，推定其收件人为所有人；以邮递或其他运输方式出境的物品，推定其寄件人或托运人为所有人。

纳税人可以委托他人办理纳税手续，受托人应履行纳税人的各项义务。

4.3 税则和税率

进出口税则是一国政府根据国家关税政策和经济政策，通过一定的立法程序制定并公布实施的进出口货物和物品应税的关税税率表。进出口税则以税率表为主体，包括税则商品分类目录和税率栏两大部分。税则商品分类目录把种类繁多的商品加以综合，按照其不同特点分门别类地简化成数量有限的商品类目，分别编号按序排列（称为税则号列），并逐号列出该号中应列入的商品名称。商品分类的原则即归类规则，包括归类/总规则和各类、章、目的具体注释。税率栏是按商品分类目录逐项定出的税率栏目。我国现行进口税则为四栏税率，出口税则为一栏税率。

我国现行关税税率分为进口税率和出口税率两类。

4.3.1 进口关税税率

在加入世界贸易组织（WTO）之前，我国进口关税设有普通税率和优惠税率两栏税率。进口货物适用何种税率以货物的原产地为标准。对原产于与我国未订有关税互惠协议的国家或者地区的进口货物，按照普通税率征税；对原产于与我国订有关税互惠协议的国家或者地区的进口货物，按照优惠税率征税。我国加入WTO之后，为履行我国在加入WTO关税减让谈判中承诺的有关义务，享有WTO成员应有的权利，自2004年1月1日起，我国进口税则设有最惠国税率、协定税率、特惠税率、普通税率等税率。对进口货物在一定期限内可以实行暂定税率。

最惠国税率适用于原产于与我国共同适用最惠国待遇条款的WTO成员的进口货物，原产于与我国签订有相互给予最惠国待遇条款的双边贸易协定的国家或地区的进口货物，以及原产于我国境内的进口货物。

协定税率适用于原产于我国参加的含有关税优惠条款的区域性贸易协定有关缔约方的进口货物。如对原产于韩国、印度、孟加拉国、斯里兰卡和老挝的1 891个税目进口商品实行亚太贸易协定税率。

特惠税率适用于原产于与我国签订有特殊优惠关税协定的国家或地区的进口货物。如对原产于孟加拉国的18个税目进口商品实行特惠税率（即曼谷协定特惠税率）。

普通税率适用于原产于上述国家或地区以外的其他国家或地区的进口货物。按照普通税率征税的进口货物，经国务院关税税则委员会特别批准，可以适用最惠国税率。适用最惠国税率、协定税率、特惠税率的国家或者地区名单，由国务院关税税则委员会决定，报国务院批准后执行。

为了促进对外贸易的发展，我国不断调整关税政策，国务院关税税则委员于2020年发布公告，公布《中华人民共和国进出口税则（2020）》（简称2020版《税则》），自2020年1月1日起实施。2020版《税则》，对最惠国税率、进口暂定税率、协定税率和特惠税率等进行了调整。

按照WTO框架下扩大信息技术协定产品范围的谈判成果，我国对部分信息技术产品的最惠国税率实施了五步降税，先后于2016年9月、2017年7月、2018年7月和2019年7月，对信息技术扩围产品实施了四步降税，2020年7月对176项产品实施第五步降税。

2020年1月1日起，我国实行进口暂定税率的商品共850余项，出口暂定税率保持不变。2020年对冻猪肉实施进口暂定税率，税率由12%降至8%；为保障饲料供应，支持生猪产业恢复生产，继续对涉及10个税目的杂粕实施零关税；为丰富国内市场品种，增加国外特色产品进口，适当降低部分水果及果汁进口关税；为降低用药成本，促进新药生产，对治疗哮喘的药品及生产新型糖尿病药品的原料实施零关税；适当降低先进技术、设备和零部件及原材料的进口关税，促进经济高质量发展。2020 年对 150 余项木材和纸制品实行较低的进口暂定税率。自 2020 年 1 月 1 日起，取消钨废碎料、铌废碎料进口暂定税率。2020 年除赤道几内亚从最不发达国家中“毕业”满 3 年，停止享受特惠待遇外，其他与我国建交并完成换文手续的最不发达国家继续享受特惠零关税待遇。

根据我国与有关国家或地区签订并已生效的 16 项自由贸易协定或优惠贸易安排，2020 年我国继续对原产于 23 个国家或地区的部分商品实施协定税率。进一步降税的有中国与新西兰、秘鲁、哥斯达黎加、瑞士、冰岛、新加坡、澳大利亚、韩国、智利、格鲁吉亚、巴基斯坦自贸协定以及亚太贸易协定。其中，2019 年 12 月 1 日，中国-巴基斯坦自贸协定第二阶段议定书生效，关税减让自 2020 年 1 月 1 日起生效。这既是丰富和充实中巴全天候战略合作伙伴关系的重要举措，也是推动“一带一路”建设和构建人类命运共同体的生动实践。2020 版《税则》不仅有利于继续保持关税政策透明度，为公众提供更多便利，也有利于持续优化营商环境，推进贸易高质量发展。

4.3.2 出口关税税率

我国出口税则为一栏税率，即出口税率。国家仅对少数资源性产品及易于竞相杀价、盲目出口、需要规范出口秩序的半制成品征收出口关税。1992 年对 47 种商品计征出口关税，税率为 20%～40%。2022 年现行税则主要是对鳗鱼苗、部分有色金属矿砂及其精矿、生锑、磷、氟钽酸钾、山羊板皮、部分铁合金、钢铁废碎料、铜和铝原料及其制品、镍锭、锌锭、锑锭等征收出口关税，税率为 20%～50%。对苯、未锻轧锑、精炼铜阴极型材、铝废碎料、锡矿砂及其精矿等部分出口货物规定了 0%，5%，10%，15% 和 20%的暂定税率和特别出口税率。

4.3.3 税率的运用

进出口货物应当依照税则规定的归类原则归入合适的税号，并按照适用的税率征税。其中：

（1）进出口货物，应当按照纳税人申报进口或者出口之日实施的税率征税。

（2）进口货物到达前，经海关核准先行申报的，应当按照装载此货物的运输工具申报进境之日实施的税率征税。

（3）进出口货物的补税和退税，适用该进出口货物原申报进口或者出口之日所实施的税率，但下列情况除外：

1）按照特定减免税办法批准予以减免税的进口货物，后因情况改变经海关批准转让或出售或移作他用需补税的，应按海关接受纳税人再次填写报关单申报办理纳税手续之日实施的税率征税。

2）加工贸易进口料、件等属于保税性质的进口货物，如经批准转为内销，应按向海关申报转为内销之日实施的税率征税；未经批准擅自转为内销的，则按海关查获日期所施行的税率征税。

3）暂时进口货物转为正式进口需补税时，应按申报正式进口之日实施的税率征税。

4）分期支付租金的租赁进口货物，分期付税时，应按海关接受纳税人再次填写报关单申报办理纳税及有关手续之日实施的税率征税。

5）查获的走私进口货物需补税时，应按查获日期实施的税率征税。

4.3.4 原产地规则

原产地规则是确定进出口货物原产国的标准和方法，是确定货物适用关税税率的重要依据。国际上对货物原产地的规定是 20 世纪 70 年代初期发达国家对发展中国家的出口货物给予普遍的关税优惠待遇以后产生的，或者说是在实行普惠制的基础上确立的。普惠制是发达国家给予发展中国家出口制成品和半制成品的一种普遍的、非歧视的、非互惠的关税优惠制度。

确定进境货物原产国有利于正确运用进口税则的各栏税率，对产自不同国家或地区的进口货物适用不同的关税税率。我国原产地规则基本上采用了全部产地生产标准和实质性加工标准两种国际上通用的原产地标准。

1. 全部产地生产标准

全部产地生产标准是指进口货物完全在一个国家内生产或制造，生产或制造国即该货物的原产国。完全在一国生产或制造的进口货物包括：

（1）在该国领土或领海内开采的矿产品。

（2）在该国领土上收获或采集的植物产品。

（3）在该国领土上出生或由该国饲养的活动物及从其所得产品。

（4）在该国领土上狩猎或捕捞所得的产品。

（5）在该国的船只上卸下的海洋捕捞物，以及由该国船只在海上取得的其他产品。

（6）在该国加工船加工上述第（5）项所列物品所得的产品。

（7）在该国收集的只适用于做再加工制造的废碎料和废旧物品。

（8）在该国完全使用上述（1）至（7）项所列产品加工成的制成品。

2. 实质性加工标准

实质性加工标准是适用于确定有两个或两个以上国家参与生产的产品的原产国的标准，也就是说，经过几个国家加工、制造的进口货物，以最后一个对货物进行经济上可以视为实质性加工的国家作为该货物的原产国。所谓实质性加工，是指产品加工后，已不适用原进出口税则中的税则归类，税目、税率发生了改变，或者加工增值部分占新产品总值的比例超过 30%。例如，进口的棉布是一国用他国的棉纱纺织而成的，该棉布不能以棉纱的生产国为原产国，而应以将棉纱织成棉布的国家作为原产国。因为棉纱经加工后，改变了原税则归类，不属于同一税号。

3. 其他

机器、仪器、器材或车辆所用零件、部件、配件、备件及工具，与主件同时进口且数量合理的，其原产地按主件的原产地确定，分别进口的则按各自的原产地确定。

由于我国的国际信誉不断提高，世界上许多国家愿意与我国在平等互利的基础上进行贸易往来，目前已有 100 多个国家和地区与我国签订包括关税互惠条款的贸易条约或协定。因此，我国海关对进口货物基本上使用优惠税率征税。

4.4 税收减免

关税减免是给予某些纳税人和征税对象鼓励和照顾的一种特殊调节手段，这一手段使关税工作兼顾了普遍性和特殊性、原则性和灵活性。因此，关税减免是贯彻国家关税政策的一项重要措施。关税减免分为法定减免税、特定减免税和临时减免税。根据《海关法》的规定，除法定减免税外的其他减免税均由国务院决定。

4.4.1 法定减免税

法定减免税是税法中明确列出的减税或免税。符合税法规定可予减免税的进出口货物，纳税人无须提出申请，海关可按规定直接予以减免税。海关对法定减免税货物一般不进行后续管理。

1. 下列进出口货物、物品免征关税

（1）关税税额在人民币50元以下的一票货物。

（2）无商业价值的广告品和货样。

（3）外国政府、国际组织无偿赠送的物资。

（4）在海关放行前损失的货物。

（5）进出境运输工具装载途中必需的燃料、物料和饮食用品。

2. 下列进出口货物可以暂不缴纳关税

经海关核准暂时进境或者暂时出境，并在6个月内复运出境或者复运进境的下列货物，在进境或出境时，纳税人向海关缴纳相当于税款的保证金或者提供担保后，可予暂时免税：

（1）在展览会、交易会、会议或类似活动中展示或者使用的货物。

（2）文化、体育交流活动中使用的表演、比赛用品。

（3）进行新闻报道或者摄制电影、电视节目使用的仪器、设备及用品。

（4）开展科研、教学、医疗活动使用的仪器、设备及用品。

（5）上述（1）至（4）项活动中使用的交通工具及特种车辆。

（6）货样。

（7）安装、调试、检测设备时使用的仪器、工具。

（8）盛装货物的容器。

（9）其他用于非商业目的的货物。

上述货物在规定的期限内未复运出境的，海关应当依法征收关税。

3. 有下列情形之一的，可不征收进口或出口关税

（1）因品质或者规格原因，出口货物自出口之日起1年内原状复运进境的，不征进口关税。

（2）因品质或者规格原因，进口货物自进口之日起1年内原状复运出境的，不征出口关税。

4.4.2 特定减免税

特定减免税也称政策性减免税。在法定减免税之外，国家按照国际通行规则和我国实际情况制定发布的有关进出口货物减免关税的政策，称为特定或政策性减免税。特定减免税货物一般有地区、企业和用途的限制，海关需要进行后续管理，也需要进行减免税统计。

1. 科教用品

为有利于我国科研、教育事业发展，国务院制定了《科学研究和教学用品免征进口税收暂行规定》，对科学研究机构和学校，不以营利为目的，在合理数量范围内进口国内不能生产的科学研究和教学用品，直接用于科学研究或者教学的，免征进口关税和进口环节增值税、消费税。该规定对享受该优惠的科研机构和学校资格、类别以及可以免税的物品都做了明确规定。

“十四五”期间为深入实施科教兴国战略、创新驱动发展战略，支持科技创新和科普事业发展，自 2021 年 1 月 1 日至 2025 年 12 月 31 日，对以下情况免征进口关税和进口环节增值税和消费税。

（1）对科学研究机构、技术开发机构、学校、党校（行政学院）、图书馆进口国内不能生产或性能不能满足需求的科学研究、科技开发和教学用品，免征进口关税和进口环节增值税、消费税。

（2）对出版物进口单位为科研院所、学校、党校（行政学院）、图书馆进口用于科研、教学的图书、资料等，免征进口环节增值税。

（3）对公众开放的科技馆、自然博物馆、天文馆（站、台）、气象台（站）、地震台（站），以及高校和科研机构所属对外开放的科普基地，进口以下商品免征进口关税和进口环节增值税：

1）为从境外购买自用科普影视作品播映权而进口的拷贝、工作带、硬盘，以及以其他形式进口自用的承载科普影视作品的拷贝、工作带、硬盘。

2）国内不能生产或性能不能满足需求的自用科普仪器设备、科普展品、科普专用软件等科普用品。

上述科普影视作品、科普用品是指符合科学技术普及法规定，以普及科学知识、倡导科学方法、传播科学思想、弘扬科学精神为宗旨的影视作品、科普仪器设备、科普展品、科普专用软件等用品。

2. 残疾人专用品

为支持残疾人的康复工作，国务院制定了《残疾人专用品免征进口税收暂行规定》，对康复、福利机构、假肢厂和荣誉军人康复医院进口国内不能生产的、规定的残疾人个人专用品，免征进口关税和进口环节增值税、消费税。该规定对可以免税的残疾人专用品种类和品名做了明确规定。

3. 扶贫、慈善性捐赠物资

为促进公益事业的健康发展，经国务院批准，财政部、国家税务总局、海关总署发布了《扶贫、慈善性捐赠物资免征进口税收暂行办法》。对境外自然人、法人或者其他组织等境外捐赠人，无偿向经国务院主管部门依法批准成立的，以人道救助和发展扶贫、慈善事业为宗旨的社会团体以及国务院有关部门和各省、自治区、直辖市人民政府捐赠的，直接用于扶贫、慈善事业的物资，免征进口关税和进口环节增值税。所称扶贫、慈善事业，是指非营利的扶贫济困、慈善救助等社会慈善和福利事业。该办法对可以免税的捐赠物资种类和品名做了明确规定。

4. 加工贸易产品

（1）加工装配和补偿贸易。加工装配即来料加工、来样加工及来件装配，是指由境外客商提供全部或部分原辅料、零配件和包装物料，必要时提供设备，由我方按客商要求进行加工装配，成品交外商销售，我方收取加工费。客商提供的作价设备的价款，我方用工缴费偿还。补偿贸易是指由境外客商提供或国内单位利用国外出口信贷进口生产技术或设备，由我方生产，以返销产品方式分期偿还对方技术、设备价款或贷款本息的交易方式。因该交易方式有利于较快提高出口产品生产技术，改善我国产品质量和品种，扩大出口，增加我国外汇收入，国家给予一定的关税优惠：进境料件不予征税，准许在境内保税加工为成品后返销出口；进口外商的不作价设备和作价设备，分别比照外商投资项目和国内投资项目的免税规定执行；剩余料件或增产的产品，经批准转内销时，价值在进口料件总值2%以内，且总价值在3 000元以下的，可予免税。

（2）进料加工。经批准有权经营进出口业务的企业使用进料加工专项外汇进口料件，并在1年内加工或装配为成品外销出口的业务，称为进料加工业务。对其关税优惠为：对专为加工出口商品而进口的料件，海关按实际加工复出口的数量免征进口税；加工的成品出口免征出口税，内销料件及成品照章征税；对加工过程中产生的副产品、次品、边角料，海关根据其使用价值分析估价征税或者酌情减免税；剩余料件或增产的产品，经批准转内销时，价值在进口料件总值2%以内，且总价值在5 000元以下的，可予免税。

5. 边境贸易进口物资

为了鼓励我国边境地区积极发展与我国毗邻国家间的边境贸易与经济合作，国家制定了有关扶持、鼓励边境贸易和边境地区发展对外经济合作的政策措施。边境贸易有边民互市贸易和边境小额贸易两种形式。边民互市贸易指边境地区边民在边境线20公里以内、经政府批准的开放点或指定的集市上进行的商品交换活动。边民通过互市贸易进口的商品，每人每日价值在3 000元以下的，免征进口关税和进口环节增值税。边境小额贸易指沿陆地边境线经国家批准对外开放的边境县（旗）、边境城市辖区内经批准有边境小额贸易经营权的企业，通过国家指定的陆地边境口岸，与毗邻国家边境地区的企业或其他贸易机构之间进行的贸易活动。

6. 保税区进出口货物

为了创造完善的投资、运营环境，开展为出口贸易服务的加工整理、包装、运输、仓储、商品展出和转口贸易，国家在境内设立了保税区，即采取与外界隔离的全封闭方式，在海关监控管理下存放和加工保税货物的特定区域。保税区的主要关税优惠政策有：进口供保税区使用的机器、设备、基建物资、生产用车辆，为加工出口产品进口的原材料、零部件、元器件、包装物料，供储存的转口货物以及在保税区内加工运输出境的产品，免征进口关税和进口环节税；保税区内企业进口专为生产加工出口产品所需的原材料、零部件、包装物，以及转口货物予以保税；从保税区运往境外的货物，一般免征出口关税等。

7. 出口加工区进出口货物

为加强与完善加工贸易管理，严格控制加工贸易产品内销，保护国内相关产业，并为出口加工企业提供更宽松的经营环境，带动国产原材料、零配件的出口，国家设立了出口加工区。出口加工区的主要关税优惠政策有：从境外进入区内生产性的基础设施建设项目所需的机器、设备和建设生产厂房、仓储设施所需的基建物资，区内企业生产所需的机器、设备、模具及其维修用零配件，区内企业和行政管理机构自用合理数量的办公用品，免征进口关税和进口环节税；区内企业为加工出口产品所需的原材料、零部件、元器件、包装物料及消耗性材料，予以保税；对加工区运往区外的货物，海关按照对进口货物的有关规定办理报关手续，并按照制成品征税；从区外进入加工区的货物视同出口，可按规定办理出口退税。

8. 进口设备

为进一步扩大利用外资，引进国外先进技术和设备，促进产业结构调整和技术进步，保持国民经济持续、快速、健康发展，国务院决定自 1998 年 1 月 1 日起，对国家鼓励发展的国内投资项目和外商投资项目进口设备，在规定范围内免征进口关税和进口环节增值税。具体为：对符合《外商投资产业指导目录》鼓励类和限制乙类，并转让技术的外商投资项目，在投资总额内进口的自用设备，以及外国政府贷款和国际金融组织贷款项目进口的自用设备、加工贸易外商提供的不作价进口设备，除《外商投资项目不予免税的进口商品目录》所列商品外，免征进口关税和进口环节增值税；对符合《当前国家重点鼓励发展的产业、产品和技术目录》的国内投资项目，在投资总额内进口的自用设备，除《国内投资项目不予免税的进口商品目录》所列商品外，免征进口关税和进口环节增值税；对符合上述规定的项目，按照合同随设备进口的技术及配套件、备件，也免征进口关税和进口环节增值税。

9. 特定行业或用途的减免税政策

为鼓励、支持部分行业或特定商品的发展，国家制定了部分特定行业或用途的减免税政策，这类政策一般对可以减免税的商品列有具体清单。例如，为支持我国海洋和陆上特定地区石油、天然气开采作业，对相关项目进口国内不能生产或性能不能满足要求的，直接用于开采作业的设备、仪器、零附件、专用工具，免征进口关税和进口环节增值税。为支持纺织品出口，经国务院批准，自 2005 年 8 月 1 日起对 17 种 8 位税目项下的纺织品（毛制针织女式大衣、防风衣等）停止征收出口关税。为促进集成电路产业和软件产业高质量发展，自 2020 年 7 月 27 日至 2030 年 12 月 31 日，对集成电路企业和软件产业进口的国内不能生产或性能不能满足需求的自用生产性原材料、消耗品，净化室专用建筑材料、配套系统和集成电路生产设备（包括进口设备和国产设备）零配件等免征进口关税（具体规定见《财政部 海关总署 税务总局关于支持集成电路产业和软件产业发展进口税收政策的通知》（财关税〔2021〕4 号））。

此外，为加快壮大新一代信息技术，支持新型显示产业发展，自2021年1月1日至2030年12月31日，对新型显示器件生产企业进口国内不能生产或性能不能满足需求的自用生产性（含研发用，下同）原材料、消耗品和净化室配套系统、生产设备（包括进口设备和国产设备）零配件，新型显示产业的关键原材料、零配件（即靶材、光刻胶、掩模版、偏光片、彩色滤光膜）生产企业进口国内不能生产或性能不能满足需求的自用生产性原材料、消耗品，免征进口关税（具体规定见《财政部 海关总署 税务总局关于2021—2030年支持新型显示产业发展进口税收政策的通知》（财关税〔2021〕19号））。

10. 特定地区的减免税政策

经国务院批准，自2005年8月1日起对原产于中国台湾地区的15种进口鲜水果实施零关税。海关凭借海关总署认可的台湾地区签发水果产地证明文件的有关机构和民间组织于2005年8月1日后签发的、能够证明水果原产于台湾地区的产地证明文件，办理享受零关税水果的征税验放手续。原产于台湾地区水果的原产地标准为在台湾地区完全获得，即在台湾地区收获、采摘或采集。

4.4.3 临时减免税

临时减免税是指以上法定和特定减免税以外的其他减免税，即由国务院根据《海关法》对某个单位、某类商品、某个项目或某批进出口货物给予特别照顾、一案一批、专文下达的减免税。一般有单位、品种、期限、金额或数量等限制，不能比照执行。

我国已经加入WTO，为遵循统一、规范、公平、公开的原则，有利于统一税法、公平税负、平等竞争，国家严格控制减免税，一般不办理个案临时性减免税，对特定减免税正在逐步规范、清理，对不符合国际惯例的税收优惠政策将逐步废止。

4.5 关税的计算

4.5.1 关税完税价格

关税以进出口货物的完税价格为计税依据。关税的完税价格是指海关计征关税的价格，由海关以该货物的成交价格为基础审查确定。成交价格不能确定时，完税价格由海关依法估定。我国加入WTO后，我国海关已全面实施《WTO估价协定》，并按照《中华人民共和国海关审定进出口货物完税价格办法》审定进出口货物的完税价格。

1. 一般进口货物的完税价格

进口货物以海关审定的以成交价格为基础的到岸价格为完税价格。实际成交价格是一般贸易项目下进口货物的买方为购买该货物向卖方实付或应付的价格。到岸价格是指货物的货价，以及货物运抵我国境内输入地点起卸前的包装费、运费、保险费、手续费等一切费用。公式表示如下：

$$\text{进口货物的完税价格}=\text{货价}+\text{采购费用（包括货物运抵我国境内输入地点起卸前的运费、保险费和其他费用）}$$

实付或应付价格指买方为购买进口货物直接或间接支付的价款总额。对实付或应付价格进行调整的有关规定如下。

（1）如果下列费用或者价值未包括在进口货物的实付或者应付价格中，应当计入完税价格：

1）由买方负担的除购货佣金以外的佣金和经纪费。购货佣金指买方为购买进口货物向自己的采购代理人支付的劳务费用。经纪费指买方为购买进口货物向代表买卖双方利益的经纪人支付的劳务费用。

2）由买方负担的与该货物视为一体的容器费用。

3）由买方负担的包装材料和包装劳务费用。

4）与进口货物的生产和向中华人民共和国境内销售有关的，由买方以免费或者以低于成本的方式提供并可以按适当比例分摊的料件、工具、模具、消耗材料及类似货物的价款，以及在境外开发、设计等相关服务的费用。

5）与进口货物有关并作为卖方向我国销售该货物的一项条件，应当由买方直接或间接支付的特许权使用费。特许权使用费指买方为获得与进口货物相关的、受著作权保护的作品、专利、商标、专有技术和其他权利的使用许可而支付的费用。但是在估定完税价格时，进口货物在境内的复制权费不得计入该货物的实付或应付价格。

6）卖方直接或间接从买方对该货物进口后转售、处置或使用所得中获得的收益。

（2）下列费用如能与该货物的实付或者应付价格区分，不得计入完税价格：

1）厂房、机械、设备等货物进口后发生的建设、安装、装配、维修或技术援助的费用，但保修费用除外。

2）货物运抵境内输入地点之后的运输费用、保险费和其他相关费用。

3）进口关税、进口环节海关代征税及其他国内税收。

4）境内外技术培训及境外考察费用。

（3）对买卖双方之间有特殊关系的规定。买卖双方有特殊关系的，经海关审定其特殊关系未对成交价格产生影响，或进口货物的收货人能证明其成交价格与同时或大约同时发生的下列任一价格相近，该成交价格海关应当接受：

1）向境内无特殊关系的买方出售的相同或类似货物的成交价格。

2）按照使用倒扣价格有关规定所确定的相同或类似货物的完税价格。

3）按照使用计算价格有关规定所确定的相同或类似货物的完税价格。

海关在使用上述价格做比较时，应当考虑商业水平和进口数量的不同，以及实付或者应付价格的调整规定所列各项目和交易中买卖双方有无特殊关系造成的费用差异。

有下列情形之一的，应当认定买卖双方有特殊关系：买卖双方为同一家族成员；买卖双方互为商业上的高级职员或董事；一方直接或间接地受另一方控制；买卖双方都直接或间接地受第三方控制；买卖双方共同直接或间接地控制第三方；一方直接或间接地拥有、控制或持有对方5%或以上公开发行的有表决权的股票或股份；一方是另一方的雇员、高级职员或董事；买卖双方是同一合伙的成员。如果买卖双方在经营上相互有联系，一方是另一方的独家代理、独家经销或独家受让人，也应当视为有特殊关系。

（4）进口货物海关估价方法。进口货物的价格不符合成交价格条件或者成交价格不能确定的，海关应当以下列顺序估定完税价格。

1）相同或类似货物成交价格方法。它是指以与被估的进口货物同时或大约同时进口的相同或类似货物的成交价格为基础，估定完税价格。

2）倒扣价格方法。它是海关以进口货物、相同或者类似进口货物在境内的销售价格为基础，扣除境内发生的有关费用后，审查确定进口货物完税价格的估价方法。

3）计算价格估价方法。采用这种方法，可以按照下列各项总和计算价格：生产该货物所使用的料件成本和加工费用，向中华人民共和国境内销售同等级或者同种类货物通常的利润和一般费用，该货物运抵境内输入地点起卸前的运输及相关费用、保险费。

4）其他合理估价方法。其他合理估价方法是指在使用上述任何一种估价方法都无法确定海关估价时，海关可以灵活地以在境内获得的数据资料为基础估定完税价格。

2. 特殊进口货物的完税价格

（1）加工贸易进口料件及其制成品。

1）进口时须征税的进料加工进口料件，以料件申报进口时的价格估定。

2）内销进料加工进口料件或其制成品，以料件原进口时的价格估定。

3）内销来料加工进口料件或其制成品，以料件申报内销时的价格估定。

4）出口加工区内企业内销的制成品，以制成品申报内销时的价格估定。

5）保税区内加工企业内销进口料件或其制成品，分别以料件或制成品申报内销时的价格估定（制成品中扣除境内采购料件价格）。

6）加工贸易过程中产生的边角料，以申报内销时的价格估定。

（2）保税区或出口加工区销往区外、保税仓库出库内销的进口货物（不含加工贸易进口料件及其制成品），以海关审定的价格估定（含区内、库内发生的仓储、运输及相关费用）。

（3）运往境外修理的货物，规定期限内复运进境，以海关审定的境外修理费、料件费、复运进境运输及相关费用、保险费估定价格。

（4）运往境外加工的货物，以海关审定的境外加工费、料件费、复运进境运输及相关费用、保险费估定价格。

（5）暂时进境的货物，按一般进口货物估价办法估定价格。

（6）租赁方式进口货物。

1）租金方式支付，以海关审定的租金估定价格。

2）留购的租赁货物，以海关审定的留购价格估定价格。

3）承租人一次缴纳税款，按一般进口货物估价办法估定价格。

（7）留购进口货样，以海关审定的留购价格估定价格。

（8）予以补税的减免税货物，原进口时价格扣除折旧，即原进口价格×(1－实际使用时间÷监管年限×12)。

（9）其他方式进口货物（易货贸易、寄售、捐赠、赠送），按一般进口货物估价办法估定价格。

3. 进口货物完税价格中的运输及相关费用、保险费的核定

（1）进口货物的运费。进口货物的运费应当按照实际支付的费用计算。如果进口货物的运费无法确定，海关应当按照该货物的实际运输成本或者该货物进口同期运输行业公布的运费率（额）计算运费。

（2）进口货物的保险费。进口货物的保险费应当按照实际支付的费用计算。如果进口货物的保险费无法确定或者未实际发生，海关应当按照货价加运费两者总额的3‰计算保险费。计算公式为：

保险费＝(货价＋运费)×3‰

例如，某轿车厂某月从国外进口一批生产轿车用的发动机，买价800万元，发生境外运费80万元，支付卖方佣金20万元，则

进口发动机的完税价格＝(800＋80＋20)×(1＋3‰)＝902.7(万元)

（3）以其他方式进口货物的相关费用。

1）邮运的进口货物，应当以邮费作为运输及相关费用、保险费。

2）以境外边境口岸价格条件成交的铁路或公路运输进口货物，海关应当按照货价的1%计算运输及相关费用、保险费。

3）作为进口货物的自驾进口的运输工具，海关在审定完税价格时不另行计入运费。

4．出口货物的完税价格

（1）以成交价格为基础的完税价格。出口货物的完税价格由海关以该货物的成交价格为基础审查确定，并应当包括货物运至我国境内输出地点装载前的运输及相关费用、保险费等。

出口货物的成交价格，是指该货物出口销售到我国境外时买方向卖方实付或应付的价格。出口货物的成交价格中含有支付给境外的佣金的，如果单独列明，应当扣除。

（2）出口货物海关估价方法。出口货物的成交价格不能确定时，完税价格由海关按以下顺序估定：

1）同时或大约同时向同一国家或地区出口的相同货物的成交价格。

2）同时或大约同时向同一国家或地区出口的类似货物的成交价格。

3）根据境内生产相同或类似货物的成本、利润和一般费用、境内发生的运输及相关费用、保险费计算所得的价格。

4）按照合理方法估定的价格。

（3）出口货物完税价格中的运输及相关费用、保险费的核定。

出口货物的销售价格如果包括离境口岸至境外口岸之间的运费、保险费，该运费、保险费应当扣除。

4.5.2　应纳税额的计算

1．从价税应纳税额的计算

应纳税额＝应税进(出)口货物数量×单位完税价格×税率

例4－1

某公司从加拿大进口钢板10万吨，其成交价格为到岸价格120 000美元。已知海关填发税款缴款书之日的外汇牌价：买入价100美元＝626元人民币；卖出价100美元＝618元人民币。进口关税税率为15%。计算应缴纳的关税。

当天外汇牌价（外汇买卖中间价）为：

100美元＝(626＋618)÷2＝622(元人民币)

完税价格＝120 000×6.22＝746 400(元人民币)

应纳关税＝746 400×15%＝111 960(元人民币)

2. 从量税应纳税额的计算

应纳税额＝应税进(出)口货物数量×单位货物税额

例4－2

某公司进口美国产蓝带牌啤酒500箱，每箱24瓶，每瓶容积500毫升，到岸价格3 000美元。征税日美元与人民币的外汇折算率为1∶6，适用优惠税率为3元/升。计算应缴纳的关税。

应纳关税＝500×24×500÷1 000×3＝18 000(元)

3. 复合税应纳税额的计算

我国目前实行的复合税都是先从量计征，再从价计征。

应纳税额＝应税进(出)口货物数量×单位货物税额＋应税进(出)口货物数量×单位完税价格×税率

例4－3

某公司从韩国进口两台韩国生产的电视摄像机，到岸价格为10 000美元。征税日美元与人民币的外汇折算率为1∶6，适用优惠税率为：每台完税价格高于5 000美元的，从量税为每台13 280元，再征从价税3%。计算应缴纳的关税。

应纳关税＝2×13 280＋10 000×6×3%＝28 360(元)

4. 滑准税应纳税额的计算

应纳关税＝应税进(出)口货物数量×单位完税价格×滑准税税率

例4－4

某商场2月进口一批化妆品。该批货物在国外的买价为121万元，货物运抵我国入关前发生的运输费、保险费和其他费用分别为9万元、7万元、3万元。货物报关后，该商场按规定缴纳了进口环节的增值税和消费税并取得了海关开具的缴款书。从海关将化妆品运往商场所在地发生运输费4万元，该批化妆品当月在国内全部销售，取得不含税销售额500万元（化妆品进口关税税率20%，增值税税率13%，消费税税率15%）。计算该批化妆品进口环节应缴纳的关税、增值税和消费税。

关税的组成计税价格＝121＋9＋7＋3＝140(万元)

应纳进口关税＝140×20%＝28(万元)

进口环节应纳增值税的组成计税价格＝(140＋28)÷(1－15%)＝197.65(万元)

进口环节应纳增值税＝197.65×13%＝25.69(万元)

进口环节应纳消费税＝197.65×15%＝29.65(万元)

例4－5

某外贸企业7月从某钢铁厂购进废钢铁20 000万吨，直接报关离境出口。钢铁废料出厂价5 000元/吨，离岸价700美元/吨。征税日美元与人民币的外汇折算率为1∶6。出口关税税率为30%。计算该批废钢铁应缴纳的出口关税。

完税价格＝(20 000×700×6)÷(1＋30%)＝64 615 384.62(元)

应纳出口关税＝64 615 384.62×30%＝19 384 615.39(元)

4.6　征收管理

4.6.1　关税缴纳

进口货物自运输工具申报进境之日起14日内，出口货物在货物运抵海关监管区后、装货24小时以前，应由进出口货物的纳税人向货物进（出）境地海关申报，海关根据税则归类和完税价格计算应缴纳的关税和进口环节代征税，并填发税款缴款书。纳税人应当自海关填发税款缴款书之日起15日内，向指定银行缴纳税款。如关税缴纳期限的最后一日是周末或法定节假日，则关税缴纳期限顺延至周末或法定节假日过后的第一个工作日。为方便纳税人，经申请且海关同意，进（出）口货物的纳税人可以在设有海关的指运地（启运地）办理海关申报、纳税手续。

关税纳税人因不可抗力或者在国家税收政策调整的情形下，不能按期缴纳税款的，经海关总署批准，可以延期缴纳税款，但最长不得超过6个月。

为进一步适应区域经济发展的要求，简化海关手续，提高通关效率，海关总署决定于2006年9月1日起实施跨关区“属地申报，口岸验放”通关模式。“属地申报，口岸验放”是指符合海关规定条件的企业进出口货物时，可自主选择向属地海关任一海关单位申报，在货物实际进出境地的口岸海关办理货物验放手续的一种通关方式。

4.6.2　关税的强制执行

纳税人未在关税缴纳期限内缴纳税款，即构成关税滞纳。为保证海关征收关税决定的有效执行和国家财政收入的及时入库，《海关法》赋予海关对滞纳关税的纳税人强制执行的权力。强制措施主要有两类：

（1）征收关税滞纳金。滞纳金自关税缴纳期限届满滞纳之日起，至纳税人缴纳关税之日止，按滞纳税款万分之五的比例按日征收，周末或法定节假日不予扣除。具体计算公式为：

关税滞纳金金额＝滞纳关税税额×滞纳金征收比率×滞纳天数

（2）强制征收。如果纳税人自海关填发缴款书之日起3个月仍未缴纳税款，经海关关长批准，海关可以采取强制扣缴、变价抵缴等强制措施。强制扣缴即海关从纳税人在开户银行或者其他金融机构的存款中直接扣缴税款。变价抵缴即海关将应税货物依法变卖，以变卖所得抵缴税款。

4.6.3 关税退还

关税退还是关税纳税人按海关核定的税额缴纳关税后，因某种原因，海关将实际征收多于应当征收的税额（称为溢征关税）退还给原纳税人的一种行政行为。根据《海关法》的规定，海关发现多征的税款后应当立即退还。有下列情形之一的，纳税人可以自缴纳税款之日起1年内，书面声明理由，连同原纳税收据向海关申请退税，并加算银行同期活期存款利息，逾期不予受理：

（1）因海关误征多纳税款的。

（2）海关核准免验进口的货物，在完税后发现有短卸情形，经海关审查认可的。

（3）已征出口关税的货物，因故未将其装运出口，申报退关，经海关查验属实的。

对已征出口关税的出口货物和已征进口关税的进口货物，因货物品种或规格原因（非其他原因）原状复运进境或出境，经海关查验属实的，也应退还已征关税。海关应当自受理退税申请之日起30日内，做出书面答复并通知退税申请人。此规定强调的是因货物品种或规格原因原状复运进境或出境的，如果出于其他原因且不能以原状复运进境或出境，则不能退税。

4.6.4 关税补征和追征

补征和追征是海关在关税纳税人按海关核定的税额缴纳关税后，发现实际征收税额少于应当征收的税额（称为短征关税），责令纳税人补缴所差税款的一种行政行为。《海关法》根据短征关税的原因，将海关征收短征关税的行为分为补征和追征两种。由于纳税人违反海关规定造成短征关税的，称为追征；非因纳税人违反海关规定造成短征关税的，称为补征。区分关税追征和补征的目的是针对不同情况适用不同的征收时效，超过时效规定的期限，海关就丧失了追补关税的权力。根据《海关法》的规定，进出口货物、进出境物品放行后，海关发现少征或者漏征税款，应当自缴纳税款或者货物、物品放行之日起1年内，向纳税人补征。因纳税人违反规定造成的少征或者漏征，海关在3年以内可以追征。

【思考】关税补征和追征有何不同？

4.6.5 关税纳税争议

为保护纳税人合法权益，《海关法》和《中华人民共和国进出口关税条例》都规定了纳税人对海关确定进出口货物的征税、减税、补税或者对退税等有异议时，有提出申诉的权利。在纳税人与海关发生纳税争议时，可以向海关申请复议，但纳税人应当在规定期限内按海关核定的税额缴纳关税，逾期则构成滞纳，海关有权按规定采取强制执行措施。

纳税争议的内容一般为海关在原产地认定、税则归类、税率或汇率适用、完税价格确定、关税减免、免征、追征、补征和退还等方面的征税行为是否合法或适当，是否侵害了纳税人的合法权益。

纳税争议的诉讼程序：纳税人自海关填发税收缴款书之日起 30 日内，向原征税海关的上一级海关书面申请复议。逾期申请复议的，海关不予受理。海关应当自收到复议申请之日起 60 天内做出复议决定，并以复议书的形式正式答复纳税人；纳税人对海关复议决定仍然不服的，可以自收到复议决定书之日起 15 日内向人民法院提起诉讼。

4.7　船舶吨税

4.7.1　船舶吨税概述

船舶吨税是对自中华人民共和国境外港口进入境内港口的船舶（以下称应税船舶）征收的一种税，由海关负责征收。

船舶吨税是世界各国普遍征收的一种税，有的国家以灯塔税的名目征收，有的国家以码头税的名目征收。我国早在唐代就对进入我国国境的外国船舶征收“舶脚”，此后各朝代或以“水饷”或以“船钞”的税名征收类似现代的船舶吨税。

新中国成立后，政府规定财政部管理、海关代征船舶吨税。自 1951 年 10 月起，中央政府规定船舶吨税改由海关征收，列入国家预算中的“关税收入”项目。

《中华人民共和国船舶吨税法》自 2018 年 7 月 1 日起施行，同时废止 2011 年 12 月 5 日国务院公布的《中华人民共和国船舶吨税暂行条例》。

国家征收船舶吨税具有重要意义，一方面，可以加强对进入我国港口的外籍船舶的管理，为我国的港口维护及海上干线公用航标的维护和建设筹集资金，促进我国海洋运输业的发展及国家对外贸易往来；另一方面，是我国落实税收法定原则的重要体现。

4.7.2　船舶吨税制度的基本要素

1．征税范围

船舶吨税的征税范围为自中华人民共和国境外港口进入境内港口的船舶。船舶吨税的税目、税率依照《中华人民共和国船舶吨税法》所附《吨税税目税率表》（见表 4－1）执行。

表4-1 吨税税目税率表

税目（按船舶净吨位划分）	税率（元/净吨）						备注
	普通税率（按执照期限划分）			优惠税率（按执照期限划分）			
	1年	90日	30日	1年	90日	30日	
不超过2 000净吨	12.6	4.2	2.1	9.0	3.0	1.5	1. 拖船按照发动机功率每千瓦折合净吨位0.67吨。 2. 无法提供净吨位证明文件的游艇，按照发动机功率每千瓦折合净吨位0.05吨。 3. 拖船和非机动驳船分别按相同净吨位船舶税率的50%计征税款。
超过2 000净吨，但不超过10 000净吨	24.0	8.0	4.0	17.4	5.8	2.9	
超过10 000净吨，但不超过50 000净吨	27.6	9.2	4.6	19.8	6.6	3.3	
超过50 000净吨	31.8	10.6	5.3	22.8	7.6	3.8	

2. 税率

船舶吨税实行分类分级定额税率，以净吨位和执行期限分级规定税额，吨位越大，期限越长，单位税额越高。船舶吨税采用复式税率，设置优惠税率和普通税率。具有中华人民共和国国籍的应税船舶，船籍国（地区）与中华人民共和国签订含有相互给予船舶税费最惠国待遇条款的条约或者协定的应税船舶，适用优惠税率。其他应税船舶适用普通税率。

3. 计税依据

船舶吨税以船舶净吨位为计税依据。船舶净吨位是指船舶上所有封闭场所的内部空间扣除船舶正常航行必不可少的非营业空间后剩余的客舱和货舱等营业空间，按2.83立方米为1净吨位所计算出来的容积吨位。

海关在计征船舶吨税时，以吨为计税单位，应税船舶净吨位尾数不足0.5吨的不计税，达到或超过0.5吨的按1吨计税。

4. 税收优惠

（1）直接优惠。下列船舶免征吨税：

1）应纳税额在人民币50元以下的船舶。

2）自境外以购买、受赠、继承等方式取得船舶所有权的初次进口到港的空载船舶。

3）船舶吨税执照期满后24小时内不上下客货的船舶。

4）非机动船舶（不包括非机动驳船），是指自身没有动力装置，依靠外力驱动的船舶。

5）捕捞、养殖渔船，是指在中华人民共和国渔业船舶管理部门登记为捕捞船或者养殖船的船舶。

6）避难、防疫隔离、修理、改造、终止运营或者拆解，并不上下客货的船舶。

7）军队、武装警察部队专用或者征用的船舶。

8）警用船舶。

9）依照法律规定应当予以免税的外国驻华使领馆、国际组织驻华代表机构及其有关人员的船舶。

10）国务院规定的其他船舶。

上述5）至9）项优惠，应当提供海事部门、渔业船舶管理部门或者卫生检疫部门等部门、机构出具的具有法律效力的证明文件或者使用关系证明文件，申明免税理由。

（2）延期优惠。在船舶吨税执照期限内，应税船舶发生下列情形之一的，海关按照实际发生的天数批注延长船舶吨税执照期限：

1）避难、防疫隔离、修理、改造，并不上下客货。

2）军队、武装警察部队征用。

上述船舶应当提供海事部门、渔业船舶管理部门或者卫生检疫部门等出具的具有法律效力的证明文件或者使用关系证明文件，申明延长船舶吨税执照期限的依据和理由。

4.7.3　应纳税额的计算

船舶吨税按照船舶净吨位和船舶吨税执照期限征收，应纳税额按照船舶净吨位乘以适用税率计算。净吨位是指由船籍国（地区）政府授权签发的船舶吨位证明书上标明的净吨位。船舶吨税的计算公式为：

应纳税额＝船舶净吨位×定额税率

应税船舶在进入港口办理入境手续时，应当向海关申报纳税，领取吨税执照，或者交验吨税执照，或者申请核验吨税执照电子信息。应税船舶负责人在每次申报纳税时，可以按照《中华人民共和国船舶吨税法》所附《吨税税目税率表》选择申领一种期限的船舶吨税执照。应税船舶负责人缴纳船舶吨税或者提供担保后，海关按照其申领的执照期限填发船舶吨税执照。

应税船舶在船舶吨税执照期限内，因税目税率调整或者船籍改变导致适用税率变化的，船舶吨税执照继续有效。应税船舶在离开港口办理出境手续时，应当交验船舶吨税执照。

船舶吨税以人民币为计算本位币，以外汇结算的，应按照纳税义务发生之日中国人民银行公布的人民币市场汇率中间价折合人民币计算缴纳。

例4-6

6月10日，B国某运输公司一艘货轮驶入我国某港口，该货轮净吨位为40 000吨，货轮负责人向我国海关领取了船舶吨税执照，在港口停留期限为90天。B国与我国签订含有相互给予船舶税费最惠国待遇条款的条约。计算该货轮负责人应向我国海关缴纳的船舶吨税。（优惠吨税率为：500吨及以下，2.25元/吨；501～1 500吨，3.30元/吨；1 501～3 000吨，4.95元/吨；3 001～10 000吨，5.85元/吨；10 001吨以上，6.60元/吨。）

应纳船舶吨税＝40 000×6.60＝264 000(元)

4.7.4 征收管理

（1）船舶吨税由海关负责征收。海关征收船舶吨税应当制发缴款凭证。

（2）船舶吨税纳税义务发生时间为应税船舶进入港口的当日。

（3）应税船舶在船舶吨税执照期满后尚未离开港口的，应当申领新的吨税执照，自上一次执照期满的次日起续缴吨税。

（4）应税船舶负责人应当自海关填发船舶吨税缴款凭证之日起15日内缴清税款。未按期缴清税款的，自滞纳税款之日起，按日加收滞纳税款万分之五的滞纳金。

（5）应税船舶到达港口前，经海关核准先行申报并办结出入境手续的，应税船舶负责人应当向海关提供与其依法履行船舶吨税缴纳义务相适应的担保；应税船舶到达港口后，向海关申报纳税。

下列财产、权利可以用于担保：

1）人民币、可自由兑换货币。

2）汇票、本票、支票、债券、存单。

3）银行、非银行金融机构的保函。

4）海关依法认可的其他财产、权利。

（6）应税船舶在船舶吨税执照期限内，因修理、改造导致净吨位变化的，船舶吨税执照继续有效。

船舶办理出入境手续时，应当提供船舶经过修理的证明文件。因船籍改变导致适用税率变化的，应税船舶在办理出入境手续时，应当提供船籍的证明文件。

（7）船舶吨税执照在期满前毁损或者遗失的，应当向原发照海关书面申请核发船舶吨税执照副本，不再补税。

（8）海关发现少征或者漏征税款的，应当自应税船舶应当缴纳税款之日起1年内补征税款。因应税船舶违反规定造成少征或者漏征税款的，海关可以自应当缴纳税款之日起3年内追征税款，并自应当缴纳税款之日起按日加征少征或者漏征税款万分之五的滞纳金。

海关发现多征税款的，应当在24小时内通知应税船舶办理退还手续，并加算银行同期活期存款利息。

应税船舶发现多缴税款的，可以自缴纳税款之日起3年内以书面形式要求海关退还多缴的税款并加算银行同期活期存款利息；海关应当自受理退税申请之日起30日内查实并通知应税船舶办理退还手续。

应税船舶应当自收到退税通知之日起3个月内办理有关退还手续。

（9）应税船舶有下列行为之一的，由海关责令限期改正，处2 000元以上3万元以下罚款：1）未按照规定申报纳税、领取船舶吨税执照的；2）未按照规定交验船舶吨税执照或者申请核验吨税执照电子信息及其他证明文件的。不缴或者少缴应纳税款的，处不缴或者少缴税款50%以上5倍以下的罚款，但罚款不得低于2 000元。

思考与练习

一、思考题

1. 什么是关税？关税有哪些特点？
2. 我国关税的原产地规则采用哪些标准？
3. 一般进口货物的完税价格如何确定？
4. 关税的减免税有几种类型？
5. 关税的退税、补征和追征分别适用何种情况？

二、单项选择题

1. 关于关税的特点，下列说法中正确的是（　　）。

A. 关税是多环节征税

B. 关税的征税对象是进出境的货物和物品

C. 关税只对进口货物和物品征收

D. 关税主要是对出口货物征收

2. 下列各项中符合关税有关规定的是（　　）。

A. 进口货物由于完税价格审定需要补税的，按照原进口之日的税率计税

B. 溢卸进口货物事后确定需要补税的，按照确定补税当天实施的税率计税

C. 暂时进口货物转为正式进口需要补税的，按照原报关进口之日的税率计税

D. 进口货物由于税则归类改变需要补税的，按照原征税日期实施的税率计税

3. 关税税率随进口商品价格由高到低而由低到高设置，这种计征关税的方法称为（　　）。

A. 滑准税　　B. 复合税　　C. 选择税　　D. 附加税

4. 下列各项中应计入出口货物完税价格的是（　　）。

A. 出口关税税额

B. 单独列明的支付给境外的佣金

C. 货物在我国境内输出地点装载后的运输费用

D. 货物运至我国境内输出地点装载前的保险费

5. 某企业通过海运进口一批货物，海关审定货价折合人民币 5 000 万元，运抵境内输入点起卸前的运费折合人民币 20 万元，保险费无法查明，该批货物进口关税税率为 5%，则该企业应纳关税（　　）万元。

A. 250　　B. 251　　C. 251.75　　D. 260

三、多项选择题

1. 关于关税，下列说法中正确的有（　　）。

A. 关税对有形的货物征收，对无形的货物不征收

B. 关税是单一环节的价外税，海关代征增值税的税基不包括关税

C. 关税对进出境的货物征收，对在境内流通的货物不征收

D. 关税具有较强的涉外性

2. 关税的纳税人有（　　）。

A. 进口货物的收货人　　B. 出口货物的发货人

C. 进出境物品的所有人　　D. 进口货物的发货人

3. 进口货物的成交价格不符合规定条件的，或者成交价格不能确定的，在客观上无法采用货物的实际成交价格时，海关了解有关情况并与纳税人进行价格磋商后，可据以估定该货物的完税价格的有（　　）。

A. 相同货物的成交价格　　B. 类似货物的成交价格

C. 计算估价方法　　D. 合理估价方法

4. 按照关税的有关规定，进出口货物的纳税人可以自缴纳税款之日起1年内书面声明理由，申请退还关税。下列各项中，经海关确定可申请退税的有（　　）。

A. 因海关误征多缴纳税款的

B. 海关核准免验进口的货物在完税后发现有短缺的

C. 已征收出口关税的货物因故未装运出口的

D. 已征收出口关税的货物因故发生退货的

5. 下列货物属于特定减免税的有（　　）。

A. 国内不能生产的残疾人专用品

B. 境外某组织向我国红十字会捐赠的用于扶贫的物资

C. 加工装配和补偿贸易

D. 无商业价值的广告品和货样

四、计算题

1. 某烟酒公司6月进口卷烟30箱（标准箱，下同），每箱合同价格1 000美元，支付境外采购代理商买方佣金40美元/箱，运费110美元/箱，保险费100美元/箱。关税税率为20%，美元与人民币的外汇折算率为1∶6.3。计算该公司进口环节应缴纳的税额。

2. 某企业6月将以前进口的设备运往境外修理，设备进口时成交价格58万元，发生境外运输费和保险费共计6万元；在海关规定的期限内复运进境，进境时同类设备价格65万元。发生境外修理费8万元，料件费9万元，境外运输费和保险费共计3万元，进口时关税税率为20%。计算该企业6月发生的上述业务应缴纳的进口环节税额。

3. 某企业5月将一台账面余值55万元的进口设备运往境外修理，当月在海关规定的期限内复运进境。经海关审定的境外修理费4万元、料件费6万元。假定该设备的进口关税税率为30%。计算该企业应缴纳的关税。

4. 某公司进口一批货物，海关于3月1日填发税款缴款书，但公司迟至3月27日才缴纳500万元的关税。计算海关应征收的关税滞纳金。

第5章

城市维护建设税和教育费附加

学习目标

1. 掌握城市维护建设税和教育费附加的计税依据、征税范围、税率的规定和计算。

2. 理解城市维护建设税的特点和教育费附加的减免规定。

3. 了解城市维护建设税的纳税人，以及征收城市维护建设税和教育费附加的意义。

5.1 城市维护建设税

5.1.1 城市维护建设税概述

1. 城市维护建设税的概念

城市维护建设税是对缴纳增值税、消费税（以下简称两税）的纳税人，以其实际缴纳的两税税额为计税依据征收的一种附加税。

改革开放以后，我国加快了城市建设和发展的步伐，但是资金不足的问题依然存在。为了筹措城市建设的资金，1979年国家开始在部分大中城市试行从上年工商利润中提取5%的办法，但是未能从根本上解决问题。1985年2月8日由国务院发布，并于1985年度开始施行的《中华人民共和国城市维护建设税暂行条例》，扩大和稳定了城市建设和发展的专项资金来源。近年来随着我国立法进程的加快，《中华人民共和国城市维护建设税法》于2020年8月11日由第十三届全国人民代表大会常务委员会第二十一次会议通过，并自2021年9月1日起实施。城市维护建设税属于特定目的税。

2. 城市维护建设税的特点

（1）具有附加税的性质。城市维护建设税与其他税种不同，没有特定、独立的征税对象，而是以纳税人实际缴纳的增值税、消费税税额为计税依据，随两税同时征收，本质上属于一种附加税。

（2）税款专款专用。城市维护建设税专门用来保证城市的公用事业及公共设施的维护和建设，具有专款专用的性质。

（3）根据城镇建设规模实行地区差别比例税率。城市维护建设税按照纳税人所在城镇的规模设计不同的地区差别比例税率，以满足不同地区对城市维护和建设资金的需要。

3. 征收城市维护建设税的意义

（1）有利于为城市维护和建设提供稳定的资金来源。在现代社会中，城市是社会政治、经济、科技、文化的中心，对国民经济和社会发展具有明显的带动作用。以纳税人实际缴纳的增值税、消费税税额为计税依据，使城市维护建设税具有可靠、稳定的收入来源。同时，作为其计税依据的增值税、消费税税额会随着经济的发展不断增加，这也保证了城市维护建设税的稳定增长。

（2）有利于调动地方政府加强城市维护建设的积极性。城市维护建设税属于地方税，开征城市维护建设税是扩大地方财政收入、调动地方政府加强城市维护建设的积极性的重要手段，为充实和完善地方税体系、更好地实施分税制奠定了基础。

5.1.2 城市维护建设税的课征制度

1. 征税范围

城市维护建设税的征税范围比较广，具体包括城市市区、县城、建制镇，以及税法规定征收两税的其他地区。城市、县城、建制镇的范围应以行政区划为标准，不能随意扩大或缩小各自行政区域的管辖范围。

2. 纳税人

城市维护建设税的纳税人是指在征税范围内从事工商经营，并缴纳两税的单位和个人，包括国有企业、集体企业、私营企业、股份制企业、其他企业和行政单位、事业单位、军事单位、社会团体、其他单位，以及个体工商业户和其他个人。自2010年12月1日起，对外商投资企业、外国企业及外籍个人也征收城市维护建设税。

对进口货物或者境外单位和个人向境内销售劳务、服务或无形资产缴纳的增值税及消费税税额不征收城市维护建设税，即境内纳税人不再需要为进口劳务、服务和无形资产代扣代缴城市维护建设税。

增值税、消费税的代扣代缴、代收代缴人同时也是城市维护建设税的代扣代缴、代收代缴人。在扣缴增值税、消费税的同时扣缴城市维护建设税。

3. 税率

城市维护建设税实行地区差别比例税率。按照纳税人所在地的不同，税率分为7%，5%，1%三个档次。具体适用范围如下：

（1）纳税人所在地为市区的，税率为7%。

（2）纳税人所在地为县城、镇的，税率为5%。

（3）纳税人所在地不在市区、县城或者镇的，税率为1%。

城市维护建设税的适用税率，应当按纳税人所在地的规定税率执行，下列情况除外：

(1) 由受托方代扣代缴、代收代缴两税的单位和个人，其代扣代缴、代收代缴的城市维护建设税按受托方所在地适用税率执行。

(2) 流动经营等无固定纳税地点的单位和个人，在经营地缴纳两税的，其城市维护建设税按经营地适用税率执行。

4. 计税依据

城市维护建设税的计税依据是纳税人实际缴纳的增值税和消费税两税税额。纳税人实际缴纳的增值税税额，是指纳税人依照增值税相关法律法规和税收政策规定计算应当缴纳的增值税税额，加上增值税免抵税额，扣除直接减免的增值税税额和期末留抵退税退还的增值税税额（以下简称留抵退税额）后的金额。也就是其计税依据应当按照规定扣除期末留抵退税退还的增值税税额。出口服务的免抵税额应当计征城市维护建设税。依法实际缴纳的消费税税额，是指纳税人依照消费税相关法律法规和税收政策规定计算应当缴纳的消费税税额，扣除直接减免的消费税税额后的金额。

应当缴纳的两税税额，不含因进口货物或境外单位和个人向境内销售劳务、服务、无形资产缴纳的两税税额。

特别提示

纳税人自收到留抵退税额之日起，应当在下一个纳税申报期从城市维护建设税计税依据中扣除。留抵退税额仅允许在按照增值税一般计税方法确定的城市维护建设税计税依据中扣除。当期未扣除完的余额，在以后纳税申报期按规定继续扣除。对于增值税小规模纳税人更正、查补此前按照一般计税方法确定的城市维护建设税计税依据，允许扣除尚未扣除完的留抵退税额。

纳税人违反两税税法而加收的滞纳金和罚款，不是城市维护建设税的计税依据，但纳税人在被查补两税和处以罚款时，应同时对其偷逃的城市维护建设税进行补缴，并缴纳滞纳金和罚款。

特别提示

城市维护建设税以两税税额为计税依据并同时征收，如果免征或者减征两税，也要同时免征或者减征城市维护建设税。对出口产品退还增值税、消费税的，不退还已缴纳的城市维护建设税。因纳税人多缴发生的两税退税，同时退还已缴纳的城市维护建设税。

5. 税收优惠

城市维护建设税原则上不单独减免，因为它以两税税额为计税依据，并与两税同时征收，当主税发生减免时，相应也减免了城市维护建设税。城市维护建设税的税收减免规定如下：

(1) 海关对进口产品代征的增值税、消费税，不征收城市维护建设税。

（2）对于因减免税而需进行两税退库的，城市维护建设税也可同时退库。

（3）对两税实行先征后返、先征后退、即征即退办法的，除另有规定外，对随两税附征的城市维护建设税，一律不退（返）还。

（4）为支持国家重大水利工程建设，对国家重大水利工程建设基金免征城市维护建设税。

（5）重点群体创业就业可以减征和免征城市维护建设税。上述人员从事个体经营的，自办理个体工商户登记当月起，在3年（36个月，下同）内按每户每年12 000元为限额依次扣减其当年实际应缴纳的增值税、城市维护建设税、教育费附加、地方教育附加和个人所得税。限额标准最高可上浮20%，各省、自治区、直辖市人民政府可根据本地区实际情况在此幅度内确定具体限额标准。

纳税人年度应缴纳税款小于上述扣减限额的，减免税额以其实际缴纳的税款为限；大于上述扣减限额的，以上述扣减限额为限。重点群体指：纳入全国扶贫开发信息系统的建档立卡贫困人口；在人力资源和社会保障部门公共就业服务机构登记失业半年以上的人员；零就业家庭、享受城市居民最低生活保障家庭劳动年龄内的登记失业人员；毕业年度内高校毕业生。

5.1.3 应纳税额的计算

应纳税额＝纳税人实际缴纳的增值税、消费税税额×适用税率

例5-1

某市区一家企业3月实际缴纳增值税30万元，缴纳消费税30万元。计算该企业应缴纳的城市维护建设税。

应纳税额＝(30＋30)×7%＝4.2(万元)

例5-2

某市区一家企业2月应缴纳增值税123万元，其中因符合有关政策规定而被退库6万元；缴纳消费税42万元，因故被加收滞纳金0.25万元。计算该企业应缴纳的城市维护建设税。

应纳税额＝(123－6＋42)×7%＝11.13(万元)

5.1.4 征收管理

城市维护建设税的征收环节、纳税地点和纳税期限，原则上比照增值税、消费税的有关规定，但对一些特殊情况的纳税地点做了特殊规定。

（1）纳税人直接缴纳两税的，在缴纳两税地缴纳城市维护建设税。

（2）代征、代扣、代缴增值税、消费税的单位和个人，同时也要代征、代扣、代缴城市维护建设税。没有代扣城市维护建设税的，应由纳税人回到其所在地申报纳税。

（3）中国人民银行、各专业银行和保险公司应缴纳的城市维护建设税，均由取得业务收入的核算单位在当地缴纳。

（4）纳税人异地预缴增值税涉及的城市维护建设税和教育费附加的规定如下：

1）纳税人跨地区提供建筑服务、销售和出租不动产的，应在建筑服务发生地、不

动产所在地预缴增值税时，以预缴增值税税额为计税依据，并按预缴增值税所在地的城市维护建设税适用税率和教育费附加征收率就地计算缴纳城市维护建设税和教育费附加。

2）预缴增值税的纳税人在其机构所在地申报缴纳增值税时，以其实际缴纳的增值税税额为计税依据，并按机构所在地的城市维护建设税适用税率和教育费附加征收率就地计算缴纳城市维护建设税和教育费附加。

5.2　教育费附加

5.2.1　教育费附加的概念

教育费附加是以单位和个人缴纳的增值税、消费税税额为计税依据征收的一种附加费。教育费附加是为加快地方教育事业、扩大地方教育经费的资金来源而征收的一项专用资金。教育费附加名义上是一种专项资金，但实质上具有税的性质。

1984 年国务院颁布《国务院关于筹措农村学校办学经费的通知》，开征农村教育事业经费附加。1985 年中共中央颁发《中共中央关于教育体制改革的决定》，指出必须在国家增拨教育基本建设投资和教育经费的同时，充分调动企事业单位和其他各种社会力量办学的积极性，开辟多种渠道筹措经费。为此，国务院于 1986 年 4 月 28 日颁布《征收教育费附加的暂行规定》，决定从同年 7 月 1 日开始在全国范围内征收教育费附加。

5.2.2　教育费附加的课征制度

1. 征收范围及计征依据

教育费附加对缴纳增值税、消费税的单位和个人征收，以其实际缴纳的增值税、消费税税额为计征依据，与增值税、消费税同时征收。自 2010 年 12 月 1 日起，对外商投资企业、外国企业及外籍个人征收教育费附加。

2. 计征比率

教育费附加计征比率随着经济发展、教育投入的需求而变化。1986 年开征时，征收比率为 1%；1990 年 5 月发布的《国务院关于修改〈征收教育费附加的暂行规定〉的决定》规定比率为 2%；而到了 1994 年，这一比率提高到 3%并一直使用到现在。

3. 税收优惠

（1）对海关进口的产品征收的增值税、消费税，不征收教育费附加。

（2）对由于减免增值税、消费税而发生退税的，可同时退还已征收的教育费附加，但对出口产品退还增值税、消费税的，不退还已征收的教育费附加。

（3）对国家重大水利建设工程建设基金免征教育费附加。

（4）重点群体创业就业可以减征和免征教育费附加。

5.2.3 教育费附加的计算

应纳教育费附加＝实际缴纳的增值税、消费税税额×征收比率

例5-3

某市区一家企业3月份实际缴纳增值税20万元，缴纳消费税30万元。计算该企业应缴纳的教育费附加。

应纳教育费附加＝(20＋30)×3％＝1.5(万元)

5.2.4 地方教育附加

为贯彻落实《国家中长期教育改革和发展规划纲要（2010—2020年）》，财政部下发了《关于统一地方教育附加政策有关问题的通知》（财综〔2010〕98号），要求统一开征地方教育附加。地方教育附加是指各省、自治区、直辖市根据国家的有关规定，为实施“科教兴省”战略，增加地方教育的资金投入，促进教育事业发展，开征的一项地方政府性基金。其由税务机关负责征收，同级教育部门安排，同级财政部门监督管理，主要用于各地方教育经费的投入补充。

地方教育附加，以单位和个人实际缴纳的增值税、消费税的税额为计税依据，与增值税、消费税同时计算征收。地方教育附加的征收率为2％。计算公式为：

地方教育附加＝(增值税＋消费税)×2％

思考与练习

一、思考题

1. 城市维护建设税有哪些特点？征收的意义是什么？
2. 城市维护建设税和教育费附加的纳税人是如何规定的？
3. 城市维护建设税和教育费附加有哪些主要的减免税规定？
4. 城市维护建设税和教育费附加与增值税、消费税有什么关系？

二、单项选择题

1. 下列关于教育费附加的说法中，正确的是（　　）。

A. 某公司应缴纳增值税30万元，实际缴纳增值税20万元，该公司应以30万元为计税依据缴纳教育费附加

B. 张某下岗失业后开了一家小吃店，2012年8月领取税务登记证，自2013年8月起缴纳教育费附加

C. 某公司进口铁矿石缴纳增值税80万元，应同时按3％缴纳教育费附加

D. 某公司出口电视机已退增值税60万元，但已缴纳的教育费附加不予退还

2. 下列关于教育费附加减免的说法中，正确的是（　　）。

A. 在对进口产品征收增值税的同时征收教育费附加

B. 在对出口产品退还增值税的同时退还教育费附加

C. 下岗职工从事个体餐饮，自取得“三证合一”证书之日起 3 年内免征教育费附加

D. 企业减免增值税 1 年后才能减免教育费附加

3. 纳税人所在地为城市市区的，城市维护建设税的税率为（　　）。

A. 7%　　B. 5%　　C. 3%　　D. 1%

4. 城市维护建设税的计税依据是（　　）。

A. 应缴纳的增值税、消费税税额之和

B. 发生的增值税、消费税税额之和

C. 实际缴纳的增值税、消费税税额之和

D. 实际缴纳的增值税、消费税税额与加收的滞纳金之和

5. 现行教育费附加的征收率是（　　）。

A. 5%　　B. 3%　　C. 2%　　D. 1%

三、多项选择题

1. 下列关于城市维护建设税减免税优惠政策的说法中，正确的有（　　）。

A. 某企业出口服装已退增值税后，不应退还城市维护建设税

B. 某人下岗失业后从事个体餐饮服务，当年可免征城市维护建设税

C. 某企业进口小汽车，海关征收了增值税和消费税，应同时征收城市维护建设税

D. 某市外商投资企业生产销售货物并缴纳了增值税，无须缴纳城市维护建设税

2. 城市维护建设税属于（　　）。

A. 财产税　　B. 附加税　　C. 受益税　　D. 行为税

3. 下列关于城市维护建设税的纳税地点的表述中，正确的有（　　）。

A. 代征、代扣、代缴增值税、消费税的，在扣缴义务人所在地缴纳

B. 代扣代缴单位没有代扣代缴城市维护建设税的，纳税人应回其所在地缴纳

C. 铁路系统由铁道部集中向财政部缴纳

D. 银行系统由各银行总行向财政部集中缴纳

4. 下列各项中符合城市维护建设税计税依据规定的有（　　）。

A. 偷逃增值税而被查补的税款　　B. 偷逃消费税而被加收的滞纳金

C. 出口货物抵免的增值税税额　　D. 对出口产品征收的消费税税额

5. 下列情况中可以单独免征城市维护建设税的有（　　）。

A. 下岗职工开办美发厅

B. 保险公司开办 1 年期以上人身保险

C. 海关对进口产品代征增值税、消费税的

D. 中国人民银行依法决定撤销的金融机构用其财产清偿债务时，转让货物、不动产、无形资产、有价证券、票据

四、计算题

1. 地处市区的某企业 3 月实际缴纳增值税、消费税共计 50 万元，其中，该企业开设的零售商店缴纳增值税 7 万元，当年该商店新招用下岗失业人员达到职工总数的 30%，并与其签订 1 年以上期限劳动合同，经劳动保障部门认定、税务机关审核，允

许其3年内免缴城市维护建设税、教育费附加和地方教育附加。计算该企业应缴纳的城市维护建设税、教育费附加和地方教育附加。

2. 地处市区的某企业为增值税一般纳税人，主要从事货物的生产与销售业务。8月按规定缴纳增值税100万元，同时补缴上一年度的增值税10万元及相应的滞纳金1.595万元、罚款20万元。计算该企业当月应缴纳的城市维护建设税。

3. 某旅游开发公司总公司在市区，分公司在县城。3月总公司自营业务应缴纳增值税12万元；分公司取得旅游景点门票收入2万元，歌舞厅收入25万元。计算当月该旅游开发公司应缴纳的城市维护建设税。

第6章

企业所得税

学习目标

1. 掌握企业所得税的纳税人、征税对象、税率、应纳税所得额及应纳税额的计算方法。

2. 理解企业所得税的税收优惠政策、资产的税务处理及税前扣除项目。

3. 了解企业所得税的特别纳税调整、汇算清缴和源泉扣缴等征收管理方法。

6.1 企业所得税概述

企业所得税是国家对企业或公司在一定时期内的生产经营收入减去必要的成本费用后的余额，即纯收入征收的一种直接税。有的国家（地区）称其为公司所得税或法人所得税。它是国家参与企业利润分配、调节企业收益水平、正确处理国家与企业分配关系的一个重要税种。目前世界上有200多个国家和地区开征了此税。

6.1.1 我国企业所得税的历史沿革

我国目前实行的企业所得税制度是自2008年开始实施的内外资企业统一适用的企业所得税制度。在1983年以前，我国国营企业实现的利润一直实行利润上缴制度，不征收企业所得税。1984—1993年，我国对国营企业进行了两步“利改税”改革，对国营企业应当上缴的利润改为征收企业所得税。1993年12月，我国将国营企业所得税、集体企业所得税、私营企业所得税合并为一种企业所得税，统一适用于内资企业。外资企业自1991年7月起适用《中华人民共和国外商投资企业和外国企业所得税法》。很长一段时期内，我国对内外资企业实行不同的所得税制度。

2007年3月16日，我国颁布《中华人民共和国企业所得税法》（以下简称《企业所得税法》）并自2008年1月1日起施行。《企业所得税法》及随后颁布的《中华人民共和国企业所得税法实施条例》（以下简称《企业所得税法实施条例》）结束了我国内外资企业所得税“内外有别”的历史。

6.1.2 企业所得税的特点

1. 以净所得额为计税依据，计算较为复杂

企业所得税的计税依据是纳税人的收入总额扣除各项成本、费用、税金、损失等支出后的净所得额，它既不等于企业实现的会计利润额，也不是企业的增值额，更非销售额或营业额。因此，企业所得税的计算与商品和劳务税相比更为复杂，涉及纳税人经济活动的各个方面，能够促使纳税人建立健全会计和经营管理制度，同时对税务机关的征收管理能力提出了更高的要求。

2. 以量能负担为征税原则

企业所得税以纳税人的生产、经营所得和其他所得为计税依据，贯彻了量能负担的原则，即所得多、负担能力大的多纳税，所得少、负担能力小的少纳税，无所得、没有负担能力的不纳税。这种将税收负担和纳税人所得联系起来的制度安排，体现了公平税负的课税原则。

3. 属于直接税，纳税人与负税人一致

企业所得税属于终端税种，纳税人缴纳的所得税一般不易转嫁，而是由纳税人自己负担，它是一种直接税，有利于发挥税收的调节作用。

4. 实行按年计征、分期预缴的征收管理办法

企业所得税以年度利润总额经过纳税调整得到的应纳税所得额作为计税依据。会计分期及财务报告对企业所得税具有重要影响，企业所得税以全年的应纳税所得额作为计税依据，分月或分季预缴，年终汇算清缴。

6.2 纳税人、征税对象与税率

企业所得税是对我国境内的企业和其他取得收入的组织的生产、经营所得和其他所得征收的一种税。

6.2.1 企业所得税的纳税人

企业所得税的纳税人是指在中国境内的企业和其他取得收入的组织。《企业所得税法》第一条规定，个人独资企业、合伙企业不适用本法。原因在于企业所得税的纳税人是法人，而个人独资企业、合伙企业不具有法人资格。根据国际通行的做法，我国对企业所得税纳税人的规定采用地域税收管辖权和居民税收管辖权双重管辖权标准，将纳税人分为居民企业和非居民企业。

1. 居民企业

居民企业是指依法在中国境内成立，或者依照外国（地区）法律成立但实际管理机构在中国境内的企业。具体包括：

（1）依照中国法律法规在中国境内成立的企业。这里的企业是指国有、集体、私营、联营、股份制企业，外商投资企业，外国企业以及有生产经营所得和其他所得的其他组织。这里的其他组织是指经国家有关部门批准，依法注册、登记的事业单位、社会团体等组织。

（2）依照外国（地区）法律成立但实际管理机构在中国境内的企业。这里的企业是指在其他国家和地区注册，但实际管理机构在我国境内的企业。这里的实际管理机构是指对企业的生产经营、人员、账务、财产等实施实质性全面管理和控制的机构。

2. 非居民企业

非居民企业具体包括：

（1）依照外国（地区）法律法规成立且实际管理机构不在中国境内，但在中国境内设立机构、场所的企业。

（2）在中国境内未设立机构、场所，但有来源于中国境内所得的企业。

所称机构、场所包括：

1）管理机构、营业机构、办事机构。

2）工厂、农场、开采自然资源的场所。

3）提供劳务的场所。

4）从事建筑、安装、装配、修理、勘探等工程作业的场所。

5）其他从事生产经营活动的机构、场所。

非居民企业委托营业代理人在中国境内从事生产经营活动的，包括委托单位或个人经常代其签订合同，或者储存货物、交付货物等，该营业代理人视为非居民企业在中国境内设立的机构、场所。

非居民企业在中国境内未设立机构、场所的，或者虽设立机构、场所但取得的所得与其所设机构、场所没有实际联系的，其来源于中国境内的所得应缴纳的所得税实行源泉扣缴，以支付人为扣缴义务人。

6.2.2 企业所得税的征税对象

1. 居民企业的征税对象

居民企业承担全面（无限）纳税义务。居民企业应当就其来源于中国境内、境外的所得缴纳企业所得税，包括销售货物所得、提供劳务所得、转让财产所得、股息和红利等权益性投资所得、利息所得、租金所得、特许权使用费所得、接受捐赠所得和其他所得。企业清算所得也应作为征税对象。

2. 非居民企业的征税对象

非居民企业承担片面（有限）纳税义务。非居民企业在中国境内设立机构、场所的，应当就其所设机构、场所取得的来源于中国境内的所得，以及发生在中国境外但与其所设机构、场所有实际联系的所得缴纳企业所得税。

非居民企业在中国境内未设立机构、场所的，或者虽设立机构、场所但取得的所得与其所设机构、场所没有实际联系的，应当就其来源于中国境内的所得缴纳企业所得税。其中，实际联系是指非居民企业在中国境内设立的机构、场所拥有据以取得所得的股权、债权，以及拥有、管理、控制据以取得所得的财产等。

3. 所得来源的确定

（1）销售货物所得。销售货物所得按照交易活动发生地确定。

（2）提供劳务所得。提供劳务所得按照劳务发生地确定。

（3）转让财产所得。不动产转让所得按照不动产所在地确定；动产转让所得按照转让动产的企业或者机构、场所所在地确定；权益性投资资产转让所得按照被投资企业所在地确定。

（4）权益性投资所得。股息、红利等权益性投资所得按照分配所得的企业所在地确定。

（5）利息、租金、特许权使用费所得。该类所得按照负担、支付所得的企业或者机构、场所所在地确定，或者按照负担、支付所得的个人住所地确定。

（6）其他所得。其他所得来源地由国务院财政、税务主管部门确定。

6.2.3 企业所得税的税率

企业所得税实行比例税率。

1. 基本税率

居民企业和在境内设有机构、场所且所得与该机构、场所有实际联系的非居民企业，适用税率为25%；在中国境内未设立机构、场所，或者虽设立机构、场所但取得的所得与其所设机构、场所没有实际联系的非居民企业，适用税率为20%。

2. 优惠税率

（1）符合条件的小型微利企业，减按20%的税率缴纳企业所得税。自2021年1月1日至2022年12月31日，对小型微利企业应纳税所得额不超过100万元（含100万元）的部分，减按12.5%计入应纳税所得额；应纳税所得额超过100万元、不超过300万元（含300万元）的部分，减按25%计入应纳税所得额。

小型微利企业无论按查账征收方式或核定征收方式缴纳企业所得税，均可享受上述优惠政策。上述小型微利企业是指从事国家非限制和禁止行业，且同时符合年度应纳税所得额不超过300万元、从业人数不超过300人、资产总额不超过5 000万元等三个条件的企业。

从业人数和资产总额应按当年的季度平均值确定，计算公式如下：

$$季度平均值=(季初值+季末值)\div 2$$

$$全年季度平均值=\sum 季度平均值\div 4$$

需要说明的是，小型微利企业的认定标准及优惠措施仅适用于居民企业，非居民企业不能认定为小型微利企业。

（2）国家需要重点扶持的高新技术企业。国家需要重点扶持的高新技术企业，减按15%的税率缴纳企业所得税。

（3）技术先进型服务企业。自2017年1月1日起，在全国范围内对经认定的技术先进型服务企业，减按15%的税率征收企业所得税。

（4）对符合条件的从事污染防治的第三方企业，减按15%的税率征收企业所得税。第三方防治企业是指受排污企业或政府委托，负责环境污染治理设施（包括自动连续监测设施）运营维护的居民企业。

特别提示

国家需要重点扶持的高新技术企业与技术先进型服务企业的认定由科技部门会同财政、税务部门确定，在产品（服务）所属范围、科技人员占企业当年职工总数的比重、高新技术产品（服务）收入占企业全年总收入的比重等方面均有严格的要求。

6.3 应纳税所得额的计算

应纳税所得额是企业所得税的计税依据。它是企业每一个纳税年度的收入总额减除不征税收入、免税收入、各个扣除项目金额以及允许弥补的以前年度亏损后的余额。其计算公式为：

应纳税所得额＝收入总额－不征税收入－免税收入－各项扣除－以前年度亏损

6.3.1 收入总额

1. 一般应税收入的确定

企业应税收入总额是指纳税人在一个纳税年度内，以货币形式和非货币形式从各种来源取得的收入总额。其中，企业取得收入的货币形式包括现金、存款、应收账款、应收票据、准备持有至到期的债券投资以及债务的豁免等。企业取得收入的非货币形式包括固定资产、生物资产、无形资产、股权投资、存货、不准备持有至到期的债券投资、劳务以及有关权益等。企业以非货币形式取得的收入应当按照公允价值确定收入额。具体收入项目如下：

（1）销售货物收入。指企业销售商品、产品、原材料、包装物、低值易耗品以及其他存货取得的收入。

（2）提供劳务收入。指企业从事建筑安装、修理修配、交通运输、仓储租赁、金融保险、邮电通信、咨询经纪、文化体育、科学研究、技术服务、教育培训、餐饮住宿、中介代理、卫生保健、社区服务、旅游、娱乐、加工以及其他劳务服务活动取得的收入。

（3）转让财产收入。指企业转让固定资产、生物资产、无形资产、股权、债权等财产取得的收入。

（4）股息、红利等权益性投资收益。指企业因权益性投资从被投资方取得的收入。除国务院财政、税务主管部门另有规定外，股息、红利等权益性投资收益按照被投资方做出利润分配决定的日期确认收入的实现。

（5）利息收入。指企业将资金提供给他人使用但不构成权益性投资，或者因他人占用本企业资金取得的收入，包括存款利息、贷款利息、债券利息、欠款利息等收入。利息收入按照合同约定的债务人应付利息的日期确认收入的实现。

（6）租金收入。指企业提供固定资产、包装物或者其他有形资产的使用权取得的收入。租金收入按照合同约定的承租人应付租金的日期确认收入的实现。

（7）特许权使用费收入。指企业提供专利权、非专利技术、商标权、著作权以及其他特许权的使用权取得的收入。特许权使用费收入按照合同约定的特许权使用人应付特许权使用费的日期确认收入的实现。

（8）接受捐赠收入。指企业接受的其他企业、组织或者个人无偿给予的货币性资产、非货币性资产。接受捐赠收入按照实际收到捐赠资产的日期确认收入的实现。

（9）其他收入。指企业取得的除上述八项规定收入外的其他收入，包括企业资产溢余收入、逾期未退包装物押金收入、确实无法偿付的应付款项、已做坏账损失处理后又收回的应收款项、债务重组收入、补贴收入、违约金收入、汇兑收益等。

2. 特别应税收入的确定

（1）分期收款销售收入。以分期收款方式销售货物的，按照合同约定的收款日期确认收入的实现。

（2）大型设备加工收入。企业受托加工制造大型机械设备、船舶、飞机，以及从事建筑、安装、装配工程业务或者提供其他劳务等，持续时间超过12个月的，按照纳税年度内完工进度或者完成的工作量确认收入的实现。

（3）产品分成收入。企业采取产品分成方式取得收入的，按照企业分得产品的日期确认收入的实现，其收入额按照产品的公允价值确定。

（4）视同销售收入。企业发生非货币性资产交换，以及将货物、财产、劳务用于捐赠、偿债、赞助、集资、广告、样品、职工福利或者利润分配等用途的，应当视同销售货物、转让财产或者提供劳务，但国务院财政、税务主管部门另有规定的除外。

居民企业以非货币性资产对其他居民企业（含新设及现存居民企业）投资，应对非货币性资产进行评估，按评估后的公允价值扣除计税基础后的余额计算确认非货币性资产转让所得，并可在不超过5年期限内，分期均匀计入相应年度的应纳税所得额。其中，居民企业以非货币性资产对外投资而取得被投资企业的股权，应以非货币性资产的原计税成本为计税基础，加上每年确认的非货币性资产转让所得，逐年进行调整；被投资企业取得非货币性资产的计税基础，应按非货币性资产的公允价值确定。企业在对外投资5年内转让上述股权或投资收回的，应停止执行递延纳税政策，并就递延期内尚未确认的非货币性资产转让所得，在转让股权或投资收回当年的企业所得税年度汇算清缴时，一次性计算缴纳企业所得税。

例如，A居民企业以其持有的无形资产对B居民企业进行投资，并取得B企业的股权，若该无形资产的账面价值为100万元，资产评估机构评估的价值为200万元，不考虑其他税费，则全部非货币性资产转让所得为100万元（200－100），均匀分摊到5年中，每年的应纳税所得额为20万元，A企业取得股权的计税基础进行调整后，每年计税基础分别为120万元、140万元、160万元、180万元、200万元。B企业取得无形资产的计税基础应按照200万元的公允价值确定。如果A企业在对外投资的第3年转让拥有的B企业股权，则应在第3年所得税汇算清缴时调增应纳税所得额60万元。

如果企业投资的非货币性资产为技术成果（包括专利技术和非专利技术），被投资企业为境内居民企业，支付的对价全部为股票（或股权），按照《财政部 国家税务总局关于完善股权激励和技术入股有关所得税政策的通知》（财税〔2016〕101号）的规定，可以选择递延至被投资企业转让股权时，按股权转让收入减去技术成果原值和合理税费后的差额计算缴纳企业所得税。

3. 处置资产收入的确认

（1）企业发生下列情形的处置资产，除将资产转移至境外以外，由于资产所有权属在形式上和实质上均不发生改变，可作为内部处置资产，不视同销售确认收入，相关资产的计税基础延续计算。

1）将资产用于生产、制造、加工另一产品。

2）改变资产形状、结构或性能。

3）改变资产用途（如自建商品房转为自用或经营）。

4）将资产在总机构及其分支机构之间转移。

5）上述两种或两种以上情形的混合。

6）其他不改变资产所有权属的用途。

（2）企业将资产移送他人的下列情形，因资产所有权属已发生改变而不属于内部处置资产，应按规定视同销售确认收入。

1）用于市场推广或销售。

2）用于交际应酬。

3）用于职工奖励或福利。

4）用于股息分配。

5）用于对外捐赠。

6）其他改变资产所有权属的用途。

（3）企业发生上述规定（2）的情形时，属于企业自制的资产，应按企业同类资产同期对外销售价格确定销售收入；属于外购的资产，可按购入时的价格确定销售收入。

4. 相关收入实现的确认

企业销售收入的确认，必须遵循权责发生制原则和实质重于形式原则。

（1）企业销售商品同时满足下列条件的，应确认收入的实现。

1）商品销售合同已经签订，企业已将与商品所有权相关的主要风险和报酬转移给购买方。

2）企业对已售出的商品既没有保留通常与所有权相联系的继续管理权，也没有实施有效控制。

3）收入的金额能够可靠地计量。

4）已发生或将发生的销售方的成本能够可靠地核算。

（2）符合上述收入确认条件，采取下列商品销售方式的，应按以下规定确认收入实现时间。

1）销售商品采用托收承付方式的，在办妥托收手续时确认收入。

2）销售商品采取预收款方式的，在发出商品时确认收入。

3）销售商品需要安装和检验的，在购买方接收商品以及安装和检验完毕时确认收入。如果安装程序比较简单，可在发出商品时确认收入。

4）销售商品采用支付手续费方式委托代销的，在收到代销清单时确认收入。

（3）采用售后回购方式销售商品的，销售的商品按售价确认收入，回购的商品作为购进商品处理。有证据表明不符合销售收入确认条件的，如以销售商品方式进行融资，收到的款项应确认为负债，回购价格大于原售价的，差额应在回购期间确认为利息费用。

（4）销售商品以旧换新的，销售的商品应当按照销售商品收入确认条件确认收入，回收的商品作为购进商品处理。

（5）企业为促进商品销售而在商品价格上给予的价格扣除属于商业折扣，商品销售涉及商业折扣的，应当按照扣除商业折扣后的金额确定销售商品收入金额。

债权人为鼓励债务人在规定的期限内付款而向债务人提供的债务扣除属于现金折扣，销售商品涉及现金折扣的，应当按扣除现金折扣前的金额确定销售商品收入金额，现金折扣在实际发生时作为财务费用扣除。

企业因售出商品的质量不合格等而在售价上给予的减让属于销售折让；企业因售出商品质量、品种不符合要求等而发生的退货属于销售退回。企业已经确认销售收入的售出商品发生销售折让和销售退回的，应当在发生当期冲减当期销售商品收入。

（6）企业在各个纳税期末，提供劳务交易的结果能够可靠估计的，应采用完工进度（完工百分比）法确认提供劳务收入。

1）提供劳务交易的结果能够可靠估计是指同时满足下列条件：收入的金额能够可靠地计量；交易的完工进度能够可靠地确定；交易中已发生和将发生的成本能够可靠地核算。

2）企业提供劳务完工进度的确定可选用下列方法：已完成工作的测量；已提供劳务占劳务总量的比例；发生成本占总成本的比例。

3）企业应按照从接受劳务方已收或应收的合同或协议价款确定劳务收入总额，根据纳税期末提供劳务收入总额乘以完工进度扣除以前纳税年度累计已确认提供劳务收入后的金额，确认为当期劳务收入；同时，按照提供劳务估计总成本乘以完工进度扣除以前纳税期间累计已确认劳务成本后的金额，结转为当期劳务成本。

4）下列提供劳务满足收入确认条件的，应按规定确认收入。

a. 安装费。应根据安装完工进度确认收入。安装工作是商品销售附带条件的，安装费在确认商品销售实现时确认收入。

b. 宣传媒介的收费。应在相关的广告或商业行为出现于公众面前时确认收入。广告的制作费应根据制作广告的完工进度确认收入。

c. 软件费。为特定客户开发软件的收费，应根据开发的完工进度确认收入。

d. 服务费。包含在商品售价内可区分的服务费，在提供服务的期间分期确认收入。

e. 艺术表演、招待宴会和其他特殊活动的收费。应在相关活动发生时确认收入。收费涉及几项活动的，预收的款项应合理分配给每项活动，分别确认收入。

f. 会员费。申请入会或加入会员，只允许取得会籍，所有其他服务或商品都要另行收费的，在取得该会员费时确认收入。申请入会或加入会员后，会员在会员期内不再付费就可得到各种服务或商品，或者以低于非会员的价格销售商品或提供服务的，该会员费应在整个受益期内分期确认收入。

g. 特许权费。属于提供设备和其他有形资产的特许权费，在交付资产或转移资产所有权时确认收入；属于提供初始及后续服务的特许权费，在提供服务时确认收入。

h. 劳务费。长期为客户提供重复劳务收取的劳务费，在相关劳务活动发生时确认收入。

（7）企业以买一赠一等方式组合销售本企业商品的，不属于捐赠，应将总的销售金额按各项商品的公允价值的比例来分摊确认各项的销售收入。

6.3.2 不征税收入

1. 财政拨款

财政拨款是指各级人民政府对纳入预算管理的事业单位、社会团体等组织拨付的财政资金，但国务院和国务院财政、税务主管部门另有规定的除外。

2. 依法收取并纳入财政管理的行政事业性收费、政府性基金

行政事业性收费是指依照法律法规等有关规定，经国务院批准，在实施社会公共管理，以及向公民、法人或者其他组织提供特定公共服务的过程中，向特定对象收取并纳入财政管理的费用。政府性基金是指企业依照法律、行政法规等有关规定，代政府收取的具有专项用途的财政资金。

3. 国务院规定的其他不征税收入

国务院规定的其他不征税收入是指企业取得的，由国务院财政、税务主管部门规定专项用途并经国务院批准的财政性资金。财政性资金是指企业取得的来源于政府及其有关部门的财政补助、补贴、贷款贴息，以及其他各类财政专项资金，包括直接减免的增值税和即征即退、先征后退、先征后返的各种税收，但不包括企业按规定取得的出口退税款（出口退税款不并入收入总额，因为出口退税退的是上一个环节的进项税，是企业购进货物已负担的部分，不是本环节实现的税收）。

企业取得的各类财政性资金，除属于国家投资和资金使用后要求归还本金以外，均应计入企业当年收入总额。国家投资是指国家以投资者身份投入企业，并按有关规定相应增加企业实收资本的直接投资。

企业从县级以上人民政府财政部门及其他部门取得的符合条件的专项财政性资金，可以作为不征税收入，在计算应纳税所得额时从收入总额中扣除。

《企业所得税法实施条例》第二十八条规定，企业的不征税收入用于支出所形成的费用或者财产，不得扣除或者计算对应的折旧、摊销扣除。

企业将符合规定条件的财政性资金作不征税收入处理后，在5年（60个月）内未发生支出且未交回财政部门或其他拨付资金的政府部门的部分，应计入取得该资金第6年的应税收入总额；计入应税收入总额的财政性资金发生的支出，允许在计算应纳税所得额时扣除。

6.3.3 免税收入

1. 国债利息收入

国债利息收入指企业持有国务院财政部门发行的国债取得的利息收入。

对企业取得的2009年及以后年度发行的地方政府债券利息收入，免征企业所得税。

2. 居民企业之间权益性投资收益

居民企业之间权益性投资收益指居民企业直接投资于其他居民企业取得的投资收益，但不包括连续持有居民企业公开发行并上市流通的股票不足12个月取得的投资收益。

3. 非居民企业取得的权益性投资收益

非居民企业取得的权益性投资收益指非居民企业从居民企业取得的与该机构、场所有实际联系的股息、红利等权益性投资收益，但不包括连续持有居民企业公开发行并上市流通的股票不足12个月取得的投资收益。

4. 符合条件的非营利组织的收入

符合条件的非营利组织是指符合下列条件的组织：

（1）依照国家有关法律法规设立或登记的事业单位、社会团体、基金会、民办非企业单位、宗教活动场所以及财政部、国家税务总局认定的其他组织。

（2）从事公益性或者非营利性活动，且活动范围主要在中国境内。

（3）取得的收入除用于与该组织有关的、合理的支出外，全部用于登记核定或者章程规定的公益性或者非营利性事业。

（4）财产及其孳息不用于分配，但不包括合理的工资薪金支出。

（5）按照登记核定或者章程规定，该组织注销后的剩余财产用于公益性或者非营利性目的，或者由登记管理机关转赠给与该组织性质、宗旨相同的组织，并向社会公告。

（6）投入人对投入该组织的财产不保留或者享有任何财产权利，投入人是指除各级人民政府及其部门外的法人、自然人和其他组织。

（7）工作人员工资福利开支控制在规定的比例内，不变相分配该组织的财产，其中，工作人员平均工资薪金水平不得超过上年度税务登记所在地人均工资水平的两倍，工作人员福利按照国家有关规定执行。

（8）除当年新设立或登记的事业单位、社会团体、基金会及民办非企业单位外，事业单位、社会团体、基金会及民办非企业单位申请前一年度的检查结论为"合格"。

经省级（含省级）以上登记管理机关批准设立或登记的非营利组织，凡符合规定条件的，应向其所在地省级税务主管机关提出免税资格申请，并提供规定的相关材料；经市（地）级或县级登记管理机关批准设立或登记的非营利组织，凡符合规定条件的，分别向其所在地市（地）级或县级税务主管机关提出免税资格申请，并提供规定的相关材料。

《财政部 国家税务总局关于非营利组织企业所得税免税收入问题的通知》（财税〔2009〕122号）规定，符合条件的非营利组织的下列收入为免税收入。

（1）接受其他单位或者个人捐赠的收入。

（2）除《企业所得税法》第七条规定的财政拨款以外的其他政府补助收入，但不包括因政府购买服务取得的收入。

（3）按照省级以上民政、财政部门的规定收取的会费。

（4）不征税收入和免税收入孳生的银行存款利息收入。

（5）财政部、国家税务总局规定的其他收入。

《财政部 国家税务总局关于非营利组织免税资格认定管理有关问题的通知》（财税〔2018〕13号）规定，非营利组织应将取得的应纳税收入及其有关的成本、费用、损失与免税收入及其有关的成本、费用、损失分别核算。

对非营利组织从事营利性活动取得的收入征税，但国务院财政、税务主管部门另有规定的除外。非营利组织的认定管理办法由国务院财政、税务主管部门会同国务院有关部门制定。

例6-1

某市一家慈善基金会是符合税法规定条件的非营利组织，某年共接受其他单位或者个人的捐赠200万元，捐赠收入孳生的银行存款利息收入6万元，政府无偿拨付的补助收入10万元。此外，该基金会对外出租房产一套，租赁合同约定对方当年应付租金60万元。

分析：非营利组织从事营利性活动取得的收入不属于符合条件的非营利组织的免税收入，因此，本例中的慈善基金会取得的房屋出租收入60万元应该按规定申报缴纳企业所得税，其他收入由于符合财税〔2009〕122号文件规定的免税收入条件而免征企业所得税。

6.3.4 税前扣除项目的范围和标准

1．税前扣除的原则

税前扣除一般应遵循如下原则：

（1）权责发生制原则。指企业费用应在发生的所属期间确认扣除，而不是在实际支付时确认扣除。

（2）配比原则。指企业发生的费用应当与收入配比扣除。除特殊规定外，企业发生的费用不得提前或滞后申报扣除。

（3）相关性原则。指企业可扣除的费用从性质和根源上必须与取得的应税收入直接相关。

（4）确定性原则。指企业可扣除的费用不论何时支付，其金额必须是确定的。

（5）合理性原则。指符合生产经营活动常规，应当计入当期损益或者有关资产成本的必要和正常的支出。

税法中的税前扣除原则部分借鉴了会计原则（会计信息质量要求），但又被赋予新的内涵。首先，税前扣除秉承会计的权责发生制原则，同时还适度引用了收付实现制原则。税法中许多扣除项目强调必须是实际支付以后方可扣除，例如，税法中规定广告费除了有限额的控制，还必须在实际支付后才能扣除。其次，税法对相关性的界定较之会计规范对相关性的界定有所突破。会计规范中的相关性原则是指企业提供的会计信息应当与财务报告使用者的经济决策需要相关，有助于财务报告使用者对企业过去、现在或者未来的情况做出评价或预测。而税法所讲的相关性是指纳税人可扣除的费用从性质和根源上必须与取得的应税收入相关，我们可以看到税法中许多规定都源于此项原则，例如，纳税人为其他独立纳税人提供与本身应纳税收入无关的贷款担保，如果承担连带责任，为被担保方履行偿债义务，则作为担保人的纳税人不能在税前扣除该项担保支出；非广告性的赞助支出也被视为与取得收入没有关系的支出而不允许扣除。最后，税法遵循确定性原则，实际是对谨慎性原则的排斥，而会计规范中出于防范风险的考虑，将或有负债列入确认、计量、披露的范围。或有事项的结果是否发生具有不确定性，即使其结果会发生，具体发生的时间或发生的金额也具有不确定性，这显然与确定性原则相悖。正是由于税前扣除原则不同于会计原则（会计信息质量要求），在具体扣除项目和标准上才会产生税收与会计的诸多差异，影响到应纳税所得额的计算。

2. 扣除项目的范围

《企业所得税法》规定，企业实际发生的与取得收入有关的、合理的支出，包括成本、费用、税金、损失和其他支出，准予在计算应纳税所得额时扣除。在实际计算时，应注意以下几个问题：一是企业发生的支出应区分收益性支出和资本性支出。收益性支出在发生当期一次性扣除；资本性支出应当分期扣除或者计入有关资产成本，不得在发生当期一次性扣除。二是企业的不征税收入用于支出所形成的费用或者财产，不得扣除或计入对应的折旧、摊销额中扣除。三是除《企业所得税法》和《企业所得税法实施条例》另有规定外，企业实际发生的成本、费用、税金、损失和其他支出不得重复扣除。

（1）成本。指企业在生产经营活动中发生的销售成本、销货成本、业务支出以及其他耗费，即企业销售商品（产品、材料、下脚料、废料、废旧物资等）、提供劳务、转让固定资产和无形资产的成本。销售成本、销货成本、业务支出实际上是从不同行业的角度对主营业务成本的表述，其他耗费是指其他业务成本。

（2）费用。指期间费用，包括销售费用、管理费用与财务费用三部分内容。已经计入成本的有关费用除外。

销售费用的扣除中规定扣除标准的有广告费、运输费、销售佣金等项目。

管理费用的扣除中规定扣除标准的有业务招待费、职工福利费、工会经费、职工教育经费、为管理组织经营活动提供各项支援性服务而发生的费用等项目。

财务费用的扣除中规定扣除标准的有利息支出、借款费用等项目。

（3）税金。指企业发生的除企业所得税和允许抵扣的增值税以外的各项税金及其附加，即企业在经营期间所缴纳的消费税、资源税、关税、城市维护建设税、教育费附加、土地增值税等可以在税前扣除。增值税、企业所得税不能在税前扣除，但不得从增值税销项税额中扣除的进项税额可以作为企业的成本费用扣除。

税金扣除有两种方式：一是在发生当期扣除；二是在发生当期计入有关资产的成本，在以后各期分摊扣除。

（4）损失。指企业在生产经营活动中发生的固定资产和存货的盘亏、毁损、报废损失，转让财产损失，呆账损失，坏账损失，自然灾害等不可抗力因素造成的损失以及其他损失。企业发生的损失，减除责任人赔偿和保险赔款后的余额，依照国务院财政、税务主管部门的规定扣除。企业已经作为损失处理的资产，在以后纳税年度又全部收回或者部分收回时，应当计入当期收入。

（5）其他支出。指除成本、费用、税金、损失外，企业在生产经营活动中发生的与生产经营活动有关的、合理的支出。

3. **扣除项目及其标准**

在计算应纳税所得额时，下列项目可按照实际发生额或规定的标准扣除。

（1）工资薪金支出。工资薪金是指企业每一纳税年度支付给在本企业任职或者受雇的员工的所有现金形式和非现金形式的劳动报酬，包括基本工资、奖金、津贴、补贴、年终加薪、加班工资，以及与员工任职或者受雇有关的其他支出。

1）企业发生的合理的工资薪金支出准予扣除。与我国以前税法的规定不同，新税法没有规定可以扣除的工资基数（以前称为计税工资）。但有关政策规定，合理的工资薪金是指企业按照股东大会、董事会、薪酬委员会或相关管理机构制定的工资薪金制度的规定实际发放给员工的工资薪金。税务机关在对工资薪金进行合理性确认时可参考以下原则：企业制定了较为规范的员工工资薪金制度；企业所制定的工资薪金制度符合行业及地区水平；企业在一定时期内发放的工资薪金是相对固定的，工资薪金的调整是有序进行的；企业对实际发放的工资薪金已经履行代扣代缴义务；有关工资薪金的安排不以减少或逃避税款为目的。

列入企业员工工资薪金制度、固定与工资薪金一起发放的福利性补贴，符合规定的，可作为企业发生的工资薪金支出在税前扣除。企业在汇算清缴结束前向员工实际支付的已预提汇缴年度工资薪金，准予在汇缴年度按规定扣除。

2）属于国有性质的企业，其工资薪金不得超过政府有关部门给予的限定数额；超过部分不得计入企业工资薪金总额，也不得在计算企业应纳税所得额时扣除。

3）企业因雇佣季节工、临时工、实习生、返聘离退休人员及接受外部劳务派遣用工所实际发生的费用，应区分为工资薪金支出和职工福利费支出。

企业接受外部劳务派遣用工所实际发生的费用，应分两种情况按规定在税前扣除：按照协议（合同）约定直接支付给劳务派遣公司的费用，应作为劳务费支出；直接支付给员工个人的费用，应作为工资薪金支出和职工福利费支出。其中属于工资薪金支出的费用，准予计入企业工资薪金总额的基数，作为计算其他各项相关费用扣除的依据。

4）根据《国家税务总局关于我国居民企业实行股权激励计划有关企业所得税处理问题的公告》，对股权激励计划实行后立即可以行权的，上市公司可以根据实际行权时该股票的公允价格与激励对象实际行权支付价格的差额和数量，计算确定作为当年上市公司工资薪金支出，依照税法规定进行税前扣除；对股权激励计划实行后需待一定服务年限或者达到规定业绩条件（以下简称等待期）方可行权的，上市公司在等待期内会计上计算确认的相关成本费用，不得在对应年度计算缴纳企业所得税时扣除。在股权激励计划可行权后，上市公司方可根据该股票实际行权时的公允价格与当年激励对象实际行权支付价格的差额及数量，计算确定作为当年上市公司工资薪金支出，依照税法规定进行税前扣除。

股权激励实行方式包括授予限制性股票、股票期权以及其他法律法规规定的方式。限制性股票是指激励对象按照股权激励计划规定的条件，从上市公司获得的一定数量的本公司股票。股票期权是指上市公司按照股权激励计划授予激励对象在未来一定期限内，以预先确定的价格和条件购买本公司一定数量股票的权利。股票实际行权时的公允价格，以实际行权日该股票的收盘价格确定。

在我国境外上市的居民企业和非上市公司，其股权激励计划有关企业所得税处理问题，可以按照上述规定执行。

5）安置残疾人员及国家鼓励安置的其他就业人员所支付的工资。企业安置残疾人员的，在按照支付给残疾职工工资据实扣除的基础上，按照支付给残疾职工工资的100%加计扣除。残疾人员的范围适用《中华人民共和国残疾人保障法》的有关规定。

（2）职工福利费、工会经费、职工教育经费。

1）企业发生的职工福利费支出，不超过工资薪金总额14%的部分准予扣除。企业发生的职工福利费，应该单独设置会计账册进行核算；没有单独设置账册进行核算的，税务机关应责令企业在规定的期限内改正，逾期仍未改正的，税务机关可对企业发生的职工福利费进行合理的核定。职工福利费在《企业会计准则》中不允许采用计提方法，应首先将原来计提的应付职工薪酬中职工福利费的贷方余额抵减完，然后连同实际支付的工资费用一起计入成本费用。

2）企业拨缴的工会经费，不超过工资薪金总额2%的部分准予扣除。自2010年7月1日起，企业拨缴的职工工会经费，不超过工资薪金总额2%的部分，凭工会组织开具的《工会经费收入专用收据》（财政部统一印制并套印财政部票据监制章）在企业所得税税前扣除。

3）除国务院财政、税务主管部门另有规定外，企业发生的职工教育经费支出，不超过工资薪金总额8%的部分准予扣除，超过部分准予在以后纳税年度结转扣除。

例6-2

某企业为居民企业，年度实际发生的工资薪金支出为1 000万元，合计列支三项经费260万元，其中福利费本期发生210万元，拨缴的工会经费为20万元，已经取得工会拨缴收据，实际发生职工教育经费30万元。企业计算该年应纳税所得额时应调增多少应纳税所得额？

福利费扣除限额＝1 000×14%＝140(万元)

实际发生210万元，应调增70万元。

工会经费扣除限额＝1 000×2%＝20(万元)

实际发生20万元，可据实扣除。

职工教育经费扣除限额＝1 000×8%＝80(万元)

实际发生30万元，可据实扣除。

应调增应纳税所得额＝260－(140＋20＋30)＝70(万元)

【思考】软件类企业的职工培训费用有怎样的特殊规定？

党组织工作经费，不超过工资薪金总额1%的部分，也可以在计算应纳税所得额时扣除。

（3）社会保险费。按照国务院有关主管部门或省级人民政府规定的范围和标准为职工缴纳的基本养老保险、基本医疗保险、失业保险、工伤保险、生育保险费（五险）、住房公积金（一金）准予扣除。

自2008年1月1日起，企业根据国家有关政策规定，为在本企业任职或者受雇的全体员工支付的补充养老保险费、补充医疗保险费，分别在不超过职工工资总额5%标准内的部分，在计算应纳税所得额时准予扣除；超过的部分，不予扣除。

（4）劳动保护费和商业保险费。企业发生的合理的劳动保护支出准予扣除。自2011年7月1日起，企业根据其工作性质和特点，由企业统一制作并要求员工工作时统一着装所发生的工作服饰费用，根据《企业所得税法实施条例》第二十七条的规定，可以作为企业合理的支出给予税前扣除。

为特殊工种职工缴纳的人身安全保险费准予扣除。企业职工因公出差乘坐交通工具发生的人身意外保险支出准予扣除。

企业参加财产保险，按照规定缴纳的保险费用准予扣除。企业为投资者或者职工支付的其他商业保险费不得扣除。

企业参加雇主责任险、公众责任险等责任保险，按照规定缴纳的保险费，准予在企业所得税税前扣除。

（5）业务招待费。企业发生的与生产经营活动有关的业务招待费支出，按照实际发生额的60%扣除，但最高不得超过当年销售（营业）收入的5‰。

销售（营业）收入额是指年销售（营业）收入扣除销货退回、销售折让和销项税额等各项支出后的收入。销售（营业）收入应当包括主营业务收入和其他业务收入，不包括营业外收入、税收上应确认的其他收入（因债权人原因确实无法支付的应付款项、债务重组收益、接受捐赠的资产、资产评估增值）。

从事股权投资业务的企业（包括集团公司总部、创业投资企业等）从被投资企业取得的股息、红利以及股权转让收入，可以按照规定的比例计算业务招待费扣除限额。

企业在筹建期间发生的与筹办活动有关的业务招待费，可以按照实际发生额的60%计入企业筹办费，并按规定在税前扣除。

例6－3

某居民企业年度纳税申报时向其主管税务机关申报应纳税所得额100万元，主营业务收入2 000万元，记入“管理费用——业务招待费”科目的借方发生额为30万元。假设不存在其他纳税调整事项，计算该企业本年可扣除的业务招待费。

业务招待费的最高扣除限额＝2 000×5‰＝10（万元）

业务招待费的60%＝30×60%＝18（万元）

因此，税前可扣除10万元。如果记入“管理费用——业务招待费”科目15万元，则招待费的60%为9万元，税前实际可扣除9万元。

（6）租赁费。租入固定资产支付的租赁费按照以下方法扣除：以经营租赁方式租入固定资产而发生的租赁费，按平均租赁年限扣除；融资租赁发生的租赁费不得直接扣除，按规定构成融资租入固定资产价值的部分应当提取折旧费用，分期扣除。

（7）广告费和业务宣传费支出。企业发生的符合条件的广告费和业务宣传费支出，除国务院财政、税务主管部门另有规定外，不超过当年销售（营业）收入15%的部分，准予扣除；超过的部分，准予在以后纳税年度结转扣除。其中，销售（营业）收入包括销售货物收入、劳务收入、出租财产收入、特许权使用费收入、视同销售收入等，即包括主营业务收入和其他业务收入。

化妆品制造、医药制造和饮料制造（不含酒类制造）企业发生的广告费和业务宣传费支出，不超过当年销售（营业）收入30%的部分，准予扣除；超过的部分，准予在以后纳税年度结转扣除。

对签订广告费和业务宣传费分摊协议的关联企业，其中一方发生的不超过当年销售（营业）收入税前扣除限额比例内的广告费和业务宣传费支出可以在本企业扣除，也可以将其中的部分或全部按照分摊协议归集至另一方扣除。另一方在计算本企业广告费和业务宣传费支出企业所得税税前扣除限额时，可将按照上述办法归集至本企业的广告费和业务宣传费不计算在内。

烟草企业的烟草广告费和业务宣传费支出，一律不得在计算应纳税所得额时扣除。

广告费应具备的条件是：

1）广告是通过工商部门批准的专门机构制作的。

2）已实际支付费用，并取得相应发票。

3）通过一定的媒体传播。

企业申报扣除的广告费支出应与赞助支出严格区分。广告费和业务宣传费支出超过本年度扣除限额的部分，准予在以后纳税年度结转扣除，这与职工教育经费的处理方式一致。

（8）利息费用。

1）向金融机构借款的利息支出、金融机构的各项存款利息支出和同业拆借利息支出，准予扣除。

2）向非金融机构借款的利息支出，不超过按照金融企业同期同类贷款利率计算的部分准予扣除，超过的部分不允许扣除。

3）关联企业之间利息费用的扣除。在计算应纳税所得额时，企业实际支付给关联方的利息支出，不超过按以下规定比例和税法及其实施条例有关规定计算的部分准予扣除，超过的部分不得在发生当期和以后年度扣除。

企业实际支付给关联方的利息支出准予税前扣除，除了企业能够提供相关资料，证明相关交易活动符合独立交易原则，或者该企业的实际税负不高于境内关联方的情况以外，其接受关联方债权性投资与其权益性投资的比例为：金融企业5∶1；其他企业2∶1。

企业同时从事金融业务和非金融业务，其实际支付给关联方的利息支出应按照合理方法分开计算；没有按照合理方法分开计算的，一律按照其他企业2∶1的比例计算准予税前扣除的利息支出。

贷款方企业从关联方取得的不符合规定的利息收入应按照有关规定缴纳企业所得税。

4）企业向自然人借款的利息费用的扣除。

a. 企业向股东或其他与企业有关联关系的自然人借款的利息支出，应综合上述2）和3）的规定进行税务处理，所以既要受到利率水平的限制，也要受到债权性投资与权益性投资比例的限制。

b. 企业向内部职工或其他人员借款的利息支出，其借款情况同时符合以下条件的，其利息支出不超过按照金融企业同期同类贷款利率计算的部分准予扣除。具体规定为：企业与个人之间的借贷是真实、合法、有效的，并且不具有非法集资目的或其他违反法律、法规的行为；企业与个人之间签订了借款合同。

（9）借款费用。

1）在生产经营活动中发生的合理的不需要资本化的借款费用准予扣除。

2）企业为购置、建造固定资产、无形资产和经过 12 个月以上的建造才能达到预定可销售状态的存货发生借款的，在有关资产购置、建造期间发生的合理的借款费用，应予以资本化，作为资本性支出计入有关资产的成本。有关资产交付使用后发生的借款利息，可在发生当期扣除。

3）企业通过发行债券、取得贷款、吸收保户储金等方式融资发生的合理的费用支出，符合资本化条件的，应计入相关资产成本；不符合资本化条件的，应作为财务费用，准予在税前扣除。

4）企业发行的永续债，可以适用股息、红利企业所得税政策，即投资方取得的永续债利息收入属于股息、红利性质，按照现行企业所得税政策相关规定进行处理，其中，发行方和投资方均为居民企业的，永续债利息收入可以适用企业所得税法规定的居民企业之间的股息、红利等权益性投资收益免征企业所得税规定；同时发行方支付的永续债利息支出不得在企业所得税税前扣除。

企业发行符合规定条件的永续债，也可以按照债券利息适用企业所得税政策，即发行方支付的永续债利息支出准予在其企业所得税税前扣除；投资方取得的永续债利息收入应当依法纳税。

符合规定条件的永续债是指要符合下列 9 个条件中 5 个（含）以上的永续债：被投资企业对该项投资具有还本义务；有明确约定的利率和付息频率；有一定的投资期限；投资方对被投资企业净资产不拥有所有权；投资方不参与被投资企业日常生产经营活动；被投资企业可以赎回，或满足特定条件后可以赎回；被投资企业将该项投资计入负债；该项投资不承担被投资企业股东同等的经营风险；该项投资的清偿顺序位于被投资企业股东持有的股份之前。

企业发行永续债，应当将其适用的税收处理方法在证券交易所、银行间债券市场等发行市场的发行文件中向投资方予以披露。发行永续债的企业对每一永续债产品的税收处理方法一经确定，不得变更。企业对永续债采取的税收处理办法与会计核算方式不一致的，发行方、投资方在进行税收处理时须做出相应的纳税调整。

（10）汇兑损失。企业在货币交易中以及纳税年度终了，将人民币以外的货币性资产、负债按照期末即期人民币汇率中间价折算为人民币时产生的汇兑损失，除已经计入资产成本以及与向所有者进行利润分配相关的部分外，准予扣除。

（11）手续费及佣金支出。

1）保险企业发生与其经营活动有关的手续费及佣金支出，不超过当年全部保费收入扣除退保金等后余额的 18%（含本数）的部分，在计算应纳税所得额时准予扣除；超过部分，允许结转以后年度扣除。

其他企业的手续费及佣金支出按与具有合法经营资格的中介服务机构或个人（不

含交易双方及其雇员、代理人和代表人等）所签订的服务协议或合同确认的收入金额的5%计算限额。

2）企业应与具有合法经营资格的中介服务企业或个人签订代办协议或合同，并按国家有关规定支付手续费及佣金。除委托个人代理外，企业以现金等非转账方式支付的手续费及佣金不得在税前扣除。企业为发行权益性证券支付给有关证券承销机构的手续费及佣金不得在税前扣除。

3）企业不得将手续费及佣金支出计入回扣、业务提成、返利、进场费等费用。企业支付的手续费及佣金不得直接冲减服务协议或合同金额，应当如实入账。企业应当如实向当地主管税务机关提供当年手续费及佣金计算分配表和其他相关资料，并依法取得合法真实的凭证。

4）企业已计入固定资产、无形资产等相关资产的手续费及佣金支出，应当通过折旧、摊销等方式分期扣除，不得在发生当期直接扣除。

5）从事代理服务，主营业务收入为手续费、佣金的企业（如证券、期货、保险代理等企业），为取得该类收入而实际发生的营业成本（包括佣金和手续费）准予在企业所得税税前扣除。

（12）公益性捐赠支出。公益性捐赠是指企业通过公益性社会团体或者县级以上人民政府及其部门，对《中华人民共和国公益事业捐赠法》规定的公益事业的捐赠，需要有相应的政府机关认可的票据。公益性捐赠支出不超过年度利润总额12%的部分，准予扣除。年度利润总额是指企业依照国家统一会计制度的规定计算的年度会计利润，数额应大于零。如果利润等于零或者亏损，则不能税前扣除捐赠支出。

纳税人向受赠人的直接捐赠不允许扣除。

用于公益事业的捐赠支出，是指《中华人民共和国公益事业捐赠法》规定的向公益事业的捐赠支出，具体范围包括：救助灾害、救济贫困、扶助残疾人等困难社会群体和个人的活动；教育、科学、文化、卫生、体育事业；环境保护、社会公共设施建设；促进社会发展和进步的其他社会公共和福利事业。

《财政部 国家税务总局 民政部关于公益性捐赠税前扣除有关问题的通知》（财税〔2008〕160号）明确规定，公益性社会团体和县级以上人民政府及其组成部门和直属机构在接受捐赠时，捐赠资产的价值按以下原则确认：1）接受捐赠的货币性资产，应当按照实际收到的金额计算；2）接受捐赠的非货币性资产应当以其公允价值计算。捐赠方在向公益性社会团体和县级以上人民政府及其组成部门和直属机构捐赠时，应当提供注明捐赠的非货币性资产公允价值的证明，如果不能提供上述证明，公益性社会团体和县级以上人民政府及其组成部门和直属机构不得向其开具公益性捐赠票据。

公益性社会团体和县级以上人民政府及其组成部门和直属机构在接受捐赠时，应按照行政管理级次分别使用由财政部或省、自治区、直辖市财政部门印制的公益性捐赠票据，并加盖本单位的印章；对个人索取捐赠票据的，应予以开具。

企业将货物用于捐赠，一方面要视同销售计算出公允价值与该资产成本之间的差额（视同毛利），计入应纳税所得额；另一方面按规定衡量该捐赠是公益性捐赠还是非公益性捐赠，如果是公益性捐赠，还应判断是否超过了规定的捐赠限额。公益性捐赠支出的扣除金额是扣除限额与实际发生额中的较小者。超过标准的公益性捐赠，准予结转以后3个纳税年度继续扣除。

例6-4

某企业年度会计利润总额300万元，经过计算调整后的应纳税所得额为360万元，其中记入“营业外支出”科目的是对希望工程小学捐赠的40万元。计算该企业应缴纳的企业所得税。

公益性捐赠扣除限额＝300×12%＝36(万元)

实际发生公益性捐赠支出40万元，可以扣除的金额为36万元。

应纳企业所得税＝(360＋40－36)×25%＝91(万元)

自2019年1月1日至2022年12月31日，企业通过公益性社会组织或者县级（含县级）以上人民政府及其组成部门和直属机构，用于目标脱贫地区的扶贫捐赠支出，准予在计算企业所得税应纳税所得额时据实扣除。在政策执行期限内，目标脱贫地区实现脱贫的，可继续适用上述政策。

目标脱贫地区包括832个国家扶贫开发工作重点县、集中连片特困地区县（新疆阿克苏地区6县1市享受片区政策）和建档立卡贫困村。

企业同时发生扶贫捐赠支出和其他公益性捐赠支出，在计算公益性捐赠支出年度扣除限额时，符合上述条件的扶贫捐赠支出不计算在内。企业在2015年1月1日至2018年12月31日期间已发生的符合上述条件的扶贫捐赠支出，尚未在计算企业所得税应纳税所得额时扣除的部分，可执行上述企业所得税政策。

（13）有关资产的费用。企业转让各类固定资产发生的费用准予扣除。企业按规定计算的固定资产的折旧费、无形资产和递延资产的摊销费准予扣除。

（14）资产损失。企业当期发生的固定资产和流动资产盘亏、毁损净损失，由其提供清查盘存资料，经主管税务机关审核后准予扣除。

需要注意的是，企业因资产盘亏、毁损、报废等原因不得从增值税销项税额中抵扣的进项税额，应视同企业财产损失，准予与资产损失一起在所得税税前按规定扣除。所得税税前按规定扣除的必须是净损失，保险公司赔偿部分在所得税税前不得扣除。

（15）总机构分摊的费用。非居民企业在中国境内设立机构、场所，就其中国境外总机构发生的与该机构、场所生产经营有关的费用，能够提供总机构出具的费用汇集范围、定额、分配依据和方法等证明文件并合理分摊的，准予扣除。

（16）政策性银行、商业银行、财务公司、城乡信用社和金融租赁公司等金融企业提取的符合规定的贷款损失准备金准予在税前扣除。

准予税前提取贷款损失准备金的贷款资产范围包括：贷款（含抵押、质押、保证、信用等贷款）；银行卡透支、贴现、信用垫款（含银行承兑汇票垫款、信用证垫款、担保垫款等）、进出口押汇、同业拆出、应收融资租赁款等具有贷款特征的风险资产；由金融企业转贷并承担对外还款责任的国外贷款。金融企业的委托贷款、代理贷款、国债投资、应收股利、上交央行准备金以及金融企业剥离的债权和股权、应收财政贴息、央行款项等不承担风险和损失的资产，不得提取贷款损失准备金在税前扣除。

（17）其他项目。依照有关法律、行政法规和国家有关税法规定准予扣除的其他项目包括会员费、合理的会议费、差旅费、违约金、诉讼费用等。

企业依据财务会计制度的规定在财务会计处理上已确认的支出，凡没有超过《企业所得税法》和有关税收法律法规规定的税前扣除范围和标准的，可在企业所得税税前扣除。

6.3.5 不得扣除的项目

在计算应纳税所得额时，下列支出不得扣除：

（1）向投资者支付的股息、红利等权益性投资收益款项。股息、红利不能混入工资薪金支出，向投资者支付的股息、红利等权益性投资收益款项不得扣除。诸如分红、借款利息支出等与受雇无关，不具有合理性的项目，不得作为工资薪金支出列支。

（2）企业所得税。企业所得税不得在计算企业所得税时扣减。

（3）税收滞纳金。税务部门等收取的滞纳金不得扣除。

（4）罚金、罚款和被没收财物的损失。罚金、罚款和被没收财物的损失是指纳税人违反国家有关法律法规规定，被有关部门处以的罚款以及被司法机关处以的罚金和被没收的财物。

（5）超过规定标准的捐赠支出。

（6）非广告性质的赞助支出。非广告性质的赞助支出是指企业发生的与生产经营活动无关的各种赞助支出。不论是否自愿，一律不得扣除。

（7）未经核定的准备金支出。未经核定的准备金支出是指不符合国务院财政、税务主管部门规定的各项资产减值准备、风险准备等准备金支出，不包括计提的环境保护和生态恢复方面的准备金。

除企业依照法律、行政法规有关规定提取的用于环境保护、生态恢复等方面的专项资金准予扣除外，企业计提的其他准备金不得扣除。会计上计提的各项资产减值准备（金融企业的呆账准备除外）在提取年度税前不允许扣除，但当企业资产损失实际发生时，在实际发生年度允许扣除。

（8）企业之间支付的管理费用。能够提供总机构出具的费用汇集范围、定额、分配依据和方法等证明文件的非居民企业向总机构支付的合理费用可以扣除，而关联企业之间支付的管理费用不得扣除。

（9）企业内营业机构之间支付的租金和特许权使用费。

（10）非银行企业内营业机构之间支付的利息。

（11）与取得收入无关的其他支出，如为取得不征税收入而支付的管理费用等。

（12）企业对外投资期间的投资成本。

6.3.6 亏损弥补

亏损是指按规定将每一纳税年度的收入总额减除免税收入、不征税收入和各项扣除项目金额后小于零的数额。可弥补的亏损额并不是企业利润表中的亏损额，而是企业利润表中的亏损额经税务机关按税法规定核实、调整后的金额。

（1）企业纳税年度发生的亏损，准予向以后年度结转，用以后年度的所得弥补，但结转年限最长不得超过5年。高新技术企业和科技型中小企业亏损结转年限由5年延长至 10 年。

（2）弥补期从亏损年度后第一年算起，连续 5 年内不论是盈利还是亏损，都作为实际弥补年限计算。企业如果连续发生亏损，以后年度实现利润后，应首先弥补第一个亏损年度的亏损额，然后弥补第二个亏损年度的亏损额，以此类推，按顺序弥补，不能随意选择。

（3）企业在汇总计算缴纳企业所得税时，其境外营业机构的亏损不得抵减境内营业机构的盈利。

例 6－5

假设某企业盈利情况如表 6－1 所示，计算 10 年内的应纳税所得额。

表 6－1　某企业连续 10 年获利情况　　单位：万元

年份	第 1 年	第 2 年	第 3 年	第 4 年	第 5 年	第 6 年	第 7 年	第 8 年	第 9 年	第 10 年
获利情况	−60	−80	−60	10	20	20	30	80	120	90

分析：本例中企业第 1 年、第 2 年的亏损都不能在税前完全弥补，直至第 8 年才出现应纳税所得额为正数的情况，第 9 年、第 10 年不存在为以前年度弥补亏损的问题。

10 年内应纳税所得额＝(80－60)＋120＋90＝230(万元)

6.3.7　清算所得

企业清算的所得税处理应以《财政部 国家税务总局关于企业清算业务企业所得税处理若干问题的通知》（财税〔2009〕60 号）为依据。企业的全部资产可变现价值或交易价格减除资产的计税基础、清算费用、相关税费，加上债务清偿损益等后的余额为清算所得。企业应将整个清算期作为一个独立的纳税年度计算清算所得。企业全部资产的可变现价值或交易价格减除清算费用、职工的工资、社会保险费用和法定补偿金，结清清算所得税、以前年度欠税等税款，清偿企业债务后，按规定计算可以向所有者分配的剩余资产。

被清算企业的股东分得的剩余资产的金额，其中相当于被清算企业累计未分配利润和累计盈余公积中按该股东所占股份比例计算的部分，应确认为股息所得；剩余资产减除股息所得后的余额，超过或低于股东投资成本的部分，应确认为股东的投资转让所得或损失。被清算企业的股东从被清算企业分得的资产应按可变现价值或实际交易价格确定计税基础。

例 6－6

某省振兴有限公司成立于 1999 年 9 月，实收资本 3 900 000 元，截至 2008 年 12 月 31 日，企业账面未分配利润为 1 284 798.38 元。2009 年 9 月 30 日企业准备清算。2009 年 9 月 30 日的资产负债情况如下：流动资产 5 779 008.56 元，非流动资产 127 155.98 元，流动负债 402 849.64 元，非流动负债为 0，所有者权益 5 503 314.90 元

（其中实收资本 3 900 000 元，本年利润 218 516.52 元，未分配利润 1 284 798.38 元）。①

分析：（1）经营期企业所得税的计算及申报。股东同意企业提前解散的股东会决议的签署日期是 2009 年 9 月 30 日，并在当日成立清算组，因此 2009 年 1 月 1 日至 2009 年 9 月 30 日为经营期未满 12 个月的一个纳税年度。2009 年 1—9 月企业会计利润总额为 218 516.52 元（假设没有其他纳税调整事项，企业所得税税率为 25%），企业应按规定进行该经营期的企业所得税汇算清缴，并缴纳企业所得税 54 629.13元。

（2）清算期企业所得税的计算及申报。2009 年 10 月 1 日为清算期开始之日，2009 年 12 月 20 日申请税务注销，即清算期为 2009 年 10 月 1 日至 2009 年 12 月 20 日，截止日期为 12 月 20 日。

1）资产可收回金额（或称可变现金额）为 5 820 518.09 元。

2）资产计税基础为 5 906 164.54 元（假设计税基础与账面价值一致）。

3）债务偿还金额为 190 858.66 元（假设负债计税基础与负债账面价值一致），则

处理债务损益＝402 849.64－190 858.66＝211 990.98(元)

4）清算费用合计 50 000 元，清算过程中发生的相关税费为 17 000 元。

5）清算所得＝5 820 518.09－5 906 164.54－50 000－17 000＋211 990.98
＝59 344.53(元)

需要缴纳的企业所得税＝59 344.53×25%＝14 836.13(元)

（3）股东取得剩余资产的涉税事宜。企业全部资产的可变现价值或交易价格减去清算费用、职工工资、社会保险费用和法定补偿金，结清清算所得税、以前年度欠税等税款，清偿企业债务后，按规定计算可以向所有者分配的剩余资产。

剩余资产＝资产可收回金额－清算费用－相关税费－债务偿还金额
＝5 820 518.09－50 000－17 000－54 629.13－190 858.66
＝5 508 030.30(元)

累计未分配利润和累计盈余公积(即股息所得)＝1 284 798.38＋218 516.52＋(59 344.53－14 836.13)
＝1 547 823.30(元)

剩余资产减去股息所得后的余额＝5 508 030.30－1 547 823.30＝3 960 207(元)

股东投资成本＝3 900 000(元)

投资转让所得＝3 960 207－3 900 000＝60 207(元)

由以上计算可知，累计未分配利润和累计盈余公积余额为 1 547 823.30 元，故股东应确认的股息所得为 1 547 823.30 元。剩余资产减去股息所得后的余额高于股东投资成本，故股东应确认投资转让所得。

① 张洪友．清算业务企业所得税财税处理．财会通讯，2010（10）．

6.4 税收优惠

企业所得税的税收优惠政策繁多、形式多样，构成税收制度的一大特色。企业所得税的优惠由地区型主导向产业型主导转化，明显向农业、基础设施产业、高科技产业、节能环保产业等领域倾斜。

6.4.1 农林牧渔业税收优惠

（1）企业从事下列八类项目的所得免征企业所得税。

1）蔬菜、谷物、薯类、油料、豆类、棉花、麻类、糖料、水果、坚果的种植。

2）农作物新品种的选育。

3）中药材的种植。

4）林木的培育和种植。

5）牲畜、家禽的饲养。

6）林产品的采集。

7）灌溉、农产品初加工、兽医、农技推广、农机作业和维修等农、林、牧、渔服务业项目。

8）远洋捕捞。

（2）企业从事下列两类项目的所得减半征收企业所得税。

1）花卉、茶以及其他饮料作物和香料作物的种植。

2）海水养殖、内陆养殖。

6.4.2 公共基础设施建设税收优惠

企业从事国家重点扶持的公共基础设施项目的投资经营所得可以免征、减征企业所得税。公共基础设施项目是指《公共基础设施项目企业所得税优惠目录》规定的港口码头、机场、铁路、公路、城市公共交通、电力、水利等项目。企业从事上述规定的国家重点扶持的公共基础设施项目的投资经营所得，自项目取得第一笔生产经营收入所属纳税年度起，第一年至第三年免征企业所得税，第四年至第六年减半征收企业所得税，简称“三免三减半”。

企业承包经营、承包建设和内部自建自用上述规定的项目，不得享受上述规定的企业所得税优惠。享受减免税优惠的项目，在减免税期限内转让的，受让方自受让之日起，可以在剩余期限内享受规定的减免税优惠；减免税期限届满后转让的，受让方不得就该项目重复享受减免税优惠。

6.4.3 节能环保、安全生产税收优惠

（1）企业从事符合条件的环境保护、节能节水项目的所得，可以免征、减征企业所得税。企业从事公共污水处理、公共垃圾处理、沼气综合开发利用、节能减排技术改造、海水淡化等项目的所得，自项目取得第一笔生产经营收入所属纳税年度起，给

予“三免三减半”的优惠。具体条件和范围由国务院财政、税务主管部门会同国务院有关部门制定，报国务院批准后公布施行。

享受减免税优惠的项目，在减免税期限内转让的，受让方自受让之日起，可以在剩余期限内享受规定的减免税优惠；减免税期限届满后转让的，受让方不得就该项目重复享受减免税优惠。

（2）企业综合利用资源，生产符合国家产业政策规定的产品所取得的收入，可在计算应纳税所得额时减计收入。企业以《资源综合利用企业所得税优惠目录》规定的资源作为主要原材料，按符合规定的比例生产国家非限制和禁止并符合国家和行业相关标准的产品取得的收入，减按90%计入收入总额。

（3）企业购置环境保护、节能节水、安全生产等专用设备的投资额，可以按一定比例实行税额抵免。企业购置并实际使用《环境保护专用设备企业所得税优惠目录》、《节能节水专用设备企业所得税优惠目录》和《安全生产专用设备企业所得税优惠目录》规定的环境保护、节能节水、安全生产等专用设备的，该专用设备投资额的10%可以从企业当年的应纳税额中抵免；当年不足以抵免的，可以在以后5个纳税年度结转抵免。

（4）对节能服务公司实施合同能源管理项目的税收优惠。2010年国家发展和改革委员会、财政部、中国人民银行、国家税务总局联合发布《关于加快推行合同能源管理促进节能服务产业发展的意见》，针对节能服务公司在税收方面有四项优惠政策：一是对其无偿转让给用能单位的因实施合同能源管理项目形成的资产，免征增值税。二是节能服务公司实施合同能源管理项目，符合税法有关规定的，自项目取得第一笔生产经营收入所属纳税年度起，第一年至第三年免征企业所得税，第四年至第六年减半征收企业所得税。三是用能企业按照能源管理合同实际支付给节能服务公司的合理支出，均可以在计算当期应纳税所得额时扣除，不再区分服务费用和资产价款进行税务处理。四是能源管理合同期满后，节能服务公司转让给用能企业的因实施合同能源管理项目形成的资产，按折旧或摊销期满的资产进行税务处理。节能服务公司与用能企业办理上述资产的权属转移时，不再另行计入节能服务公司的收入。

6.4.4 高新技术、研发投入税收优惠

（1）企业符合条件的技术转让所得可以免征、减征企业所得税。一个纳税年度内，居民企业技术转让所得不超过500万元的部分，免征企业所得税；超过500万元的部分，减半征收企业所得税。

享受该项优惠的技术转让主体应是居民企业。技术转让是指居民企业转让专利技术、计算机软件著作权、集成电路布图设计权、植物新品种、生物医药新品种，以及财政部和国家税务总局确定的其他技术。5年以上非独占许可使用权的技术转让所得也享受此项优惠。

技术转让所得应按以下公式计算：

$$技术转让所得=技术转让收入-技术转让成本-相关税费$$

式中，技术转让收入是指当事人履行技术转让合同后获得的价款，不包括销售或转让

设备、仪器、零部件、原材料等非技术性收入。《国家税务总局关于技术转让所得减免企业所得税有关问题的公告》（国家税务总局公告2013年第62号）进一步明确规定，可以计入技术转让收入的技术咨询、技术服务、技术培训收入是指转让方为使受让方掌握所转让的技术投入使用、实现产业化而提供的必要的技术咨询、技术服务、技术培训所产生的收入，并应同时符合以下条件：1）在技术转让合同中约定与该技术转让相关的技术咨询、技术服务、技术培训；2）技术咨询、技术服务、技术培训收入与该技术转让项目收入一并收取价款。而在技术投入使用、实现产业化后提供的咨询、服务和培训，不是该转让技术投入使用所必需的咨询、服务和培训。升级型的更新维护应是新的技术开发项目，应在国家知识产权管理部门另行备案，与原转让的技术投入使用并无必要关系。

技术转让成本是指转让的无形资产的净值，即该无形资产的计税基础减除在资产使用期间按照规定计算的摊销额后的余额。

相关税费是指技术转让过程中实际发生的有关税费，包括除企业所得税和允许抵扣的增值税以外的各项税金及其附加、合同签订费用、律师费等相关费用及其他支出。

境内技术转让须经省级以上科技部门认定，向境外转让技术须经省级以上商务部门认定。居民企业技术出口应由有关部门按照商务部、科技部发布的相关禁止出口技术目录进行审查。居民企业取得禁止出口和限制出口技术转让所得，不享受技术转让减免企业所得税优惠政策。

居民企业从直接或间接持有股权之和达到100%的关联方取得的技术转让所得，不享受技术转让减免企业所得税优惠政策。

（2）企业开发新技术、新产品、新工艺发生的研究开发费用可以加计扣除。未形成无形资产计入当期损益的，在按照规定据实扣除的基础上，按研发费用的75%加计扣除；形成无形资产的，按无形资产成本的175%摊销。其中，制造业和科技型中小企业研发费用的加计扣除比例上调为100%。在2022年10月1日至2022年12月31日期间，适用研发费用税前加计扣除比例75%的企业，税前加计扣除比例提高至100%。

企业从事《国家重点支持的高新技术领域》和国家发展和改革委员会等部门公布的《当前优先发展的高技术产业化重点领域指南（2011年度）》规定项目的研究开发活动，其在一个纳税年度中实际发生的下列费用支出，允许在计算应纳税所得额时按照规定加计扣除：

1）新产品设计费、新工艺规程制定费以及与研发活动直接相关的技术图书资料费、资料翻译费。

2）从事研发活动直接消耗的材料、燃料和动力费用。

3）在职直接从事研发活动人员的工资、薪金、奖金、津贴、补贴。

4）专门用于研发活动的仪器、设备的折旧费或租赁费。

5）专门用于研发活动的软件、专利权、非专利技术等无形资产的摊销费用。

6）专门用于中间试验和产品试制的模具、工艺装备开发及制造费。

7）勘探开发技术的现场试验费。

8）研发成果的论证、评审、验收费用。

《财政部 国家税务总局 科技部关于完善研究开发费用税前加计扣除政策的通知》（财税〔2015〕119号）进一步规定，与研发活动直接相关的其他费用，如技术图书资料费、资料翻译费、专家咨询费、高新科技研发保险费，研发成果的检索、分析、评议、论证、鉴定、评审、评估、验收费用，知识产权的申请费、注册费、代理费，差旅费、会议费等，此项费用总额不得超过可加计扣除研发费用总额的 10%。《国家税务总局关于进一步落实研发费用加计扣除政策有关问题的公告》（国家税务总局公告 2021 年第 28 号）规定，统一计算全部研发项目其他相关费用限额。也就是说，不同项目其他相关费用扣除限额可以调剂使用。企业委托外部机构或个人进行研发活动所发生的费用，按照费用实际发生额的 80%计入委托方研发费用并计算加计扣除，受托方不得再进行加计扣除。委托境外的研发费用不得超过委托境内研发费用的 2/3，也可以按照实际发生额的 80%计入委托方研发费用并同样享受加计扣除政策。

（3）集成电路产业和软件产业享受的优惠政策。

1）国家鼓励的集成电路线宽小于 28 纳米（含），且经营期在 15 年以上的集成电路生产企业或项目，第一年至第十年免征企业所得税；国家鼓励的集成电路线宽小于 65 纳米（含），且经营期在 15 年以上的集成电路生产企业或项目，第一年至第五年免征企业所得税，第六年至第十年按照 25%的法定税率减半征收企业所得税；国家鼓励的集成电路线宽小于 130 纳米（含），且经营期在 10 年以上的集成电路生产企业或项目，第一年至第二年免征企业所得税，第三年至第五年按照 25%的法定税率减半征收企业所得税。

对于按照集成电路生产企业享受税收优惠政策的，优惠期自获利年度起计算；对于按照集成电路生产项目享受税收优惠政策的，优惠期自项目取得第一笔生产经营收入所属纳税年度起计算，集成电路生产项目需单独进行会计核算、计算所得，并合理分摊期间费用。

国家鼓励的集成电路生产企业或项目清单由国家发展改革委、工业和信息化部会同财政部、税务总局等相关部门制定。

2）国家鼓励的线宽小于 130 纳米（含）的集成电路生产企业，属于国家鼓励的集成电路生产企业清单年度之前 5 个纳税年度发生的尚未弥补完的亏损，准予向以后年度结转，总结转年限最长不得超过 10 年。

3）国家鼓励的集成电路设计、装备、材料、封装、测试企业和软件企业，自获利年度起，第一年至第二年免征企业所得税，第三年至第五年按照 25%的法定税率减半征收企业所得税。

4）国家鼓励的重点集成电路设计企业和软件企业，自获利年度起，第一年至第五年免征企业所得税，接续年度减按 10%的税率征收企业所得税。

5）符合条件的软件企业按照《财政部 国家税务总局关于软件产品增值税政策的通知》（财税〔2011〕100 号）的规定取得的即征即退增值税税款，由企业专项用于软件产品研发和扩大再生产并单独进行核算，可以作为不征税收入，在计算应纳税所得额时从收入总额中减除。

6）集成电路设计企业和符合条件的软件企业的职工培训费用，应单独进行核算并按实际发生额在计算应纳税所得额时扣除。

7）企业外购的软件凡符合固定资产或无形资产确认条件的，可以按照固定资产或无形资产进行核算，其折旧或摊销年限可以适当缩短，最短可为 2 年（含）。

8）集成电路生产企业的生产设备的折旧年限可以适当缩短，最短可为3年（含）。

符合条件的软件企业的认定较为严格，需要符合大量严格的量化标准。例如，要求企业拥有核心知识产权，大专以上学历职工的人数占比不低于40%，研发人员占企业员工总数的比例不低于20%，研发费用占收入的比重不低于5%，软件企业的软件产品开发销售收入占总收入的比重一般不低于50%，等等。

（4）创业投资企业从事国家需要重点扶持和鼓励的创业投资，可按投资额的一定比例抵扣应纳税所得额。公司制创业投资企业采取股权投资方式投资于符合条件的种子期、初创期科技型企业两年以上的，可以按照其投资额的70%在股权持有满两年的当年抵扣该创业投资企业的应纳税所得额；当年不足以抵扣的，可以在以后纳税年度结转抵扣。有限合伙制创业投资企业的法人合伙人和个人合伙人采用股权投资方式投资于符合条件的种子期、初创期科技型企业两年以上的，也可以按照投资额的70%抵扣其所得。

（5）固定资产加速折旧。企业的固定资产由于技术进步等原因，确需加速折旧的，可以缩短折旧年限或者采取加速折旧的方法。可以享受这一优惠的固定资产包括：

1）由于技术进步，产品更新换代较快的固定资产。

2）常年处于强震动、高腐蚀状态的固定资产。

企业采取缩短折旧年限方法的，对其购置的新固定资产，最低折旧年限不得低于税法规定折旧年限的60%；对其购置的已使用过的固定资产，最低折旧年限不得低于税法规定最低折旧年限减去已使用年限后剩余年限的60%。

6.4.5 民族自治地方企业所得税减免

民族自治地方的自治机关对本民族自治地方的企业应缴纳的企业所得税中属于地方分享的部分，可以决定减征或者免征。自治州、自治县决定减征或者免征的，须报省、自治区、直辖市人民政府批准。

对民族自治地方内国家限制和禁止行业的企业，不得减征或者免征企业所得税。

6.4.6 西部大开发的税收优惠

1. 政策适用范围

享受西部大开发税收优惠的西部地区包括重庆市、四川省、贵州省、云南省、西藏自治区、陕西省、甘肃省、宁夏回族自治区、青海省、新疆维吾尔自治区、新疆生产建设兵团、内蒙古自治区和广西壮族自治区。湖南省湘西土家族苗族自治州、湖北省恩施土家族苗族自治州、吉林省延边朝鲜族自治州，可以比照西部地区的税收政策执行。

2. 政策内容

（1）自2021年1月1日至2030年12月31日，对设在西部地区的鼓励类产业企业减按15%的税率征收企业所得税。该类企业是指以《西部地区鼓励类产业目录》中规定的产业项目为主营业务，且主营业务收入占企业收入总额60%以上的企业。

（2）西部地区2010年12月31日前新办的，根据《财政部 国家税务总局 海关总署关于西部大开发税收优惠政策问题的通知》（财税〔2001〕202号）第二条第三款规定可以享受企业所得税“两免三减半”优惠的交通、电力、水利、邮政、广播电视企业，其享受的企业所得税“两免三减半”优惠可以继续享受到期满为止。

实行汇总（合并）纳税的企业，应当将西部地区的成员企业与西部地区以外的成员企业分开，分别汇总（合并）申报纳税，分别适用税率。

6.4.7 非居民企业预提所得税优惠

非居民企业在中国境内未设立机构、场所的，或者虽设立机构、场所但取得的所得与其所设机构、场所没有实际联系的，其来源于中国境内的所得减按10%的税率征收企业所得税。下列三项所得可以免征企业所得税：

（1）外国政府向中国政府提供贷款取得的利息所得。

（2）国际金融组织向中国政府和居民企业提供优惠贷款取得的利息所得。

（3）经国务院批准的其他所得。

境外投资者以分得利润直接投资于鼓励类项目暂不征收预提所得税。

境外投资者以分得利润进行的直接投资，包括境外投资者以分得利润进行的增资、新建、股权收购等权益性投资行为，但不包括新增、转增、收购上市公司股份（符合条件的战略投资除外）。直接投资具体是指：新增或转增中国境内居民企业实收资本或者资本公积，在中国境内投资新建居民企业，从非关联方收购中国境内居民企业股权，财政部或国家税务总局规定的其他方式。

6.5 资产的税务处理及资产损失的税前扣除

税法规定，企业的各项资产，包括固定资产、生物资产、无形资产、长期待摊费用、投资资产、存货等，以历史成本为计税基础。其中，历史成本是企业取得该项资产时实际发生的支出。企业持有各项资产期间的资产增值或者减值，除国务院财政、税务主管部门规定可以确认损益外，不得调整该资产的计税基础。

6.5.1 固定资产的税务处理

固定资产是企业为生产产品、提供劳务、出租或者经营管理而持有的，使用时间超过12个月的非货币性资产，包括房屋、建筑物、机器、机械、运输工具以及其他与生产经营活动有关的设备、器具、工具等。

1. 固定资产的计税基础

根据税法的规定，固定资产的计税基础应当以历史成本，即取得该项资产时实际发生的支出为准。根据固定资产的来源，资产计税基础的具体规定如下：

（1）外购的固定资产的计税基础。外购的固定资产以购买价款和支付的相关税费以及直接归属于使该资产达到预定用途发生的其他支出为计税基础。

（2）自行建造与盘盈固定资产的计税基础。自行建造固定资产以竣工结算前发生的支出为计税基础。盘盈固定资产以同类固定资产的重置完全价值为计税基础。

（3）融资租入的固定资产的计税基础。融资租入的固定资产以租赁合同约定的付款总额和承租人在签订租赁合同过程中发生的相关费用为计税基础，租赁合同未约定付款总额的，以该资产的公允价值和承租人在签订租赁合同过程中发生的相关费用为计税基础。

（4）改建的固定资产的计税基础。除税法规定必须作为待摊费用支出外，以改建过程中发生的改建支出增加计税基础。其中，税法规定以下支出必须作为长期待摊费用摊销：一是已足额提取折旧的固定资产的改建支出；二是租入固定资产的改建支出。

（5）以其他方式取得的固定资产的计税基础。纳税人通过捐赠、投资、非货币性资产交换、债务重组等方式取得的固定资产，以该资产的公允价值和支付的相关税费为计税基础。

2. 固定资产的折旧范围

可以提取折旧的固定资产包括以下几类：

（1）房屋、建筑物。

（2）在用的机器设备、运输车辆、器具、工具。

（3）季节性停用和大修理停用的机器设备。

（4）以经营租赁方式租出的固定资产和以融资租赁方式租入的固定资产。

下列固定资产不得计算折旧扣除：

（1）房屋、建筑物以外未投入使用的固定资产。

（2）以经营租赁方式租入的固定资产。

（3）以融资租赁方式租出的固定资产。

（4）已足额提取折旧仍继续使用的固定资产。

（5）与经营活动无关的固定资产。

（6）单独估价作为固定资产入账的土地。

（7）其他不得计算折旧扣除的固定资产。

3. 固定资产折旧的计提

（1）折旧方法。原则上采用直线法计提折旧，计算的折旧准予扣除。

（2）提取时间。从固定资产投入使用月份的次月起计算折旧；停止使用的固定资产，应当自停止使用月份的次月起停止计算折旧。

（3）净残值。企业应当根据固定资产的性质和使用情况，合理确定固定资产的预计净残值。固定资产的预计净残值一经确定，不得变更。固定资产的残值应当从固定资产原价中减除。

4. 固定资产的最低折旧年限

除国务院财政、税务主管部门另有规定外，固定资产计算折旧的最低年限规定如下：

（1）房屋、建筑物的最低折旧年限为 20 年。

（2）飞机、火车、轮船、机器、机械和其他生产设备的最低折旧年限为 10 年。

（3）与生产经营活动有关的器具、工具、家具等的最低折旧年限为 5 年。

（4）飞机、火车、轮船以外的运输工具的最低折旧年限为 4 年。

（5）电子设备的最低折旧年限为 3 年。

（6）从事开采石油、天然气等矿产资源的企业，在开始商业性生产前发生的费用和有关固定资产的折耗、折旧方法，由国务院财政、税务主管部门另行规定。

5. 固定资产改扩建的税务处理

《国家税务总局关于企业所得税若干问题的公告》（国家税务总局公告2011年第34号）规定，企业对房屋、建筑物固定资产在未足额提取折旧前进行改扩建，属于推倒重置的，该资产原值减除折旧后的净值应并入重置后的固定资产计税成本，并在该固定资产投入使用后的次月起，按照税法规定的折旧年限一并计提折旧（该项公告出台之前，纳税人一般将被拆除房屋的净值作为财产损失在税前扣除。该项公告出台后，纳税人只能将其并入新建房屋的计税基础，以折旧的形式在税前扣除）。

属于提升功能、增加面积的改扩建支出，则并入该固定资产的计税基础，并从改扩建完工投入使用后的次月起，重新按税法规定的该固定资产折旧年限计提折旧。如果该改扩建后的固定资产尚可使用年限低于税法规定的最低年限，可以按尚可使用年限计提折旧。

6. 加速折旧新政策

企业在2018年1月1日至2023年12月31日期间新购进的设备、器具，单位价值不超过500万元的，允许一次性计入当期成本费用在计算应纳税所得额时扣除，不再分年度计算折旧；单位价值超过500万元的，可缩短折旧年限或采取加速折旧的方法。

上述规定中的设备、器具是指房屋、建筑以外的固定资产。涉及缩短折旧年限的，最低折旧年限不得低于前述固定资产折旧年限的60%；采取加速折旧方法的，可采用双倍余额递减法或者年数总和法。

6.5.2 生产性生物资产的税务处理

生产性生物资产是企业为生产农产品、提供劳务或者出租等而持有的生物资产，包括经济林、薪炭林、产畜和役畜等。

1. 生产性生物资产的计税基础

生产性生物资产按照以下方法确定计税基础：

（1）外购的生产性生物资产，以购买价款和支付的相关税费为计税基础。

（2）通过捐赠、投资、非货币性资产交换、债务重组等方式取得的生产性生物资产，以该资产的公允价值和支付的相关税费为计税基础。

2. 生产性生物资产折旧的计提

（1）折旧方法。原则上采用直线法计提折旧，计算的折旧准予扣除。

（2）提取时间。企业应当自生产性生物资产投入使用月份的次月起计算折旧；停止使用的生产性生物资产，应当自停止使用月份的次月起停止计算折旧。

（3）净残值。企业应当根据生产性生物资产的性质和使用情况，合理确定生产性生物资产的预计净残值。生产性生物资产的预计净残值一经确定，不得变更。

3. 生产性生物资产的最低折旧年限

（1）林木类生产性生物资产的最低折旧年限为10年。

（2）畜类生产性生物资产的最低折旧年限为3年。

6.5.3 无形资产的税务处理

无形资产是指企业为生产产品、提供劳务、出租或者经营管理而持有的，没有实物形态的非货币性长期资产，包括专利权、商标权、著作权、土地使用权、非专利技术等。

1. 无形资产的计税基础

无形资产按照以下方法确定计税基础：

（1）外购的无形资产，以购买价款和支付的相关税费以及直接归属于使该资产达到预定用途发生的其他支出为计税基础。

（2）自行开发的无形资产，以开发过程中该资产符合资本化条件后至达到预定用途前发生的支出为计税基础。

（3）通过捐赠、投资、非货币性资产交换、债务重组等方式取得的无形资产，以该资产的公允价值和支付的相关税费为计税基础。

2. 无形资产的摊销

（1）摊销方法。原则上采用直线法进行摊销，计算的摊销费用准予扣除。

（2）摊销时间。无形资产的摊销年限不得低于10年。

作为投资或者受让的无形资产，有关法律规定或者合同约定了使用年限的，可以按照规定或者约定的使用年限分期摊销。

外购商誉的支出，在企业整体转让或者清算时准予扣除。

6.5.4 长期待摊费用的税务处理

长期待摊费用是指不能一次性全部计入当期损益，而应当按照其受益时间分期摊销的各项费用。

1. 长期待摊费用的范围

在计算企业应纳税所得额时，企业发生的下列支出作为长期待摊费用按照规定摊销的，准予扣除。

（1）已足额提取折旧的固定资产的改建支出。

（2）租入固定资产的改建支出。

（3）固定资产的大修理支出。

（4）其他应当作为长期待摊费用的支出。

固定资产的改建支出是指改变房屋或者建筑物结构、延长使用年限等发生的支出。其中，除（1）（2）两项外，如果改建的固定资产延长使用年限，应当适当延长折旧年限。

2. 长期待摊费用的摊销方法

（1）已足额提取折旧的固定资产的改建支出，按照固定资产预计尚可使用年限分期摊销。

（2）租入固定资产的改建支出，按照合同约定的剩余租赁期限分期摊销。

（3）固定资产的大修理支出，按照固定资产尚可使用年限分期摊销。其中，固定资产的大修理支出是指同时符合下列条件的支出：一是修理支出达到取得固定资产时的计税基础50%以上；二是修理后固定资产的使用年限延长2年以上。

（4）其他长期待摊费用支出自支出发生月份的次月起分期摊销，摊销年限不得低于3年。

6.5.5 投资资产的税务处理

投资资产是指企业对外进行权益性投资和债权性投资形成的资产。对外投资期间，投资资产的成本在计算应纳税所得额时不得扣除。企业在转让或者处置投资资产时，投资资产的成本准予扣除。企业投资资产按以下方式确定成本：

（1）通过支付现金方式取得的投资资产，以购买价款为成本。

（2）通过支付现金以外的方式取得的投资资产，以该资产的公允价值和支付的相关税费为成本。

投资企业从被投资企业撤回或减少投资，其取得的资产中，相当于初始出资的部分，应确认为投资收回；相当于被投资企业累计未分配利润和累计盈余公积按减少实收资本比例计算的部分，应确认为股息所得；其余部分确认为资产转让所得。之所以区分股息所得和投资资产转让所得，是因为在《企业所得税法》体系下，符合条件的居民企业之间的股息、红利等权益性投资收益作为免税收入免征企业所得税，而股权转让所得是要纳税的。

例6-7

A公司向B公司投资1000万元，成为B公司的股东，并持有该公司10%的股份。4年后A公司决定撤资，撤资时B公司账面累计未分配利润2000万元，累计盈余公积800万元，A公司实际分回现金1500万元。请问A公司这笔业务该如何缴纳企业所得税？

分析：A公司分回的1500万元现金中，1000万元属于投资收回，被投资企业累计未分配利润和累计盈余公积按减少实收资本比例计算的股息所得为280万元（(2000+800)×10%），剩余的220万元（1500−1000−280）应当确认为投资资产转让所得。

按照《企业所得税法》的规定，符合条件的居民企业之间的股息、红利等权益性投资收益为免税收入。因此，A公司取得的280万元股息所得为免税收入，不需要缴纳企业所得税；取得的220万元投资资产转让所得应缴纳企业所得税55万元（220×25%）。

6.5.6 存货的税务处理

企业存货是指企业持有以备出售的产品或者商品、处在生产过程中的在产品、在生产或者提供劳务过程中耗用的材料和物料等。企业使用或者销售存货，按照规定计算的存货成本准予在计算应纳税所得额时扣除。

1. 存货成本的确定

企业存货按照以下方法确定成本：

(1) 通过支付现金方式取得的存货，以购买价款和支付的相关税费为成本。

(2) 通过支付现金以外的方式取得的存货，以该存货的公允价值和支付的相关税费为成本。

(3) 生产性生物资产收获的农产品，以产出或者采收过程中发生的材料费、人工费和分摊的间接费用等必要支出为成本。

2. 存货成本的计算方法

企业使用或者销售的存货成本的计算方法，可以在先进先出法、加权平均法、个别计价法中选用一种。计算方法一经选用，不得随意变更。

6.5.7 企业转让资产的税务处理

企业转让资产，该项资产的净值准予在计算应纳税所得额时扣除。资产或财产的净值，是指有关资产、财产的计税基础减除已经按照规定扣除的折旧、折耗、摊销、准备金等后的余额。除国务院财政、税务主管部门另有规定外，企业在重组过程中，应当在交易发生时确认有关资产的转让所得或者损失，相关资产应当按照交易价格重新确定计税基础。

6.5.8 资产损失的税前扣除

资产损失是指企业在生产经营活动中实际发生的、与取得应税收入相关的资产损失，包括现金损失，存款损失，坏账损失，贷款损失，股权投资损失，固定资产和存货的盘亏、毁损、报废、被盗损失，自然灾害等不可抗力因素造成的损失以及其他损失。

准予在企业所得税税前扣除的资产损失，是指企业在实际处置、转让上述资产过程中发生的合理损失（以下简称实际资产损失），以及企业虽未实际处置、转让上述资产，但符合规定条件计算确认的损失（以下简称法定资产损失）。

企业实际资产损失应当在其实际发生且会计上已做损失处理的年度申报扣除；法定资产损失应当在企业向主管税务机关提供证据资料证明该项资产符合法定资产损失确认条件，且会计上已做损失处理的年度申报扣除。

企业发生的资产损失按规定的程序和要求向主管税务机关申报后方能在税前扣除。未经申报的损失，不得在税前扣除。

企业以前年度发生的资产损失未能在当年税前扣除的，可以按照规定，向税务机关说明并进行专项申报扣除。其中，属于实际资产损失的，准予追补至该项损失发生年度扣除，其追补确认期限一般不得超过 5 年，但计划经济体制转轨过程中遗留的资产损失、企业重组上市过程中因权属不清出现争议而未能及时扣除的资产损失、因承担国家政策性任务而形成的资产损失以及政策定性不明确而形成的资产损失，其追补确认期限经国家税务总局批准后可适当延长。属于法定资产损失的，应在申报年度扣除。

企业因以前年度实际资产损失未在税前扣除而多缴的企业所得税税款，可在追补确认年度企业所得税应纳税款中予以抵扣，不足抵扣的，向以后年度递延抵扣。

企业实际资产损失发生年度扣除追补确认的损失后出现亏损的，应先调整资产损失发生年度的亏损额，再按弥补亏损的原则计算以后年度多缴的企业所得税税款，并按前款办法进行税务处理。

6.6 企业重组的所得税处理

现代经济生活中，企业并购活动异常活跃。2009 年 4 月 30 日财政部和国家税务总局联合发布《关于企业重组业务企业所得税处理若干问题的通知》（财税〔2009〕59 号，以下简称 59 号文），明确了企业重组所得税政策。

6.6.1 企业重组的定义

企业重组是指企业在日常经营活动以外发生的法律结构或经济结构重大改变的交易，包括企业法律形式改变、债务重组、股权收购、资产收购、合并、分立等。

1. 企业法律形式改变

企业法律形式改变是指企业注册名称、住所以及企业组织形式等的简单改变，但符合 59 号文规定的其他重组类型除外。例如，企业更名；将住所地由北京市迁移至上海市；有限责任公司变更为股份有限公司，或者有限责任公司变更为个人独资企业、合伙企业等。

2. 债务重组

债务重组是指在债务人发生财务困难的情况下，债权人按照其与债务人达成的书面协议或者法院裁定书，就债务人的债务做出让步的事项。例如，A 公司因向 B 公司销售产品而拥有 B 公司 10 万元债权，合同期届满，B 公司因经营不善无力还款，于是双方达成书面协议，同意将 A 公司的债权转为对 B 公司拥有的股权。

3. 股权收购

股权收购是指一家企业（以下称为收购企业）购买另一家企业（以下称为被收购企业）的股权，以实现对被收购企业控制的交易。收购企业支付对价的形式包括股权支付、非股权支付或两者的组合。

股权支付是指企业重组中购买、换取资产的一方支付的对价中，以本企业或其控股企业的股权、股份作为支付的形式；非股权支付是指以本企业的现金、银行存款、应收款项、本企业或其控股企业股权和股份以外的有价证券、存货、固定资产、其他资产以及承担债务等作为支付的形式。

例如，A 公司与 B 公司达成协议，A 公司收购 B 公司 60%的股权，A 公司支付给 B 公司股东的对价为一定数额的银行存款以及 A 公司控股的 C 公司 10%的股权，A 公司收购股权后实现了对 B 公司的控制。在该股权收购中，A 公司为收购企业，B 公司为被收购企业。

4. 资产收购

资产收购是指一家企业（以下称为受让企业）购买另一家企业（以下称为转让企

业）实质经营性资产的交易。受让企业支付对价的形式包括股权支付、非股权支付或两者的组合。例如，A公司与B公司达成协议，A公司购买B公司的经营性资产（包括固定资产、存货等），该经营性资产的公允价值为1 000万元，A公司支付的对价为本公司10%的股权、一定数额的银行存款以及承担B公司部分债务。在该资产收购中，A公司为受让企业，B公司为转让企业。

5. 合并

合并是指一家或多家企业（以下称为被合并企业）将其全部资产和负债转让给另一家现存或新设企业（以下称为合并企业），被合并企业股东换取合并企业的股权或非股权支付，实现两个或两个以上企业的依法合并。

合并可分为吸收合并和新设合并两种方式。吸收合并是指两个以上的企业合并时，其中一个企业吸收了其他企业而存续（以下称为存续企业），被吸收的企业解散。例如，A公司系股东X公司投资设立的有限责任公司，现将全部资产和负债转让给B公司，B公司支付给A公司股东X公司一定数额的银行存款作为对价，A公司解散。在该吸收合并中，A公司为被合并企业，B公司为合并企业，且为存续企业。新设合并是指两个以上企业合并为一个新企业，合并各方解散。例如，A公司和B公司均为X公司控股的子公司，A公司和B公司将全部资产和负债转让给C公司，C公司向X公司支付本公司30%的股权作为对价，合并完成后，A公司和B公司均解散。在该新设合并中，A公司和B公司为被合并企业，C公司为合并企业。

6. 分立

分立是指一家企业（以下称为被分立企业）将部分或全部资产分离转让给现存或新设的企业（以下称为分立企业），被分立企业股东换取分立企业的股权或非股权支付，实现企业的依法分立。

分立可以采取存续分立和新设分立两种形式。存续分立是指被分立企业存续，而其一部分分出去设立为一个或数个新的企业。例如，A公司将部分资产剥离，转让给B公司，同时为A公司股东换取B公司全部或部分股权，A公司继续经营。在该分立重组中，A公司为被分立企业，B公司为分立企业。新设分立是指被分立企业解散，分立出去的各方分别设立为新的企业。例如，A公司将全部资产分离转让给新设立的B公司、C公司，同时为A公司股东换取B公司、C公司全部或部分股权，A公司解散。

6.6.2 企业重组的一般性税务处理方法

1. 企业法律形式改变

（1）企业由法人组织转变为个人独资企业、合伙企业等非法人组织，或将登记注册地转移至中华人民共和国境外（包括我国港澳台地区）。该情况应视同企业进行清算、分配，股东重新投资成立新企业。企业的全部资产以及股东投资的计税基础均应以公允价值为基础确定。

需要注意的是，对企业清算的所得税处理应以《财政部 国家税务总局关于企业清算业务企业所得税处理若干问题的通知》（财税〔2009〕60号）为依据。

（2）企业发生其他法律形式简单改变。该情形指注册名称改变、地址变更等。根据59号文第四条第（一）项的规定，可直接变更税务登记，但另有规定的除外。有关企业所得税纳税事项（包括亏损结转、税收优惠等权益和义务）由变更后企业承继，但因住所发生变化而不符合税收优惠条件的除外。

2. 企业债务重组

（1）以非货币性资产清偿债务的，应当分解为转让相关非货币性资产、按非货币性资产公允价值清偿债务两项业务，确认相关资产的所得或损失。

（2）发生债权转股权的，应当分解为债务清偿和股权投资两项业务，确认有关债务清偿的所得或损失。

（3）债务人应当按照支付的债务清偿额低于债务计税基础的差额，确认债务重组所得；债权人应当按照收到的债务清偿额低于债权计税基础的差额，确认债务重组损失。

（4）债务人的相关所得税纳税事项原则上保持不变。

3. 股权收购和资产收购重组

（1）被收购方应确认股权、资产转让所得或损失。

（2）收购方取得股权或资产的计税基础应以公允价值为基础确定。

（3）被收购企业的相关所得税事项原则上保持不变。

4. 企业合并

（1）合并企业应按公允价值确定接受被合并企业各项资产和负债的计税基础。

（2）被合并企业及其股东都应按清算进行所得税处理。

（3）被合并企业的亏损不得在合并企业结转弥补。

例6-8

某年6月30日，A公司向B公司的股东支付银行存款1 000万元，对B公司进行吸收合并，并于当日取得B公司净资产。假定B公司当日资产账面价值3 500万元，公允价值4 000万元；负债账面价值2 500万元，公允价值3 000万元，则A公司应按资产公允价值4 000万元和负债公允价值3 000万元确定其计税基础。B公司应计算清算所得，B公司的亏损不得在A公司结转弥补。

5. 企业分立

（1）存续分立。存续分立时，被分立企业股东取得的对价应视同被分立企业分配进行处理。

（2）新设分立。新设分立时，被分立企业及其股东都应按清算进行所得税处理。

无论是存续分立还是新设分立，被分立企业对分立出去的资产都应按公允价值确认资产转让所得或损失；分立企业应按公允价值确认接受资产的计税基础。

在一般分立重组中，相关企业的亏损不得相互结转弥补。

6.6.3 企业重组的特殊性税务处理方法

1. 适用特殊性税务处理方法的条件

根据59号文第五条的规定，享受税收优惠政策的特殊重组需同时满足以下条件：

（1）具有合理的商业目的，且不以减少、免除或者推迟缴纳税款为主要目的。

（2）被收购、合并或分立部分的资产或股权比例符合 59 号文规定的比例。

（3）企业重组后的连续 12 个月内不改变重组资产原来的实质性经营活动。

（4）重组交易对价中涉及股权支付的金额符合 59 号文规定的比例。

（5）企业重组中取得股权支付的原主要股东，在重组后连续 12 个月内不得转让所取得的股权。

2. 债务重组的特殊性税务处理

（1）企业债务重组确认的应纳税所得额占该企业当年应纳税所得额 50%以上，可以在 5 个纳税年度内均匀计入各年度的应纳税所得额。

（2）企业发生债权转股权业务，对债务清偿和股权投资两项业务暂不确认有关债务清偿所得或损失，股权投资的计税基础以原债权的计税基础确定。企业的其他相关所得税事项保持不变。

对债转股业务，59 号文规定暂不确认债务清偿所得或损失，这意味着只要债转股企业未将股份转让，即可享受暂免税的优惠政策。

3. 股权收购和资产收购的特殊性税务处理

股权收购和资产收购享受特殊性税务处理的比例要求为：

（1）股权收购中，收购企业购买的股权不低于被收购企业全部股权的 50%；资产收购中，受让企业收购的资产不低于转让企业全部资产的 50%。

（2）股权收购中，收购企业在该股权收购发生时的股权支付金额不低于其交易支付总额的 85%；资产收购中，受让企业在该资产收购发生时的股权支付金额不低于其交易支付总额的 85%。

股权收购和资产收购享受特殊性税务处理同时满足上述条件的，可以选择按以下规定处理：

（1）股权收购中，被收购企业的股东取得收购企业股权的计税基础，以被收购股权的原有计税基础确定；资产收购中，转让企业取得受让企业股权的计税基础，以被转让资产的原有计税基础确定。

（2）股权收购中，收购企业取得被收购企业股权的计税基础，以被收购股权的原有计税基础确定；资产收购中，受让企业取得转让企业资产的计税基础，以被转让资产的原有计税基础确定。

（3）收购企业、被收购企业的原有各项资产和负债的计税基础和其他相关所得税事项保持不变。

这意味着符合条件的股权收购或资产收购将不再确认各方转让所得。

需要注意的是，根据 59 号文第六条的规定，特殊性税务处理仅是针对重组业务中的股权支付，暂不确认相应的资产转让所得或损失，非股权支付仍应在交易当期确认相应的资产转让所得或损失，并调整相应资产的计税基础。

$$\begin{matrix}\text{非股权支付对应的}\\\text{资产转让所得或损失}\end{matrix}=\left(\begin{matrix}\text{被转让资产的}\\\text{公允价值}\end{matrix}-\begin{matrix}\text{被转让资产的}\\\text{计税基础}\end{matrix}\right)\times\left(\begin{matrix}\text{非股权}\\\text{支付金额}\end{matrix}\div\begin{matrix}\text{被转让资产的}\\\text{公允价值}\end{matrix}\right)$$

例6-9

甲公司共有股份1 000万股，乙公司收购其中的80%，从而成为甲公司的母公司。假定收购日甲公司每股资产的计税基础为7元，公允价值为9元。在收购对价中乙公司以股权支付形式支付6 480万元，以银行存款支付720万元，共支付7 200万元。请计算甲公司股东取得的资产转让所得。

分析：乙公司购买的股权为甲公司全部股权的80%，高于50%的比例限制；乙公司的股权支付金额占交易支付总额的90%（6 480÷7 200），高于85%的比例，符合实行特殊性税务处理的条件，因此，甲公司股东取得的股权支付所得实际上是不产生转让所得的。

$$\text{甲公司股东取得的资产转让所得}=(7\,200-1\,000\times80\%\times7)\times(720\div7\,200)$$
$$=160(\text{万元})$$

4. 企业合并的特殊性税务处理

适用特殊性税务处理的企业合并包括：

（1）企业股东在该企业合并发生时取得的股权支付金额不低于其交易支付总额的85%。

（2）同一控制下且不需要支付对价的企业合并。同一控制下的企业合并，是指参与合并的企业在合并前后均受同一方或相同的多方最终控制，且该控制并非暂时性的。从最终控制方的角度来看，该项交易仅是其原本已经控制的资产、负债空间位置的转移，原则上不应影响所涉及资产、负债的计价基础的变化。因此，同一控制下且无须支付对价的企业合并可适用特殊性税务处理。

满足上述条件之一的企业合并重组，可以选择按以下规定处理：

（1）合并企业接受被合并企业资产和负债的计税基础，以被合并企业的原有计税基础确定。

（2）被合并企业合并前的相关所得税事项由合并企业承继。

（3）可由合并企业弥补的被合并企业亏损的限额＝被合并企业净资产公允价值×截至合并业务发生当年年末国家发行的最长期限的国债利率。

（4）被合并企业股东取得合并企业股权的计税基础，以其原持有的被合并企业股权的计税基础确定。

与股权收购、资产收购的特殊性税务处理相同，符合条件的股权支付暂不确认有关资产的转让所得或损失，非股权支付额仍应在交易当期确认相应的资产转让所得或损失，并调整相应资产的计税基础。

例6-10

A公司2015年12月31日资产负债表显示，该公司资产4 000万元，负债2 200万元，所有者权益1 800万元。2016年1月1日，A公司将其全部资产和负债转让给B公司，合并后A公司解散。为进行该项企业合并，B公司向A公司股东发行了1 800万股本公司普通股（每股面值1元）作为对价。假定2016年年末国家发行的最长期限的国债利率为6%。A公司上年亏损200万元。

分析：该项合并符合特殊性税务处理条件，B公司的税务处理为：B公司接受A

公司资产和负债的计税基础以原计税基础确定，暂不确认资产的转让所得或损失，可由B公司弥补的A公司亏损限额为108万元（1 800×6%）。

A公司的股东不会产生股权转让所得或损失。

5. 企业分立的特殊性税务处理

适用特殊性税务处理的企业分立的条件为：

（1）被分立企业所有股东按原持股比例取得分立企业的股权，分立企业和被分立企业均不改变原来的实质性经营活动。

（2）被分立企业股东在该企业分立发生时取得的股权支付金额不低于其交易支付总额的85%。

同时满足上述条件的企业，可以选择按以下规定进行税务处理：

（1）分立企业接受被分立企业资产和负债的计税基础，以被分立企业的原有计税基础确定。

（2）被分立企业已分立出去资产相应的所得税事项由分立企业承继。

（3）被分立企业未超过法定弥补期限的亏损额可按分立资产占全部资产的比例进行分配，由分立企业继续弥补。

（4）被分立企业的股东取得分立企业的股权（以下简称“新股”），如需部分或全部放弃原持有的被分立企业的股权（以下简称“旧股”），“新股”的计税基础应以放弃“旧股”的计税基础确定。如不需要放弃“旧股”，则其取得“新股”的计税基础可从以下两种方法中选择确定：直接将“新股”的计税基础确定为零；或者以被分立企业分立出去的净资产占被分立企业全部净资产的比例先调减原持有的“旧股”的计税基础，再将调减的计税基础平均分配到“新股”上。

与企业合并相同，特殊性税务处理办法仅针对股权支付部分，非股权支付额仍应在交易当期确认相应的资产转让所得或损失，并调整相应资产的计税基础。

例6-11

A公司系由甲、乙两个投资者共同投资设立的一家有限责任公司，每位股东均出资500万元，A公司注册资本1 000万元。现拟将A公司的一个分部设立为B公司，A公司存续经营且股东不变。B公司成立后，除向A公司原股东支付股权外，未向A公司及其股东支付其他任何利益，甲、乙两位股东仍按1∶1比例对B公司持股。A公司分立前资产、负债和净资产的账面价值分别为3 800万元、2 500万元和1 300万元，计税基础分别为3 600万元、2 300万元和1 300万元，公允价值分别为4 500万元、2 500万元和2 000万元；分立后B公司资产、负债和净资产的账面价值分别为1 600万元、900万元和700万元，公允价值分别为1 800万元、900万元和900万元。A公司和B公司均不改变原来的实质性经营活动。①

分析：（1）判断是否属于免税重组。因分立时未发生非股权支付额且满足其他条件，应认定为免税重组。

① 李利威．解读财税〔2009〕59号：企业重组业务所得税处理的若干问题．[2009-05-26]．中国税务网．

（2）A公司税务处理。被分立企业A公司不计算分立资产的转让所得，即分立出去的净资产公允价值虽然高于账面价值，但不需要缴纳所得税。

（3）A公司在分立时如果有未超过法定补亏期限的亏损，可按B公司分立资产占A公司资产的比例进行分配，由B公司在分立后的剩余补亏期限内弥补。

（4）如果没有新的投资者加入，B公司建账时可按原资产和负债的计税基础确定计税基础。

（5）假定B公司的注册资本为700万元，甲、乙在B公司仍平均持股，每位股东的股权份额为350万元。由于在免税业务中对A公司的两位股东未计算股权转让所得或损失，为防止有关各方利用分立业务进行避税，59号文对被分立公司股东的股权投资计税基础的变化做了限制规定。简单来说，原股东在分立后各相关企业的股权投资的计税基础应与分立前持平。甲、乙两位股东在A，B公司股权的计税基础可从下列两种方法中选择：

1）甲、乙两位股东在B公司股权投资的计税基础为零，在A公司股权投资的计税基础仍为各500万元。

2）调整计算。首先计算在B公司股权投资的计税基础总额：

$$\begin{array}{c}\text{股东持有的旧股}\\\text{（A公司）的总成本}\end{array}\times\begin{array}{c}\text{B公司分立的}\\\text{净资产（公允价值）}\end{array}\div\begin{array}{c}\text{A公司原总净资产}\\\text{（公允价值）}\end{array}=1\,000\times900\div2\,000=450\text{（万元）}$$

然后计算A公司股权投资的计税基础总额：

$$\begin{array}{c}\text{股东持有的旧股}\\\text{（A公司）的总成本}\end{array}-\begin{array}{c}\text{B公司股权投资的}\\\text{计税基础}\end{array}=1\,000-450=550\text{（万元）}$$

6．跨境重组的特殊性税务处理

59号文对涉外的股权和资产收购交易适用特殊性税务处理的情况做了特殊约定，即除了满足上述规定外，另需同时满足以下条件：

（1）非居民企业向其100%直接控股的另一非居民企业转让其拥有的居民企业股权，没有因此造成以后该项股权转让所得预提税负担的变化，且转让方非居民企业向主管税务机关书面承诺在3年（含3年）内不转让其拥有的受让方非居民企业的股权。

（2）非居民企业向与其具有100%直接控股关系的居民企业转让其拥有的另一居民企业股权。

（3）居民企业以其拥有的资产或股权向其100%直接控股的非居民企业进行投资。

（4）财政部、国家税务总局核准的其他情形。

上述第（3）项所指的居民企业以其拥有的资产或股权向其100%直接控股的非居民企业进行投资，其资产或股权转让收益如选择特殊性税务处理，可以在10个纳税年度内均匀计入各年度应纳税所得额。

7．税收优惠政策的承续

59号文第九条对合并和分立重组的税收优惠政策承续问题做出明确规定：

（1）吸收合并。在企业吸收合并中，合并后的存续企业性质及适用税收优惠的条件未发生改变的，可以继续享受合并前该企业剩余期限的税收优惠，其优惠金额按存续企业合并前一年的应纳税所得额（亏损计为零）计算。

（2）存续分立。在企业存续分立中，分立后的存续企业性质及适用税收优惠的条件未发生改变的，可以继续享受分立前该企业剩余期限的税收优惠，其优惠金额按该企业分立前一年的应纳税所得额（亏损计为零）乘以分立后存续企业资产占分立前该企业全部资产的比例计算。

企业发生符合59号文规定的特殊性重组业务并选择特殊性税务处理的，当事各方应在该重组业务完成当年企业所得税年度申报时，向主管税务机关提交书面备案资料，证明其符合各类特殊性重组规定的条件。企业未按规定书面备案的，一律不得按特殊重组业务进行税务处理。

6.7 应纳税额的计算

6.7.1 居民企业查账征收应纳税额的计算

一般情况下，居民企业应采用查账征收的方式计算应纳税额。居民企业应纳税额等于应纳税所得额乘以适用税率，减除按照规定减免和抵免的税额后的余额，其计算公式为：

应纳税额＝应纳税所得额×适用税率－减免税额－抵免税额

1. 应纳税所得额的纳税调整

在6.3节中，已知应纳税所得额的计算公式是：

应纳税所得额＝收入总额－不征税收入－免税收入－各项扣除－以前年度亏损

在实务处理中，会计人员根据会计利润总额进行纳税调整后，计算得出应纳税所得额。前者运用直接计算法，后者运用间接计算法。

会计利润总额和应纳税所得额的差异项目可以分为永久性差异和暂时性差异。永久性差异不影响其他会计期间或纳税年度，也不会在未来得到弥补；暂时性差异会影响其他会计期间或纳税年度，未来差异会得以消除。不论是永久性差异还是暂时性差异，都是纳税调整的重要内容。

例6－12

某居民企业某年实现会计利润总额120万元，在当年生产经营活动中发生公益性捐赠支出20万元，企业购买了价值30万元的环境保护专用设备。假设无其他纳税调整项目，当年企业应缴纳多少企业所得税？

公益性捐赠支出税前扣除限额＝120×12%＝14.4(万元)

捐赠支出纳税调增额＝20－14.4＝5.6(万元)

购买环境保护专用设备投资额的10%可以从企业当年的应纳税额中抵免。

应纳税款＝(120＋5.6)×25%－30×10%＝28.4(万元)

2. 境外所得抵免税额的计算

所谓抵免，是指从当期应纳税额中扣除一定的税额，从而减轻纳税人的纳税负担。

由于各国税收管辖权重叠，跨国经营的纳税人往往面临被重复课税的问题。境外已纳税额扣除，是避免国家间对同一所得重复征税的一项重要措施。我国税法规定对境外已纳税款实行限额抵免的制度。

（1）适用税收抵免的境外（包括港澳台地区，下同）所得的范围。

1）居民企业可以就其取得的境外所得直接缴纳和间接负担的境外企业所得税性质的税额进行抵免。

2）非居民企业（外国企业）在中国境内设立的机构（场所）可以就其取得的发生在境外，但与其有实际联系的所得直接缴纳的境外企业所得税性质的税额进行抵免。

（2）抵免限额的计算。抵免限额是境外所得按照我国企业所得税法相关规定计算的应纳税额。抵免限额应当分国（地区）、不分项计算（简称分国抵免法），或者不分国、不分项计算（简称综合抵免法）。上述方式一经选择，5年内不得改变。限额之内，在境外实际缴纳的税额可以据实抵免；超限额部分，以后5个纳税年度未用足的抵免限额余额继续抵免。

$$\text{境外所得税税额的抵免限额}=\text{境内外所得按税法计算的应纳税总额}\times\text{来源于某国(地区)或境外的所得}\div\text{境内外所得总额}$$

（3）境外所得税税额抵免的类型。境外税额抵免分为直接抵免和间接抵免。直接抵免主要适用于总分机构之间，间接抵免主要适用于母子公司或母子孙（曾孙）公司之间。

1）直接抵免是指居住国政府对其总公司所属的外国分公司所缴纳的外国政府公司所得税，允许总公司在应缴本国政府的公司所得税内给予抵免。根据法律规定，分公司与总公司是同一法人，总公司设在国外的分公司不具有独立法人的地位，分公司所缴纳的外国政府所得税就可以看作总公司直接缴纳的，因而可以直接从总公司汇总缴纳的本国政府所得税税额中扣减。直接抵免主要适用于企业就来源于境外的营业利润所得在境外所缴纳的企业所得税，以及就来源于或发生于境外的股息、红利等权益性投资所得，利息、租金、特许权使用费、财产转让等所得在境外被源泉扣缴的预提所得税。

例6-13

某居民企业全年境内所得为100万元，境外分支机构所得亦为100万元；境外所得来源国适用的所得税税率为23%。

境外所得税税额的抵免限额＝(100＋100)×25%×100÷(100＋100)＝25(万元)

实际抵免税额＝100×23%＝23(万元)

如果所得来源国税率为30%，则只能抵免25万元（100×25%），当年未抵免的5万元留待以后5年内抵免。

2）间接抵免是指我国居民企业从符合条件的外国企业分得来源于中国境外的股息、红利等权益性投资收益，外国企业就分配股息前的利润缴纳的外国所得税税额中由我国居民企业就其分得的股息性质的所得间接负担的部分，在我国的应纳税额中给予抵免。例如，我国居民企业（母公司）的境外子公司在所在国（地区）缴纳企业所得税后，将税后利润的一部分作为股息、红利分配给该母公司，子公司在境外就其应税所得实际缴纳的企业所得税税额中按母公司所得股息占全部税后利润之比计算的部分即属于该母公司间接负担的境外企业所得税税额。

上述符合条件的外国企业是指由居民企业直接或间接控制的外国企业。直接控制是指居民企业直接持有外国企业 20%以上股份。间接控制是指居民企业以间接持股方式持有外国企业 20%以上股份。

由居民企业直接或者间接持有 20%以上股份的外国企业，限于符合以下持股方式的五层外国企业：

第一层：企业直接持有 20%以上股份的外国企业。

第二层至第五层：单一上一层外国企业直接持有 20%以上股份，且由该企业直接持有或通过一个或多个符合《财政部 国家税务总局关于企业境外所得税收抵免有关问题的通知》（财税〔2009〕125 号，简称 125 号文）第六条规定持股方式的外国企业间接持有总和达到 20%以上股份的外国企业。

需要注意的是，这里的股份采用连乘法计算，而非会计上对股份公司的间接股份判断所采用的相加方法。例如，我国母公司拥有某国子公司 50%的股份，子公司又拥有孙公司 45%的股份。在这多层控股公司中，每一层均拥有下一层 20%以上的股份，母公司与子公司属直接控制；母公司与孙公司属间接控制，持股比例为 22.5%（50%×45%），符合我国规定的持股比例，可实行间接抵免。若子公司只拥有孙公司 25%的股份，虽然母公司与孙公司也属间接控制，但持股比例为 12.5%（50%×25%），不符合税法规定的持股比例，因此不能实行间接抵免。

境外所得间接负担税额的计算从最低一层外国企业起逐层计算，计算公式如下：

$$\begin{array}{c}\text{本层企业所纳税额属于}\\\text{由一家上一层企业负担的税额}\end{array}=\left(\begin{array}{c}\text{本层企业就利润和投资}\\\text{收益所实际缴纳的税额}\end{array}+\begin{array}{c}\text{符合 125 号文规定的由}\\\text{本层企业间接负担的税额}\end{array}\right)\times\begin{array}{c}\text{本层企业向一家上一层}\\\text{企业分配的股息(红利)}\end{array}\div\begin{array}{c}\text{本层企业}\\\text{所得税后利润额}\end{array}$$

《企业境外所得税收抵免操作指南》规定：

a. 本层企业是指实际分配股息（红利）的境外被投资企业。

b. 本层企业就利润和投资收益所实际缴纳的税额是指本层企业按所在国税法就利润缴纳的企业所得税和在被投资方所在国就分得的股息等权益性投资收益被源泉扣缴的预提所得税。

c. 符合 125 号文规定的由本层企业间接负担的税额是指该层企业由于从下一层企业分回股息（红利）而间接负担的由下一层企业就其利润缴纳的企业所得税税额。

d. 本层企业向一家上一层企业分配的股息（红利）是指该层企业向上一层企业实际分配的扣缴预提所得税前的股息（红利）数额。

e. 本层企业所得税后利润额是指该层企业实现的利润总额减去就其利润实际缴纳的企业所得税后的余额。

例 6 - 14

我国某居民企业拥有设在某外国的子公司 50%的股份。子公司在某纳税年度取得应纳税所得额 300 万元，所得税税率为 20%，预提税税率为 10%；母公司在本国取得应纳税所得额 400 万元，所得税税率为 25%。子公司缴纳该国公司所得税 60 万元(300×20%)

后，从其税后利润240万元中按股权比重分给母公司股息120万元，在子公司所在国被征收预提所得税12万元（120×10%）。计算母公司境外所得在我国可以得到抵免的税额。

子公司所纳税额属于由母公司负担的税额$=300\times20\%\times(120\div240)=30$（万元）

母公司来自国外子公司的所得$=120\div(1-20\%)=150$（万元）

或 $=120+30=150$（万元）

母公司取得的所得在境外实际缴纳(或负担)的税额$=12+30=42$（万元）

母公司境内外所得按我国税法计算的应纳所得税额$=(400+150)\times25\%=137.5$（万元）

抵免限额$=137.5\times150\div(400+150)=150\times25\%=37.5$（万元）

抵免限额37.5万元小于母公司取得的所得在境外实际缴纳（或负担）的税额42万元，因此在我国可以得到抵免的税额为37.5万元。

母公司实际应缴纳本国所得税＝137.5－37.5＝100万元，即母公司应向我国政府缴纳100万元所得税。

6.7.2 居民企业核定征收应纳税额的计算

核定征收和查账征收都是计征税款的方式。正常情况下应采用查账征收的方式，在特定情况下可以采用核定征收方式，其最大的特点就是不需要掌握纳税人全面的纳税资料，计征方式相对简化。《国家税务总局关于印发〈企业所得税核定征收办法（试行）〉的通知》（国税发〔2008〕30号）对居民企业核定征收企业所得税的相关问题做了如下规定。

1. 核定征收企业所得税的范围

纳税人具有下列情形之一的，核定征收企业所得税：

（1）依照法律、行政法规的规定可以不设置账簿的。

（2）依照法律、行政法规的规定应当设置但未设置账簿的。

（3）擅自销毁账簿或者拒不提供纳税资料的。

（4）虽设置账簿，但账目混乱或者成本资料、收入凭证、费用凭证残缺不全，难以查账的。

（5）发生纳税义务，未按照规定的期限办理纳税申报，经税务机关责令限期申报，逾期仍不申报的。

（6）申报的计税依据明显偏低，又无正当理由的。

特殊行业、特殊类型的纳税人和一定规模以上的纳税人不适用本办法。特殊纳税人包括：享受《企业所得税法》及其实施条例和国务院规定的一项或几项企业所得税优惠政策的企业（不包括仅享受《企业所得税法》第二十六条规定免税收入优惠政策的企业）；汇总纳税企业；上市公司；银行、信用社、小额贷款公司、保险公司、证券公司、期货公司、信托投资公司、金融资产管理公司、融资租赁公司、担保公司、财务公司、典当公司等金融企业；会计、审计、资产评估、税务、房地产估价、土地估价、工程造价、律师、价格鉴证、公证机构、基层法律服务机构、专利代理、商标代理以及其他经济鉴证类社会中介机构；国家税务总局规定的其他企业（自2012年1月1日起，专门从事股权（股票）投资业务的企业，不得核定征收企业所得税）。

2. 核定征收的方法

具有下列情形的，核定其应税所得率：

(1) 能正确核算（查实）收入总额，但不能正确核算（查实）成本费用总额的。

(2) 能正确核算（查实）成本费用总额，但不能正确核算（查实）收入总额的。

(3) 通过合理方法能计算和推定纳税人收入总额或成本费用总额的。

纳税人不属于以上情形的，核定其应纳所得税额。

采用应税所得率方式核定征收企业所得税的，计算公式如下：

应纳所得税额＝应纳税所得额×适用税率

应纳税所得额＝应税收入额×应税所得率

或　　＝成本(费用)支出额÷(1－应税所得率)×应税所得率

实行核定应税所得率方式征收企业所得税的纳税人经营多业的，无论其经营项目是否单独核算，均由税务机关根据其主营项目确定适用的应税所得率。

应税所得率按表6-2规定的幅度标准确定。

表6-2 应税所得率的幅度标准

行业	应税所得率（%）
农林牧渔业	3～10
制造业	5～15
批发和零售贸易业	4～15
交通运输业	7～15
建筑业	8～20
饮食业	8～25
娱乐业	15～30
其他行业	10～30

纳税人的生产经营范围、主营业务发生重大变化，或者应纳税所得额或应纳税额增减变化达到20%的，应及时向税务机关申报调整已确定的应纳税额或应税所得率。

6.7.3 非居民企业查账征收应纳税额的计算

(1) 非居民企业在我国境内有机构、场所，且取得的所得与设在中国境内的机构、场所有实际联系的应纳税额的计算。这种情况下，其应纳税额的计算参见6.7.1节。

(2) 非居民企业在我国境内未设立机构、场所，或者虽设立机构、场所但取得的所得与设在中国境内的机构、场所没有实际联系的应纳税额的计算。这种情况下，应由境内支付所得的一方代扣代缴税款，即采用征收预提所得税的方式。

非居民企业的所得按下列方法计算应纳税所得额：

1) 股息、红利等权益性投资收益和利息、租金、特许权使用费所得以收入全额为应纳税所得额。

2）转让财产所得以收入全额减除财产净值后的余额为应纳税所得额。

3）其他所得参照前两项规定的方法计算应纳税所得额。

扣缴企业所得税应纳税额的计算公式为：

扣缴企业所得税应纳税额＝应纳税所得额×实际征收率

实际征收率是指《企业所得税法》及其实施条例等相关法律法规规定的税率，或者税收协定规定的更低的税率。

6.7.4 非居民企业所得税核定征收办法

根据《国家税务总局关于印发〈非居民企业所得税核定征收管理办法〉的通知》（国税发〔2010〕19号）的规定，非居民企业因会计账簿不健全、资料残缺难以查账，或者其他原因不能准确计算并据实申报其应纳税所得额的，税务机关有权采取以下方法核定其应纳税所得额。

1. 按收入总额核定应纳税所得额

适用于能够正确核算收入或通过合理方法推定收入总额，但不能正确核算成本费用的非居民企业。计算公式如下：

应纳税所得额＝收入总额×经税务机关核定的利润率

2. 按成本费用核定应纳税所得额

适用于能够正确核算成本费用，但不能正确核算收入总额的非居民企业。计算公式如下：

$$\frac{\text{应纳税}}{\text{所得额}}=\frac{\text{成本费用}}{\text{总额}}\div\left(1-\frac{\text{经税务机关}}{\text{核定的利润率}}\right)\times\frac{\text{经税务机关}}{\text{核定的利润率}}$$

3. 按经费支出换算收入核定应纳税所得额

适用于能够正确核算经费支出总额，但不能正确核算收入总额和成本费用的非居民企业。计算公式如下：

$$\frac{\text{应纳税}}{\text{所得额}}=\frac{\text{经费支出}}{\text{总额}}\div\left(1-\frac{\text{经税务机关}}{\text{核定的利润率}}\right)\times\frac{\text{经税务机关}}{\text{核定的利润率}}$$

税务机关可按照以下标准确定非居民企业的利润率：从事承包工程作业、设计和咨询劳务的，利润率为15%～30%；从事管理服务的，利润率为30%～50%；从事其他劳务或劳务以外经营活动的，利润率不低于15%。税务机关有根据认为非居民企业的实际利润率明显高于上述标准的，可以按照比上述标准更高的利润率核定其应纳税所得额。

非居民企业与中国居民企业签订机器设备或货物销售合同，同时提供设备安装、装配、技术培训、指导、监督服务等劳务，其销售货物合同中未列明提供上述劳务服务收费金额，或者计价不合理的，主管税务机关可以根据实际情况，参照相同或相近业务的计价标准核定劳务收入。无参照标准的，以不低于销售货物合同总价款的10%为原则，确定非居民企业的劳务收入。

6.8　征收管理

6.8.1　纳税申报

1. 纳税地点

居民企业以企业登记注册地为纳税地点。登记注册地在境外的，以实际管理机构所在地为纳税地点。居民企业在中国境内设立不具有法人资格的营业机构的，应当汇总计算并缴纳企业所得税。

非居民企业在中国境内设立机构、场所取得来源于中国境内的所得，以及发生在中国境外，但与其所设机构、场所有实际联系的所得，以机构、场所所在地为纳税地点。非居民企业在中国境内设立两个或者两个以上机构、场所的，经税务机关审核批准，可以选择由其主要机构、场所汇总缴纳企业所得税。

非居民企业在中国境内未设立机构、场所的，或者虽设立机构、场所但取得的所得与其所设机构、场所没有实际联系的，应当就其来源于中国境内的所得缴纳企业所得税，以扣缴义务人所在地为纳税地点。

除国务院另有规定外，企业之间不得合并缴纳企业所得税。

2. 纳税期限

企业所得税的纳税年度为公历 1 月 1 日起至 12 月 31 日止。企业在一个纳税年度中间开业，或者终止经营活动，使该纳税年度的实际经营期不足 12 个月的，应当以其实际经营期为一个纳税年度。企业依法清算时，应当以清算期间作为一个纳税年度。

3. 征收办法

企业所得税实行按年计算、分月或分季预缴、年终汇算清缴的征收办法。

（1）预缴税款。企业分月或者分季预缴企业所得税时，应当按照月度或者季度的实际利润额预缴；按照月度或者季度的实际利润额预缴有困难的，可以按照上一纳税年度应纳税所得额的月度或者季度平均额预缴，或者按照经税务机关认可的其他方法预缴。预缴方法一经确定，该纳税年度内不得随意变更。

企业应当自月份或者季度终了之日起 15 日内，向税务机关报送预缴企业所得税纳税申报表，预缴税款。

除国债利息收入、以前年度未弥补亏损以外的永久性差异和暂时性差异，在预缴税款时一般不予调整。

（2）汇算清缴。实行查账征收的企业适用汇算清缴的办法，核定征收企业所得税的纳税人不进行汇算清缴。企业自年度终了之日起 5 个月内，向税务机关报送企业所得税年度纳税申报表（A 类），并汇算清缴，结清应缴应退税款（见表 6－3）。

企业在纳税年度内无论盈利还是亏损，都应当依照《企业所得税法》规定的期限，向税务机关报送预缴企业所得税纳税申报表、企业所得税年度纳税申报表、财务会计报告和税务机关规定应当报送的其他有关资料。

表6-3 中华人民共和国企业所得税年度纳税申报表（A类）

行次	类别	项目	金额
1	利润总额计算	一、营业收入（填写A101010\101020\103000）	
2		减：营业成本（填写A102010\102020\103000）	
3		减：税金及附加	
4		减：销售费用（填写A104000）	
5		减：管理费用（填写A104000）	
6		减：财务费用（填写A104000）	
7		减：资产减值损失	
8		加：公允价值变动收益	
9		加：投资收益	
10		二、营业利润（1－2－3－4－5－6－7＋8＋9）	
11		加：营业外收入（填写A101010\101020\103000）	
12		减：营业外支出（填写A102010\102020\103000）	
13		三、利润总额（10＋11－12）	
14	应纳税所得额计算	减：境外所得（填写A108010）	
15		加：纳税调整增加额（填写A105000）	
16		减：纳税调整减少额（填写A105000）	
17		减：免税、减计收入及加计扣除（填写A107010）	
18		加：境外应税所得抵减境内亏损（填写A108000）	
19		四、纳税调整后所得（13－14＋15－16－17＋18）	
20		减：所得减免（填写A107020）	
21		减：弥补以前年度亏损（填写A106000）	
22		减：抵扣应纳税所得额（填写A107030）	
23		五、应纳税所得额（19－20－21－22）	
24	应纳税额计算	税率（25%）	
25		六、应纳所得税额（23×24）	
26		减：减免所得税额（填写A107040）	
27		减：抵免所得税额（填写A107050）	
28		七、应纳税额（25－26－27）	
29		加：境外所得应纳所得税额（填写A108000）	
30		减：境外所得抵免所得税额（填写A108000）	
31		八、实际应纳所得税额（28＋29－30）	
32		减：本年累计实际已缴纳的所得税额	
33		九、本年应补（退）所得税额（31－32）	
34		其中：总机构分摊本年应补（退）所得税额（填写A109000）	
35		财政集中分配本年应补（退）所得税额（填写A109000）	
36		总机构主体生产经营部门分摊本年应补（退）所得税额（填写A109000）	
37	实际应纳税额计算	减：民族自治地区企业所得税地方分享部分：（□免征 □减征：减征幅度____%）	
38		十、本年实际应补（退）所得税额（33-37）	

申报表共 37 张，包含 1 张基础信息表，1 张主表，6 张收入费用明细表，13 张纳税调整表，1 张弥补亏损表，9 张税收优惠表，4 张境外所得抵免表，2 张汇总纳税表。

在填写企业所得税年度纳税申报表（A 类）时，第 23 行“应纳税所得额”不得为负数。如果应纳税所得额的计算结果为负数，本行应填零。

（3）货币折算。企业所得税以人民币计算；所得以人民币以外的货币计算的，应当折合成人民币计算并缴纳税款。

企业所得以人民币以外的货币计算的，预缴企业所得税时，应当按照月度或者季度最后一日的人民币汇率中间价折合成人民币计算应纳税所得额。

年度终了汇算清缴时，对已经按照月度或者季度预缴税款的，不再重新折合计算。只就该纳税年度内未缴纳企业所得税的部分，按照纳税年度最后一日的人民币汇率中间价折合成人民币计算应纳税所得额。

6.8.2　关联企业转让定价及其纳税调整

伴随经济的发展，企业运用各种避税手段规避所得税的现象日趋严重，避税与反避税的斗争日益激烈。针对关联企业的反避税制度安排，在借鉴国际惯例的基础上，为防止关联方转让定价，税法增加了一般反避税、防范资本弱化、防范避税地避税、核定程序和对补征税款加收利息等条款，强化了反避税手段。

1. 关联企业的认定

企业与其关联方之间的业务往来不符合独立交易原则而减少企业或者其关联方应纳税收入或者所得额的，税务机关有权按照合理方法调整。其中，关联方是指与企业有下列关联关系之一的企业、其他组织或者个人：

（1）在资金、经营、购销等方面存在直接或者间接的控制关系。

（2）直接或者间接地同为第三者控制。

（3）在利益上具有相关联的其他关系。

《特别纳税调整实施办法（试行）》（以下简称《办法》）把关联关系进一步明确为以下八种关系：

（1）一方直接或间接持有另一方的股份总和达到 25%以上，或者双方直接或间接同为第三方所持有的股份达到 25%以上。若一方通过中间方对另一方间接持有股份，只要一方对中间方持股比例达到 25%以上，则一方对另一方的持股比例按照中间方对另一方的持股比例计算。

（2）一方与另一方（独立金融机构除外）之间借贷资金占一方实收资本 50%以上，或者一方借贷资金总额的 10%以上由另一方（独立金融机构除外）担保。

（3）一方半数以上的高级管理人员（包括董事会成员和经理）或至少一名可以控制董事会的董事会高级成员由另一方委派，或者双方半数以上的高级管理人员（包括董事会成员和经理）或至少一名可以控制董事会的董事会高级成员同为第三方委派。

（4）一方半数以上的高级管理人员（包括董事会成员和经理）同时担任另一方的高级管理人员（包括董事会成员和经理），或者一方至少一名可以控制董事会的董事会高级成员同时担任另一方的董事会高级成员。

（5）一方的生产经营活动必须由另一方提供工业产权、专有技术等特许权才能正常进行。

（6）一方的购买或销售活动主要由另一方控制。

（7）一方接受或提供劳务主要由另一方控制。

（8）一方对另一方的生产经营、交易具有实质控制，或者双方在利益上具有相关联的其他关系，包括虽未达到本条第（1）项持股比例，但一方与另一方的主要持股方享受基本相同的经济利益，以及家族、亲属关系等。

2. 关联交易涉及的业务范围

关联交易主要包括以下四类业务：

（1）有形资产的购销、转让和使用。包括房屋建筑物、交通工具、机器设备、工具、商品、产品等有形资产的购销、转让和租赁业务。

（2）无形资产的转让和使用。包括土地使用权、版权（著作权）、专利、商标、客户名单、营销渠道、牌号、商业秘密和专有技术等特许权，以及工业品外观设计或实用新型等工业产权的所有权转让和使用权提供业务。

（3）融通资金。包括各类长短期资金拆借和担保以及各类计息预付款和延期付款等业务。

（4）提供劳务。包括市场调查、行销、管理、行政事务、技术服务、维修、设计、咨询、代理、科研、法律、会计事务等服务的提供。

3. 关联交易定价与成本分摊原则

企业与其关联方之间的业务往来，不符合独立交易原则而减少企业或者其关联方收入或者所得额的，税务机关有权按照合理办法调整。

企业与其关联方共同开发、受让无形资产，或者共同提供、接受劳务发生的成本，在计算应纳税所得额时应当按照独立交易原则进行分摊。其中，独立交易原则是指没有关联关系的交易各方，按照公平成交价格和营业常规进行业务往来遵循的原则。

4. 关联交易价格调整方法

企业与其关联方之间的业务往来，不符合独立交易原则而减少企业或者其关联方应纳税收入或者所得额的，税务机关有权按照合理方法调整。主要方法有以下几种：

（1）可比非受控价格法。可比非受控价格法是指按照没有关联关系的交易各方进行相同或者类似业务往来的价格进行定价的方法。可比非受控价格法适用于所有类型的关联交易。

（2）再销售价格法。再销售价格法是指按照从关联方购进商品再销售给没有关联关系的交易方的价格，减除相同或者类似业务的销售毛利进行定价的方法。计算公式如下：

公平成交价格＝再销售给非关联方的价格×(1－可比非关联交易毛利率)

可比非关联交易毛利率＝可比非关联交易毛利÷可比非关联交易收入净额×100%

再销售价格法通常适用于再销售者未对商品进行改变外形、性能、结构或更换商标等实质性增值加工的简单加工或单纯购销业务。

（3）成本加成法。成本加成法是指按照成本加合理的费用和利润进行定价的方法。计算公式如下：

公平成交价格＝关联交易的合理成本×(1＋可比非关联交易成本加成率)

可比非关联交易成本加成率＝可比非关联交易毛利÷可比非关联交易成本×100%

成本加成法通常适用于有形资产的购销、转让和使用，劳务提供或资金融通等关联交易。

（4）交易净利润法。交易净利润法是指按照没有关联关系的交易各方进行相同或者类似业务往来取得的净利润水平确定利润的方法。交易净利润法通常适用于有形资产的购销、转让和使用，无形资产的转让和使用以及劳务提供等关联交易。

（5）利润分割法。利润分割法是指将企业与其关联方的合并利润或者亏损在各方之间采用合理标准进行分配的方法。利润分割法通常适用于各参与方关联交易高度整合且难以单独评估各方交易结果的情况。

（6）其他符合独立交易原则的方法。

5. 关联交易预约定价

预约定价是指企业就其未来年度关联交易的定价原则和计算方法向税务机关提出申请，与税务机关按照独立交易原则协商、确认后达成的协议。企业可以向税务机关提出与其关联方之间业务往来的定价原则和计算方法，税务机关与企业协商、确认后，达成预约定价安排。预约定价安排的协商与执行通常要经过预备会谈、正式申请、审核评估、磋商、签订安排和监控执行六个阶段。预约定价安排包括单边、双边和多边三种类型。

预约定价安排一般适用于同时满足以下条件的企业：（1）年度发生的关联交易金额在4 000万元人民币以上；（2）依法履行关联申报义务；（3）按规定准备、保存和提供同期资料。

6. 核定关联企业所得税

如果企业不提供与其关联方之间业务往来的资料，或者提供虚假、不完整的资料，未能真实反映其关联业务往来情况的，税务机关有权依法核定其应纳税所得额。税务机关依照《企业所得税法》的规定核定企业的应纳税所得额时，可以采用下列方法：（1）参照同类或者类似企业的利润率水平核定；（2）按照企业成本加合理的费用和利润的方法核定；（3）按照关联企业集团整体利润的合理比例核定；（4）按照其他合理方法核定。

企业对税务机关按照上述规定的方法核定的应纳税所得额有异议的，应当提供相关证据，经税务机关认定后，调整核定的应纳税所得额。

7. 居民企业利用受控外国企业避税地避税的纳税调整

（1）受控外国企业的认定。受控外国企业是指由居民企业或者由居民企业和中国居民控制的外国企业。其中，中国居民是指根据《中华人民共和国个人所得税法》的规定，就其从中国境内、境外取得的所得在中国缴纳个人所得税的个人。

控制包括：1）居民企业或者中国居民直接或者间接单一持有外国企业10%以上有表决权股份，且由其共同持有该外国企业50%以上股份；2）居民企业，或者居民企业和中国居民持股比例没有达到上述规定的标准，但在股份、资金、经营、购销等方面对该外国企业构成实质控制。

《办法》规定，中国居民企业股东能够提供资料证明其控制的外国企业满足以下条件之一的，可免于将外国企业不做分配或减少分配的利润视同股息分配额，计入中国居民企业股东的当期所得：1）设立在国家税务总局指定的非低税率国家（地区）；2）主要取得积极经营活动所得；3）年度利润总额低于500万元人民币。

（2）纳税调整条件。需要进行利润分配调整的企业，必须同时符合以下条件：1）企业实际税负明显偏低。我国《企业所得税法》规定，如果企业实际税负低于《企业所得税法》基本税率水平的50%，即低于12.5%，就认定为实际税负明显偏低。2）长期不分配利润，即并非由于合理的经营需要而对利润不做分配或者减少分配的。

（3）调整方法。利润分配调整的方法是将受控企业利润中应归属于我国居民企业的部分计入该居民企业的当期收入。

（4）税款补征。税务机关依照税法规定做出纳税调整，需要补征税款的，应当补征税款，并按照规定加收利息。税务机关根据税收法律、行政法规的规定，对企业做出特别纳税调整的，应当对补征的税款，自税款所属纳税年度的次年6月1日起至补缴税款之日止按日加收利息。按税法规定加收的利息，不得在计算应纳税所得额时扣除。

纳税调整加收利息时，应当按照税款所属纳税年度中国人民银行公布的与补税期间同期的人民币贷款基准利率加5个百分点计算。如果企业已经依照《企业所得税法》及其实施细则的规定提供了有关资料，因为纳税调整而需要补征税款时，可以只按人民币贷款基准利率计算利息。

企业与其关联方之间的业务往来不符合独立交易原则，或者企业实施其他不具有合理商业目的安排的，税务机关有权在自该业务发生的纳税年度起10年内进行纳税调整。

6.8.3 跨地区经营汇总企业所得税征收管理

《财政部 国家税务总局 中国人民银行关于印发〈跨省市总分机构企业所得税分配及预算管理办法〉的通知》（财预〔2012〕40号）和《国家税务局关于印发〈跨地区经营汇总纳税企业所得税征收管理办法〉的公告》（国家税务总局公告2012年第57号）（以下简称《征收管理办法》）对跨地区经营企业汇总纳税的问题进行了规范。

1. 汇总纳税的企业范围

居民企业在中国境内跨地区（指跨省、自治区、直辖市和计划单列市，下同）设立不具有法人资格分支机构的，该居民企业为跨地区经营汇总纳税企业（以下简称汇总纳税企业）。

2. 汇总纳税的基本办法

汇总纳税企业实行“统一计算、分级管理、就地预缴、汇总清算、财政调库”的企业所得税征收管理办法。

（1）统一计算是指总机构统一计算包括汇总纳税企业所属各个不具有法人资格的分支机构在内的全部应纳税所得额、应纳税额。

（2）分级管理是指总机构、分支机构所在地的主管税务机关都有对当地机构进行企业所得税管理的责任，总机构和分支机构应分别接受机构所在地主管税务机关的管理。

（3）就地预缴是指总机构、分支机构应按《征收管理办法》的规定，分月或分季分别向所在地主管税务机关申报预缴企业所得税。

（4）汇总清算是指在年度终了后，总机构统一计算汇总纳税企业的年度应纳税所得额、应纳所得税额，抵减总机构、分支机构当年已就地分期预缴的企业所得税税款后，多退少补。

（5）财政调库是指财政部定期将缴入中央国库的汇总纳税企业所得税待分配收入，按照核定的系数调整至地方国库。

3. 总机构与分支机构就地预缴范围的界定

总机构和具有主体生产经营职能的二级分支机构就地分摊缴纳企业所得税。三级及三级以下分支机构，其营业收入、职工薪酬和资产总额等统一并入二级分支机构计算。

二级分支机构是指汇总纳税企业依法设立并领取非法人营业执照（登记证书），且总机构对其财务、业务、人员等直接进行统一核算和管理的分支机构。

以下二级分支机构不就地分摊缴纳企业所得税：

（1）不具有主体生产经营职能，且在当地不缴纳增值税的产品售后服务、内部研发、仓储等汇总纳税企业内部辅助性的二级分支机构，不就地分摊缴纳企业所得税。

（2）上年度认定为小型微利企业的，其二级分支机构不就地分摊缴纳企业所得税。

（3）新设立的二级分支机构，设立当年不就地分摊缴纳企业所得税。

（4）当年撤销的二级分支机构，自办理注销税务登记之日所属企业所得税预缴期间起，不就地分摊缴纳企业所得税。

（5）汇总纳税企业在中国境外设立的不具有法人资格的二级分支机构，不就地分摊缴纳企业所得税。

4. 税款预缴和汇算清缴管理办法

汇总纳税企业按照《企业所得税法》规定汇总计算的企业所得税，包括预缴税款和汇算清缴应缴应退税款，50%在各分支机构间分摊，各分支机构根据分摊税款就地办理缴库或退库；50%由总机构分摊缴纳，其中 25%就地办理缴库或退库，25%就地全额缴入中央国库或退库。

企业所得税分月或者分季预缴，由总机构所在地主管税务机关具体核定。汇总纳税企业应根据当期实际利润额，分别由总机构和分支机构就地预缴；在规定期限内按实际利润额预缴有困难的，也可以按照上一年度应纳税所得额的 1/12 或 1/4，按照《征收管理办法》规定的预缴分摊方法计算总机构和分支机构的企业所得税预缴额，分别由总机构和分支机构就地预缴。预缴方法一经确定，当年不得变更。

汇总纳税企业应当自年度终了之日起5个月内，由总机构汇总计算企业年度应纳所得税额，扣除总机构和各分支机构已预缴的税款，计算出应缴应退税款，按照《征收管理办法》规定的税款分摊方法计算总机构和分支机构的企业所得税应缴应退税款，分别由总机构和分支机构就地办理税款缴库或退库。

5．分支机构分摊比例的计算

总机构应按照上年度分支机构的营业收入、职工薪酬和资产总额三个因素计算各分支机构分摊所得税税款的比例；三级及以下分支机构，其营业收入、职工薪酬和资产总额统一计入二级分支机构；三因素的权重依次为0.35，0.35，0.30。计算公式如下：

$$\begin{aligned}\frac{\text{某分支机构}}{\text{分摊比例}} &= \left(\frac{\text{该分支机构}}{\text{营业收入}} \div \frac{\text{各分支机构}}{\text{营业收入之和}}\right)\times 0.35\\ &\quad+\left(\frac{\text{该分支机构}}{\text{职工薪酬}} \div \frac{\text{各分支机构}}{\text{职工薪酬之和}}\right)\times 0.35\\ &\quad+\left(\frac{\text{该分支机构}}{\text{资产总额}} \div \frac{\text{各分支机构}}{\text{资产总额之和}}\right)\times 0.30\end{aligned}$$

6.8.4 非居民企业所得税征收管理

1．非居民企业源泉扣缴

非居民企业是指依照外国（地区）法律成立，实际管理机构不在中国境内，且在中国境内未设立机构、场所，但有来源于中国境内所得的企业，以及虽设立机构、场所，但取得的所得与其所设机构、场所没有实际联系的企业。

对上述非居民企业取得来源于中国境内的股息、红利等权益性投资收益，利息、租金、特许权使用费所得，转让财产所得以及其他所得应当缴纳的企业所得税，实行源泉扣缴，以依照有关法律规定或者合同约定对非居民企业直接负有支付相关款项义务的单位或者个人为扣缴义务人。

扣缴义务人每次代扣代缴税款时，应当向其主管税务机关报送《中华人民共和国扣缴企业所得税报告表》及相关资料，并自代扣之日起7日内缴入国库，具体计算参见6.7.3节。

2．非居民企业核定征收企业所得税

在我国境内设立机构、场所的非居民企业，应当按照税收征收管理法及有关法律法规设置账簿，根据合法、有效凭证记账，进行核算，并应按照其实际履行的功能与承担的风险相匹配的原则，准确计算应纳税所得额，据实申报缴纳企业所得税。

非居民企业因会计账簿不健全，资料残缺难以查账，或者其他原因不能准确计算并据实申报其应纳税所得额的，税务机关有权核定其应纳税所得额，具体方法参见6.7.4节。

3．非居民企业股权转让所得的税收管理

股权转让所得是指股权转让价减除股权成本价后的差额。

股权转让价是指股权转让人就转让的股权所收取的包括现金、非货币资产或者权益等形式的金额。如被持股企业有未分配利润或税后提存的各项基金等，股权转让人随股权一并转让该股东留存收益权的金额，不得从股权转让价中扣除。

股权成本价是指股权转让人投资入股时向中国居民企业实际交付的出资金额，或购买该项股权时向该股权的原转让人实际支付的股权转让金额。

境外投资方（实际控制方）通过滥用组织形式等安排间接转让中国居民企业股权，且不具有合理的商业目的，规避企业所得税纳税义务的，主管税务机关上报国家税务总局审核后可以按照经济实质对该股权转让交易重新定性，否定被用作税收安排的境外控股公司的存在。

非居民企业向其关联方转让中国居民企业股权，其转让价格不符合独立交易原则而减少应纳税所得额的，税务机关有权按照合理方法进行调整。

非居民企业取得股权转让所得，符合财税〔2009〕59号文件规定的特殊性重组条件并选择特殊性税务处理的，应向主管税务机关提交书面备案资料，证明其符合特殊性重组规定的条件，并经省级税务机关核准。

6.8.5 合伙企业所得税征收管理

合伙企业以每一个合伙人为纳税人。合伙企业的合伙人是自然人的，缴纳个人所得税；合伙人是法人和其他组织的，缴纳企业所得税。

合伙企业生产经营所得和其他所得采取“先分后税”的原则。

合伙企业的合伙人按照下列原则确定应纳税所得额：

(1) 合伙企业的生产经营所得和其他所得，按照合伙协议约定的分配比例确定应纳税所得额。

(2) 合伙协议未约定或者约定不明确的，以全部生产经营所得和其他所得，按照合伙人协商决定的分配比例确定应纳税所得额。

(3) 协商不成的，以全部生产经营所得和其他所得，按照合伙人实缴出资比例确定应纳税所得额。

(4) 无法确定出资比例的，以全部生产经营所得和其他所得，按照合伙人数量平均计算每个合伙人的应纳税所得额。

合伙企业的合伙人是法人和其他组织的，在计算企业所得税时，不得用合伙企业的亏损抵减其盈利。

思考与练习

一、思考题

1. 企业所得税的纳税人和征税对象是如何规定的?
2. 企业所得税的收入总额如何确定? 扣除项目有哪些?
3. 企业所得税的税收优惠政策主要有哪些?
4. 企业重组的所得税处理有哪两种方法? 各自有哪些规定?
5. 如何计算境外所得的抵免税额?

6. 企业所得税的纳税期限和征收方法是如何规定的?

二、单项选择题

1. 依据《企业所得税法》的规定，下列各项中按负担、支付所得的企业所在地确定所得来源地的是（　　）。

A. 销售货物所得　　B. 特许权使用费所得

C. 动产转让所得　　D. 提供劳务所得

2. 国家需要重点扶持的高新技术企业减按（　　）的税率征收企业所得税。

A. 10%　　B. 12%　　C. 15%　　D. 20%

三、多项选择题

1. 根据《企业所得税法》的规定，下列属于企业所得税纳税人的是（　　）。

A. 股份有限公司　　B. 一人有限责任公司

C. 个人独资企业　　D. 合伙企业

2. 在计算应纳税所得额时，不得计算折旧扣除的是（　　）。

A. 未使用的房屋、建筑物　　B. 接受捐赠的固定资产

C. 以经营租赁方式租入的固定资产　　D. 单独估价作为固定资产入账的土地

四、计算题

1. 某居民企业本年主营业务收入5 000万元，营业外收入80万元，与收入配比的成本4 100万元，全年发生管理费用、销售费用和财务费用共计700万元，营业外支出60万元（其中符合规定的公益性捐赠支出50万元），上年度经核定结转的亏损额30万元。请计算本年度该企业应缴纳的企业所得税。

2. 某小型企业不能正确核算收入总额，本年度发生的成本费用为180万元，税务机关核定的应税所得率为10%。计算本年该企业应缴纳的企业所得税。

第7章 个人所得税

学习目标

1. 掌握个人所得税的应税项目及适用税率形式，不同所得项目应纳税额的计算方法。

2. 理解我国个人所得税的居民纳税人和非居民纳税人的分类标准及纳税义务，个人所得税源泉扣缴与自行申报相结合的征管方法。

3. 了解我国个人所得税的发展历程和个人所得税的分类及特点。

7.1 个人所得税概述

个人所得税是对自然人取得的各项应税所得课征的一种税。它是世界范围内普遍开征的一个税种，在发达国家的税收体系中占据着主体税种的地位。

7.1.1 个人所得税的产生与发展

个人所得税最早起源于英国。为了筹集战争经费，1799 年英国临时开征了个人所得税。战争结束后，认为个人所得税侵犯隐私和个人权利的观点占了上风，个人所得税一度停征，直到 1842 年才恢复征收。随着现代国家的发展和公共财政的建立，国家机构日益膨胀，国家担负越来越多的公共职能，相应地，对财政收入的需求也越来越高。进入 20 世纪，个人所得税被世界上大多数国家采纳，并在发达国家发展成为在增加收入功能方面位居前列的重要税种。

我国作为一个发展中国家，很长一段时期内居民收入水平偏低，且收入差距不大，除在 1950—1959 年征收过存款利息所得税外，一直没有对个人所得普遍征税。党的十一届三中全会之后，为适应改革开放的需要，我国于 1980 年 9 月开征个人所得税，但当时该税主要是向来华工作的外籍人员征收，因为当时只有极少数中国人的收入水平达到课征标准。1987 年，我国针对本国公民开征了个人收入调节税，加上 1986 年开征的个体工商户所得税，形成了对个人所得征税三税并存的特殊的税制格局，这种做法既不符合国际惯例，也不能体现公平税负的税收原则。随着社会主义市场经济体制改革方向的确立，我国按照“合并税种，简化税制，公平税负，强化组织财政收入和调节个人收入的职能，维护国家权益，增强公民纳税意识，适应建立与发展社会主义市场经济体制的需要”的指导思想，于1993年10月对个人所得税进行改革，将个人收入调节税、个体工商户所得税并入个人所得税，统一了对个人所得征税的制度。

此后，根据我国国民经济和社会发展的情况，全国人民代表大会常务委员会于1999年8月30日、2005年10月27日、2007年6月29日、2007年12月29日、2011年6月30日、2018年8月31日对《中华人民共和国个人所得税法》（以下简称《个人所得税法》）进行了六次修改。最新版个人所得税法最大的亮点是将工资、薪金所得，劳务报酬所得，稿酬所得，特许权使用费所得等四项劳动性所得纳入综合征税范围，适用统一的超额累进税率，提高综合所得基本减除费用标准，设立专项附加扣除，优化税率结构。

7.1.2 税制模式

目前世界各国实行的个人所得税制度大体上可以分为分类所得税制、综合所得税制与分类综合所得税制三种模式。

1. 分类所得税制

分类所得税制将纳税人取得的收入按不同的性质和来源分为不同类别，分别规定不同的税率和费用扣除标准，采用不同的计税方法。其优点是可以按所得的不同来源与性质区别征税，有利于体现国家的经济与社会政策，而且其征管可以广泛采用源泉课征法，有助于提高税收征管效率。这一税制也有明显的缺陷，即不能根据纳税人的总体负担能力征税，有悖税收公平原则。英国是分类所得税制的典范。目前，我国的个人所得税采用的是分类所得税制。

2. 综合所得税制

综合所得税制将纳税人在一定纳税期间内的各种收入汇总，减去各项法定减免和扣除项目，就其余额按累进税率征收。综合所得税制较好地反映了纳税人的综合负税能力，并考虑了个人经济情况和家庭负担，有利于实现税收公平职能。但它的课征手续繁杂，征税成本高。美国的个人所得税采用的是综合所得税制。

3. 分类综合所得税制

分类综合所得税制，又称混合所得税制，它由分类所得税与综合所得税混合而成。首先对纳税人不同来源、性质的所得采用源泉扣缴方式课征分类税，然后综合纳税人全年各项所得，如达到一定数额，再按累进税率征收综合所得税或附加税。它的特点是对同一所得进行两次独立的课税，瑞典、法国、日本、韩国等国家的个人所得税都属于这一类型。

由于分类所得税制存在的弊端，我国确立了向分类与综合相结合的税制模式转变。

【思考】我国个人所得税的税制模式近期发生了哪些变化？

7.1.3　特点

1. 具有较强的收入分配功能

个人所得税不仅能让国家获得大量财政收入，还是国家调节居民收入分配的重要手段，有助于政府实现公平收入分配的政策目标，后者已经成为现代个人所得税制度的显著特点。

2. 规定一系列扣除项目

个人所得与个人收入是两个概念，因而计征个人所得税时需要进行多项扣除。各国的扣除项目大致可以分为四类：一是取得收入的成本扣除；二是个人生活成本的扣除；三是赡养费用的扣除；四是政策性扣除。取得收入的成本包括个人为取得收入而产生的交通费用、租赁费用、材料费用等。个人生活成本是指维持个人最低生活需要的费用，涉及社会最低生活水平。赡养费用与个人家庭人口状况有关。政策性扣除与政府的鼓励和限制性政策目标有关。

3. 普遍采用超额累进税率

目前开征个人所得税的国家中，只有极少数国家采用比例税率，大多数国家采用超额累进税率。与比例税率相比，超额累进税率更具有公平收入分配的功能。我国个人所得税对综合所得、经营所得实行超额累进税率，其他项目所得实行 20%的比例税率。

4. 源泉扣缴与自行申报相结合

世界各国的个人所得税多以纳税人自主申报为主，特别是在发达国家。即使税法规定有源泉扣缴，也需要个人在年底时进行综合申报。一些发展中国家由于征管能力较低，以源泉扣缴为主。我国实行的分类所得税制模式便于采用源泉扣缴的方式，但近年来要求自行申报的范围明显扩大，这在一定程度上为税制模式的转型奠定了基础。

7.2　纳税人

7.2.1　纳税人的判定标准

个人所得税的纳税人包括中国公民（含香港、澳门、台湾同胞），个体工商户，个人独资企业、合伙企业个人投资者，在中国境内（指中国大陆地区，下同）的外籍人员（包括无国籍人员，下同）。上述纳税人依据住所和居住时间标准区分为居民和非居民，分别承担不同的纳税义务。

居民纳税人是指在中国境内有住所，或者无住所而在中国境内居住累计满 183 天的个人。非居民纳税人是指在中国境内无住所又不居住，或者无住所而在境内居住累计不满 183 天的个人。

1. 住所标准

住所标准是指在中国境内有住所，即因户籍、家庭、经济利益关系而在中国境内习惯性居住。习惯性居住或有住所是在税收上判断居民和非居民的一个法律意义上的标准，不是指实际居住或在某一特定时期内的居住地。例如，个人因学习、工作、探亲、旅游等而在中国境外居住的，当其在境外居住的原因消除之后，必须回到中国境内居住，则中国是这个人的习惯性居住地；即使这个人在一个纳税年度内，甚至几个纳税年度内并未居住在中国境内，也应将其判定为在中国习惯性居住，或称其在中国境内有住所。

住所分为永久性住所和习惯性住所。《中华人民共和国民法通则》（以下简称《民法通则》）中规定的住所通常是指永久性住所，具有法律意义。因此，《民法通则》明确规定，公民以其户籍所在地的居住地为住所，也就是以公民本人户口簿登记的住址为住所。我国的公民一人只有一个住所。

经常性居住地则属于习惯性住所，它与永久性住所有时是一致的，有时又是不一致的。我国税法将在中国境内有住所的个人界定为因户籍、家庭、经济利益关系而在中国境内习惯性居住的个人。可见，我国税法采用的住所标准实际上是习惯性住所标准。采用这一标准，就把中外籍人员，把港、澳、台同胞与在中国大陆境内居住的中国公民区别开来。

2. 居住时间标准

居住时间标准是指在一个纳税年度（即公历1月1日起至12月31日止，下同）内，在中国境内居住累计满183天。

7.2.2 两类纳税人的纳税范围

1. 居民纳税人的纳税范围

根据两个判定标准确定为中国居民的个人，应就其来源于中国境内和境外的所得，向我国政府履行全面纳税义务，依法缴纳个人所得税。但在自2019年1月1日起施行的《中华人民共和国个人所得税法实施条例》（以下简称《个人所得税法实施条例》）中规定了一些针对无住所纳税人的特殊政策：在中国境内无住所的个人，在中国境内居住累计满183天的年度连续不满6年的，经向主管税务机关备案，其来源于中国境外且由境外单位或个人支付的所得，免予缴纳个人所得税；在中国境内居住累计满183天的任一年度中有一次离境超过30天的，其在中国境内居住累计满183天的年度的连续年限重新起算。

无住所个人一个纳税年度内在中国境内累计居住天数，按照个人在中国境内累计停留的天数计算。在中国境内停留的当天满24小时的，计入中国境内居住天数；在中国境内停留的当天不足24小时的，不计入中国境内居住天数。

2. 非居民纳税人的纳税范围

根据两个判定标准确定为非中国居民的个人，只就其来源于中国境内的所得向我国政府履行有限纳税义务，依法缴纳个人所得税。针对无住所的非居民纳税人也有一定的优惠政策，即在中国境内无住所，且在一个纳税年度中在中国境内居住累计不超过90天的个人，其来源于中国境内的所得，由境外雇主支付并且不由该雇主在中国境内的机构、场所负担的部分，免予缴纳个人所得税。

3. 在我国境内无住所的个人纳税问题

按照《财政部 税务总局关于非居民个人和无住所居民个人有关个人所得税政策的公告》（财政部 税务总局公告 2019 年第 35 号）的规定，个人取得归属于中国境内（以下称境内）工作期间的工资薪金所得为来源于境内的工资薪金所得。境内工作期间按照个人在境内工作天数计算，包括其在境内的实际工作日以及境内工作期间在境内、境外享受的公休假、个人休假、接受培训的天数。在境内、境外单位同时担任职务或者仅在境外单位任职的个人，在境内停留的当天不足 24 小时的，按照半天计算境内工作天数。

对于担任境内居民企业的董事、监事及高层管理职务的个人，无论是否在境内履行职务，取得由境内居民企业支付或者负担的董事费、监事费、工资薪金或者其他类似报酬（包含数月奖金和股权激励），都属于来源于境内的所得。高层管理职务包括企业正副（总）经理、各职能总师、总监及其他类似公司管理层的职务。

7.2.3　所得来源的确定

居民纳税人和非居民纳税人对我国政府承担不同的纳税义务。居民纳税人应就其来源于中国境内、境外的所得缴纳个人所得税；非居民纳税人仅就其来源于中国境内的所得缴纳个人所得税。因此，对纳税人特别是非居民纳税人而言，判定所得来源地非常重要，需要甄别所得来自境内还是境外。对于来源于中国境内的所得，《个人所得税法》及《个人所得税法实施条例》做了如下规定。

下列所得，不论支付地点是否在中国境内，均为来源于中国境内的所得：

（1）在中国境内任职、受雇而取得的工资、薪金所得。对工资、薪金这类非独立个人劳动所得的征税，在国际上一般有两种原则：一种是劳务活动地原则；一种是所得支付地原则。前者是以劳务活动所在地为工资、薪金所得发生地，由劳务活动所在地政府对该项所得行使征税权。后者是以所得实际支付地为工资、薪金所得发生地，由所得实际支付地政府对该项所得行使征税权。

当然，劳务活动地原则和所得支付地原则是存在矛盾的。当出现跨国非独立个人劳务行为时，就会出现在一国发生劳务活动，而在另一国支付工资、薪金所得的情况，从而导致两国对同一跨国工资、薪金所得重复征税。为解决这一问题，国际社会逐渐形成一个时间标准，即一国居民到另一国从事非独立个人劳动，在其所得由居住国雇主支付的条件下，该居民在非居住国停留只有超过一定时间，非居住国政府方能对其所得征税。我国税法确定的时间标准为 90 日，而国际税收协定范本确定的时间标准为 183 日。

（2）在中国境内从事生产、经营活动而取得的生产经营所得。

（3）因任职、受雇、履约等而在中国境内提供各种劳务取得的劳务报酬所得。

（4）将财产出租给承租人在中国境内使用而取得的所得。

（5）转让中国境内的建筑物、土地使用权等财产，以及在中国境内转让其他财产取得的所得。

（6）提供专利权、非专利技术、商标权、著作权，以及其他特许权在中国境内使用而取得的所得。

（7）持有中国的各种债券、股票、股权而从中国境内企业、事业单位、其他组织以及居民个人取得的利息、股息、红利所得。

税法规定，凡支付应纳税所得的单位或个人都是个人所得税的扣缴义务人。扣缴义务人在向纳税人支付各项应纳税所得（个体工商户的生产、经营所得除外）时，必须履行代扣代缴税款的义务。

特别提示

《非居民金融账户涉税信息尽职调查管理办法》是为了履行《多边税收征管互助公约》和《金融账户涉税信息自动交换多边主管当局间协议》规定的义务，根据《税收征收管理法》《中华人民共和国反洗钱法》等法律法规的规定制定的，由国家税务总局、财政部、中国人民银行、银监会、证监会、保监会于2017年5月19日发布，自2017年7月1日起施行。金融机构应当遵循诚实信用、谨慎勤勉的原则，针对不同类型账户，按照该办法规定，了解账户持有人或者有关控制人的税收居民身份，识别非居民金融账户，收集并报送账户相关信息。

7.3 征税对象

个人所得税的征税对象分为九类，对应九个税目。

7.3.1 工资、薪金所得

工资、薪金所得是指个人因任职或者受雇而取得的工资、薪金、奖金、年终加薪、劳动分红、津贴、补贴以及与任职或者受雇有关的其他所得。其中，年终加薪、劳动分红不分种类和取得情况，一律按工资、薪金所得课税；津贴、补贴等则有例外，下列项目不予征税：

（1）独生子女补贴。

（2）执行公务员工资制度未纳入基本工资总额的补贴、津贴差额和家属成员的副食品补贴。

（3）托儿补助费。

（4）差旅费津贴、误餐补助。其中，误餐补助是指按照财政部的规定，个人因公在城区、郊区工作，不能在工作单位或返回就餐的，根据实际误餐顿数，按规定的标准领取的误餐费。

公司职工取得的用于购买企业国有股权的劳动分红，按“工资、薪金所得”项目计征个人所得税。

出租汽车经营单位对出租车驾驶员采取单车承包或承租方式运营，出租车驾驶员从事客货营运取得的收入，按工资、薪金所得征税。

7.3.2 劳务报酬所得

劳务报酬所得指个人独立从事各种非雇佣的劳务所取得的所得。涉及的劳务形式包括设计、装潢、安装、制图、化验、测试、医疗、法律、会计、咨询、讲学、翻译、审稿、书画、雕刻、影视、录音、录像、演出、表演、广告、展览、技术服务、介绍服务、经纪服务、代办服务、其他劳务等。

自2004年1月20日起，企业和单位对商品营销活动中营销业绩突出的非雇员以培训班、研讨会、工作考察等名义组织旅游活动，通过免收差旅费、旅游费对个人实行的营销业绩奖励（包括实物、有价证券等），应将所发生费用的全额作为该营销人员当期的劳务收入所得，按照“劳务报酬所得”项目征收个人所得税，并由提供上述费用的企业和单位代扣代缴。

在实际操作过程中，可能出现难以判定一项所得是属于工资、薪金所得，还是属于劳务报酬所得的情况。这两者的区别在于：工资、薪金所得属于非独立个人劳务活动，即在机关、团体、学校、部队、企业、事业单位及其他组织中任职、受雇而得到的报酬。按照现行《中华人民共和国劳动法》，雇主与雇员应该签订劳动合同，雇主需要为雇员缴纳基本的社会保险。而劳务报酬所得是个人独立从事各种技艺、提供各项劳务取得的报酬。

7.3.3 稿酬所得

稿酬所得是指个人因其作品以图书、报刊等形式出版、发表而取得的所得。

（1）不以图书、报刊形式出版、发表的翻译、审稿、书画所得属于劳务报酬所得；作品以图书、报刊形式出版、发表的所得为稿酬所得。

（2）因工作原因在本单位刊物出版、发表作品取得的所得为工资、薪金所得；在外单位刊物出版、发表作品取得的所得为稿酬所得。

7.3.4 特许权使用费所得

特许权使用费所得是指个人提供专利权、商标权、著作权、非专利技术以及其他特许权的使用权取得的所得。提供著作权的使用权取得的所得，不包括稿酬所得。

专利权是由国家专利主管机关依法授予专利申请人或其权利继承人在一定期间内实施其发明创造的专有权。对于专利权，许多国家只将提供给他人使用取得的所得列入特许权使用费，而将转让专利权所得列为资本利得税的征税对象。我国没有开征资本利得税，故将个人提供和转让专利权取得的所得都列入特许权使用费所得征收个人所得税。

商标权即商标注册人享有的商标专用权。著作权，即版权，是作者依法对文学、艺术和科学作品享有的专有权。个人提供或转让商标权、著作权、专有技术或技术秘密、技术诀窍取得的所得，应当依法缴纳个人所得税。

7.3.5 经营所得

经营所得由原“个体工商户生产、经营所得”和“对企事业单位的承包经营、承租经营所得”两个税目合并而成。主要内容包括：

（1）个体工商户从事工业、手工业、建筑业、交通运输业、商业、饮食业、服务业、修理业及其他行业生产、经营取得的所得。

（2）个人经政府有关部门批准，取得执照，从事办学、医疗、咨询以及其他有偿服务活动取得的所得。

（3）上述个体工商户和个人取得的与生产、经营有关的各项应税所得。

（4）个人因从事彩票代销业务而取得的所得。

（5）从事个体出租车运营的出租车驾驶员取得的收入，比照“经营所得”项目征税。

（6）个体工商户和从事生产、经营的个人取得的与生产、经营活动无关的其他各项应税所得，应分别按照其他应税项目的有关规定计算征收个人所得税。如取得的银行存款利息、对外投资取得的股息，应按“股息、利息、红利所得”项目的规定单独计征个人所得税。

（7）从2000年1月1日起，个人独资企业和合伙企业不再缴纳企业所得税，只对投资者个人取得的生产、经营所得征收个人所得税。

个人独资企业、合伙企业的个人投资者以企业资金为本人、家庭成员及其相关人员支付与企业生产经营无关的消费性支出及购买汽车、住房等财产性支出，视为企业对个人投资者的利润分配，并入投资者个人的生产经营所得，依照“经营所得”项目计征个人所得税。

（8）个体工商户、个人独资企业和合伙企业投资者取得种植业、养殖业、饲养业、捕捞业“四业”所得，暂不征收个人所得税。

（9）其他个人从事个体工商业生产、经营取得的所得。

（10）个人承包经营或承租经营以及转包、转租取得的所得。

7.3.6 利息、股息、红利所得

利息、股息、红利所得是指个人拥有债权、股权而取得的利息、股息、红利所得。利息是指个人拥有债权而取得的利息，包括存款利息、贷款利息和各种债券的利息。税法规定，个人取得的利息所得，除国债和国家发行的金融债券利息外，应当依法缴纳个人所得税。股息、红利是指个人拥有股权而取得的股息、红利。按照一定的比率发给每股的息金称为股息；公司、企业应分配的利润，按股份分配的称为红利。股息、红利所得，除另有规定外，都应当缴纳个人所得税。

除个人独资企业、合伙企业以外的其他企业的个人投资者，以企业资金为本人、家庭成员及其相关人员支付与企业生产经营无关的消费性支出及购买汽车、住房等财产性支出，视为企业对个人投资者的红利分配，依照“利息、股息、红利所得”项目计征个人所得税。企业的上述支出不允许在所得税税前扣除。

纳税年度内个人投资者从其投资企业（个人独资企业、合伙企业除外）借款，在该纳税年度终了后既不归还又未用于企业生产经营的，其未归还的借款可视为企业对个人投资者的红利分配，依照“利息、股息、红利所得”项目计征个人所得税。

个人在个人银行结算账户的存款自2003年9月1日起孳生的利息，应按“利息、股息、红利所得”项目计征个人所得税，税款由办理个人银行结算账户业务的储蓄机构在结付利息时代扣代缴。我国自2008年10月9日起暂免征收储蓄存款利息的个人所得税。

7.3.7　财产租赁所得

财产租赁所得是指个人出租不动产、机器设备、车船以及其他财产取得的所得。

个人取得的财产转租收入属于财产租赁所得的征税范围，由财产转租人缴纳个人所得税。在确认纳税义务人时，应以产权凭证为依据；无产权凭证的，由主管税务机关根据实际情况确定。产权所有人死亡，在未办理产权继承手续期间，该财产出租而有租金收入的，以领取租金的个人为纳税义务人。

7.3.8　财产转让所得

财产转让所得是指个人转让有价证券、股权、合伙企业中的财产份额、不动产、机器设备、车船以及其他财产取得的所得。但为了鼓励证券市场发展，对公开市场股票转让所得暂不征收个人所得税。

对出售自有住房并在1年内重新购房的纳税人不再减免个人所得税。对个人转让自用5年以上，并且是家庭唯一生活用房取得的所得，继续免征个人所得税。

7.3.9　偶然所得

偶然所得是指个人得奖、中奖、中彩以及其他偶然性质的所得。得奖是指参加各种有奖竞赛活动取得名次得到的奖金；中奖、中彩是指参加各种有奖活动，如有奖销售、有奖储蓄或者购买彩票，经过规定程序抽中、摇中号码而取得的奖金。偶然所得应缴的个人所得税税款，一律由发奖单位或机构代扣代缴。

对个人购买社会福利有奖募捐奖券一次中奖不超过1万元的，暂免征收个人所得税；超过1万元的，按全额征税。

个人为单位或他人提供担保获得收入，按照“偶然所得”项目计算缴纳个人所得税。

房屋产权所有人将房屋产权无偿赠与他人的，受赠人因无偿受赠房屋取得的受赠收入，按照“偶然所得”项目计算缴纳个人所得税。符合以下情形的，对当事双方不征收个人所得税：房屋产权所有人将房屋产权无偿赠与配偶、父母、子女、祖父母、外祖父母、孙子女、外孙子女、兄弟姐妹；房屋产权所有人将房屋产权无偿赠与对其承担直接抚养或者赡养义务的抚养人或者赡养人；房屋产权所有人死亡，依法取得房屋产权的法定继承人、遗嘱继承人或者受遗赠人。

企业在业务宣传、广告等活动中，随机向本单位以外的个人赠送礼品（包括网络红包），以及企业在年会、座谈会、庆典以及其他活动中向本单位以外的个人赠送礼品，个人取得的礼品收入，按照“偶然所得”项目计算缴纳个人所得税，但企业赠送的具有价格折扣或折让性质的消费券、代金券、抵用券、优惠券等礼品除外。

7.4　税率与应纳税所得额的计算

2018年8月《个人所得税法》修订的一项重要内容是将原分类课税模式改为分类

综合课税模式。居民个人取得的工薪所得、劳务报酬所得、稿酬所得、特许权使用费所得合称为综合所得，按纳税年度合并计算个人所得税；非居民个人取得上述四项所得，按月或者按次分项计算个人所得税。纳税人的其他五项所得依照规定分别计算个人所得税。

7.4.1 税率

1. 综合所得适用税率

综合所得适用3%～45%的七级超额累进税率（见表7-1）。

表7-1 综合所得个人所得税税率表

级数	全年应纳税所得额	税率（%）
1	不超过36 000元的	3
2	超过36 000元至144 000元的部分	10
3	超过144 000元至300 000元的部分	20
4	超过300 000元至420 000元的部分	25
5	超过420 000元至660 000元的部分	30
6	超过660 000元至960 000元的部分	35
7	超过960 000元的部分	45

注：本表所称全年应纳税所得额是指居民个人取得综合所得以每一纳税年度收入额减除费用6万元以及专项扣除、专项附加扣除和依法确定的其他扣除后的余额。

非居民个人取得工资、薪金所得，劳务报酬所得，稿酬所得和特许权使用费所得，依照本表按月换算后计算应纳税额。

考虑到大部分工薪阶层按月取得收入的实际情况，财税机关也提供了按月计算应纳税所得额的税率表（见表7-2）。

表7-2 按月换算后的综合所得税率表

（非居民个人工资、薪金所得，劳务报酬所得，稿酬所得，特许权使用费所得同样适用）

级数	全月应纳税所得额	税率（%）	速算扣除数（元）
1	不超过3 000元的	3	0
2	超过3 000元至12 000元的部分	10	210
3	超过12 000元至25 000元的部分	20	1 410
4	超过25 000元至35 000元的部分	25	2 660
5	超过35 000元至55 000元的部分	30	4 410
6	超过55 000元至80 000元的部分	35	7 160
7	超过80 000元的部分	45	15 160

2. 经营所得适用税率

经营所得适用5%～35%的五级超额累进税率（见表7-3）。

表7-3 经营所得个人所得税税率表

级数	全年应纳税所得额	税率（%）	速算扣除数（元）
1	不超过30 000元的	5	0
2	超过30 000元至90 000元的部分	10	1 500

续表

级数	全年应纳税所得额	税率（%）	速算扣除数（元）
3	超过 90 000 元至 300 000 元的部分	20	10 500
4	超过 300 000 元至 500 000 元的部分	30	40 500
5	超过 500 000 元的部分	35	65 500

注：本表所称全年应纳税所得额是指每一纳税年度的收入总额减除成本、费用以及损失后的余额。

个人独资企业和合伙企业的个人投资者取得的生产经营所得，也适用 5%～35%的五级超额累进税率。

3. 利息、股息、红利所得，财产租赁所得，财产转让所得，偶然所得适用税率

利息、股息、红利所得，财产租赁所得，财产转让所得和偶然所得适用比例税率，税率为 20%。

从 2007 年 8 月 15 日起，居民储蓄利息税率调为 5%，自 2008 年 10 月 9 日起暂免征收储蓄存款利息的个人所得税。

对个人出租住房取得的所得减按 10%的税率征收个人所得税。

7.4.2 应纳税所得额的计算

在计算应纳税所得额时，除特殊项目外，一般允许从个人的应税收入中减去税法规定的扣除项目或扣除金额，包括为取得收入所支出的必要的成本或费用。因为个人在取得收入的过程中，大多需要支付一些必要的成本或费用。

1. 综合所得的应纳税所得额

居民个人的综合所得，以每一纳税年度的收入额减除费用 6 万元以及专项扣除、专项附加扣除和依法确定的其他扣除后的余额为应纳税所得额。

非居民个人的工资、薪金所得，以每月收入额减除费用 5 000 元后的余额为应纳税所得额；劳务报酬所得、稿酬所得、特许权使用费所得，以每次收入额为应纳税所得额。

（1）专项扣除。包括居民个人按照国家规定的范围和标准缴纳的基本养老保险、基本医疗保险、失业保险等社会保险费和住房公积金等。

（2）专项附加扣除。包括个人所得税法规定的子女教育、继续教育、大病医疗、住房贷款利息、住房租金、赡养老人、3 岁以下婴幼儿照护等 7 项专项附加扣除。

子女教育专项附加扣除是指纳税人的子女接受学前教育和学历教育的相关支出，按照每个子女每年 12 000 元（每月 1 000 元）的标准定额扣除。

继续教育专项附加扣除是指纳税人接受学历继续教育的支出，在学历教育期间按照每年 4 800 元（每月 400 元）定额扣除。纳税人接受技能人员职业资格继续教育、专业技术人员职业资格继续教育支出，在取得相关证书的年度，按照每年 3 600 元定额扣除。

大病医疗专项附加扣除是指一个纳税年度内，纳税人发生的与基本医保相关的医药费用支出，扣除医保报销后个人负担（指医保目录范围内的自付部分）累计超过 15 000 元的部分，由纳税人在办理年度汇算清缴时，在 80 000 元限额内据实扣除。大病医疗专项附加扣除由纳税人办理汇算清缴时扣除。

住房贷款利息专项附加扣除是指纳税人本人或配偶使用商业银行或住房公积金个

人住房贷款为本人或其配偶购买住房，发生的首套住房贷款利息支出，在偿还贷款期间，可以按照每年12 000元（每月1 000元）的标准定额扣除。扣除期限最长不超过240个月。非首套住房贷款利息支出，纳税人不得扣除。纳税人只能享受一套首套住房贷款利息扣除。经夫妻双方约定，可以选择由其中一方扣除，具体扣除方式在一个纳税年度内不得变更。

住房租金专项附加扣除是指纳税人本人及配偶在纳税人的主要工作城市没有住房，而在主要工作城市租赁住房发生的租金支出，可以按照以下标准定额扣除：承租的住房位于直辖市、省会城市、计划单列市以及国务院确定的其他城市，扣除标准为每年18 000元（每月1 500元）；承租的住房位于其他城市的，市辖区户籍人口超过100万的，扣除标准为每年13 200元（每月1 100元）；承租的住房位于其他城市的，市辖区户籍人口不超过100万（含）的，扣除标准为每年9 600元（每月800元）。住房租金支出由签订租赁住房合同的承租人扣除。纳税人及其配偶不得同时分别享受住房贷款利息专项附加扣除和住房租金专项附加扣除。

赡养老人专项附加扣除是指纳税人赡养60岁（含）以上父母以及其他法定赡养人的赡养支出，可以按照以下标准定额扣除：纳税人为独生子女的，按照每年24 000元（每月2 000元）的标准定额扣除；纳税人为非独生子女的，应当与其兄弟姐妹分摊每年24 000元（每月2 000元）的扣除额度，分摊方式包括平均分摊、被赡养人指定分摊或者赡养人约定分摊，具体分摊方式在一个纳税年度内不得变更。采取指定分摊或约定分摊方式的，每一个纳税人分摊的扣除额最高不得超过每年12 000元（每月1 000元），并签订书面分摊协议。指定分摊与约定分摊不一致的，以指定分摊为准。纳税人赡养2个及以上老人的，不按老人人数加倍扣除。

3岁以下婴幼儿专项附加扣除是指纳税人照护3岁以下婴幼儿子女的相关支出，按照每个婴幼儿每月1 000元的标准定额扣除。该项专项附加扣除自2022年1月1日起实施。

（3）其他扣除。包括个人缴付符合国家规定的企业年金、职业年金，个人购买符合国家规定的商业健康保险、税收递延型商业养老保险的支出，以及国务院规定可以扣除的其他项目。

劳务报酬所得、稿酬所得、特许权使用费所得以收入减除20%的费用后的余额为收入额。稿酬所得的收入额减按70%计算。

2. 经营所得的应纳税所得额

经营所得，以每一纳税年度的收入总额减除成本、费用以及损失后的余额为应纳税所得额。

成本、费用，是指纳税义务人从事生产、经营所发生的各项直接支出和分配计入成本的间接费用以及销售费用、管理费用、财务费用；损失，是指纳税义务人在生产、经营过程中发生的各项营业外支出。

个体工商户用于个人和家庭的支出、与取得生产经营收入无关的其他支出等不得扣除。个体工商户在生产经营活动中，应当分别核算生产经营费用和个人、家庭费用。对于生产经营与个人、家庭生活混用难以分清的费用，其40%视为与生产经营有关费用，准予扣除。

个人独资企业的投资者以全部生产经营所得为应纳税所得额；合伙企业的投资者

按照合伙企业的全部生产经营所得和合伙协议约定的分配比例，确定应纳税所得额，合伙协议没有约定分配比例的，以全部生产经营所得和合伙人数量平均计算每个投资者的应纳税所得额。

对个体工商户业主、个人独资企业和合伙企业自然人投资者的经营所得依法计征个人所得税时，投资者的工资不得在税前扣除。向其从业人员实际支付的合理的工资、薪金支出，允许在税前据实扣除。个体工商户业主、个人独资企业和合伙企业自然人投资者本人的费用扣除标准统一确定为60 000元/年（5 000元/月）。

3. 财产租赁所得的应纳税所得额

财产租赁所得，每次收入不超过4 000元的，减除费用800元；4 000元以上的，减除20%的费用，其余额为应纳税所得额。

4. 财产转让所得的应纳税所得额

财产转让所得，以转让财产的收入额减除财产原值和合理费用后的余额为应纳税所得额。

5. 利息、股息、红利所得和偶然所得的应纳税所得额

利息、股息、红利所得和偶然所得，以每次收入额为应纳税所得额。

个人将其所得对教育、扶贫、济困等公益慈善事业进行捐赠，捐赠额未超过纳税人申报的应纳税所得额30%的部分，可以从其应纳税所得额中扣除；国务院规定对公益慈善事业捐赠实行全额税前扣除的，从其规定。

6. 无住所个人工资、薪金所得收入额计算

无住所个人取得工资、薪金所得，按以下规定计算在境内应纳税的工资、薪金所得的收入额：

（1）无住所个人为非居民个人的情形。非居民个人取得工资、薪金所得，除担任董事、监事、高层管理人员以外，当月工资、薪金收入额分别按照以下两种情形计算：

1）非居民个人境内居住时间累计不超过90天的情形。在一个纳税年度内，在境内累计居住不超过90天的非居民个人，仅就归属于境内工作期间并由境内雇主支付或者负担的工资、薪金所得计算缴纳个人所得税。当月工资、薪金收入额的计算公式如下（公式一）：

$$\text{当月工资、薪金收入额}=\text{当月境内外工资、薪金总额}\times\frac{\text{当月境内支付工资、薪金数额}}{\text{当月境内外工资、薪金总额}}\times\frac{\text{当月工资、薪金所属工作期间境内工作天数}}{\text{当月工资、薪金所属工作期间公历天数}}$$

这里所说的境内雇主包括雇佣员工的境内单位和个人以及境外单位或者个人在境内的机构、场所。凡境内雇主采取核定征收所得税或者无营业收入未征收所得税的，无住所个人为其工作取得工资、薪金所得，不论是否在该境内雇主会计账簿中记载，均视为由该境内雇主支付或者负担。

2）非居民个人境内居住时间累计超过90天不满183天的情形。在一个纳税年度内，在境内累计居住超过90天但不满183天的非居民个人，取得归属于境内工作期间的工资、薪金所得，均应当计算缴纳个人所得税；其取得归属于境外工作期间的工资、薪金所得，不征收个人所得税。当月工资、薪金收入额的计算公式如下（公式二）：

$$\text{当月工资、薪金收入额}=\text{当月境内外工资、薪金总额}\times\frac{\text{当月工资、薪金所属工作期间境内工作天数}}{\text{当月工资、薪金所属工作期间公历天数}}$$

（2）无住所个人为居民个人的情形。在一个纳税年度内，在境内累计居住满183天的无住所居民个人取得工资、薪金所得，当月工资、薪金收入额按照以下规定计算：

1）无住所居民个人在境内居住累计满183天的年度连续不满6年的情形。在境内居住累计满183天的年度连续不满6年的无住所居民个人，来源于境外所得符合优惠条件的，其取得的全部工资、薪金所得，除归属于境外工作期间且由境外单位或者个人支付的工资、薪金所得部分外，均应计算缴纳个人所得税。工资、薪金所得收入额的计算公式如下（公式三）：

$$\text{当月工资、薪金收入额}=\text{当月境内外工资、薪金总额}\times\left(1-\frac{\text{当月境外支付工资、薪金数额}}{\text{当月境内外工资、薪金总额}}\times\frac{\text{当月工资、薪金所属工作期间境外工作天数}}{\text{当月工资、薪金所属工作期间公历天数}}\right)$$

2）无住所居民个人在境内居住累计满183天的年度连续满6年的情形。在境内居住累计满183天的年度连续满6年后，来源于境外所得不再享受有条件的优惠政策，其从境内、境外取得的全部工资、薪金所得均应计算缴纳个人所得税。

（3）无住所个人为高管人员的情形。对于担任境内居民企业的董事、监事及高层管理职务的无住所个人（以下简称高管人员）按照以下规定处理：

1）高管人员在境内居住时间累计不超过90天的情形。在一个纳税年度内，在境内累计居住不超过90天的高管人员，其取得由境内雇主支付或者负担的工资、薪金所得应当计算缴纳个人所得税；不是由境内雇主支付或者负担的工资、薪金所得，不缴纳个人所得税。当月工资、薪金收入额为当月境内支付或者负担的工资、薪金收入额。

2）高管人员在境内居住时间累计超过90天不满183天的情形。在一个纳税年度内，在境内居住累计超过90天但不满183天的高管人员，其取得的工资、薪金所得，除归属于境外工作期间且不是由境内雇主支付或者负担的部分外，应当计算缴纳个人所得税。当月工资、薪金收入额计算适用上述公式三。

7.5 应纳税额的计算

7.5.1 综合所得应纳税额的计算

1. 居民纳税人综合所得预扣预缴税款的规定

（1）工资、薪金所得的预扣预缴。居民个人在取得工资、薪金时按规定由支付所得的单位或个人代扣代缴税款，扣缴义务人向居民个人支付工资、薪金所得时，应当按照累计预扣法计算预扣税款，并按月办理扣缴申报。预扣税率表见表7-4，具体计算公式如下：

$$\text{本期应预扣预缴税额}=\left(\text{累计预扣预缴应纳税所得额}\times\text{预扣率}-\text{速算扣除数}\right)-\text{累计减免税额}-\text{累计已预扣预缴税额}$$

$$\text{累计预扣预缴应纳税所得额}=\text{累计收入}-\text{累计免税收入}-\text{累计减除费用}-\text{累计专项扣除}-\text{累计专项附加扣除}-\text{累计依法确定的其他扣除}$$

式中，累计减除费用按照 5 000 元/月乘以纳税人当年截至本月在本单位的任职受雇月份数计算。

表 7-4　个人所得税预扣税率表一

（居民个人工资、薪金所得预扣预缴适用）

级数	累计预扣预缴应纳税所得额	预扣率（%）	速算扣除数（元）
1	不超过 36 000 元的部分	3	0
2	超过 36 000 元至 144 000 元的部分	10	2 520
3	超过 144 000 元至 300 000 元的部分	20	16 920
4	超过 300 000 元至 420 000 元的部分	25	31 920
5	超过 420 000 元至 660 000 元的部分	30	52 920
6	超过 660 000 元至 960 000 元的部分	35	85 920
7	超过 960 000 元的部分	45	181 920

例 7-1

某企业职工某年截至 4 月当年累计收入为 160 000 元，累计专项扣除为 20 000 元，累计专项附加扣除为 8 000 元，累计已预扣预缴税款为 5 000 元。计算 4 月应预扣预缴的个人所得税。

$$\begin{aligned}\text{4 月累计预扣预缴应纳税所得额}&=160\,000-4\times5\,000-20\,000-8\,000\\&=112\,000(\text{元})\end{aligned}$$

$$\text{4 月应预扣预缴个人所得税}=112\,000\times10\%-2\,520-5\,000=3\,680(\text{元})$$

例 7-2

某居民纳税人一个纳税年度内取得工资收入 120 000 元，假设可以扣除的“五险一金”共计 15 000 元，另外取得劳务报酬 20 000 元。该纳税人除每月可扣除的住房租金 1 500 元，无其他专项附加扣除项目。计算该纳税人全年应缴纳的个人所得税。

$$\begin{aligned}\text{全年应纳税所得额}&=120\,000-15\,000+20\,000\times(1-20\%)-5\,000\times12-1\,500\times12\\&=43\,000(\text{元})\end{aligned}$$

$$\begin{aligned}\text{全年应纳税额}&=36\,000\times3\%+(43\,000-36\,000)\times10\%\\&=1\,780(\text{元})\end{aligned}$$

（2）劳务报酬所得、稿酬所得、特许权使用费所得的预扣预缴。扣缴义务人向居民个人支付劳务报酬所得、稿酬所得、特许权使用费所得时，应当按照以下方法按次或者按月预扣预缴税款：

劳务报酬所得、稿酬所得、特许权使用费所得以收入减除费用后的余额为收入额；其中，稿酬所得的收入额减按 70%计算。

减除费用：预扣预缴税款时，劳务报酬所得、稿酬所得、特许权使用费所得每次收入不超过4 000元的，减除费用按800元计算；每次收入4 000元以上的，减除费用按收入的20%计算。

应纳税所得额：劳务报酬所得、稿酬所得、特许权使用费所得，以每次收入额为预扣预缴应纳税所得额计算应预扣预缴税额。劳务报酬所得预扣税率适用表7-5，稿酬所得、特许权使用费所得适用20%的比例预扣率。

表7-5　个人所得税预扣税率表二

（居民个人劳务报酬所得预扣预缴适用）

级数	预扣预缴应纳税所得额	预扣率（%）	速算扣除数
1	不超过20 000元的	20	0
2	超过20 000元至50 000元的部分	30	2 000
3	超过50 000元的部分	40	7 000

居民个人办理年度综合所得汇算清缴时，应当依法计算劳务报酬所得、稿酬所得、特许权使用费所得的收入额，并入年度综合所得计算应纳税款，税款多退少补。

例7-3

某居民纳税人获得一笔设计师事务所支付的劳务报酬50 000元。计算设计师事务所应预扣预缴的个人所得税。

扣缴税款时的应纳税所得额＝50 000×(1－20%)＝40 000(元)

应预扣预缴个人所得税＝40 000×30%－2 000＝10 000(元)

2. 对个人因解除劳动合同取得经济补偿金的征税方法

（1）企业依照国家有关法律规定宣告破产，企业职工从该破产企业取得的一次性安置费收入，免征个人所得税。

（2）个人因与用人单位解除劳动关系而取得的一次性补偿收入（包括用人单位发放的经济补偿金、生活补助费和其他补助费用），其收入在当地上年职工平均工资3倍数额以内的部分，免征个人所得税；超过3倍数额部分的一次性补偿收入，不并入当年综合所得，单独适用综合所得税率表计算纳税。

（3）个人领取一次性补偿收入时按照国家和地方政府规定的比例实际缴纳的住房公积金、医疗保险费、基本养老保险费、失业保险费，可以在计征其一次性补偿收入的个人所得税时予以扣除。

3. 关于个人提前退休取得补贴收入征收个人所得税的规定

对个人提前退休取得一次性补贴收入征收个人所得税按以下规定执行：

（1）机关、企事业单位对未达到法定退休年龄、正式办理提前退休手续的个人，按照统一标准向提前退休工作人员支付的一次性补贴不属于免税的离退休工资收入，应按照“工资、薪金所得”项目征收个人所得税。

（2）个人因办理提前退休手续而取得的一次性补贴收入，应按照办理提前退休手续至法定退休年龄之间实际年度数平均分摊，确定适用税率和速算扣除数，单独适用综合所得税率表计算个人所得税。计税公式为：

$$\text{应纳税额}=\left[\left(\text{一次性补贴收入}\div\text{办理提前退休手续至法定退休年龄的实际年度数}-\text{费用扣除标准}\right)\times\text{适用税率}-\text{速算扣除数}\right]\times\text{办理提前退休手续至法定退休年龄的实际年度数}$$

4. 关于企业减员增效和行政事业单位、社会团体在机构改革过程中实行内部退养办法人员取得收入的征税问题

实行内部退养的个人在其办理内部退养手续后至法定离退休年龄之间从原任职单位取得的工资、薪金所得不属于离退休工资，应按“工资、薪金所得”项目计征个人所得税。

个人在办理内部退养手续后从原任职单位取得的一次性收入，应按办理内部退养手续后至法定离退休年龄之间的所属月份进行平均，并与领取当月的工资、薪金所得合并后减除当月费用扣除标准，以余额为基数确定适用税率，再将当月工资、薪金所得加上取得的一次性收入，减去费用扣除标准，按适用税率计征个人所得税。

个人在办理内部退养手续后至法定离退休年龄之间重新就业取得的工资、薪金所得，应与其从原任职单位取得的同一月份的工资、薪金所得合并，依法自行向主管税务机关申报缴纳个人所得税。

5. 特定行业职工取得的工资、薪金所得的计税方法

为了照顾采掘业、远洋运输业、远洋捕捞业因季节、产量等因素的影响，职工的工资、薪金收入呈现较大幅度波动的实际情况，这三个特定行业的职工取得的工资、薪金所得，可按月预缴税款，年度终了后30日内，合计其全年工资、薪金所得，再按12个月平均并计算实际应缴纳的税款，多退少补。用公式表示为：

$$\text{应纳税额}=\left[\left(\text{全年工资薪金收入}\div 12-\text{费用扣除标准}\right)\times\text{适用税率}-\text{速算扣除数}\right]\times 12$$

6. 关于个人取得公务交通、通讯补贴收入的征税问题

个人因公务用车和通讯制度改革而取得的公务用车、通讯补贴收入，扣除一定标准的公务费用后，按照“工资、薪金所得”项目计征个人所得税。按月发放的，并入当月工资、薪金所得计征个人所得税；不按月发放的，分解到所属月份并与该月份工资、薪金所得合并后计征个人所得税。

公务费用扣除标准，由省级税务机关根据纳税人公务交通、通讯费用实际发生情况进行调查测算，报经省级人民政府批准后确定，并报国家税务总局备案。

7. 关于在外商投资企业、外国企业和外国驻华机构工作的中方人员取得工资、薪金所得的征税问题

在外商投资企业、外国企业和外国驻华机构工作的中方人员取得的工资、薪金收入，凡是由雇佣单位和派遣单位分别支付的，支付单位应按税法规定代扣代缴个人所得税。同时，按税法规定，纳税义务人应以每月全部工资、薪金收入减除规定费用后的余额为应纳税所得额。为了有利于征管，对雇佣单位和派遣单位分别支付工资、薪金的，采取由支付者中的一方减除费用的方法，即只有雇佣单位在支付工资、薪金时，按税法规定减除费用，计算扣缴个人所得税；派遣单位支付的工资、薪金不再减除费用，以支付金额直接确定适用税率，计算扣缴个人所得税。

上述纳税义务人应持两处支付单位提供的原始明细工资、薪金单（书）和完税凭证原件，选择并固定到一地税务机关申报每月工资、薪金收入，汇算清缴其工资、薪金收入的个人所得税，多退少补。具体申报期限由各省、自治区、直辖市税务机关确定。

例 7－4

李某为一外商投资企业雇用的中方人员，假定某年1月，该外商投资企业支付给李某的薪金为10 000元，同月，李某还收到其所在派遣单位发给的工资4 000元。该外商投资企业、派遣单位应如何扣缴个人所得税？李某实际应缴纳的个人所得税是多少？

分析：(1) 外商投资企业应为李某扣缴的个人所得税为：

扣缴税额＝(每月收入额－5 000)×适用税率－速算扣除数
＝(10 000－5 000)×10%－210＝290(元)

(2) 派遣单位应为李某扣缴的个人所得税为：

扣缴税款＝每月收入额×适用税率－速算扣除数
＝4 000×10%－210＝190(元)

(3) 李某实际应缴纳的个人所得税为：

应纳税额＝(每月收入额－5 000)×适用税率－速算扣除数
＝(10 000＋4 000－5 000)×10%－210＝690(元)

因此，李某到某税务机关申报时，还应补缴210元（690－290－190）。

对外商投资企业、外国企业和外国驻华机构发放给中方工作人员的工资、薪金所得，应全额征税。但对可以提供有效合同或有关凭证，能够证明其工资、薪金所得的一部分按照有关规定上缴派遣（介绍）单位的，可扣除其实际上缴的部分，按其余额计征个人所得税。

8. 企业年金及商业健康保险个人所得税的计算

(1) 年金缴费环节。自2014年1月1日起，企业和事业单位（以下统称单位）根据国家有关政策规定的办法和标准，为在本单位任职或者受雇的全体职工缴付的企业年金或职业年金（以下统称年金）单位缴费部分，在计入个人账户时，个人暂不缴纳个人所得税。个人根据国家有关政策规定缴付的年金个人缴费部分，在不超过本人缴费工资计税基数的4%标准内的部分，暂从个人当期的应纳税所得额中扣除。

企业年金个人缴费工资计税基数为本人上一年度月平均工资。月平均工资按国家统计局规定列入工资总额统计的项目计算。月平均工资超过职工工作地所在设区城市上一年度职工月平均工资300%以上的部分，不计入个人缴费工资计税基数。职业年金个人缴费工资计税基数为职工岗位工资和薪级工资之和。职工岗位工资和薪级工资之和超过职工工作地所在设区城市上一年度职工月平均工资300%以上的部分，不计入个人缴费工资计税基数。

超过规定的标准缴付的年金单位缴费和个人缴费部分，应并入个人当期的工资、薪金所得，依法计征个人所得税。税款由建立年金的单位代扣代缴，并向主管税务机关申报解缴。

（2）年金基金投资运营环节。年金基金投资运营收益分配计入个人账户时，暂不缴纳个人所得税。

（3）年金领取环节。个人达到国家规定的退休年龄，领取的企业年金（职业年金）不并入综合所得，全额单独计算应纳税额。按月领取的年金，全额按照“工资、薪金所得”项目适用的税率计征个人所得税。按季领取的，平均分摊计入各月，按每月领取额适用月度税率表计算纳税。按年领取的，适用综合所得税率表计算纳税。

对单位和个人在2014年1月1日之前开始缴付年金缴费，个人在2014年1月1日之后领取年金的，允许其从领取的年金中减除在2014年1月1日之前缴付的年金单位缴费和个人缴费且已经缴纳个人所得税的部分，就其余额按照“工资、薪金所得”项目征税。

例7-5

假设截至上年12月31日，某企业职工李某个人和企业共缴付年金12万元，均已按原计税办法缴纳个人所得税；本年1月1日至退休时，李某个人和企业又缴付年金30万元。在李某退休后按月领取年金的情况下，每月领取年金1 400元。计算李某应缴纳（托管人代扣代缴）的个人所得税。

$$\begin{array}{c}\text{领取的年金可减计的}\\\text{应纳税所得额}\end{array}=1\,400\times120\,000\div(120\,000+300\,000)=400(\text{元})$$

$$\text{应纳个人所得税}=(1\,400-400)\times3\%=30(\text{元})$$

对个人因出境定居而一次性领取的年金个人账户资金，或个人死亡后，其指定的受益人或法定继承人一次性领取的年金个人账户余额，适用综合所得税率表计算纳税。对个人除上述特殊原因外一次性领取年金个人账户资金或余额的，适用月度税率表计算纳税。

（4）购买商业健康保险支出扣除政策。个人购买符合规定的商业健康保险产品的支出，允许在当年（月）计算应纳税所得额时税前扣除，扣除限额为2 400元/年（200元/月）。企事业单位统一组织并为员工购买符合规定的商业健康保险产品的支出，应分别计入员工个人工资薪金，视同个人购买，按上述限额予以扣除。

适用商业健康保险税收优惠政策的纳税人，是指取得工资薪金所得、连续性劳务报酬所得的个人，以及取得个体工商户生产经营所得、对企事业单位的承包承租经营所得的个体工商户业主、个人独资企业投资者、合伙企业合伙人和承包承租经营者。

（5）购买商业养老保险税收递延政策。自2018年5月1日起，在上海市、福建省（含厦门市）和苏州工业园区实施个人税收递延型商业养老保险试点。取得工资薪金、连续性劳务报酬所得的个人，其缴纳的保费准予在申报扣除当月计算应纳税所得额时予以限额据实扣除，扣除限额按照当月工资薪金、连续性劳务报酬收入的6%和1 000元孰低办法确定。取得个体工商户生产经营所得、对企事业单位的承包承租经营所得的个体工商户业主、个人独资企业投资者、合伙企业自然人合伙人和承包承租经营者，其缴纳的保费准予在申报扣除当年计算应纳税所得额时予以限额据实扣除，扣除限额按照不超过当年应税收入的6%和12 000元孰低办法确定。计入个人商业养老资金账户的投资收益，暂不征收个人所得税；个人领取商业养老金时再征收个人所得税。

对个人达到规定条件时领取的商业养老金收入，其中25%部分予以免税，其余75%部分按照10%的比例税率计算缴纳个人所得税，税款计入“工资、薪金所得”项目，由保险机构代扣代缴。

9. 关于个人兼职和退休人员再任职取得收入征收个人所得税的规定

个人兼职取得的收入应按照“劳务报酬所得”项目缴纳个人所得税；退休人员再任职取得的收入，按“工资、薪金所得”项目缴纳个人所得税。

10. 关于上市公司股权激励的个人所得税规定

上市公司股权激励包括股票期权、股票增值权和限制性股票等多种形式。

其中，股票期权是指上市公司按照规定的程序授予本公司及其控股企业员工的一项权利，该权利允许被授权员工在未来时间内以某一特定价格购买本公司一定数量的股票。

股票增值权是指上市公司授予管理人员和公司员工在未来一定时期和约定条件下，获得规定数量的股票价格上升所带来收益的权利。被授权人在约定条件下行权，上市公司按照行权日与授权日二级市场股票差价乘以授权股票数量，发放给被授权人现金。

限制性股票是指上市公司按照股权激励计划约定的条件，授予管理人员和公司员工一定数量本公司的股票。

（1）股票期权所得项目应纳税所得额的确定。员工接受实施股票期权计划企业授予的股票期权时，除另有规定外，一般不作为应税所得征税。

员工行权时，其从企业取得股票的实际购买价（施权价）低于购买日公平市场价（指该股票当日的收盘价，下同）的差额，是因员工在企业的表现和业绩情况而取得的与任职、受雇有关的所得，应按“工资、薪金所得”项目适用的规定计算缴纳个人所得税。

对因特殊情况，员工在行权日之前将股票期权转让的，股票期权的转让净收入作为工资、薪金所得缴纳个人所得税。

员工行权日所在期间的工资、薪金所得，应按下列公式计算工资、薪金应纳税所得额：

$$\begin{matrix}\text{股票期权形式的工资、}\\\text{薪金应纳税所得额}\end{matrix}=\left(\begin{matrix}\text{行权股票的}\\\text{每股市场价}\end{matrix}-\begin{matrix}\text{员工取得该股票期权}\\\text{支付的每股施权价}\end{matrix}\right)\times\begin{matrix}\text{股票}\\\text{数量}\end{matrix}$$

（2）股票增值权所得项目应纳税所得额的确定。股票增值权被授权人获取的收益，是由上市公司根据授权日与行权日股票差价乘以被授权股数，直接向被授权人支付的现金。上市公司应于向股票增值权被授权人兑现时依法扣缴其个人所得税。被授权人股票增值权应纳税所得额的计算公式为：

$$\begin{matrix}\text{股票增值权某次}\\\text{行权应纳税所得额}\end{matrix}=\left(\begin{matrix}\text{行权日}\\\text{股票价格}\end{matrix}-\begin{matrix}\text{授权日}\\\text{股票价格}\end{matrix}\right)\times\begin{matrix}\text{行权股票}\\\text{份数}\end{matrix}$$

（3）限制性股票所得项目应纳税所得额的确定。按照《个人所得税法》及其实施条例等有关规定，原则上应在限制性股票所有权归属于被激励对象时确认其限制性股票所得的应纳税所得额。即上市公司实施限制性股票计划时，应以被激励对象限制性股票在中国证券登记结算公司（境外为证券登记托管机构）进行股票登记日期的股票市价（指当日收盘价，下同）和本批次解禁股票当日市价（指当日收盘价，下同）的平均价格乘以本批次解禁股票份数，减去被激励对象本批次解禁股份数所对应的为获取限制性股票实际支付资金数额，其差额为应纳税所得额。被激励对象限制性股票应纳税所得额的计算公式为：

$$\text{应纳税所得额}=\left(\text{股票登记日股票市价}+\text{本批次解禁股票当日市价}\right)\div 2\times\text{本批次解禁股票份数}-\text{被激励对象实际支付的资金总额}\times\left(\text{本批次解禁股票份数}\div\text{被激励对象获取的限制性股票总份数}\right)$$

（4）股权激励所得应纳税额的计算。

1）居民个人在纳税年度内第一次取得股票期权、股票增值权、限制性股票、股权奖励等股权激励（以下简称股权激励），符合相关条件的，在 2021 年 12 月 31 日前，不并入当年综合所得，全额单独适用综合所得税率表，计算纳税。计算公式为：

$$\text{应纳税额}=\text{股权激励收入}\times\text{适用税率}-\text{速算扣除数}$$

居民个人一个纳税年度内取得两次以上（含两次）股权激励的，应合并按照综合所得的规定计算纳税。

2）2022 年 1 月 1 日之后的股权激励政策另行明确。

3）转让股票（销售）取得所得的税款计算。对于员工转让股票等有价证券取得的所得，应按现行税法和政策规定征免个人所得税。即个人将行权后的境内上市公司股票再行转让而取得的所得，暂不征收个人所得税（征收证券交易印花税）；个人转让境外上市公司的股票而取得的所得，应按税法的规定计算应纳税所得额和应纳税额，依法缴纳税款。

4）参与税后利润分配取得所得的税款计算。员工因拥有股权参与税后利润分配而取得的股息、红利所得，除依照有关规定可以免税或减税的外，应全额按规定税率计算纳税。

（5）纳税义务发生时间。

1）股票期权所得个人所得税纳税义务发生时间为员工行权日，即按照某一特定价格购买本公司一定数量的股票的日期。

2）股票增值权个人所得税纳税义务发生时间为上市公司向被授权人兑现股票增值权所得的日期。

3）限制性股票个人所得税纳税义务发生时间为每一批次限制性股票解禁的日期。

（6）其他有关问题的规定。

1）《财政部 国家税务总局关于个人股票期权所得征收个人所得税问题的通知》（财税〔2005〕35 号）、《国家税务总局关于个人股票期权所得缴纳个人所得税有关问题的补充通知》（国税函〔2006〕902 号）和《财政部 国家税务总局关于股票增值权所得和限制性股票所得征收个人所得税有关问题的通知》（财税〔2009〕5 号）以及上述有关股权激励个人所得税政策，适用于上市公司（含所属分支机构）和上市公司控股企业的员工，其中上市公司占控股企业股份比例最低为30%。

间接持股比例按各层持股比例相乘计算，上市公司对一级子公司持股比例超过50%的，按100%计算。

2）具有下列情形之一的股权激励所得，不适用上述优惠计税方法（应纳税所得额除以规定月份数再确定适用税率和速算扣除数的做法），直接计入个人当期所得征收个人所得税：除本条规定之外的集团公司、非上市公司员工取得的股权激励所得；公司上市之前设立股权激励计划，待公司上市后取得的股权激励所得；上市公司未按照规定向其主管税务机关报备有关资料的。

3）被激励对象为缴纳个人所得税款而出售股票，其出售价格与原计税价格不一致的，按原计税价格计算应纳税所得额和应纳税额。

4）《财政部 国家税务总局关于完善股权激励和技术入股有关所得税政策的通知》（财税〔2016〕101号）规定，上市公司授予个人的股票期权、限制性股票和股权奖励，经向主管税务机关备案，个人可自股票期权行权、限制性股票解禁或取得股权奖励之日起，在不超过12个月的期限内缴纳个人所得税。

11．非上市公司股权激励的个人所得税规定

非上市公司授予本公司员工的股票期权、股权期权、限制性股票和股权奖励，符合规定条件的，经向主管税务机关备案，可实行递延纳税政策，即员工在取得股权激励时可暂不纳税，递延至转让该股权时纳税；股权转让时，按照股权转让收入减除股权取得成本以及合理税费后的差额，适用“财产转让所得”项目，按照20%的税率计算缴纳个人所得税。

股权转让时，股票（权）期权取得成本按行权价确定，限制性股票取得成本按实际出资额确定，股权奖励取得成本为零。

享受递延纳税政策的非上市公司股权激励（包括股票期权、股权期权、限制性股票和股权奖励，下同）须同时满足以下条件：

（1）属于境内居民企业的股权激励计划。

（2）股权激励计划经公司董事会、股东（大）会审议通过。未设股东（大）会的国有单位，经上级主管部门审核批准。股权激励计划应列明激励目的、对象、标的、有效期、各类价格的确定方法、激励对象获取权益的条件、程序等。

（3）激励标的应为境内居民企业的本公司股权。股权奖励的标的可以是技术成果投资入股到其他境内居民企业所取得的股权。激励标的股票（权）包括通过增发、大股东直接让渡以及法律法规允许的其他合理方式授予激励对象的股票（权）。

（4）激励对象应为公司董事会或股东（大）会决定的技术骨干和高级管理人员，激励对象人数累计不得超过本公司最近6个月在职职工平均人数的30%。

（5）股票（权）期权自授予日起应持有满3年，且自行权日起持有满1年；限制性股票自授予日起应持有满3年，且解禁后持有满1年；股权奖励自获得奖励之日起应持有满3年。上述时间条件须在股权激励计划中列明。

（6）股票（权）期权自授予日至行权日的时间不得超过10年。

（7）实施股权奖励的公司及其奖励股权标的公司所属行业均不属于《股权奖励税

收优惠政策限制性行业目录》范围。

股权激励计划所列内容不同时满足上述条件的，不得享受递延纳税优惠，应按规定计算缴纳个人所得税。

12. 保险营销员、证券经纪人佣金收入个人所得税的规定

保险营销员、证券经纪人取得的佣金收入，属于劳务报酬所得，以不含增值税的收入减除 20%的费用后的余额为收入额，收入额减去展业成本以及附加税费后，并入当年综合所得，计算缴纳个人所得税。保险营销员、证券经纪人展业成本按照收入额的 25%计算。

扣缴义务人向保险营销员、证券经纪人支付佣金收入时，应按照《国家税务总局关人发布〈个人所得税扣缴申报管理办法（试行）〉的公告》（国家税务总局公告 2018 年第 61 号）规定的累计预扣法计算预扣税款。

13. 单位低价向职工售房个人所得税的规定

单位按低于购置或建造成本价格出售住房给职工，职工因此而少支出的差价部分，不并入当年综合所得，以差价收入除以 12 个月得到的数额，按照月度税率表确定适用税率和速算扣除数，单独计算纳税。计算公式为：

$$\text{应纳税额}=\text{职工实际支付的购房价款低于该房屋的购置或建造成本价格的差额}\times\text{适用税率}-\text{速算扣除数}$$

14. 全年一次性奖金个人所得税的规定

居民个人取得全年一次性奖金，在 2023 年 12 月 31 日前，不并入当年综合所得，以全年一次性奖金收入除以 12 个月得到的数额，按照月度税率表确定适用税率和速算扣除数，单独计算纳税。计算公式为：

$$\text{应纳税额}=\text{全年一次性奖金收入}\times\text{适用税率}-\text{速算扣除数}$$

居民个人取得全年一次性奖金，也可以选择并入当年综合所得计算纳税。

自 2024 年 1 月 1 日起，居民个人取得全年一次性奖金，应并入当年综合所得计算缴纳个人所得税。

15. 无住所个人税款计算

（1）关于无住所居民个人税款计算的规定。无住所居民个人取得综合所得，年度终了后，应按年计算个人所得税；有扣缴义务人的，由扣缴义务人按月或者按次预扣预缴税款；需要办理汇算清缴的，按照规定办理汇算清缴，年度综合所得应纳税额计算公式如下（公式四）：

$$\text{年度综合所得应纳税额}=\left(\text{年度工资、薪金收入额}+\text{年度劳务报酬收入额}+\text{年度稿酬收入额}+\text{年度特许权使用费收入额}-\text{减除费用}-\text{专项扣除}-\text{专项附加扣除}-\text{依法确定的其他扣除}\right)\times\text{适用税率}-\text{速算扣除数}$$

无住所居民个人为外籍个人的，2022 年 1 月 1 日前计算工资、薪金收入额时，已经按规定减除住房补贴、子女教育费、语言训练费等八项津补贴的，不能同时享受专项附加扣除。

年度工资、薪金，劳务报酬，稿酬，特许权使用费收入额分别按年度内每月工资、薪金以及每次劳务报酬、稿酬、特许权使用费收入额合计数额计算。

（2）关于非居民个人税款计算的规定。

1）非居民个人当月取得工资、薪金所得，以前面无住所个人工资、薪金所得收入额的相关公式计算收入额，减去税法规定的5 000元减除费用后的余额，为应纳税所得额，适用换算后的综合所得税率表（见表7-2）计算应纳税额。

2）非居民个人一个月内取得数月奖金，单独按照前面无住所个人工资、薪金所得收入额计算的规定计算当月收入额，不与当月其他工资、薪金合并，按6个月分摊计税，不减除费用，适用月度税率表计算应纳税额，在一个公历年度内，对每一个非居民个人，该计税办法只允许适用一次。计算公式如下（公式五）：

$$当月数月奖金应纳税额=[(数月奖金收入额\div6)\times适用税率-速算扣除数]\times6$$

3）非居民个人一个月内取得股权激励所得，单独按照前面无住所个人工资、薪金所得收入额计算的规定计算当月收入额，不与当月其他工资、薪金合并，按6个月分摊计税（一个公历年度内的股权激励所得应合并计算），不减除费用，适用月度税率表计算应纳税额，计算公式如下（公式六）：

$$\begin{matrix}当月股权激励\\所得应纳税额\end{matrix}=\left[\left(\begin{matrix}本公历年度内股权\\激励所得合计额\end{matrix}\div6\right)\times\begin{matrix}适用\\税率\end{matrix}-\begin{matrix}速算\\扣除数\end{matrix}\right]\times6-\begin{matrix}本公历年度内股权\\激励所得已纳税额\end{matrix}$$

4）非居民个人取得来源于境内的劳务报酬所得、稿酬所得、特许权使用费所得，以税法规定的每次收入额为应纳税所得额，适用月度税率表计算应纳税额。劳务报酬所得、稿酬所得、特许权使用费所得以收入减除20%的费用后的余额为收入额；其中，稿酬所得的收入额减按70%计算。

7.5.2 经营所得应纳税额的计算

经营所得以每一纳税年度的收入总额减除成本、费用以及损失后的余额为应纳税所得额。

经营所得个人所得税的征税办法有查账征收方式和核定征收方式。账册健全、会计核算相对规范的经营者采用查账征收方式，账册不健全、会计核算不够规范的经营者采用核定征收方式。

1. 查账征收

查账征收方式下，个人所得税中针对经营所得的应纳税所得额的计算办法与企业所得税中应纳税所得额的计算办法的原理是一致的，税前扣除项目的规定也是相同的。需要注意的是，投资者本人的工资不得在税前扣除，其费用扣除标准自2018年10月1日起统一确定为每月5 000元。

经营所得适用五级超额累进税率，以其应纳税所得额按适用税率计算应纳税额。个体工商户的生产、经营所得应纳税额的计算公式为：

$$应纳税额=应纳税所得额\times适用税率-速算扣除数$$

=(全年收入总额－成本、费用以及损失)×适用税率－速算扣除数

取得经营所得的个人没有综合所得的，在计算其每一纳税年度的应纳税所得额时，应当减除费用6万元、专项扣除、专项附加扣除以及依法确定的其他扣除。专项附加扣除在办理汇算清缴时减除。

例7-6

某从事餐饮业的个体经营户账证比较健全，某年12月营业额200 000元，购进菜、肉、蛋、面粉、大米等原料120 000元，缴纳电费、水费、房租、煤气费等15 000元，缴纳其他税费合计6 000元。当月支付给4名雇员工资共8 000元，业主个人费用扣除标准为5 000元。假设无其他扣除项目。1—11月累计应纳税所得额60 000元，1—11月累计已预缴个人所得税7 000元。计算该个体经营户12月应缴纳的个人所得税。

12月应纳税所得额=200 000－120 000－15 000－6 000－8 000－5 000
=46 000(元)

全年累计应纳税所得额=46 000+60 000=106 000(元)

全年应纳个人所得税=106 000×20%－10 500=21 200－10 500=10 700(元)

12月应纳个人所得税=10 700－7 000=3 700(元)

2. 核定征收

核定征收方式包括定额征收、核定应税所得率征收以及其他合理的征收方式。

实行核定应税所得率征收方式的，应纳所得税的计算公式如下：

应纳所得税=应纳税所得额×适用税率

应纳税所得额=收入总额×应税所得率

或 =成本费用支出额÷(1－应税所得率)×应税所得率

个人独资企业、合伙企业应税所得率按表7-6规定的标准执行。

表7-6 个人独资企业、合伙企业个人所得税应税所得率表

行业	应税所得率（%）
工业、交通运输业、商业	5～20
建筑业、房地产开发业	7～20
饮食服务业	7～25
娱乐业	20～40
其他行业	10～30

企业经营多业的，无论其经营项目是否单独核算，均应根据主营项目确定其适用的应税所得率。

实行核定征税方式的投资者不能享受个人所得税的优惠政策。

实行查账征税方式的个人独资企业和合伙企业改为核定征税方式后，在查账征税方式下认定的年度经营亏损未弥补完的部分不得再继续弥补。

例7-7

王某承包一家商店，承包期限1年，取得经营利润124 000元，按合同规定承包人每年应从承包经营利润中上缴承包费30 000元，王某无综合所得，当年可扣除的子女教育支出为12 000元，赡养父母支出为12 000元。计算王某全年应缴纳的个人所得税。

全年应纳税所得额＝124 000－30 000－12×5 000－12 000－12 000＝10 000(元)

全年应纳个人所得税＝10 000×5%－0＝500(元)

实行承包、承租经营的纳税人，应以每一纳税年度的承包、承租经营所得计算纳税。纳税人在一个年度内分次取得承包、承租经营所得的，应在每次取得承包、承租经营所得后预缴税款，年终汇算清缴，多退少补。如果纳税人的承包、承租期在一个纳税年度内不足12个月，应以其实际承包、承租经营的期限为一个纳税年度计算纳税。

自2021年1月1日至2022年12月31日，对个体工商户经营所得年应纳税所得额不超过100万元的部分，在现行优惠政策基础上，再减半征收个人所得税。个体工商户不区分征收方式，均可享受。

7.5.3 利息、股息、红利所得应纳税额的计算

利息、股息、红利所得以个人每次取得的收入额为应纳税所得额，不得从收入额中扣除任何费用。对于股份制企业在分配股息、红利时，以股票形式向股东个人支付的股息、红利（即派发红股），应以派发红股的股票票面金额为收入额计算征收个人所得税。

《财政部 国家税务总局 证监会关于上市公司股息红利差别化个人所得税政策有关问题的通知》（财税〔2015〕101号）规定，自2015年9月8日起，个人从公开发行和转让市场取得的上市公司股票，持股期限在1个月以内（含1个月）的，其股息红利所得全额计入应纳税所得额；持股期限在1个月以上至1年（含1年）的，暂减按50%计入应纳税所得额；持股期限超过1年的，股息红利所得暂免征收个人所得税。上述所得统一适用20%的税率计征个人所得税。全国中小企业股份转让系统挂牌公司虽然是非上市公众公司，但对其分配的股息红利，也采用上述差别化个人所得税政策。

利息、股息、红利所得适用20%的比例税率，其应纳税额的计算公式为：

应纳税额＝应纳税所得额(每次收入额)×适用税率

企业为股东购买车辆并将车辆所有权转到股东个人名下，其实质为企业对股东进行了红利性质的实物分配，应按照“利息、股息、红利所得”项目征收个人所得税。考虑到该股东个人名下的车辆同时也为企业经营使用的实际情况，允许合理减除部分所得，减除的具体数额由主管税务机关根据车辆的实际使用情况合理确定。

依据《企业所得税法》以及有关规定，上述企业为个人股东购买的车辆不属于企业的资产，不得在企业所得税税前扣除折旧。

7.5.4 财产租赁所得应纳税额的计算

财产租赁所得一般以个人每次取得的收入定额或定率减除规定费用后的余额为应

纳税所得额。每次收入不超过4 000元的，定额减除费用800元；每次收入在4 000元以上的，定率减除20%的费用。财产租赁所得以1个月内取得的收入为一次。

在确定财产租赁的应纳税所得额时，纳税人在出租财产过程中缴纳的税金和教育费附加可凭完税（缴款）凭证从其财产租赁收入中扣除。准予扣除的项目除了规定费用和有关税费外，还包括能够提供有效、准确凭证证明由纳税人负担的该出租财产实际开支的修缮费用。允许扣除的修缮费用以每次800元为限。一次扣除不完的，准予在下一次继续扣除，直到扣完为止。

个人出租财产取得的财产租赁收入，在计算缴纳个人所得税时应依次扣除以下费用：

（1）财产租赁过程中缴纳的税费。

（2）由纳税人负担的该出租财产实际开支的修缮费用。

（3）税法规定的费用扣除标准。

应纳税所得额的计算公式为：

（1）每次（月）收入不超过4 000元的：

应纳税所得额＝每次(月)收入额－准予扣除项目－修缮费用(800元为限)－800

（2）每次（月）收入超过4 000元的：

应纳税所得额＝[每次(月)收入额－准予扣除项目－修缮费用(800元为限)]×(1－20%)

个人将承租房屋转租取得的租金收入属于个人所得税应税所得，应按“财产租赁所得”项目计算缴纳个人所得税。取得转租收入的个人向房屋出租方支付的租金，凭房屋租赁合同和合法支付凭据允许在计算个人所得税时从该项转租收入中扣除。有关财产租赁所得在缴纳个人所得税前扣除费用的次序调整为：

（1）财产租赁过程中缴纳的税费。

（2）向出租方支付的租金。

（3）由纳税人负担的该出租财产实际开支的修缮费用。

（4）税法规定的费用扣除标准。

财产租赁所得适用20%的比例税率。但对个人按市场价格出租居民住房取得的所得，自2001年1月1日起暂减按10%的税率征收个人所得税。其应纳税额的计算公式为：

应纳税额＝应纳税所得额×适用税率

例7-8

张某将自有房屋按市场价出租给李某居住，张某每月取得租金收入3 500元。计算张某全年租金收入应缴纳的个人所得税。

分析：财产租赁收入以每月内取得的收入为一次，按市场价出租给个人居住适用10%的税率。

因此，张某每月及全年应纳税额为：

每月应纳税额=(3 500−800)×10%=270(元)

全年应纳税额=270×12=3 240(元)

本例在计算个人所得税时未考虑其他税费。如果对租金收入计征增值税、城市维护建设税、房产税和教育费附加等，还应将其从税前的收入中先扣除，再计算应缴纳的个人所得税。

假定当年2月因下水道堵塞找人修理，发生修理费用500元，有维修部门的正式收据，则2月和全年的应纳税额为：

2月应纳税额=(3 500−500−800)×10%=220(元)

全年应纳税额=270×11+220=3 190(元)

在实际征税过程中，有时会出现财产租赁所得的纳税人不明确的情况。对此，在确定财产租赁所得的纳税人时，应以产权凭证为依据。无产权凭证的，由主管税务机关根据实际情况确定纳税人。如果产权所有人死亡，在未办理产权继承手续期间，该财产出租且有租金收入的，以领取租金收入的个人为纳税人。

7.5.5 财产转让所得应纳税额的计算

1. 一般情况下财产转让所得应纳税额的计算

财产转让所得以个人每次转让财产取得的收入额减除财产原值和相关税费后的余额为应纳税所得额。一件财产的所有权一次转让取得的收入为一次。财产转让所得中允许减除的财产原值如下所示。

（1）有价证券。其原值为买入价以及买入时按规定缴纳的有关费用。一般，转让债权采用加权平均法确定应予减除的财产原值和合理费用，计算公式如下：

$$\begin{matrix}\text{一次卖出某一种类的债券}\\\text{允许扣除的买价和费用}\end{matrix}=\begin{matrix}\text{购进该种类债券的买入价}\\\text{和买进过程中缴纳的税费总和}\end{matrix}\div\begin{matrix}\text{购进该种类}\\\text{债券的总数量}\end{matrix}\times\begin{matrix}\text{一次卖出该种类}\\\text{债券的数量}\end{matrix}+\begin{matrix}\text{卖出该种类债券}\\\text{过程中缴纳的税费}\end{matrix}$$

$$\begin{matrix}\text{每次卖出债券}\\\text{应纳个人所得税}\end{matrix}=\left(\begin{matrix}\text{该次卖出该类}\\\text{债券的收入}\end{matrix}-\begin{matrix}\text{该次卖出该类债券允许}\\\text{扣除的买价和费用}\end{matrix}\right)\times 20\%$$

例7-9

某人1月购入债券1 000份，每份买入价10元，支付税费共计150元。6月将买入的债券一次卖出600份，每份卖出价12元，支付税费共计110元。计算该个人售出债券应缴纳的个人所得税。

$$\begin{matrix}\text{一次卖出债券应}\\\text{扣除的买价及费用}\end{matrix}=(1\,000\times10+150)\div1\,000\times600+110=6\,200(\text{元})$$

应纳个人所得税=(600×12−6 200)×20%=200(元)

（2）建筑物。其原值为建造费或者购进价格以及其他有关费用。

（3）土地使用权。其原值为取得土地使用权所支付的金额、开发土地的费用以及其他有关费用。

(4) 机器设备、车船。其原值为购进价格、运输费、安装费，以及其他有关费用。

(5) 其他财产。其原值参照以上方法确定。如果纳税人未提供完整、准确的财产原值凭证，不能正确计算财产原值，由主管税务机关核定其财产原值。

财产转让所得中允许减除的合理费用，是指卖出财产时按照规定支付的有关费用。

财产转让所得应纳税所得额的计算公式为：

$$应纳税所得额=每次收入额-财产原值-合理费用$$

财产转让所得应纳税额的计算公式为：

$$应纳税额=应纳税所得额\times 适用税率=(收入总额-财产原值-合理费用)\times 20\%$$

2. 对个人因购买和处置债权取得的所得征收个人所得税的规定

(1) 根据《个人所得税法》及有关规定，个人通过招标、竞拍或其他方式购置债权以后，通过相关司法或行政程序主张债权而取得的所得应按照“财产转让所得”项目缴纳个人所得税。

(2) 个人通过上述方式取得“打包”债权，只处置部分债权的，其应纳税所得额按以下方式确定：

1) 以每次处置部分债权的所得作为一次财产转让所得征税。

2) 其应税收入按照个人取得的货币资产和非货币资产的评估价值或市场价值的合计数确定。

3) 所处置债权的成本费用（即财产原值）按下列公式计算：

$$\begin{array}{c}当次处置债权的\\成本费用\end{array}=\begin{array}{c}个人购置“打包”\\债权的实际支出\end{array}\times\begin{array}{c}当次处置债权的账面价值\\(或拍卖机构公布的价值)\end{array}\div\begin{array}{c}“打包”债权的账面价值\\(或拍卖机构公布的价值)\end{array}$$

4) 个人购买和处置债权过程中发生的拍卖招标手续费、诉讼费、审计评估费以及缴纳的税金等合理税费，在计算个人所得税时允许扣除。

3. 个人转让住房所得应纳税额的计算

自2006年8月1日起，个人转让住房所得应纳个人所得税的具体规定如下：

(1) 以实际成交价格为转让收入。纳税人申报的住房成交价格明显低于市场价格且无正当理由的，征收机关依法有权根据有关信息核定其转让收入，但必须保证各税种计税价格一致。

(2) 纳税人可凭原购房合同、发票等有效凭证，经税务机关审核后，从其转让收入中减除房屋原值、转让住房过程中缴纳的税金及有关合理费用。

(3) 纳税人未提供完整、准确的房屋原值凭证的，税务机关可对其实行核定征税，即按纳税人住房转让收入的一定比例核定应纳个人所得税。具体比例由省级税务机关授权的地市级税务机关根据纳税人出售住房的所处区域、地理位置、建造时间、房屋类型、住房平均价格水平等因素，在住房转让收入1%～3%的幅度内确定。

例 7－10

某人拥有一幢自建房，房屋造价 360 000 元，支付相关费用 50 000 元。此人转让房屋，售价 600 000 元，在卖房过程中按规定支付交易费等有关费用 35 000 元。计算其应缴纳的个人所得税。

应纳税所得额＝财产转让收入－财产原值－合理费用
＝600 000－(360 000＋50 000)－35 000
＝155 000(元)

应纳税额＝155 000×20%＝31 000(元)

个人销售无偿受赠不动产，也应征收个人所得税。在缴纳个人所得税时，以财产转让收入减除受赠、转让住房过程中缴纳的税金及有关合理费用后的余额为应纳税所得额，按 20%的适用税率计算缴纳个人所得税。

4. 自然人转让投资企业股权（份）征收个人所得税的规定

个人转让股权，以股权转让收入减除股权原值和合理费用后的余额为应纳税所得额，按“财产转让所得”项目缴纳个人所得税。

（1）相关概念界定。所转让股权是指自然人股东（以下简称个人）投资于在中国境内成立的企业或组织（以下统称被投资企业，不包括个人独资企业和合伙企业）的股权或股份。

股权转让行为具体包括：出售股权；公司回购股权；发行人首次公开发行新股时，被投资企业股东将其持有的股份以公开发行方式一并向投资者发售；股权被司法或行政机关强制过户；以股权对外投资或进行其他非货币性交易；以股权抵偿债务；其他股权转移行为。

（2）股权转让收入的确认。股权转让收入是指转让方因股权转让而获得的现金、实物、有价证券和其他形式的经济利益。转让方取得与股权转让相关的各种款项，包括违约金、补偿金以及其他名目的款项、资产、权益等，均应当并入股权转让收入。纳税人按照合同约定，在满足约定条件后取得的后续收入，也应当作为股权转让收入。股权转让收入明显偏低，又无正当理由的，税务机关可以核定其转让收入。

符合下列条件之一的股权转让收入明显偏低，视为有正当理由：

1）能出具有效文件，证明被投资企业因国家政策调整，生产经营受到重大影响，导致低价转让股权。

2）继承或将股权转让给其能提供具有法律效力的身份关系证明的配偶、父母、子女、祖父母、外祖父母、孙子女、外孙子女、兄弟姐妹以及对转让人承担直接抚养或者赡养义务的抚养人或者赡养人。

3）相关法律、政府文件或企业章程规定，并有相关资料充分证明转让价格合理且真实的本企业员工持有的不能对外转让股权的内部转让。

4）股权转让双方能够提供有效证据证明其合理性的其他情形。

主管税务机关应依次按照下列方法核定股权转让收入：

1）净资产核定法。股权转让收入按照每股净资产或股权对应的净资产份额核定。

被投资企业的土地使用权、房屋、房地产企业未销售房产、知识产权、探矿权、采矿权、股权等资产占企业总资产比例超过 20%的，主管税务机关可参照纳税人提供的具有法定资质的中介机构出具的资产评估报告核定股权转让收入。

6 个月内再次发生股权转让且被投资企业净资产未发生重大变化的，主管税务机关可参照上一次股权转让时被投资企业的资产评估报告核定此次股权转让收入。

2）类比法。

a. 参照相同或类似条件下同一企业同一股东或其他股东股权转让收入核定。

b. 参照相同或类似条件下同类行业企业股权转让收入核定。

3）其他合理方法。主管税务机关采用以上方法核定股权转让收入存在困难的，可以采取其他合理方法核定。

（3）股权原值的确认。个人转让股权的原值依照以下方法确认：

1）以现金出资方式取得的股权，按照实际支付的价款与取得股权直接相关的合理税费之和确认股权原值。

2）以非货币性资产出资方式取得的股权，按照税务机关认可或核定的投资入股时非货币性资产价格与取得股权直接相关的合理税费之和确认股权原值。

3）通过无偿让渡方式取得股权，具备上述第（2）项第 2）条所列情形的，按取得股权发生的合理税费与原持有人的股权原值之和确认股权原值。

4）被投资企业以资本公积、盈余公积、未分配利润转增股本，个人股东已依法缴纳个人所得税的，以转增额和相关税费之和确认其新转增股本的股权原值。

5）除以上情形外，由主管税务机关按照避免重复征收个人所得税的原则合理确认股权原值。

股权转让人已被主管税务机关核定股权转让收入并依法征收个人所得税的，该股权受让人的股权原值以取得股权时发生的合理税费与股权转让人被主管税务机关核定的股权转让收入之和确认。个人多次取得同一被投资企业股权的，转让部分股权时，采用加权平均法确定其股权原值。

（4）纳税申报。被投资企业应当在董事会或股东会结束后 5 个工作日内，向主管税务机关报送与股权变动事项相关的董事会或股东会决议、会议纪要等资料。

被投资企业发生个人股东变动或者个人股东所持股权变动的，应当在次月 15 日内向主管税务机关报送含有股东变动信息的《个人所得税基础信息表（A 表）》及股东变更情况说明。主管税务机关应当及时向被投资企业核实其股权变动情况，并确认相关转让所得，及时督促扣缴义务人和纳税人履行法定义务。

5. 对个人转让上市公司限售股所得征收个人所得税的规定

自 2010 年 1 月 1 日起，对个人转让限售股取得的所得，按照“财产转让所得”项目适用 20%的比例税率征收个人所得税。

（1）限售股认定范围。

1）上市公司股权分置改革完成后股票复牌日之前股东所持原非流通股股份，以及股票复牌日至解禁日期间由上述股份孳生的送、转股（以下统称股改限售股）。

2）2006 年股权分置改革新老划断后，首次公开发行股票并上市的公司形成的限售股，以及上市首日至解禁日期间由上述股份孳生的送、转股（以下统称新股限售股）。

3）个人从机构或其他个人受让的未解禁限售股。

4）个人因依法继承或家庭财产依法分割取得的限售股。

5）个人持有的从代办股份转让系统转到主板市场（或中小板、创业板市场）的限售股。

6）上市公司吸收合并中，个人持有的原被合并方公司限售股所转换的合并方公司股份。

7）上市公司分立中，个人持有的被分立方公司限售股所转换的分立后公司股份。

8）财政部、国家税务总局、法制办和证监会共同确定的其他限售股。

（2）限售股征税情形。限售股在解禁前被多次转让的，转让方对每一次转让所得均应按规定缴纳个人所得税。具有下列情形的，应按规定征收个人所得税：

1）个人通过证券交易所集中交易系统或大宗交易系统转让限售股。

2）个人用限售股认购或申购交易型开放式指数基金（ETF）份额。

3）个人用限售股接受要约收购。

4）个人行使现金选择权将限售股转让给提供现金选择权的第三方。

5）个人协议转让限售股。

6）个人持有的限售股被司法扣划。

7）个人因依法继承或家庭财产分割让渡限售股所有权。

8）个人用限售股偿还上市公司股权分置改革中由大股东代其向流通股股东支付的对价。

9）其他具有转让实质的情形。

（3）应纳税额的计算。个人转让限售股，以每次限售股转让收入减除股票原值和合理税费后的余额为应纳税所得额，即

$$\text{应纳税所得额}=\text{限售股转让收入}-(\text{限售股原值}+\text{合理费用})$$

$$\text{应纳税额}=\text{应纳税所得额}\times 20\%$$

式中，限售股转让收入是指转让限售股股票实际取得的收入；限售股原值是指限售股的买入价及按照规定缴纳的相关费用；合理费用是指转让限售股过程中发生的印花税、佣金、过户费等与交易相关的费用。

纳税人未能提供完整、真实的限售股原值凭证，不能准确计算限售股原值的，主管税务机关一律按限售股转让收入的15%核定限售股的原值及合理费用。

（4）纳税人及扣缴义务人的规定。限售股转让所得个人所得税，以限售股持有者为纳税义务人，以个人股东开户的证券机构为扣缴义务人。限售股转让所得个人所得税由证券机构所在地主管税务机关负责征收管理。

（5）征收方式。限售股转让所得个人所得税，采取证券机构预扣预缴、纳税人自行申报清算和证券机构直接扣缴相结合的方式征收。证券机构预扣预缴的税款，于次月7日内以纳税保证金的形式向主管税务机关缴纳。主管税务机关在收取纳税保证金时，应向证券机构开具《中华人民共和国纳税保证金收据》，并纳入专户存储。

根据证券机构技术和制度准备完成情况，对不同阶段形成的限售股采取不同的征收管理办法。

1）证券机构技术和制度准备完成前形成的限售股，证券机构按照股改限售股股改

复牌日收盘价，或新股限售股上市首日收盘价计算转让收入，按照计算出的转让收入的15%确定限售股的原值和合理费用，以转让收入减去原值和合理费用的余额，适用20%的税率，计算预扣预缴个人所得税税额。

纳税人按照实际转让收入与实际成本计算出的应纳税额，与证券机构预扣预缴税额有差异的，纳税人应自证券机构代扣并解缴税款的次月1日起3个月内，持加盖证券机构印章的交易记录和相关完整、真实的凭证，向主管税务机关提出清算申报并办理清算事宜。主管税务机关审核确认后，按照重新计算的应纳税额办理退（补）税手续。纳税人在规定期限内未到主管税务机关办理清算事宜的，税务机关不再办理清算事宜，已预扣预缴的税款从纳税保证金账户全额缴入国库。

2）证券机构技术和制度准备完成后新上市公司的限售股，按照证券机构事先植入结算系统的限售股成本原值和发生的合理费用，以实际转让收入减去原值和合理费用后的余额，适用20%的税率，计算直接扣缴个人所得税税额。

证券机构等应积极配合税务机关做好各项征收管理工作，并于每月15日前将上月限售股减持的有关信息传递至主管税务机关。限售股减持信息包括股东姓名、公民身份证号码、开户证券公司名称及地址、限售股股票代码、本期减持股数及减持取得的收入总额。证券机构有义务向纳税人提供加盖印章的限售股交易记录。

纳税人同时持有限售股及该股流通股的，其股票转让所得按照限售股优先原则，即转让股票视同先转让限售股，按规定计算缴纳个人所得税。

对个人在上海证券交易所、深圳证券交易所转让从上市公司公开发行和转让市场取得的上市公司股票所得，继续免征个人所得税。

对个人转让全国中小企业股份转让系统（简称新三板）挂牌公司原始股取得的所得，比照转让上市公司限售股，按照“财产转让所得”项目，适用20%的比例税率征收个人所得税。自2018年11月1日起，对个人转让新三板挂牌公司非原始股取得的所得，暂免征收个人所得税。

6. 对个人终止投资经营收回款项征收个人所得税的规定

个人因各种原因终止投资、联营、经营合作等行为，从被投资企业或合作项目、被投资企业的其他投资者以及合作项目的经营合作人处取得的股权转让收入、违约金、补偿金、赔偿金及以其他名目收回的款项等，均属于个人所得税应税收入，应按照“财产转让所得”项目计算缴纳个人所得税。

应纳税额的计算公式如下：

$$\begin{array}{l}\text{应纳税}\\\text{所得额}\end{array}=\begin{array}{c}\text{个人取得的股权转让收入、违约金、补偿金、}\\\text{赔偿金及以其他名目收回的款项合计数}\end{array}-\begin{array}{c}\text{原实际出资额(投入额)}\\\text{及相关税费}\end{array}$$

$$\text{应纳税额}=\text{应纳税所得额}\times 20\%$$

7. 关于企业改组改制过程中个人取得的量化资产的征税问题

对职工个人以股份形式取得的仅作为分红依据，不拥有所有权的企业量化资产，不征收个人所得税。

对职工个人以股份形式取得的拥有所有权的企业量化资产，暂缓征收个人所得税；待个人将股份转让时，就其转让收入额减除个人取得该股份时实际支付的费用和合理转让费用后的余额，按“财产转让所得”项目计征个人所得税。

对职工个人以股份形式取得的企业量化资产参与企业分配而获得的股息、红利，应按“利息、股息、红利所得”项目征收个人所得税。

8. 个人以非货币性资产投资的征税问题

按照《财政部 国家税务总局关于个人非货币性资产投资有关个人所得税政策的通知》（财税〔2015〕41号）的规定，个人以非货币性资产投资，属于个人转让非货币性资产和投资同时发生。个人转让非货币性资产的所得，应按照“财产转让所得”项目计算缴纳个人所得税。所谓非货币性资产，是指现金、银行存款等货币性资产以外的资产，包括股权、不动产、技术发明成果以及其他形式的非货币性资产；非货币性资产投资包括以非货币性资产出资设立新的企业，以及以非货币性资产出资参与企业增资扩股、定向增发股票、股权置换、重组改制等投资行为。

个人以非货币性资产投资，应按评估后的公允价值确认非货币性资产转让收入。非货币性资产转让收入减除该资产原值及合理税费后的余额为应纳税所得额。

个人应在取得被投资企业股权的次月15日内向主管税务机关申报纳税。纳税人一次性缴税有困难的，可合理确定分期缴纳计划并报主管税务机关备案后，自发生上述应税行为之日起不超过5个公历年度内（含）分期缴纳个人所得税。

个人以非货币性资产投资交易过程中取得现金补价的，现金部分应优先用于缴税；现金不足以缴纳的部分，可分期缴纳。个人在分期缴税期间转让其持有的上述全部或部分股权并取得现金收入的，该现金收入应优先用于缴纳尚未缴清的税款。

《财政部 国家税务总局关于完善股权激励和技术入股有关所得税政策的通知》（财税〔2016〕101号）规定，企业或个人以技术成果投资入股到境内居民企业，被投资企业支付的对价全部为股票（权）的，企业或个人可选择继续按现行有关税收政策执行，也可选择适用递延纳税优惠政策。

选择技术成果投资入股递延纳税政策的，经向主管税务机关备案，投资入股当期可暂不纳税，允许递延至转让股权时，按股权转让收入减去技术成果原值和合理税费后的差额计算缴纳所得税。

9. 天使投资个人股权转让的征税规定

天使投资个人采取股权投资方式直接投资于初创科技型企业满2年的，可以按照投资额的70%抵扣转让该初创科技型企业股权取得的应纳税所得额；当期不足抵扣的，可以在以后取得转让该初创科技型企业股权的应纳税所得额时结转抵扣。天使投资个人投资多个初创科技型企业的，对其中办理注销清算尚未抵扣完的初创科技型企业，可自注销清算之日起36个月内抵扣天使投资个人转让其他初创科技型股权取得的应纳税所得额。

10. 创业投资企业个人合伙人所得税的征收规定

完成备案且规范运作的合伙制创业投资企业（含创投基金）可以选择按单一投资基金核算或者按创投企业年度所得整体核算两种方式之一，对其个人合伙人来源于创投企业的所得计算个人所得税应纳税额。

创投企业选择按单一投资基金核算的，其个人合伙人从该基金应分得的股权转让所得和股息红利所得，按照 20%税率计算缴纳个人所得税。其中，对于股权转让所得，创投企业个人合伙人可以按照被转让项目对应投资额的 70%抵扣其应从基金年度股权转让所得中分得的份额后再计算其应纳税额，当期不足抵扣的，不得向以后年度结转。

创投企业选择按年度所得整体核算的，其个人合伙人应从创投企业取得的所得，按照“经营所得”项目 5%～35%的超额累进税率计算缴纳个人所得税。创投企业个人合伙人可以按照被转让项目对应投资额的 70%抵扣其从创投企业应分得的经营所得后再计算其应纳税额。年度核算亏损的，准予按有关规定向以后年度结转。

按照“经营所得”项目计税的个人合伙人，没有综合所得的，可依法减除基本减除费用、专项扣除、专项附加扣除以及国务院确定的其他扣除。从多处取得经营所得的，应汇总计算个人所得税，只减除一次上述费用和扣除。

创投企业选择按单一投资基金核算或按创投企业年度所得整体核算后，3 年内不能变更。

7.5.6　偶然所得应纳税额的计算

偶然所得应纳税额的计算公式为：

应纳税额＝应纳税所得额×适用税率＝每次收入额×20%

个人取得单张有奖发票奖金所得不超过 800 元（含）的，暂免征收个人所得税；个人取得单张有奖发票奖金所得超过 800 元的，应全额按照《个人所得税法》规定的“偶然所得”项目征收个人所得税。

7.5.7　个人所得税的特殊计税方法

1. 扣除捐赠额的计税方法

税法规定，个人将其所得对教育事业和其他公益事业捐赠的部分，允许从应纳税所得额中扣除。上述捐赠是指个人将其所得通过中国境内的社会团体、国家机关捐赠给教育和其他社会公益事业以及遭受严重自然灾害地区、贫困地区。一般捐赠额的扣除以不超过纳税人申报应纳税所得额的 30%为限。计算公式为：

捐赠扣除限额＝申报的应纳税所得额×30%

允许扣除的捐赠额等于实际捐赠额小于捐赠扣除限额的部分；实际捐赠额大于或等于捐赠扣除限额时，只能按捐赠扣除限额扣除。

个人发生的公益捐赠支出金额，按照以下规定确定：捐赠货币性资产的，按照实际捐赠金额确定；捐赠股权、房产的，按照个人持有股权、房产的财产原值确定；捐赠除股权、房产以外的其他非货币性资产的，按照非货币性资产的市场价格确定。

个人发生的公益捐赠支出可以在财产租赁所得，财产转让所得，利息、股息、红利所得，偶然所得，综合所得或者经营所得中扣除。在当期一个所得项目扣除不完的公益捐赠支出，可以按规定在其他所得项目中继续扣除。

例 7－11

某公民购买福利彩票中奖，取得偶然所得 60 000 元，将其中 30 000 元通过当地民政机构捐赠给某慈善组织。计算该公民应缴纳的个人所得税。

捐赠扣除限额＝60 000×30％＝18 000(元)

由于实际捐赠额大于捐赠扣除限额，税前只能按捐赠扣除限额扣除。

应纳个人所得税＝(60 000－18 000)×20％＝8 400(元)

2. 境外缴纳税额抵免的计税方法

在中国境内有住所或者无住所，但在中国境内居住累计满 183 天的个人，从中国境内和境外取得的所得都应缴纳个人所得税。实际上，纳税人的境外所得一般均已缴纳或负担有关国家的所得税。为了避免发生国家间重复征税，同时维护我国的税收权益，税法规定，纳税人从中国境外取得的所得，准予其在应纳税额中扣除已在境外实缴的个人所得税税款，但扣除额不得超过该纳税人境外所得依照我国税法规定计算的应纳税额。具体规定及计税方法如下：

(1) 应纳税额的计算。居民个人应当按照以下方法计算当期境内和境外所得应纳税额：

1) 居民个人来源于中国境外的综合所得，应当与境内综合所得合并计算应纳税额。

2) 居民个人来源于中国境外的经营所得，应当与境内经营所得合并计算应纳税额。居民个人来源于境外的经营所得，按照个人所得税法及其实施条例的有关规定计算的亏损，不得抵减其境内或他国（地区）的应纳税所得额，但可以用来源于同一国家（地区）以后年度的经营所得按中国税法规定弥补。

居民个人来源于中国境外的利息、股息、红利所得，财产租赁所得，财产转让所得和偶然所得（以下称其他分类所得），不与境内所得合并，应当分别单独计算应纳税额。

(2) 抵免限额的计算。我国个人所得税的抵免限额采用分国限额法。计算公式如下：

来源于一国(地区)所得的抵免限额＝来源于该国(地区)综合所得的抵免限额＋来源于该国(地区)经营所得的抵免限额＋源于该国(地区)其他分类所得的抵免限额

式中

来源于一国(地区)综合所得的抵免限额＝中国境内和境外综合所得依照上文规定计算的综合所得应纳税额×来源于该国(地区)的综合所得收入额÷中国境内和境外综合所得收入额合计

来源于一国(地区)经营所得的抵免限额＝中国境内和境外经营所得依照上文规定计算的经营所得应纳税额×来源于该国(地区)的经营所得应纳税所得额÷中国境内和境外经营所得应纳税所得额合计

来源于一国(地区)其他分类所得的抵免限额＝该国(地区)的其他分类所得依照上文规定计算的应纳税额

(3) 允许抵免额。居民个人一个纳税年度内来源于一国（地区）的所得实际已经缴纳的所得税税额，低于抵免限额的，应以实际缴纳税额作为抵免额进行抵免；超过来源于该国（地区）该纳税年度所得的抵免限额的，应在限额内进行抵免，超过部分可以在以后 5 个纳税年度内结转抵免。

可抵免的境外所得税税额，是指居民个人取得境外所得，依照该所得来源国（地区）税收法律应当缴纳且实际已经缴纳的所得税性质的税额。可抵免的境外所得税税额不包括以下情形：按照境外所得税法律属于错缴或错征的境外所得税税额；按照我国政府签订的避免双重征税协定以及内地与香港、澳门签订的避免双重征税安排规定不应征收的境外所得税税额；因少缴或迟缴境外所得税而追加的利息、滞纳金或罚款；境外所得税纳税人或者其利害关系人从境外征税主体得到实际返还或补偿的境外所得税税款；按照我国个人所得税法及其实施条例规定，已经免税的境外所得负担的境外所得税税款。

（4）居民个人从与我国签订税收协定的国家（地区）取得的所得，按照该国（地区）税收法律享受免税或减税待遇，且该免税或减税的数额按照税收协定饶让条款规定应视同已缴税额在中国的应纳税额中抵免的，该免税或减税数额可作为居民个人实际缴纳的境外所得税税额按规定申报税收抵免。

例 7－12

某中国公民从境外 A 国取得应税收入。其中，在 A 国一公司任职，取得工资、薪金收入 69 600 元（平均每月 5 800 元），因提供一项专利技术使用权一次取得特许权使用费收入 30 000 元，这两项收入在 A 国缴纳个人所得税 5 200 元。该公民个人所得税抵减的计算方法如下。

分析：假设该中国公民没有来自境内的所得，也不考虑专项扣除等项目，该年度按我国税法计算的应纳税所得额应为 39 600 元。

应纳税所得额＝69 600＋30 000－5 000×12＝39 600(元)

抵免限额＝39 600×10%－2 520＝1 440(元)

根据计算结果，该纳税人从 A 国取得应税所得在 A 国缴纳的个人所得税的抵免限额为 1 440 元。其在 A 国实际缴纳的个人所得税 5 200 元高于抵免限额，因此只能按照限额抵减应纳税额，另外的 3 760 元可以在未来 5 年用 A 国限额中未抵减完的余额继续抵减。

3. 个人无偿受赠房屋产权的个人所得税处理

为了加强个人所得税征管，堵塞税收漏洞，对个人无偿受赠房屋有关个人所得税问题的规定如下：

（1）以下情形的房屋产权无偿赠与，对当事双方不征收个人所得税：

1）房屋产权所有人将房屋产权无偿赠与配偶、父母、子女、祖父母、外祖父母、孙子女、外孙子女、兄弟姐妹。

2）房屋产权所有人将房屋产权无偿赠与对其承担直接抚养或者赡养义务的抚养人或者赡养人。

3）房屋产权所有人死亡，依法取得房屋产权的法定继承人、遗嘱继承人或者受遗赠人。

（2）赠与双方办理免税手续时，应向税务机关提交以下资料：

1）《国家税务总局关于加强房地产交易个人无偿赠与不动产税收管理有关问题的

通知》（国税发〔2006〕144号）第一条规定的相关证明材料。

2）赠与双方当事人的有效身份证件。

3）属于以上第（1）条第1）项规定情形的，还须提供公证机构出具的赠与人和受赠人亲属关系的公证书（原件）。

4）属于以上第（1）条第2）项规定情形的，还须提供公证机构出具的抚养关系或者赡养关系公证书（原件），或者乡镇政府或街道办事处出具的抚养关系或者赡养关系证明。

税务机关应当认真审核赠与双方提供的上述资料，资料齐全并且填写正确的，在提交的《个人无偿赠与不动产登记表》上签字盖章后复印留存，原件退还提交人，同时办理个人所得税不征税手续。

（3）除第（1）条规定的情形以外，房屋产权所有人将房屋产权无偿赠与他人的，受赠人因无偿受赠房屋取得的受赠所得缴纳个人所得税，税率为20%。

（4）对受赠人无偿受赠房屋计征个人所得税时，其应纳税所得额为房地产赠与合同上标明的赠与房屋价值减除赠与过程中受赠人支付的相关税费后的余额。赠与合同标明的房屋价值明显低于市场价格或房地产赠与合同未标明赠与房屋价值的，税务机关可依据受赠房屋的市场评估价格或采取其他合理方式确定受赠人的应纳税所得额。

（5）受赠人转让受赠房屋的，以其转让受赠房屋的收入减除原捐赠人取得该房屋的实际购置成本以及赠与和转让过程中受赠人支付的相关税费后的余额，为受赠人的应纳税所得额，依法计征个人所得税。受赠人转让受赠房屋价格明显偏低且无正当理由的，税务机关可以依据该房屋的市场评估价格或以其他合理方式确定的价格核定其转让收入。

4. 个人转让离婚析产房屋的征税问题

通过离婚析产的方式分割房屋产权是夫妻双方对共同共有财产的处置，个人因离婚办理房屋产权过户手续，不征收个人所得税。

个人转让离婚析产房屋所取得的收入，允许扣除其相应的财产原值和合理费用，余额按照规定的税率缴纳个人所得税；其相应的财产原值为房屋初次购置全部原值和相关税费之和乘以转让者占房屋所有权的比例。

个人转让离婚析产房屋所取得的收入，符合家庭生活自用5年以上唯一住房的，可以申请免征个人所得税。

5. 以企业资金为个人购房的征税方法

个人取得以下情形的房屋或其他财产，不论所有权人是否将财产无偿或有偿交付企业使用，其实质均为企业对个人进行了实物性质的分配，应依法计征个人所得税。

（1）企业出资购买房屋及其他财产，将所有权登记为投资者个人、投资者家庭成员或企业其他人员的。

（2）企业投资者个人、投资者家庭成员或企业其他人员向企业借款用于购买房屋及其他财产，将所有权登记为投资者个人、投资者家庭成员或企业其他人员，且借款年度终了后未归还借款的。

对个人独资企业、合伙企业的个人投资者或其家庭成员取得的上述所得，视为企业对个人投资者的利润分配，按照“经营所得”项目计征个人所得税；对除个人独资企业、合伙企业以外其他企业的个人投资者或其家庭成员取得的上述所得，视为企业对个人投资者的红利分配，按照“利息、股息、红利所得”项目计征个人所得税；对企业其他人员取得的上述所得，按照“工资、薪金所得”项目计征个人所得税。

6. 个人投资者从其投资的企业（个人独资企业、合伙企业除外）借款长期不还的个人所得税处理

纳税年度内个人投资者从其投资的企业（个人独资企业、合伙企业除外）借款，在该纳税年度终了后既不归还，又未用于企业生产经营的，其未归还的借款可视为企业对个人投资者的红利分配，按照“利息、股息、红利所得”项目计征个人所得税。

7.6　税收优惠

《个人所得税法》及其实施条例以及财政部、国家税务总局的若干规定都对个人所得项目给予减税免税的优惠，主要包括以下内容。

7.6.1　免税项目

根据《个人所得税法》和相关法规、政策，对下列各项个人所得免征个人所得税：

（1）省级人民政府、国务院部委和中国人民解放军军以上单位，以及外国组织、国际组织颁发的科学、教育、技术、文化、卫生、体育、环境保护等方面的奖金。

（2）国债和国家发行的金融债券利息。其中，国债利息是指个人持有中华人民共和国财政部发行的债券而取得的利息；国家发行的金融债券利息是指个人持有经国务院批准发行的金融债券而取得的利息。

（3）个人取得的教育储蓄存款利息。

（4）按照国家统一规定发给的补贴、津贴。这是指按照国务院规定发给的政府特殊津贴、院士津贴、资深院士津贴和国务院规定免纳个人所得税的补贴、津贴。

（5）福利费、抚恤金、救济金。

（6）保险赔款。

（7）军人的转业安置费、复员费。

（8）按照国家统一规定发给干部、职工的安家费、退职费、退休工资、离休工资、离休生活补助费。其中，退职费是指符合《国务院关于工人退休、退职的暂行办法》规定的退职条件，并按该办法规定的退职费标准所领取的退职费。

离退休人员除按规定领取离退休工资或养老金外，另从原任职单位取得的各类补贴、奖金、实物不属于免税的退休工资、离休工资、离休生活补助费，应按“工资、薪金所得”项目的规定缴纳个人所得税。

（9）依照我国有关法律规定应予免税的各国驻华使馆、领事馆的外交代表、领事官员和其他人员的所得。

（10）中国政府参加的国际公约、签订的协议中规定免税的所得。

（11）经国务院财政部门批准免税的所得。

7.6.2 减税项目

有下列情形之一的，经批准可以减征个人所得税：

（1）残疾、孤老人员和烈属的所得。其中，残疾人所得减税是指对残疾人个人取得的劳动所得适用减税规定，具体所得项目为：工资、薪金所得；经营所得；劳务报酬所得；稿酬所得和特许权使用费所得。

（2）因严重自然灾害造成重大损失的。

（3）其他经国务院财政部门批准减税的。

上述减税项目的减征幅度和期限由省、自治区、直辖市人民政府规定。

7.6.3 暂免征税项目

对下列所得暂免征收个人所得税：

（1）外籍个人以非现金形式或实报实销形式取得的住房补贴、伙食补贴、搬迁费、洗衣费。

（2）外籍个人按合理标准取得的境内、境外出差补贴。

（3）外籍个人取得的探亲费、语言训练费、子女教育费等经当地税务机关审核批准为合理的部分。

2019年1月1日至2021年12月31日期间，外籍个人符合居民条件的，可选择享受个人专项附加扣除，也可选择享受津贴补贴免税优惠政策，但不得同时享受。2022年1月1日起，外籍个人不再享受津贴补贴优惠政策，应按规定实行专项附加扣除。

（4）外籍个人从外商投资企业取得的股息、红利所得。

（5）凡符合下列条件之一的外籍专家取得的工资、薪金所得，可免征个人所得税：

1）根据世界银行专项贷款协议，由世界银行直接派往我国工作的外国专家。

2）联合国组织直接派往我国工作的专家。

3）为联合国援助项目来华工作的专家。

4）援助国派往我国专为该国援助项目工作的专家。

5）根据两国政府签订的文化交流项目来华工作两年以内的文教专家，其工资、薪金所得由该国负担的。

6）根据我国大专院校国际交流项目来华工作两年以内的文教专家，其工资、薪金所得由该国负担的。

7）通过民间科研协定来华工作的专家，其工资、薪金所得由该国政府机构负担的。

（6）个人举报、协查各种违法犯罪行为而获得的奖金。

（7）个人办理代扣代缴手续，按规定取得的扣缴手续费。

（8）个人转让自用达5年以上，并且是唯一的家庭生活用房取得的所得。

（9）对个人购买福利彩票、赈灾彩票、体育彩票，一次中奖收入在1万元以下的（含1万元）暂免征收个人所得税；超过1万元的，全额征收个人所得税。

（10）达到离休、退休年龄，但确因工作需要，适当延长离休、退休年龄的高级专家（指享受国家发放的政府特殊津贴的专家、学者）在延长离休、退休期间的工资、薪金所得视同离休、退休工资免征个人所得税。

（11）符合条件的社会保险和住房公积金。

7.7 征收管理

7.7.1 纳税人识别号

个人所得税以所得人为纳税人，以支付所得的单位或者个人为扣缴义务人。纳税人有中国公民身份证号码的，以中国公民身份证号码为纳税人识别号；纳税人没有中国公民身份证号码的，由税务机关赋予其纳税人识别号。扣缴义务人扣缴税款时，纳税人应当向扣缴义务人提供纳税人识别号。

7.7.2 纳税申报范围

有下列情形之一的，纳税人应当依法办理纳税申报：

（1）取得综合所得需要办理汇算清缴。

（2）取得应税所得没有扣缴义务人。

（3）取得应税所得，扣缴义务人未扣缴税款。

（4）取得境外所得。

（5）因移居境外注销中国户籍。

（6）非居民个人在中国境内从两处以上取得工资、薪金所得。

（7）国务院规定的其他情形。

纳税人取得应税所得没有扣缴义务人的，应当在取得所得的次月15日内向税务机关报送纳税申报表并缴纳税款。

纳税人取得应税所得，扣缴义务人未扣缴税款的，纳税人应当在取得所得的次年6月30日前缴纳税款；税务机关通知限期缴纳的，纳税人应当按照期限缴纳税款。

7.7.3 纳税申报期限

居民个人取得综合所得，按年计算个人所得税；有扣缴义务人的，由扣缴义务人按月或者按次预扣预缴税款；需要办理汇算清缴的，应当在取得所得的次年3月1日至6月30日内办理汇算清缴。预扣预缴办法由国务院税务主管部门制定。

居民个人向扣缴义务人提供专项附加扣除信息的，扣缴义务人按月预扣预缴税款时应当按照规定予以扣除，不得拒绝。

非居民个人取得工资、薪金所得，劳务报酬所得，稿酬所得和特许权使用费所得，有扣缴义务人的，由扣缴义务人按月或者按次代扣代缴税款，不办理汇算清缴。

纳税人取得经营所得，按年计算个人所得税，由纳税人在月度或者季度终了后15日内向税务机关报送纳税申报表，并预缴税款；在取得所得的次年3月31日前办理汇算清缴。纳税人取得利息、股息、红利所得，财产租赁所得，财产转让所得和偶然所得，按月或者按次计算个人所得税，有扣缴义务人的，由扣缴义务人按月或者按次代扣代缴税款。

居民个人从中国境外取得所得的，应当在取得所得的次年3月1日至6月30日内申报纳税。非居民个人在中国境内从两处以上取得工资、薪金所得的，应当在取得所得的次月15日内申报纳税。

纳税人因移居境外注销中国户籍的，应当在注销中国户籍前办理税款清算。

扣缴义务人每月或者每次预扣、代扣的税款，应当在次月15日内缴入国库，并向税务机关报送扣缴个人所得税申报表。

纳税人办理汇算清缴退税或者扣缴义务人为纳税人办理汇算清缴退税的，税务机关审核后，按照国库管理的有关规定办理退税。

7.7.4 纳税调整

有下列情形之一的，税务机关有权按照合理方法进行纳税调整：

(1) 个人与其关联方之间的业务往来不符合独立交易原则而减少本人或者其关联方应纳税额，且无正当理由。

(2) 居民个人控制的或者居民个人和居民企业共同控制的设立在实际税负明显偏低的国家（地区）的企业，无合理经营需要，对应当归属于居民个人的利润不做分配或者减少分配。

(3) 个人实施其他不具有合理商业目的的安排而获取不当税收利益。

税务机关依照相关规定做出纳税调整，需要补征税款的，应当补征税款，并依法加收利息。

7.7.5 社会协税

扣缴义务人应当按照国家规定办理全员全额扣缴申报，并向纳税人提供其个人所得和已扣缴税款等信息。对扣缴义务人按照所扣缴的税款，付给2%的手续费。

公安、人民银行、金融监督管理等相关部门应当协助税务机关确认纳税人的身份、金融账户信息。教育、卫生、医疗保障、民政、人力资源社会保障、住房城乡建设、公安、人民银行、金融监督管理等相关部门应当向税务机关提供纳税人子女教育、继续教育、大病医疗、住房贷款利息、住房租金、赡养老人等专项附加扣除信息。

个人转让不动产的，税务机关应当根据不动产登记等相关信息核验应缴纳的个人所得税，登记机构办理转移登记时，应当查验与该不动产转让相关的个人所得税的完税凭证。个人转让股权办理变更登记的，市场主体登记机关应当查验与该股权交易相关的个人所得税的完税凭证。

有关部门依法将纳税人、扣缴义务人遵守个人所得税法的情况纳入信用信息系统，并实施联合激励或者惩戒。

思考与练习

一、思考题

1. 个人所得税的税制模式有哪几种？各自有什么特点？

2. 判定个人所得税两类纳税人的标准是什么？这两类纳税人各自承担什么纳税义务？

3. 个人所得税的征税对象分为哪几类？每一类所得的应纳税额如何计算？

4. 个人所得税的优惠政策主要有哪些？

5. 在哪些情况下需要纳税人自行申报个人所得税？

二、单项选择题

1. 财产租赁所得每次收入不超过（　　）元的，减除费用800元。

A. 1 000　　B. 4 000　　C. 5 000　　D. 6 000

2. 个人购买福利彩票，一次中奖收入在1万元（含1万元）以下的，暂免征收个人所得税；超过1万元的，按照（　　）征收个人所得税。

A. 超过部分　　B. 全额

C. 扣除800元以后的余额　　D. 扣除20%以后的余额

三、多项选择题

1. 下列个人所得按“劳务报酬所得”项目缴纳个人所得税的有（　　）。

A. 外部董事的董事费收入　　B. 个人兼职收入

C. 教师自办培训班取得的收入　　D. 个人从事彩票代销业务取得的收入

2. 下列各项中免征或暂免征收个人所得税的有（　　）。

A. 个人取得的保险赔款

B. 军人的转业安置费

C. 国家金融债券利息收入

D. 破产国有企业职工从破产企业取得的一次性安置收入

四、计算题

1. 我国公民张先生在参加某商场组织的有奖销售活动中，中奖所得共计30 000元。他将其中的10 000元通过市教育局用于公益性捐赠。计算其应缴纳的个人所得税。

2. 我国公民李先生于本年1月以每张218元的价格转让上年购入的企业债券500张，发生相关税费870元，债券申购价每张200元，申购时共支付相关税费350元；另取得转让A股股票所得24 000元。计算其应缴纳的个人所得税。

第8章

资源税、土地增值税和城镇土地使用税

学习目标

1. 掌握三个税种的基本税制要素和应纳税额的计算方法。
2. 理解三个税种的特点和税收优惠政策。
3. 了解课征资源税的理论依据和土地增值税的开征背景。

8.1 资源税

对资源占用行为课税具有悠久的历史，为当今许多国家所采用。我国对资源占用课税的历史至少可以追溯到周代，当时的"山泽之赋"就是对伐木、采矿、狩猎、捕鱼、煮盐等开发、利用自然资源的生产活动课征的赋税。此后，我国历代政府延续了对矿冶资源、盐业资源等自然资源开发利用课税的制度。

8.1.1 资源税概述

1. 资源税的概念

资源税是对在我国从事应税矿产品开采和生产盐的单位和个人课征的一种税，属于对资源占用课税的范畴。

资源税法是指国家制定的用以调整资源税征收与缴纳之间权利及义务关系的法律规范。2011年9月30日国务院颁布修订后的《中华人民共和国资源税暂行条例》，于2011年11月1日起在全国实施。此次改革的核心是在原有资源税从量定额计征的基础上增加从价定率的计征办法，调整原油、天然气等品目资源税税率，以期通过改革更好地发挥税收的级差调节作用，抑制资源浪费。自2014年12月1日起，我国在全国范围内统一将煤炭、原油、天然气矿产资源补偿费费率降为零，并停止征收煤炭、原油、天然气价格调节基金，清费立税改革的步伐进一步加快。2015年5月起对稀土、钨、钼的资源税实行从价计征的方式。2016 年 7 月 1 日起资源税从价计征范围扩大到铁、金、铜等 21 种资源品目和未列举名称的其他金属矿，并开始在河北省实施水资源税改革试点。自 2017 年 12 月 1 日起在北京、天津、山西、内蒙古、山东、河南、四川、陕西、宁夏等 9 个省（自治区、直辖市）扩大水资源税改革试点。2019 年 8 月 26 日第十三届全国人民代表大会常务委员会第十二次会议通过《中华人民共和国资源税法》（以下简称《资源税法》），自 2020 年 9 月 1 日起施行。

2. 课征资源税的理论依据

征收资源税最重要的理论依据是地租理论。矿产资源的租金体现了矿产资源的价值，这种价值不是矿产企业在开采矿产资源过程中的劳动凝结，而是矿产资源国家所有权垄断的体现，包括绝对地租与级差地租。资源税既对占用、开发国有自然资源者普遍征收，又根据资源条件差异对不同纳税人采用差别税负。

3. 资源税的分类

现代资源税按征收目的不同，可分为一般资源税与级差资源税两类。一般资源税是对占用、开发国有自然资源者普遍征收的一种资源税。其特点是平等对待占用、开发自然资源的单位或个人，不论其所占用的资源质量优劣、取得的收入多寡，无差别地普遍征收，相当于绝对地租。部分国家采用收费的形式取得绝对地租。级差资源税是对占用、开发国有自然资源者因资源条件差异而获得的级差收入征收的一种资源税。其特点是对占用、开发自然资源的单位或个人，视其资源质量优劣及取得的收入多寡确定差别税收。对占用优等资源、收入丰厚者确定较高的税负；反之，确定较低的税负；而对占用、开发劣等资源者则免予征税，相当于级差地租。就课税目的而言，课征一般资源税的目的主要在于体现国有资源有偿占用原则；课征级差资源税的目的则侧重于调节因资源条件差异而给纳税人带来的收入——资源级差收入，以利于企业之间平等竞争。在税收实践中，资源税兼具一般资源税和级差资源税的性质。

4. 资源税改革的基本原则

一是清费立税。着力解决当前存在的税费重叠、功能交叉问题，将矿产资源补偿费等收费基金适当并入资源税，取缔违规、越权设立的各项收费基金，进一步理顺税费关系。二是合理负担。兼顾企业经营的实际情况和承受能力，借鉴煤炭等资源税费改革经验，合理确定资源税计税依据和税率水平，大范围推行从价计征的方式，以增强税收弹性，总体上不增加企业税费负担。三是适度分权。结合我国资源分布不均衡、地域差异较大等实际情况，在不影响全国统一市场秩序的前提下，赋予地方适当的税政管理权。四是循序渐进。在煤炭、原油、天然气等实施从价计征改革基础上，对其他矿产资源全面实施改革。积极创造条件，逐步对水、森林、草场、滩涂等自然资源开征资源税。

8.1.2　纳税人

资源税的纳税人是指在中华人民共和国领域及管辖海域开采应税矿产品或者生产

盐的单位和个人。

单位是指国有企业、集体企业、私营企业、股份制企业、其他企业和行政单位、事业单位、军事单位、社会团体及其他单位；个人是指个体经营者和其他个人；其他单位和其他个人包括外商投资企业、外国企业及外籍人员。

对应税资源产品（简称应税产品）在进口环节不征资源税，出口环节也不退资源税。资源税规定仅对在中国境内开采或生产应税产品的单位和个人征收，进口的矿产品和盐不征收资源税。由于对进口应税产品不征收资源税，相应地，对出口应税产品不免征或退还已纳资源税。

8.1.3 税目和税率

1. 税目

《资源税法》中资源税的征税范围涉及五大类产品，对应设置了五个税目，税目下面又设置了若干子目。五个税目包括：(1) 能源矿产；(2) 金属矿产；(3) 非金属矿产；(4) 水气矿产；(5) 盐。应税产品为矿产品的，包括原矿和选矿产品。

纳税人在开采主矿产品的过程中伴采的其他应税矿产品，凡未单独规定适用税率的，一律按主矿产品或视同主矿产品税目征收资源税。

未列举名称的其他非金属矿和其他有色金属矿，由省、自治区、直辖市人民政府决定征收或暂缓征收资源税，并报财政部和国家税务总局备案。

2. 税率

资源税采取从价定率和从量定额两种计征方法，实施级差调节的原则。级差调节是指对因资源贮存状况、开采条件、资源优劣、地理位置等客观存在的差别而产生的资源级差收入，通过实施差别税额标准进行调节。资源条件好的，税率、税额高一些；资源条件差的，税率、税额低一些。具体规定如表8-1所示。

表8-1 资源税税目税率表

税目		征税对象	税率
能源矿产	原油	原矿	6%
	天然气、页岩气、天然气水合物	原矿	6%
	煤	原矿或者选矿	2%～10%
	煤成（层）气	原矿	1%～2%
	铀、钍	原矿	4%
	油页岩、油砂、天然沥青、石煤	原矿或者选矿	1%～4%
	地热	原矿	1%～20%或者每立方米1～30元

续表

税目			征税对象	税率
金属矿产	黑色金属	铁、锰、铬、钒、钛	原矿或者选矿	1%～9%
	有色金属	铜、铅、锌、锡、镍、锑、镁、钴、铋、汞	原矿或者选矿	2%～10%
		铝土矿	原矿或者选矿	2%～9%
		钨	选矿	6.5%
		钼	选矿	8%
		金、银	原矿或者选矿	2%～6%
		铂、钯、钌、锇、铱、铑	原矿或者选矿	5%～10%
		轻稀土	选矿	7%～12%
		中重稀土	选矿	20%
		铍、锂、锆、锶、铷、铯、铌、钽、锗、镓、铟、铊、铪、铼、镉、硒、碲	原矿或者选矿	2%～10%
非金属矿产	矿物类	高岭土	原矿或者选矿	1%～6%
		石灰岩	原矿或者选矿	1%～6%或者每吨（或者每立方米）1～10元
		磷	原矿或者选矿	3%～8%
		石墨	原矿或者选矿	3%～12%
		萤石、硫铁矿、自然硫	原矿或者选矿	1%～8%
		天然石英砂、脉石英、粉石英、水晶、工业用金刚石、冰洲石、蓝晶石、硅线石（矽线石）、长石、滑石、刚玉、菱镁矿、颜料矿物、天然碱、芒硝、钠硝石、明矾石、砷、硼、碘、溴、膨润土、硅藻土、陶瓷土、耐火粘土、铁矾土、凹凸棒石粘土、海泡石粘土、伊利石粘土、累托石粘土	原矿或者选矿	1%～12%
		叶蜡石、硅灰石、透辉石、珍珠岩、云母、沸石、重晶石、毒重石、方解石、蛭石、透闪石、工业用电气石、白墨、石棉、蓝石棉、红柱石、石榴子石、石膏	原矿或者选矿	2%～12%
		其他粘土（铸型用粘土、砖瓦用粘土、陶粒用粘土、水泥配料用粘土、水泥配料用红土、水泥配料用黄土、水泥配料用泥岩、保温材料用粘土）	原矿或者选矿	1%～5%或者每吨（或者每立方米）0.1～5元
	岩石类	大理岩、花岗岩、白云岩、石英岩、砂岩、辉绿岩、安山岩、闪长岩、板岩、玄武岩、片麻岩、角闪岩、页岩、浮石、凝灰岩、黑曜岩、霞石正长岩、蛇纹岩、麦饭石、泥灰岩、含钾岩石、含钾砂页岩、天然油石、橄榄岩、松脂岩、粗面岩、辉长岩、辉石岩、正长岩、火山灰、火山渣、泥炭	原矿或者选矿	1%～10%
		砂石	原矿或者选矿	1%～5%或者每吨（或者每立方米）0.1～5元
	宝玉石类	宝石、玉石、宝石级金刚石、玛瑙、黄玉、碧玺	原矿或者选矿	4%～20%

续表

税目		征税对象	税率
水气矿产	二氧化碳气、硫化氢气、氦气、氡气	原矿	2%～5%
	矿泉水	原矿	1%～20%或者每立方米1～30元
盐	钠盐、钾盐、镁盐、锂盐	选矿	3%～15%
	天然卤水	原矿	3%～15%或者每吨（或者每立方米）1～10元
	海盐		2%～5%

对于划分资源等级的应税产品，其在几个主要品种的矿山资源等级表中未列举名称的纳税人适用的税率，由省、自治区、直辖市人民政府根据纳税人的资源状况，参照《资源税税目税率表》和几个主要品种的矿山资源等级表中确定的邻近矿山或者资源状况、开采条件相近矿山的税率标准，在浮动30%的幅度内核定，并报财政部和国家税务总局备案。

纳税人开采或者生产不同税目应税产品的，应当分别核算不同税目应税产品的销售额或者销售数量；未分别核算或者不能准确提供不同税目应税产品的销售额或者销售数量的，从高适用税率。

8.1.4 计税依据

计税销售额或者销售数量包括应税产品实际销售和视同销售两部分。视同销售包括以下情形：纳税人以自采原矿直接加工为非应税产品的，视同原矿销售；纳税人以自采原矿洗选（加工）后的选矿连续生产非应税产品的，视同选矿销售；以应税产品投资、分配、抵债、赠与、以物易物等，视同应税产品销售。

1. 从价定率征收的计税依据

（1）基本规定。实行从价定率征收的以销售额作为计税依据。销售额是指纳税人销售应税产品向购买方收取的全部价款和价外费用，但不包括收取的增值税销项税额。下列项目不包括在内：

1）同时符合以下条件的代垫运输费用：承运部门的运输费用发票开具给购买方的；纳税人将该项发票转交给购买方的。

2）同时符合以下条件代为收取的政府性基金或者行政事业性收费：由国务院或者财政部批准设立的政府性基金，由国务院或者省级人民政府及其财政、价格主管部门批准设立的行政事业性收费；收取时开具省级以上财政部门印制的财政票据；所收款项全额上缴财政。

纳税人以人民币以外的货币结算销售额的，应当折合成人民币计算。其销售额的人民币折合率可以选择销售额发生的当天或者当月1日的人民币汇率中间价。纳税人应事先确定采用何种折合率计算，确定后1年内不得变更。

（2）特殊规定。

1）原油、天然气资源税的规定。为便于征管，对开采稠油、高凝油、高含硫天然气、低丰度油气资源及三次采油的陆上油气田企业，根据以前年度符合相关减税规定的原油、天然气销售额占其原油、天然气总销售额的比例，确定资源税综合减征率和实际征收率，计算资源税应纳税额。计算公式为：

综合减征率＝$\sum$（减税项目销售额×减征幅度×6%）÷总销售额

实际征收率＝6%－综合减征率

应纳税额＝总销售额×实际征收率

2）煤炭资源税的规定。煤炭资源税实行从价定率计征。煤炭应税产品（以下简称应税煤炭）包括原煤和以未税原煤加工的洗选煤（以下简称洗选煤）。

纳税人将其开采的原煤，自用于连续生产洗选煤的，在原煤移送使用环节不缴纳资源税；自用于其他方面的，视同销售原煤，计算缴纳资源税。

纳税人将其开采的原煤加工为洗选煤销售的，以洗选煤销售额乘以折算率作为应税煤炭销售额计算缴纳资源税。

洗选煤应纳税额＝洗选煤销售额×折算率×适用税率

洗选煤销售额包括洗选副产品的销售额，不包括洗选煤从洗选煤厂到车站、码头等的运输费用。

3）其他从价计征资源税项目的规定。

应纳税额＝原矿(或选矿)销售额×适用税率

为公平原矿与选矿之间的税负，对同一种应税产品，征税对象为选矿（以前称为精矿）的，纳税人销售原矿时，应将原矿销售额换算为选矿销售额缴纳资源税；征税对象为原矿的，纳税人销售自采原矿加工的选矿时，应将选矿销售额折算为原矿销售额缴纳资源税。换算比或折算率原则上应通过原矿售价、选矿售价和选矿比计算，也可通过原矿销售额、加工环节平均成本和利润计算。

2. 从量定额征收的计税依据

实行从量定额征收的以销售数量为计税依据。除纳税人开采或者生产应税产品（盐）的实际销售数量，其他情况下销售数量的具体规定为：

（1）视同销售的自用数量作为销售数量。

（2）纳税人不能准确提供应税产品销售数量的，以应税产品的产量或者用主管税务机关确定的折算比换算成的数量作为计征资源税的销售数量。

（3）纳税人在资源税申报时，除财政部、国家税务总局另有规定外，应将其应税和减免税项目分开计算和报送。

（4）金属和非金属矿产品原矿，因无法准确掌握纳税人移送使用原矿数量的，可将其选矿按选矿比折算成原矿数量，以此作为课税数量，其计算公式为：

选矿比＝选矿数量÷耗用原矿数量

8.1.5 应纳税额的计算

资源税的应纳税额按从价定率或者从量定额的办法，分别以应税产品的销售额乘以纳税人具体适用的比例税率或者以应税产品的销售数量乘以纳税人具体适用的定额税率计算。

1. 从价定率应纳税额的计算

实行从价定率征收的，根据应税产品的销售额和规定的适用税率计算应纳税额，具体计算公式为：

应纳税额＝销售额×适用税率

例 8-1

某油田 8 月销售原油 40 万吨，取得销售收入 2 亿元，按资源税税目税率表的规定，其适用的税率为 6%。计算该油田本月应缴纳的资源税。

应纳税额＝20 000×6%＝1 200(万元)

例 8-2

某铜矿山 12 月销售铜矿石原矿 50 000 吨，移送入选选矿 6 000 吨，选矿比为 4∶1，假设每吨选矿销售价为 200 元，铜矿税率为 5%。计算该矿山本月应缴纳的资源税。

外销铜矿石原矿换算为选矿＝50 000÷4＝12 500(吨)
铜矿石原矿应纳税额＝12 500×200×5%＝125 000(元)
选矿应纳税额＝6 000×200×5%＝60 000(元)
合计应纳税额＝原矿应纳税额＋选矿应纳税额
＝125 000＋60 000＝185 000(元)

纳税人有视同销售应税产品行为而无销售价格的，或者申报的应税产品销售价格明显偏低且无正当理由的，税务机关应按下列顺序确定其应税产品计税价格：

(1) 按纳税人最近时期同类产品的平均销售价格确定。

(2) 按其他纳税人最近时期同类产品的平均销售价格确定。

(3) 按应税产品组成计税价格确定。

组成计税价格＝成本×(1＋成本利润率)÷(1－资源税税率)

(4) 按后续加工非应税产品销售价格减去后续加工环节的成本利润的余额确定。

(5) 按其他合理方法确定。

特别提示

纳税人以自采未税产品和外购已税产品混合销售或者混合加工为应税产品销售的，在计算应税产品计税销售额时，准予扣减已单独核算的已税产品购进金额；未单独核算的，一并计算缴纳资源税。已税产品购进金额当期不足扣减的可结转下期扣减。外购原矿或者选矿形态的已税产品与本产品征税对象不同的，在计算应税产品计税销售额时，应对混合销售额或者外购已税产品的购进金额进行换算或者折算。

2. **从量定额应纳税额的计算**

实行从量定额征收的，根据应税产品的课税数量和规定的单位税额计算应纳税额，具体计算公式为：

应纳税额＝课税数量×单位税额

代扣代缴应纳税额＝收购未税矿产品的数量×适用的单位税额

水资源税实行从量计征，水力发电和火力发电贯流式（不含循环式）冷却取用水应纳税额的计算公式为：

应纳税额＝实际发电量×适用税额

火力发电贯流式冷却取用水，是指火力发电企业从江河、湖泊（含水库）等水源取水，并对机组冷却后将水直接排入水源的取用水方式。火力发电循环式冷却取用水，是指火力发电企业从江河、湖泊（含水库）、地下等水源取水并引入自建冷却水塔，对机组冷却后返回冷却水塔循环利用的取用水方式。

除水力发电和火力发电贯流式（不含循环式）外，水资源税应纳税额的计算公式为：

应纳税额＝实际取用水量×适用税额

式中，适用税额是指取水口所在地的适用税额。

8.1.6 税收优惠

1. **有下列情形之一的，免征资源税**

（1）开采原油以及在油田范围内运输原油过程中用于加热的原油、天然气。

（2）煤炭开采企业因安全生产需要抽采的煤成（层）气。

2. **有下列情形之一的，减征资源税**

（1）从低丰度油气田开采的原油、天然气，减征20%资源税。

（2）高含硫天然气、三次采油和从深水油气田开采的原油、天然气，减征30%资源税。

（3）稠油、高凝油减征40%资源税。

（4）从衰竭期矿山开采的矿产品，减征30%资源税。

根据国民经济和社会发展需要，国务院对有利于促进资源节约集约利用、保护环境等情形可以规定免征或者减征资源税，报全国人民代表大会常务委员会备案。

3. **有下列情形之一的，省、自治区、直辖市可以决定免征或者减征资源税**

（1）纳税人开采或者生产应税产品过程中，因意外事故或者自然灾害等原因遭受重大损失。

（2）纳税人开采共伴生矿、低品位矿、尾矿。

上述两项免征或者减征资源税的具体办法，由省、自治区、直辖市人民政府提出，报同级人民代表大会常务委员会决定，并报全国人民代表大会常务委员会和国务院备案。

4. 水资源税的优惠规定

下列情形予以免征或者减征水资源税：规定限额内的农业生产取用水；取用污水处理再生水；除接入城镇公共供水管网以外，军队、武警部队通过其他方式取用水；抽水蓄能发电取用水；采油排水经分离净化后在封闭管道回注的；财政部、国家税务总局规定的其他免征或者减征水资源税的情形。

8.1.7 征收管理

1. 纳税义务发生时间和纳税期限

资源税按月或者按季申报缴纳；不能按固定期限计算缴纳的，可以按次申报缴纳。纳税人按月或者按季申报缴纳的，应当自月度或者季度终了之日起15日内，向税务机关办理纳税申报并缴纳税款；按次申报缴纳的，应当自纳税义务发生之日起15日内，向税务机关办理纳税申报并缴纳税款。

2. 纳税地点

（1）凡是缴纳资源税的纳税人，都应当向应税产品的开采或者生产所在地主管税务机关缴纳税款。

（2）纳税人在本省、自治区、直辖市范围内开采或者生产应税产品，其纳税地点需要调整的，由所在地省、自治区、直辖市税务机关决定。

（3）纳税人应纳的资源税属于跨省开采，其下属生产单位与核算单位不在同一省、自治区、直辖市的，其开采的矿产品一律在开采地纳税，其应纳税款由独立核算、自负盈亏的单位，按照开采地的实际销售量（或者自用量）及适用的单位税额计算划拨。

8.2 土地增值税

8.2.1 土地增值税概述

1. 土地增值税的概念

土地增值税是对有偿转让国有土地使用权及地上建筑物和其他附着物产权并取得增值性收入的单位和个人所征收的一种税。就其课税对象而言，它属于财产增值税；就其课征环节来看，它具有动态财产税的性质。现行土地增值税的基本规范是1993年12月13日国务院颁布的《中华人民共和国土地增值税暂行条例》（以下简称《土地增值税暂行条例》）。

2. 土地增值税的开征背景

土地增值税是为适应我国房地产市场建立与发展的需要，在1994年税制改革过程中开征的一个税种。20 世纪 90 年代，我国房地产业迅速发展，房地产市场初具规模，这对于促进经济发展、改善人民的生活条件具有积极意义。但是，与此同时，我国房地产市场不够完善，房地产交易行为不规范的问题也显现出来。房地产投机、炒卖之风一度盛行，导致房地产业畸形发展，在一定程度上引起产业结构失衡。当时由于缺乏必要的调节手段，政府无法对房地产业的利润水平进行有效的调节，国有土地的转让收益大量流失，转化为房地产业的巨额利润，在一定程度上刺激了房地产业的盲目发展。在此背景下，开征土地增值税对于完善我国税收制度体系、强化税收的财政职能和宏观调控职能具有重要意义。

3. 土地增值税的特点

（1）以转让房地产取得的增值额为征税对象，属于土地转移增值税的类型。其增值额为纳税人转让房地产的收入，减除税法规定准予扣除项目金额后的余额。

（2）征税面比较广。凡在我国境内转让房地产并取得收入的单位和个人，除税法规定免税的外，均应依照《土地增值税暂行条例》的规定缴纳土地增值税。换言之，凡发生应税行为的单位和个人，不论其经济性质，也不分内外资企业或中外籍人员，无论专营或兼营房地产业务，均有缴纳土地增值税的义务。

（3）实行超率累进税率。土地增值税的税率是以转让房地产增值率的高低为依据，按照累进原则设计的，实行分级计税。增值率高的，税率高，多纳税；增值率低的，税率低，少纳税，税负较为合理。

（4）实行按次征收。土地增值税在房地产发生转让的环节实行按次征收，每发生一次转让行为，就根据每次取得的增值额征一次税。

8.2.2　纳税人

土地增值税的纳税人为转让国有土地使用权、地上的建筑物及其附着物（以下简称转让房地产）并取得收入的单位和个人。单位包括各类企业、事业单位、国家机关和社会团体及其他组织。个人包括个体经营者。

土地增值税纳税人的范围是非常宽泛的，不论法人还是自然人，不论经济性质，不论内资企业还是外资企业、中国公民还是外籍个人，只要有偿转让房地产，都是土地增值税的纳税人。

8.2.3　征税范围

1. 征税范围的一般规定

土地增值税是对有偿转让国有土地使用权、地上建筑物及其附着物的行为征税，其基本征税范围包括：

（1）转让国有土地使用权。国有土地使用权是指土地使用人根据国家法律、合同等的规定，对国家所有的土地享有的使用权。土地增值税只对企业、单位和个人等经济主体转让国有土地使用权的行为课税。属于集体所有的土地，按现行规定须先由国家征用后才能转让。根据《中华人民共和国土地管理法》，国家为了公共利益，可以依照法律规定征用集体土地，依法被征用后的土地属于国家所有。未经国家征用的集体土地不得转让。自行转让集体土地是一种违法行为，应由有关部门依照相关法律来处理，而不应纳入土地增值税的征税范围。

国有土地出让是指国家以土地所有者的身份将土地使用权在一定年限内让与土地使用者，并由土地使用者向国家支付土地出让金的行为。由于土地使用权的出让方是国家，出让收入在性质上属于政府凭借所有权在土地一级市场上收取的租金，因此政府出让土地的行为及取得的收入不在土地增值税的征税之列。

（2）转让地上建筑物及其附着物产权。土地增值税既对转让土地使用权课税，也对转让地上建筑物及其附着物产权征税。

地上建筑物是指建于土地上的一切建筑物，包括地上地下的各种附属设施，如厂房、仓库、商店、医院、住宅、地下室、围墙、烟囱、电梯、中央空调、管道等。附着物是指附着于土地上不能移动，一经移动即遭损坏的种植物、养殖物及其他物品。纳税人取得国有土地使用权后进行房屋开发建造然后出售（即房地产开发）这种行为通常称作卖房，但按照国家有关房地产法律和法规的规定，卖房的同时土地使用权也随之发生转让。税法规定，纳税人转让地上建筑物和其他附着物产权取得的增值性收入，也应计算缴纳土地增值税。

（3）存量房地产的买卖。存量房地产是指已经建成并投入使用的房地产，其房屋所有人将房屋产权和土地使用权一并转让给其他单位和个人。在这种情况下，按照国家的房地产法律和法规，应当到有关部门办理房产产权和土地使用权的转移变更手续。原土地使用权属于无偿划拨的，还应到土地管理部门补交土地出让金。

2. 征税范围的若干具体规定

（1）房地产的继承、赠与。

1）房地产的继承。房地产的继承是指房产的原产权所有人、依照法律规定取得土地使用权的土地使用人死亡以后，由其继承人依法继承死者房产产权和土地使用权的民事法律行为。在这种情况下，虽然发生了房地产的权属变更，但作为房产产权、土地使用权的原所有人（即被继承人）并没有因为权属变更而取得任何收入，因此，这种房地产的继承不属于土地增值税的征税范围。

2）房地产的赠与。房地产的赠与是指房产所有人、土地使用权所有人将自己所拥有的房地产无偿地交给其他人的民事法律行为。这里的“赠与”仅指以下情况：

a. 房产所有人、土地使用权所有人将房屋产权、土地使用权赠与直系亲属或承担直接赡养义务人的。

b. 房产所有人、土地使用权所有人通过中国境内非营利社会团体、国家机关将房屋产权、土地使用权赠与教育、民政和其他社会福利、公益事业的。社会团体是指中国青少年发展基金会、希望工程基金会、宋庆龄基金会、国家减灾委员会、中国红十字会、中国残疾人联合会、全国老年基金会、老区促进会以及经民政部门批准成立的其他非营利公益性组织。

房地产的赠与虽导致房地产的权属变更，但房产所有人、土地使用权所有人并没有因为权属的转让而取得任何收入，因此，房地产的赠与不属于土地增值税的征税范围。

（2）房地产的出租。房地产的出租是指房产的产权所有人、依照法律规定取得土地使用权的土地使用人，将房地产、土地使用权租赁给承租人使用，由承租人向出租人支付租金的行为。在这种情况下，出租人虽取得收入，但没有发生房产产权、土地使用权的转让，因此，房地产的出租不属于土地增值税的征税范围。

（3）房地产的抵押。房地产的抵押是指房地产的产权所有人、依法取得土地使用权的土地使用人作为债务人或第三人向债权人提供不动产作为清偿债务的担保而不转移权属的法律行为。这种情况下，房产产权、土地使用权在抵押期间并没有发生权属的变更，房产的产权所有人、土地使用权人仍能对房地产行使占有、使用、获取收益等权利，房产的产权所有人、土地使用权人虽然在抵押期间取得了一定的抵押贷款，但实际上这些贷款在抵押期满后是要连本带利偿还给债权人的，因此，对房地产的抵押在抵押期间不征收土地增值税。待抵押期满后，视该房地产是否转移占有而确定是否征收土地增值税。对于以房地产抵债而发生房地产权属转让的，应列入土地增值税的征税范围。

（4）房地产的交换。这种情况是指一方以房地产与另一方的房地产进行交换的行为。由于这种情况下既发生了房产产权、土地使用权的转移，交换双方又取得了实物形态的收入，按《土地增值税暂行条例》的规定，房地产的交换属于土地增值税的征税范围。但对个人之间互换自有居住用房地产的，经当地税务机关核实，可以免征土地增值税。

（5）合作建房。对于一方出地，一方出资金，双方合作建房，建成后按比例分房自用的，暂免征收土地增值税；建成后转让的，应征收土地增值税。

（6）国家收回国有土地使用权，征用地上建筑物及附着物。国家收回或征用虽然导致权属的变更，原房地产所有人也取得了收入，但按照《土地增值税暂行条例》的有关规定，可以免征土地增值税。

（7）房地产的代建房行为。这种情况是指房地产开发公司代客户进行房地产的开发，开发完成后向客户收取代建收入的行为。对于房地产开发公司而言，虽然取得了收入，但没有发生房地产权属的转移，其收入属于劳务收入，故不属于土地增值税的征税范围。

（8）房地产的重新评估。主要是指国有企业在清产核资时对房地产进行重新评估而使其升值的情况。这种情况下，房地产虽然有增值，但既没有发生房地产权属的转移，房产产权人、土地使用权人也未取得收入，所以不属于土地增值税的征税范围。

8.2.4　转让房地产增值额的确定

土地增值税的计税依据是转让房地产所取得的增值额。转让房地产的增值额是转让房地产的收入减除税法规定的扣除项目金额后的余额。土地增值额的大小取决于转让房地产的收入额和扣除项目金额两个因素。

1. 收入额的确定

纳税人转让房地产取得的应税收入为不含增值税的收入，应包括转让房地产的全部价款及有关的经济收益。从收入的形式来看，包括货币收入、实物收入和其他收入。

（1）货币收入。货币收入是指纳税人转让房地产而取得的现金、银行存款、支票、银行本票、汇票等各种信用票据和国库券、金融债券、企业债券、股票等有价证券。这类收入的实质是转让方因转让土地使用权、房屋产权而向取得方收取的价款。

（2）实物收入。实物收入是指纳税人转让房地产而取得的各种实物形态的收入，包括房屋、土地等不动产。实物收入应按照取得时的市场价格折算为货币收入。

（3）其他收入。其他收入是指纳税人转让房地产而取得的无形资产收入或具有财产价值的权利，如专利权、商标权、著作权、专有技术使用权、土地使用权、商誉权等。这种类型的收入需要进行专门的评估，将其折算为货币收入。

取得的收入为外国货币的，应当以取得收入当天或当月1日国家公布的市场汇价折合成人民币，据以计算土地增值税税额。当月以分期收款方式取得的外币收入，也应按实际收款日或收款当月1日国家公布的市场汇价折合成人民币。

2. 扣除项目

在确定房地产转让的增值额和计算应纳土地增值税时，允许从房地产转让收入总额中扣除的项目可分为以下六类。

（1）取得土地使用权所支付的金额。取得土地使用权所支付的金额是指纳税人为取得土地使用权支付的地价款和按国家统一规定缴纳的有关费用之和。其中，为取得土地使用权支付的地价款可以有三种形式：以协议、招标、拍卖等出让方式取得土地使用权的，为支付的土地出让金；以行政划拨方式取得土地使用权的，为转让土地使用权时按规定补缴的出让金；以转让方式取得土地使用权的，为支付的地价款。

按国家统一规定缴纳的有关费用是指纳税人在取得土地使用权过程中为办理有关手续，按国家统一规定缴纳的有关登记、过户手续费。

（2）开发土地和新建房及配套设施的成本（简称房地产开发成本）。房地产开发成本指纳税人开发房地产项目实际发生的成本，这些成本允许按实际发生数扣除。主要包括土地征用及拆迁补偿费、前期工程费、建筑安装工程费、基础设施费、公共配套设施费、开发间接费用等。

1）土地征用及拆迁补偿费。包括土地征用费、耕地占用税、劳动力安置费及有关地上地下附着物拆迁补偿的净支出、安置动迁用房支出等。

2）前期工程费。包括规划、设计、项目可行性研究和水文、地质、勘察、测绘、“三通一平”等支出。

3）建筑安装工程费。指以出包方式支付给承包单位的建筑安装工程费和以自营方式发生的建筑安装工程费。

4）基础设施费。包括开发小区内道路、供水、供电、供气、排污、排洪、通信、照明、环卫、绿化等工程发生的支出。

5）公共配套设施费。包括不能有偿转让的开发小区内公共配套设施发生的支出。

6）开发间接费用。指直接组织、管理开发项目发生的费用，包括工资、职工福利费、折旧费、修理费、办公费、水电费、劳动保护费、周转房摊销等。

（3）开发土地和新建房及配套设施的费用（简称房地产开发费用）。房地产开发费用是指与房地产开发项目有关的销售费用、管理费用、财务费用。根据新会计准则的规定，与房地产开发有关的费用直接计入当年损益，不按房地产项目进行归集或分摊。为了便于计算操作，《中华人民共和国土地增值税暂行条例实施细则》（以下简称《土地增值税暂行条例实施细则》）对有关费用的扣除，尤其是财务费用中数额较大的利息支出的扣除，做了较为详细的规定。

对于利息支出以外的其他房地产开发费用，按取得土地使用权支付的金额和房地产开发成本金额之和，在5%以内计算扣除。

对于利息支出，分两种情况确定扣除：凡能按转让房地产项目计算分摊利息支出并提供金融机构证明的，允许据实扣除，但最高不能超过按商业银行同类同期贷款利率计算的金额；凡不能按转让房地产项目计算分摊利息支出或不能提供金融机构证明的，利息支出不得单独计算，而应纳入房地产开发费用一并计算扣除。在这种情况下，房地产开发费用的计算方法是按取得土地使用权支付的金额和房地产开发成本金额之和，在10%以内计算扣除。计算扣除的具体比例由省、自治区、直辖市人民政府规定。

上述规定的具体含义是：纳税人能够按转让房地产项目计算分摊利息支出，并能提供金融机构的贷款证明的，其允许扣除的房地产开发费用为：利息+(取得土地使用权所支付的金额+房地产开发成本)×5%以内（利息最高不能超过按商业银行同类同期贷款利率计算的金额）。纳税人不能按转让房地产项目计算分摊利息支出或不能提供金融机构的贷款证明的，其允许扣除的房地产开发费用为：(取得土地使用权所支付的金额+房地产开发成本)×10%以内。

此外，财政部、国家税务总局还对扣除项目金额中利息支出的计算问题做了专门规定：一是利息的上浮幅度按国家的有关规定执行，超过上浮幅度的部分不允许扣除；二是超过贷款期限的利息部分和加罚的利息不允许扣除。

(4) 与转让房地产有关的税金。指在转让房地产时缴纳的印花税、城市维护建设税，教育费附加也可视同税金扣除。

土地增值税扣除项目涉及的增值税进项税额，允许在销项税额中计算抵扣的，不计入扣除项目；不允许在销项税额中计算抵扣的，可以计入扣除项目。

(5) 其他扣除项目。财政部确定的一个重要扣除项目是，对从事房地产开发的纳税人，允许按取得土地使用权时所支付的金额和房地产开发成本之和，加计20%扣除。但是，对取得土地使用权后未进行开发即转让的，不得加计扣除。这样规定的主要目的是抑制炒买炒卖地皮的投机行为。

(6) 旧房及建筑物的评估价格。纳税人转让旧房的，应将房屋及建筑物的评估价格、取得土地使用权所支付的地价款和按国家统一规定缴纳的有关费用以及在转让环节缴纳的税金作为扣除项目金额计征土地增值税。

旧房及建筑物的评估价格是指转让已使用的房屋及建筑物时，由政府批准设立的房地产评估机构评定的重置成本价乘以成新度折扣率后的价格。重置成本价的含义是对旧房及建筑物，按转让时的建材价格及人工费用计算建造同样面积、同样层次、同样结构、同样建设标准的新房及建筑物所需花的成本费用。成新度折扣率的含义是按旧房的新旧程度做一定比例的折扣。例如，一栋房屋已使用近10年，建造时的造价为1 000万元，按转让时的建材及人工费用计算，建同样的新房需花费4 000万元，假定该房六成新，则该房的评估价格为2 400万元（4 000×60%）。

纳税人转让旧房及建筑物，凡不能取得评估价格，但能提供购房发票的，经当地税务部门确认，取得土地使用权所支付的金额、旧房及建筑物的评估价格，可按发票所载金额从购买年度起至转让年度止，每年加计5%计算扣除。计算扣除项目时按购房发票所载日期起至售房发票开具之日止，每满12个月计一年；超过一年，未满12个月但超过6个月的，可以视同一年。

纳税人购房时缴纳的契税凡能提供契税完税凭证的，准予作为与转让房地产有关的税金予以扣除，但不作为加计5%的基数。

纳税人转让旧房及建筑物时，因计算纳税需要对房地产进行评估，其支付的评估费用允许在计算土地增值税时予以扣除。但是，因纳税人隐瞒、虚报房地产成交价格等情形而按房地产评估价格计算征收土地增值税时所发生的评估费用，不允许在计算土地增值税时予以扣除。

对于转让旧房及建筑物，既没有评估价格，又不能提供购房发票的，地方税务机关可以根据《税收征收管理法》第三十五条的规定实行核定征收。

3. 特殊情况下增值额的确定

在实际房地产交易活动中，有些纳税人由于不能准确提供房地产转让价格或扣除项目金额，致使增值额不准确，直接影响应纳税额的计算和缴纳。因此，《土地增值税暂行条例》第九条规定，纳税人有下列情形之一的，按照房地产评估价格计算征收。

（1）隐瞒、虚报房地产成交价格的。是指纳税人不报或有意低报转让土地使用权、地上建筑物及其附着物价款的行为。隐瞒、虚报房地产成交价格的，应由评估机构参照同类房地产的市场交易价格进行评估。税务机关根据评估价格确定转让房地产的收入。

（2）提供扣除项目金额不实的。是指纳税人在纳税申报时不据实提供扣除项目金额的行为。提供扣除项目金额不实的，应由评估机构按照房屋重置成本价乘以成新度折扣率计算的房屋成本价和取得土地使用权时的基准地价进行评估。税务机关根据评估价格确定扣除项目金额。

（3）转让房地产的成交价格低于房地产评估价格，又无正当理由的。是指纳税人申报的转让房地产的实际成交价低于房地产评估机构评定的交易价，纳税人又不能提供凭据或无正当理由的行为。转让房地产的成交价格低于房地产评估价格，又无正当理由的，由税务机关参照房地产评估价格确定转让房地产的收入。

以上所称的房地产评估价格，是指由政府批准设立的房地产评估机构根据相同地段、同类房地产进行综合评定的价格。

8.2.5 税率

土地增值税实行四级超率累进税率，如表8-2所示。

表8-2 土地增值税四级超率累进税率表

级数	增值额与扣除项目金额的比率	税率（%）	速算扣除系数（%）
1	不超过50%的部分	30	0
2	超过50%至100%的部分	40	5
3	超过100%至200%的部分	50	15
4	超过200%的部分	60	35

8.2.6　应纳税额的计算

1. 应纳税额的计算公式

土地增值税按照纳税人转让房地产所取得的增值额和规定的税率计算征收。土地增值税的计算公式是：

应纳税额=∑(每级距的土地增值额×适用税率)

在实际工作中，分步计算比较烦琐，一般可以采用速算扣除法计算，即将增值额乘以适用的税率减去扣除项目金额乘以速算扣除系数，具体方法如下：

(1) 增值额未超过扣除项目金额 50%时，计算公式为：

土地增值税税额=增值额×30%

(2) 增值额超过扣除项目金额 50%，未超过 100%时，计算公式为：

土地增值税税额=增值额×40%−扣除项目金额×5%

(3) 增值额超过扣除项目金额 100%，未超过 200%时，计算公式为：

土地增值税税额=增值额×50%−扣除项目金额×15%

(4) 增值额超过扣除项目金额 200%时，计算公式为：

土地增值税税额=增值额×60%−扣除项目金额×35%

上述公式中的 5%，15%，35%分别为 2 级、3 级、4 级的速算扣除系数（见表 8-2）。

例 8-3

某房地产开发公司出售新建住宅楼一幢，取得收入 6 000 万元，发生的扣除项目金额合计 2 900 万元。计算应缴纳的土地增值税。

增值额=6 000−2 900=3 100(万元)

增值额与扣除项目金额的比率=3 100÷2 900×100%=106.90%

算法 1：

应纳税额=2 900×50%×30%+2 900×50%×40%+(3 100−2 900)×50%
=1 115(万元)

算法 2：

应纳税额=3 100×50%−2 900×15%=1 115(万元)

例 8-4

某房地产开发公司出售一栋写字楼取得收入 10 000 万元。开发该写字楼的有关支出为：支付地价款及各种费用 1 000 万元；房地产开发成本 3 000 万元；财务费用中的利息支出为 500 万元（可按转让项目计算分摊并提供金融机构的证明），但其中有 50 万元加罚的利息；转让环节缴纳的有关税费共计 555 万元；该公司所在地政府规定的其他房地产开发费用计算扣除比例为5%。试计算该房地产开发公司应缴纳的土地增值税。

取得土地使用权支付的地价款及有关费用＝1 000(万元)
房地产开发成本＝3 000(万元)
房地产开发费用＝500－50＋(1 000＋3 000)×5%＝650(万元)
允许扣除的税费＝555(万元)
加计扣除额＝(1 000＋3 000)×20%＝800(万元)
允许扣除的项目金额合计＝1 000＋3 000＋650＋555＋800＝6 005(万元)
增值额＝10 000－6 005＝3 995(万元)
增值率＝3 995÷6 005×100%＝66.53%
应纳税额＝3 995×40%－6 005×5%＝1 297.75(万元)

例8-5

某公司转让一幢20世纪80年代建造的厂房，当时造价100万元，无偿取得土地使用权。按现行市场上的材料价格、人工费计算，建造同样的房子需600万元。该房子六成新，按400万元出售，支付有关税费共计22万元。允许扣除的税金为22万元。计算该公司转让旧房应缴纳的土地增值税。

评估价格＝600×60%＝360(万元)
扣除项目金额合计＝22＋360＝382(万元)
增值额＝400－382＝18(万元)
增值率＝18÷382×100%＝4.71%
应纳税额＝18×30%＝5.4(万元)

2. 特殊售房方式应纳税额的计算方法

房地产业经营方式较为特殊，征收管理难度比较大，其中最突出的是纳税人成片受让土地使用权后分期分批开发、转让房地产，以及纳税人采取预售方式出售商品房。为了加强土地增值税的征收管理，堵塞漏洞，保证税收及时足额入库，《土地增值税暂行条例实施细则》规定，土地增值税以纳税人房地产成本核算的最基本的核算项目或核算对象为单位计算。依据这项原则，对上述两种经营方式采取先按比例预征（预征率：东部地区省份不得低于2%，中部和东北地区省份不得低于1.5%，西部地区省份不得低于1%），然后清算的办法。具体方法如下：纳税人成片受让土地使用权后，分期分批开发、转让房地产的，允许扣除项目的金额可按转让土地使用权的面积占总面积的比例计算分摊。若按此办法难以计算或明显不合理，也可按建筑面积或税务机关确认的其他方式计算分摊。

按转让土地使用权的面积占总面积的比例计算分摊扣除项目金额的公式为：

$$\frac{\text{扣除项目}}{\text{金额}}=\frac{\text{扣除项目}}{\text{总金额}}\times\left(\frac{\text{转让土地使用权的}}{\text{面积或建筑面积}}\div\frac{\text{受让土地使用权的}}{\text{总面积}}\right)$$

3. 房地产开发企业土地增值税的清算

各省级税务机关可按以下规定对房地产开发企业的土地增值税进行清算，并结合当地实际情况制定具体清算管理办法。

(1) 土地增值税的清算单位。土地增值税以国家有关部门审批的房地产开发项目为单位进行清算，对于分期开发的项目，以分期项目为单位清算。开发项目中同时包含普通住宅和非普通住宅的，应分别计算增值额。

(2) 土地增值税的清算条件。

1) 符合下列情形之一的，纳税人应进行土地增值税的清算：

a. 房地产开发项目全部竣工、完成销售的。

b. 整体转让未竣工决算房地产开发项目的。

c. 直接转让土地使用权的。

2) 符合下列情形之一的，主管税务机关可要求纳税人进行土地增值税的清算：

a. 已竣工验收的房地产开发项目，已转让的房地产建筑面积占整个项目可售建筑面积的比例在 85%以上，或该比例虽未超过 85%，但剩余的可售建筑面积已经出租或自用的。

b. 取得销售（预售）许可证满 3 年仍未销售完毕的。

c. 纳税人申请注销税务登记但未办理土地增值税清算手续的。

d. 省级税务机关规定的其他情况。

(3) 清算后再转让房地产的处理。在土地增值税清算时未转让的房地产，清算后销售或有偿转让的，纳税人应按规定进行土地增值税的纳税申报，扣除项目金额按清算时的单位建筑面积成本费用乘以销售或转让面积计算。

单位建筑面积成本费用＝清算时的扣除项目总金额÷清算的总建筑面积

(4) 土地增值税清算后应补缴的土地增值税加收滞纳金问题。纳税人按规定预缴土地增值税后，清算补缴的土地增值税在主管税务机关规定的期限内补缴的，不加收滞纳金。

8.2.7 税收优惠

1. 建造普通标准住宅的税收优惠

纳税人建造普通标准住宅出售，增值额未超过扣除项目金额 20%的，免征土地增值税。

普通标准住宅是指按所在地一般民用住宅标准建造的居住用住宅。高级公寓、别墅、度假村等不属于普通标准住宅。普通标准住宅应同时满足以下条件：住宅小区建筑容积率在 1.0 以上；单套建筑面积在 120 平方米以下；实际成交价格低于同级别土地上住房平均交易价格的 1.2 倍。各省、自治区、直辖市要根据实际情况，制定本地区享受优惠政策的普通住房的具体标准。允许单套建筑面积和价格标准适当浮动，但向上浮动的比例不得超过上述标准的 20%。纳税人建造普通标准住宅出售，增值额未超过扣除项目金额 20%的，免征土地增值税；增值额超过扣除项目金额 20%的，就其全部增值额按规定计税。

纳税人既建造普通标准住宅，又进行其他房地产开发的，应分别核算增值额。不分别核算增值额或不能准确核算增值额的，其建造的普通标准住宅不能适用这一免税规定。

企事业单位、社会团体以及其他组织转让旧房作为公租房房源，且增值额未超过扣除项目金额20%的，免征土地增值税。

2. 以房地产进行投资、联营

以房地产进行投资、联营，投资、联营的一方以土地（房地产）作价入股进行投资或作为联营条件，将房地产转让到所投资、联营的企业中的，暂免征收土地增值税。投资、联营企业将上述房地产再转让的，应征收土地增值税。

投资、联营的企业属于从事房地产开发的，或者房地产开发企业以其建造的商品房进行投资和联营的，应当征收土地增值税。

【思考】以房地产进行投资、联营，增值税的征收政策与土地增值税的征收政策是否相同？

3. 企业兼并转让房地产

在企业兼并中，被兼并企业将房地产转让到兼并企业中的，暂免征收土地增值税。

8.2.8 征收管理

1. 土地增值税的申报手续与期限

纳税人应当自签订转让房地产合同之日起7日内向房地产所在地主管税务机关办理纳税申报。纳税人转让的房地产坐落在两个或两个以上地区的，应按房地产所在地分别申报纳税。经常发生房地产转让而难以在每次转让后办理纳税申报的纳税人，经税务机关审核同意后，可以定期进行纳税申报，具体期限由税务机关根据纳税人的实际情况确定。预售商品房的纳税人应自签订房屋预售合同之日起7日内到税务机关办理备案手续。

2. 土地增值税的纳税期限

税务机关根据纳税人的申报，核定其应纳税额并规定纳税期限。税务机关核定的纳税期限应在纳税人签订房地产转让合同之后、办理房地产权属转让（即过户）手续之前。纳税人按照税务机关核定的应纳税额和纳税期限缴纳土地增值税。

此外，对纳税人在项目全部竣工结算前转让房地产取得的收入，因涉及成本确定或其他原因而无法计算土地增值税的，可以预征土地增值税，待项目全部竣工、办理结算后再进行清算，多退少补。具体办法由省、自治区、直辖市税务机关根据当地情况制定。

3. 纳税地点

土地增值税由房地产所在地的税务机关负责征收。房地产所在地是指房地产的坐落地。不论纳税人的机构所在地、经营所在地、居住所在地设在何处，均应在转让的房地产所在地申报纳税。

4. 相关部门的配合

（1）土地、房地产管理部门的责任与义务。税法规定，土地、房地产管理部门应当向当地税务机关提供应税房屋及建筑物产权、土地使用权、土地出让金数额、土地基准地价、房地产市场交易价格及权属变更等方面的资料，并有责任协助税务机关做好土地增值税的征管工作；对于未依法办理纳税手续的纳税人，土地、房地产管理部门不得办理房屋产权、土地使用权的权属变更登记。

（2）房地产评估机构的责任与义务。被授权进行房地产价格评估的各评估机构，必须严格按照规定的方法进行应纳税房地产的价格评估。其评估结果经有关部门审核验证后作为房地产转让的底价，并按税务部门的要求按期报送房地产所在地的主管税务机关，作为确认计税依据的参考。

房地产所在地的主管税务机关要求房地产评估机构提供与房地产评估有关的评估资料，评估机构应无偿提供，不得以任何借口予以拒绝。

8.3　城镇土地使用税

8.3.1　城镇土地使用税概述

1. 城镇土地使用税的概念

城镇土地使用税是对在城市、县城、建制镇和工矿区范围内使用土地的单位和个人征收的一种税。城镇土地使用税于 1988 年 11 月 1 日开征，是由原城市房地产税演变而来的，属于对资源占用课税的范畴。2006 年 12 月 31 日，国务院颁布第 483 号令，修订《中华人民共和国城镇土地使用税暂行条例》（以下简称《城镇土地使用税暂行条例》），主要是提高城镇土地使用税税额标准，将征税范围扩大到外商投资企业和外国企业，从 2007 年 1 月 1 日起施行。修订后的条例对统一税制、公平税负、拓宽税基和增加地方财政收入起到了积极作用。

2. 开征城镇土地使用税的意义

（1）体现国有土地有偿占用的原则，有利于促使纳税人节约、合理利用土地资源。土地是一种有限的自然资源，是人类赖以生存的最重要的物质条件之一，对土地资源应当节约、合理地开发利用。在计划经济时期，我国对非农业用地基本上采用“行政划拨、无偿使用”的管理办法，课征城镇土地使用税是改革开放后国家运用税收经济杠杆配合其他手段加强土地资源管理的一项重要举措，有利于促进土地资源的合理利用和节约保护，提高土地使用效益。

（2）调节土地级差收入，促进企业公平竞争。由于城镇土地使用税在税率的设计上根据土地所处地理位置的优劣确定差别税额，可以有效地调节企业因占用地理位置优越的土地而获得的资源级差收入，为企业之间开展平等竞争创造条件。

（3）有助于拓宽税基，增加地方财政收入。作为一种地方税，城镇土地使用税对于充实地方政府的财政收入具有不可忽视的作用。

3. 城镇土地使用税的特点

（1）征税对象是国有土地。我国《宪法》明确规定，城镇土地的所有权属于国家，单位和个人对占用的土地只有使用权而无所有权。国家既可以凭借财产权利对土地使用人获取的收益进行分配，又可以凭借政治权力对土地使用者征税。开征城镇土地使用税，实质上是运用国家政治权力，将纳税人获取的本应属于国家的土地收益集中到国家手中。农业土地因属于集体所有，故未纳入征税范围。

（2）征税范围广。现行城镇土地使用税对在我国境内城镇范围使用土地的单位和个人征收。随着外商投资企业和外国企业，以及外籍人员、港澳台同胞均被纳入征税范围，城镇土地使用税的适用范围进一步拓展。

（3）实行有幅度差别税额。开征城镇土地使用税的目的之一在于调节土地的级差收入，而级差收入的产生主要取决于土地的位置。占有位置优越的土地的纳税人可以节约运输和流通费用，扩大销售和经营规模，取得额外经济收益。城镇土地使用税实行有幅度差别税额，对不同城镇、同一城镇的不同地段，根据市政建设状况和经济繁荣程度适用不同税额。

8.3.2 征税范围和纳税人

1. 征税范围

城镇土地使用税的征税范围限于城市、县城、建制镇和工矿区。其中，城市指经国务院批准设立的市；县城指县人民政府所在地；建制镇指经省级人民政府批准设立的建制镇；工矿区指工商业比较发达、人口比较集中、符合国务院规定的建制镇标准但尚未设立建制镇的大中型工矿企业所在地。工矿区须经省级人民政府批准确认。

税法规定，城镇土地使用税在城市的征税范围为市区和郊区；县城的征税范围为县人民政府所在的城镇；建制镇的征税范围为镇人民政府所在地。具体征税范围由各省级人民政府划定。

2. 纳税人

在上述区域内拥有土地使用权的单位和个人为城镇土地使用税的纳税人。如果拥有土地使用权的纳税人不在土地所在地，由土地代管人或实际使用人纳税。土地使用权未确定或土地权属纠纷未解决的，由实际使用人纳税。土地使用权由双方或多方共有的，由各方分别按其实际使用土地面积占土地总面积的比例，分别计算纳税。

从1988年11月1日开征城镇土地使用税起至2006年12月31日止，城镇土地使用税的纳税人实际上仅限于我国的内资企业、事业单位、社会团体、国家机关、军队、其他单位、个体工商户和我国大陆居民。对在我国境内开办的外商投资企业和外国企业，外籍人员以及华侨和港澳台同胞使用的城镇土地采取征收土地使用费的办法。从2007年1月1日起，城镇土地使用税的纳税人在原有基础上扩展到包括外商投资企业、外国企业在内的各类企业、单位，以及包括外籍人员，华侨和港澳台同胞在内的所有类型的个人。

8.3.3 计税依据与税率

1. 计税依据

城镇土地使用税以纳税人实际占用的土地面积为计税依据，以每平方米土地为计税单位，按照定额税率计算征收。

纳税人实际占用的土地面积是指经省级人民政府确定的单位组织测定的土地面积。

尚未组织测量土地，但纳税人持有政府部门核发的土地使用证书的，以证书确认的土地面积为准；尚未核发土地使用证书的，应由纳税人据实申报土地面积，由税务机关核实计税。

2. 税率

从2007年1月1日起，城镇土地使用税的每平方米税额如表8-3所示。

表8-3　城镇土地使用税税率表

级别	人口（人）	每平方米税额（元）
大城市	50万以上	1.5～30
中等城市	20万～50万	1.2～24
小城市	20万以下	0.9～18
县城、建制镇、工矿区		0.6～12

大、中、小城市的划分，以公安部门登记在册的非农业正式户口人数为依据，按照国务院颁布的《城市规划条例》中规定的标准划分。现行标准为：市区及郊区非农业人口总计在50万以上的，为大城市；市区及郊区非农业人口总计在20万以上50万以下的，为中等城市；市区及郊区非农业人口总计在20万以下的，为小城市。

各省、直辖市、自治区人民政府应当在上述税额幅度内根据当地的实际情况确定所辖地区的适用税额幅度。市、县人民政府应当根据当地的实际情况，将本地区的土地划分为若干等级，在省级人民政府确定的税额幅度内制定相应的适用税额标准，报省级人民政府批准后执行。

经省级人民政府批准，经济落后地区土地使用税的适用税额标准可以适当降低，但降低的幅度不能超过《城镇土地使用税暂行条例》规定最低税额的30%。经济发达地区的适用税额标准可以适当提高，但须报财政部批准。

8.3.4　税收优惠

1. 减免税优惠的基本规定

《城镇土地使用税暂行条例》及相关法规对下列土地免税做了规定：

（1）国家机关、人民团体、军队自用的土地。

（2）由国家财政部门拨付事业经费的单位自用的土地。企业办的学校、医院、托儿所、幼儿园用地，凡能与企业其他用地明确区分的，可比照由国家财政部门拨付事业经费的单位自用的土地，免征城镇土地使用税。

（3）宗教寺庙、公园、名胜古迹自用的土地。这些单位的生产、经营、建房出租用地和其他用地不属于免税范围。

（4）市政街道、广场、绿化地带等公共用地。非社会性的公共用地不能免税，如企业内的广场、道路、绿化等占用的土地。

（5）直接用于农、林、牧、渔业的生产用地。农副产品加工场地和生活、办公用地不能免税。

（6）经批准开山填海整治的土地和改造的废弃土地，从使用月份起免缴城镇土地使用税5～10年。

（7）由财政部另行规定免税的能源、交通、水利设施用地和其他用地。为了体现国家的产业政策，支持重点产业的发展，对石油、电力、煤炭等能源用地，民用港口、铁路等交通用地和水利设施用地，三线调整企业、盐业、采石场、邮电等一些特殊用地实行政策性减免税。

2. 省、自治区、直辖市税务机关确定给予优惠的项目

（1）个人所有的居住房屋及院落用地。

（2）房产管理部门在房租调整改革前经租的居民住房用地。

（3）免税单位职工家属的宿舍用地。

（4）民政部门开办的安置残疾人占一定比例的福利工厂用地。

（5）集体和个人办的各类学校、医院、托儿所、幼儿园用地。

8.3.5 应纳税额的计算

城镇土地使用税的计算公式为：

应纳税额＝计税土地面积×适用单位税额

例8-6

某工业企业坐落于大城市内，共占用应税土地30 000平方米，其中：厂区坐落在四等地段，占地27 800平方米（含托儿所专用土地1 000平方米）；销售经营部坐落在二等地段，占地2 200平方米。该城市二等地段适用的年单位税额为21元，四等地段为9元。企业所属托儿所专用土地免税。计算该企业全年应缴纳的城镇土地使用税。

应纳税额＝(27 800－1 000)×9＋2 200×21＝287 400(元)

8.3.6 征收管理

1. 纳税义务发生时间

（1）纳税人购置新建商品房的，自房屋交付使用的次月起缴纳城镇土地使用税。

（2）纳税人购置存量房的，自办理房屋权属转移、变更登记手续，房地产权属登记机关签发房屋权属证书的次月起缴纳城镇土地使用税。

（3）纳税人出租、出借房产的，自交付出租、出借房产的次月起缴纳城镇土地使用税。

（4）以出让或转让方式有偿取得土地使用权的，应由受让方从合同约定交付土地时间的次月起缴纳城镇土地使用税；合同未约定交付时间的，由受让方从合同签订的次月起缴纳城镇土地使用税。

纳税人因土地权利发生变化而依法终止城镇土地使用税纳税义务的，其应纳税款的计算应截止到土地权利发生变化的当月末。

2. 纳税期限

城镇土地使用税实行按年计算、分期缴纳的方法。具体纳税期限由省级人民政府确定。例如，天津市规定城镇土地使用税分两期缴纳，上半年在5月缴纳，下半年在

11月缴纳。

纳税人所征用的耕地，由于在征用时要缴纳耕地占用税，为避免对土地资源课征的两种税重复征收，从纳税人取得土地使用权之日起满一年时，开始征收城镇土地使用税。新征用的非耕地从纳税人取得土地使用权的次月起征收城镇土地使用税。

3. 纳税地点

城镇土地使用税应在土地所在地缴纳，由土地所在地税务机关负责征收。纳税人使用的土地不属于同一省、自治区、直辖市管辖范围的，应由纳税人分别向土地所在地的税务机关缴纳城镇土地使用税。纳税人在同一省、自治区、直辖市管辖范围内跨区使用土地的，其纳税地点由省级税务机关确定。

思考与练习

一、思考题

1. 资源税的征税范围是如何规定的？其计征方式有哪两种？
2. 土地增值税的征税范围是如何规定的？采用何种税率形式？
3. 土地增值税的扣除项目有哪些？应纳税额应如何计算？
4. 城镇土地使用税有哪些特点？

二、单项选择题

1. 某菱镁矿企业10月共开采菱镁矿石原矿80 000吨，直接对外销售菱镁矿石原矿40 000吨，以部分矿石原矿入选选矿9 000吨，选矿比为40%。菱镁矿原矿适用的税率为10%，原矿每吨销售额为50元（不含税）。该企业10月应缴纳的资源税为（　　）元。

A. 58 800　　B. 60 000　　C. 312 500　　D. 106 800

2. 某生产企业转让一栋20世纪80年代末建造的办公楼，取得转让收入400万元，缴纳相关税费共计25万元。该办公楼原造价300万元，如果按现行市场上的材料价格、人工费计算，建造同样的办公楼需800万元，该办公楼经评估为四成新。该企业转让办公楼应缴纳的土地增值税为（　　）万元。

A. 16.5　　B. 22.5　　C. 25.5　　D. 14.5

三、多项选择题

1. 下列项目中按税法规定可以免征土地增值税的有（　　）。

A. 国家机关转让自用的房产

B. 税务机关拍卖欠税单位的房产

C. 对国有企业进行评估增值的房产

D. 因国家建设需要而被依法征用的房产

2. 下列各项中可由省、自治区、直辖市税务机关确定减免城镇土地使用税的有（　　）。

A. 免税单位职工家属的宿舍用地　　B. 集体和个人办的各类学校用地

C. 个人所有的居住房屋及院落用地　　D. 免税单位无偿使用纳税单位的土地

四、计算题

1. 某矿山企业某月开发中重稀土矿原矿12.5万吨，其中已销售10万吨，自用0.5万吨，尚待销售2万吨。该矿产适用的税率为20%，原矿加工成选矿的成本为每吨100元，成本利润率为10%。假设中重稀土矿原矿的销售单价为每吨40 000元，选矿为每吨60 000元。计算该企业当月应缴纳的资源税。

2. 某房地产公司建造商品房对外销售，与该项目相关的资料如下：

(1) 按照国家有关规定支付土地出让金2 000万元，缴纳相关费用160万元；

(2) 该项目开发成本为3 000万元；

(3) 利息支出为200万元（不能提供金融机构的证明，假设可按10%上限扣除开发费用）；

(4) 签订商品房销售合同，共计取得销售收入10 000万元。

请计算该企业应缴纳的土地增值税。

第9章

房产税和车船税

学习目标

1. 掌握房产税和车船税的税制要素、应纳税额的计算方法和相关税收优惠政策。
2. 理解房产税和车船税的特点。
3. 了解开征房产税和车船税的意义。

9.1 房产税

9.1.1 房产税概述

1. 房产税的概念与演变历程

房产税是以房屋为征税对象，以房屋的计税余值或租金收入为计税依据，向房屋产权所有人征收的一种财产税。

对房产课税在我国有悠久的历史。据史籍记载，早在周代，我国就有对房屋课征的税种，此后各朝代延续不断。唐代的“间架税”，清代及民国时期的“房捐”等都属于对房产的课税。中华人民共和国成立后，政务院于1950年颁布的《全国税政实施要则》中曾拟定开征房产税，后来将其与地产税合并为一个税种，定名为“城市房地产税”，于1951年8月开征。1973年简化税制时，将企业缴纳的城市房地产税并入工商税，此后只对不缴纳工商税而又拥有房地产的个人、外侨、外资企业和房地产管理部门征收城市房地产税。

改革开放后，为了完善税收制度，充分发挥不同税种调节经济和筹集财政资金的作用，国家决定恢复征收房地产税。但因考虑到我国《宪法》规定城镇的土地属于国家所有，任何单位和个人只拥有土地使用权而无所有权，土地不宜称为地产，城市房地产税这个名称已不符合当时的实际情况，所以将原城市房地产税分为房产税和城镇土地使用税。

1986年9月，国务院颁布《中华人民共和国房产税暂行条例》(以下简称《房产税暂行条例》)，并于当年10月开征。自此，我国对房产课税形成了《房产税暂行条例》

与《城市房地产税暂行条例》“两法并存、内外有别”的格局，即对外籍人员、华侨、港澳台同胞和外资企业的房屋仍然征收城市房地产税，对我国大陆居民、内资企业和单位的房屋征收房产税。

在1994年实施的税制改革中，我国统一了内外资企业适用的商品劳务税制度，为进一步统一房产税制度奠定了基础。随着我国社会主义市场经济的发展和对外开放进程的加快，进一步规范、完善我国的税收制度，统一对内、对外两套房产税制度成为必然趋势。

自2009年1月1日起，对外商投资企业、外国企业和组织以及外籍个人经营的房产按照《房产税暂行条例》及有关规定征收房产税。

2. 房产税的特点

（1）房产税属于财产税中的个别财产税。财产税按征收方式分类，可分为一般财产税与个别财产税。一般财产税也称综合财产税，是对纳税人拥有的财产综合课征的税收。个别财产税也称特种财产税，是对纳税人所拥有的土地、房屋、资本或其他财产分别课征的税收。房产税属于个别财产税。

（2）征税范围仅限于城市。现行房产税仅在城市、县城、建制镇和工矿区范围内征收，不涉及农村。

（3）通过区别房屋的经营使用方式规定征税办法。拥有房屋的单位和个人，既可以自己使用房屋，又可以把房屋用于出租、出典。房产税根据纳税人经营形式的不同对房屋征税，既可以按房产计税余值征收，又可以按租金收入征收，使其符合纳税人的经营特点，便于征收管理和平衡税收负担。

3. 开征房产税的意义

在我国现实经济条件下，对房屋征税具有较为重要的财政意义和社会经济意义。

（1）为地方筹集财政收入。房产税属于以不动产为课征对象的静态财产税，具有税源稳定且易于控制、管理的特点。随着我国城镇化进程的加快和房地产业的迅速发展，应税房产的保有量不断增加，使房产税的税源持续稳步增长。按照我国现行财政管理体制，房产税已经成为地方政府财政收入的重要来源。

（2）调节财富分配。在社会主义市场经济条件下，对房产征税是政府运用税收杠杆调节社会经济的重要手段。通过征收房产税，不仅可以调节纳税人的收入，促进社会财富分配公平，而且可以促使房产所有者加强对房产的管理，提高房屋的使用效率，避免因房产闲置造成资源浪费，进而对抑制房地产需求过度，促进房地产行业稳定、健康发展产生积极影响。

【思考】我国的房产税正在哪些地区进行改革试点？未来的改革方向是什么？

9.1.2 纳税人、征税范围与税率

1. 纳税人

房产税以在征税范围内的房屋产权所有人为纳税人。其中：

（1）产权属国家所有的，由经营管理单位纳税；产权属集体和个人所有的，由集

体单位和个人纳税。

单位包括国有企业、集体企业、私营企业、股份制企业、外商投资企业、外国企业以及其他企业和事业单位、社会团体、国家机关、军队以及其他单位；个人包括个体工商户以及其他个人。自 2009 年 1 月 1 日起，外商投资企业、外国企业和组织以及外籍个人也被纳入房产税纳税人的行列。

（2）产权出典的，由承典人纳税。产权出典是指产权所有人将房屋、生产资料等的产权在一定期限内典当给他人使用，从而取得资金的一种融资业务。在房屋出典期间，产权所有人无权支配房屋，因此，税法规定对房屋具有支配权的承典人为纳税人。

（3）产权所有人、承典人不在房屋所在地的，或者产权未确定及租典纠纷未解决的，由房产代管人或者使用人纳税。

（4）无租使用其他单位房产的问题。纳税单位和个人无租使用房产管理部门、免税单位及纳税单位的房产，应由使用人代为缴纳房产税。

2. 征税范围

房产税以房产为征税对象。房产是指有屋面和围护结构（有墙或两边有柱），能够遮风避雨，可供人们在其中生产、学习、工作、娱乐、居住或贮藏物资的场所。房地产开发企业建造的商品房在出售前不征收房产税，但对出售前房地产开发企业已使用或出租、出借的商品房应按规定征收房产税。

房产税的征税范围为城市、县城、建制镇和工矿区。具体规定如下：城市是指国务院批准设立的市；县城是指县人民政府所在地的地区；建制镇是指经省、自治区、直辖市人民政府批准设立的建制镇；工矿区是指工商业比较发达、人口比较集中、符合国务院规定的建制镇标准但尚未设立建制镇的大中型工矿企业所在地。开征房产税的工矿区须经省、自治区、直辖市人民政府批准。

房产税的征税范围不包括农村，因为农村的房屋除农副业生产用房外，大部分是农民居住用房。农村房屋不纳入房产税征税范围，主要是为了减轻农民的负担，促进农业发展，繁荣农村经济。

3. 税率

我国现行房产税采用的是比例税率。由于房产税的计税依据分为从价计征和从租计征两种形式，所以房产税的税率也有两种：一种是按房产原值一次减除 10%～30% 后的余值计征，税率为 1.2%；另一种是按房产出租的租金收入计征，税率为 12%。从 2001 年 1 月 1 日起，个人按市场价格出租的居民住房用于居住的，暂减按 4% 的税率征收房产税。

9.1.3　计税依据

1. 从价计征

《房产税暂行条例》规定，房产税依照房产原值一次减除 10%～30% 后的余值计算缴纳。各地扣除比例由当地省、自治区、直辖市人民政府确定。

（1）房产原值是指纳税人按照会计制度的规定，在账簿的“固定资产”科目中记载的房屋原价。因此，凡按会计制度的规定在账簿中记载有房屋原价的，应以房屋原价按规定减除一定比例后的余值计征房产税；没有记载房屋原价的，按照上述原则并参照同类房屋确定房产原值，按规定计征房产税。

对依照房产原值计税的房产，不论是否记载在会计账簿的“固定资产”科目中，均应按照房屋原价计算缴纳房产税。房屋原价应根据国家有关会计制度的规定进行核算。对纳税人未按国家会计制度的规定核算并记载的，应按规定予以调整或重新评估。

（2）房产原值应包括与房屋不可分割的各种附属设备或一般不单独计算价值的配套设施。主要有：暖气、卫生、通风、照明、煤气等设备；各种管线，如蒸汽、压缩空气、石油、给水排水等管道及电力、电讯、电缆导线；电梯、升降机、过道、晒台等。属于房屋附属设备的水管、下水道、暖气管、煤气管等应从最近的探视井或三通管起计算原值；电灯网、照明线从进线盒连接管起计算原值。

（3）纳税人对原有房屋进行改建、扩建的，要相应增加房屋的原值。

（4）房屋附属设备和配套设施的计税规定。

1）凡以房屋为载体，不可随意移动的附属设备和配套设施，如给排水、采暖、消防、中央空调、电气及智能化楼宇设备等，无论在会计核算中是否单独记账与核算，都应计入房产原值计征房产税。

2）对于更换房屋附属设备和配套设施的，在将其价值计入房产原值时，可扣减原来相应设备和设施的价值；附属设备和配套设施中易损坏、需要经常更换的零配件，更新后不再计入房产原值。

（5）居民住宅区内业主共有的经营性房产缴纳房产税。居民住宅区内业主共有的经营性房产，由实际经营（包括自营和出租）的代管人或使用人缴纳房产税。其中，自营的依照房产原值减除10%～30%后的余值计征，没有房产原值或不能将业主共有房产与其他房产的原值准确划分开的，由房产所在地地方税务机关参照同类房产核定房产原值；出租的依照租金收入计征。

（6）按照房产原值计税的房产，无论会计上如何核算，房产原值均应包含地价，包括为取得土地使用权支付的价款、开发土地发生的成本费用等。容积率低于0.5的，按房产建筑面积的2倍计算土地面积并据此确定计入房产原值的地价。

房产余值是房产的原值减除规定比例后的剩余价值。

此外，还应注意以下两个问题：

（1）投资联营的房产在计征房产税时应区别对待。对于以房产投资联营，投资者参与投资利润分红、共担风险的，以房产余值作为计税依据计征房产税；对于以房产投资，收取固定收入，不承担联营风险，实际是以联营名义取得房产租金的，应根据《房产税暂行条例》的有关规定由出租方按租金收入计缴房产税。

（2）融资租赁房屋的租赁费包括购进房屋的价款、手续费、借款利息等，与一般房屋出租的租金内涵不同，且租赁期满后，当承租方偿还最后一笔租赁费时，房屋产权要转移给承租方。这实际上是一种变相的分期付款购买固定资产的形式，所以应以房产余值计算征收房产税，至于租赁期内房产税的纳税人，由当地税务机关根据实际情况确定。

2. 从租计征

房产出租的，以不含增值税的房产租金收入为房产税的计税依据。房产的租金收入是房屋产权所有人出租房产使用权所得的报酬，包括货币收入和实物收入。

以劳务或者其他形式为报酬抵付房租收入的，应根据当地同类房产的租金水平确定一个标准租金额从租计征。

纳税人对个人出租房屋的租金收入申报不实或申报数与同一地段同类房屋的租金收入相比明显不合理的，税务部门应按照有关规定，采取科学合理的方法核定其应纳税款。具体办法由各省、自治区、直辖市税务机关结合当地实际情况制定。

对出租房产，租赁双方签订的租赁合同约定有免收租金期限的，在免收租金期间由产权所有人按照房产原值缴纳房产税。

9.1.4　税收优惠

依据《房产税暂行条例》及有关规定，下列房产免征房产税。

1. 国家机关、人民团体、军队自用的房产

人民团体是指经国务院授权的政府部门批准设立或登记备案的各种社会团体，如从事广泛群众性社会活动的团体，从事文学艺术、美术、音乐、戏剧的文艺工作团体，从事某种专门学术研究的团体，从事社会公益事业的社会公益团体等。自用的房产是指这些单位本身的办公用房和公务用房。

2. 宗教寺庙、公园、名胜古迹自用的房产

宗教寺庙自用的房产是指举行宗教仪式等的房屋和宗教人员使用的生活用房屋。公园、名胜古迹自用的房产是指供公共参观游览的房屋及其管理单位的办公用房屋。对公园、名胜古迹中附设的营业单位，如影剧院、饮食部、茶社、照相馆等使用的房产及出租的房产，应征收房产税。

3. 个人拥有的非营业用的房产

对个人所有的非营业用房产给予免税主要是为了照顾我国城镇居民住房的实际状况，鼓励个人改善居住条件，配合城市住房制度的改革，但对个人所有的营业用房产或出租等非自用的房产，应按照规定征收房产税。

我国正在上海、重庆进行房产税改革试点，其共同特点是打破了对个人非营业用房产免征房产税的限制，将符合标准的高档住房纳入征税范围。虽然其具体征收制度有待完善，但这一试点将推动我国财产税的建设进程，有助于进一步强化税收调节财富分配的功能。

4. 经财政部批准的其他房产

（1）企业办的各类学校、医院、托儿所、幼儿园自用的房产，可以比照由国家财政部门拨付事业经费的单位自用的房产，免征房产税。

（2）经有关部门鉴定，毁损不堪居住的房屋和危险房屋在停止使用后，可免征房产税。

（3）自 2004 年 8 月 1 日起，军队空余房产租赁收入暂免征收房产税；此前已征税款不予退还，未征税款不再补征。暂免征收房产税的军队空余房产，在出租时必须悬挂《军队房地产租赁许可证》，以备查验。

（4）凡是在基建工地为基建工地服务的各种工棚、材料棚、休息棚和办公室、食堂、茶炉房、汽车房等临时性房屋，不论是施工企业自行建造还是由基建单位出资建造，交施工企业使用的，在施工期间一律免征房产税。但是，如果在基建工程结束以后，施工企业将这种临时性房屋交还或者低价转让给基建单位，应当从基建单位接收的次月起，依照规定征收房产税。

（5）纳税人因房屋大修导致连续停用半年以上的，在房屋大修期间免征房产税，免征税额由纳税人在申报缴纳房产税时自行计算扣除，并在申报表附表或备注栏中做相应说明。

（6）纳税单位与免税单位共同使用的房屋，按各自使用的部分划分，分别征收或免征房产税。

（7）老年服务机构自用的房产暂免征收房产税。老年服务机构是指专门为老年人提供生活照料、文化、护理、健身等多方面服务的福利性、非营利性机构，主要包括老年社会福利院、敬老院（养老院）、老年服务中心、老年公寓（含老年护理院、康复中心、托老所）等。

（8）对按政府规定价格出租的公有住房和廉租住房，包括企业和自收自支事业单位向职工出租的单位自有住房、房管部门向居民出租的公有住房、落实私房政策中带户发还产权并以政府规定租金标准向居民出租的私有住房等，暂免征收房产税。

（9）对邮政部门坐落在城市、县城、建制镇、工矿区范围内的房产，应当依法征收房产税；对坐落在城市、县城、建制镇、工矿区范围以外，尚在县邮政局内核算的房产，在单位财务账中划分清楚的，不征收房产税。

（10）对房地产开发企业建造的商品房，在出售前不征收房产税。但对出售前房地产开发企业已使用或出租、出借的商品房，应按规定征收房产税。

（11）对原铁道部所属铁路运输企业自用的房产，继续免征房产税。地方铁路运输企业自用的房产应缴纳的房产税比照此项政策执行。

（12）对行使国家行政管理职能的中国人民银行总行（含国家外汇管理局）所属分支机构自用的房产，免征房产税。对其他专业银行等金融机构（包括信托投资公司、城乡信用合作社，以及经中国人民银行批准设立的其他金融组织）和保险公司的房产，均应按规定征收房产税。

（13）对经营公租房所取得的租金收入免征房产税。公租房租金收入与其他住房经营收入应单独核算，未单独核算的，不得享受免征房产税优惠政策。

（14）为支持农村饮水安全工程的建设、运营，对为农村居民提供生活用水而建设的供水工程运营管理单位的生产、办公用房产、土地，从2011年1月1日至2023年12月31日免征房产税。对既向城镇居民供水，又向农村居民供水的饮水工程运营管理单位，依据向农村居民供水量占总供水量的比例免征房产税。

（15）为支持农产品流通体系建设，减轻农产品批发市场、农贸市场经营负担，自2013年1月1日至2023年12月31日，对专门经营农产品的农产品批发市场、农贸市场使用的房产、土地免征房产税。对同时经营其他产品的农产品批发市场和农贸市场使用的房产、土地，按其他产品与农产品交易场地面积的比例确定征免房产税。

房产税的税收优惠是根据国家政策需要和纳税人的负担能力制定的。房产税属地方税，地方拥有一定的减免权限，有利于地方因地制宜地处理问题。

9.1.5　应纳税额的计算

1. 从价计征应纳税额的计算

从价计征是按房产的原值减除一定比例后的余值计征，其计算公式为：

应纳税额＝应税房产原值×(1－扣除比例)×1.2%

如前所述，房产原值是“固定资产”科目中记载的房屋原价；减除一定比例是省、自治区、直辖市人民政府规定的10%～30%的减除比例；计征的适用税率为1.2%。

例9－1

某企业的经营用房原值为4 000万元，按照当地规定允许按减除20%后的余值计税，适用税率为1.2%。请计算其应缴纳的房产税。

应纳税额＝4 000×(1－20%)×1.2%＝38.4(万元)

2. 从租计征应纳税额的计算

从租计征是按房产的租金收入计征，其计算公式为：

应纳税额＝租金收入×12%(或4%)

例9－2

某公司出租商业用房，月租金收入为30 000元，适用税率为12%。请计算其年度应缴纳的房产税。

应纳税额＝30 000×12×12%＝43 200(元)

例9－3

坐落在城市的某工业企业有房屋23 000平方米，账面原值为4 600 000元。其中，有250平方米房屋由企业幼儿园和医院使用，原值500 000元；150平方米出租给某商业企业，原值300 000元，每年租金收入20 000元。当地主管税务机关规定，非出租房屋按照原值减除30%的折旧后的余值计税。计算该企业应缴纳的房产税。

分析：根据规定，企业幼儿园和医院使用的房屋应予免税；房屋应按租金收入计税。

从租部分应纳税额＝20 000×12%＝2 400(元)

其余房屋应按余值计税。

从价部分应纳税额＝(4 600 000－500 000－300 000)×(1－30%)×1.2%
＝31 920(元)

全部应纳税额＝2 400＋31 920＝34 320(元)

9.1.6　征收管理

1. 纳税义务发生时间

将原有房产用于生产经营的，从生产经营之月起计征房产税。

自建的房屋用于生产经营的，自建成之日的次月起计征房产税。

委托施工企业建设的房屋，从办理验收手续之日的次月起计征房产税。在办理验收手续前已使用或出租、出借的新建房屋，应从使用或出租、出借的当月起按规定计征房产税。

购置新建商品房，自房屋交付使用的次月起计征房产税。

购置存量房，自办理房屋权属转移、变更登记手续，房地产权属登记机关签发房屋权属证书的次月起计征房产税。

出租、出借房产，自交付出租、出借房产的次月起计征房产税。

房地产开发企业自用、出租、出借本企业建造的商品房，自房屋使用或交付的次月起计征房产税。

2. 征收与缴纳期限

房产税实行按年征收、分期缴纳的方法，具体纳税期限由省级人民政府确定。纳税人自建的房屋，自建成的次月起缴纳房产税。纳税人委托施工企业建设的房屋，从办理验收手续的次月起缴纳房产税，但纳税人在办理验收手续前已使用或出租、出借的新建房屋，应按规定缴纳房产税。

3. 纳税地点

房产税由房产所在地的主管税务机关负责征收。房产不在一地的纳税人，应按房产的坐落地点，分别向房产所在地的税务机关缴纳房产税。

4. 纳税申报

房产税的纳税申报是房屋产权所有人或纳税人缴纳房产税必须履行的法定手续。纳税人应根据税法的要求，将现有房屋的坐落地点、结构、面积、原值、出租收入等情况据实向当地税务机关办理纳税申报，并按规定纳税。纳税人住址发生变更，产权发生转移，出现新建、改建、扩建、拆除房屋等情况，从而引起房产原值发生变化或者租金收入变化的，要按规定及时向税务机关办理变更登记。

9.2 车船税

9.2.1 车船税概述

1. 车船税的概念和历史沿革

车船税是以我国境内的车辆和船舶为征税对象，对应税车船的所有人或管理人征收的一种静态财产税。

对车船征税在我国有悠久的历史。早在西汉时期我国就开始对车船征税，明清时期曾对在内河航行的商船征税，称为“船钞”。民国时期曾征收“车捐”和“船捐”，后来合并为“使用牌照税”。中华人民共和国成立后，在对旧的使用牌照税进行改造的基础上，财政部于1950年4月拟定《使用牌照税暂行条例草案》并在各地区试行。1951年9月进行修改后，该税种定名为“车船使用牌照税”，经政务院批准，在全国正式施行。1973年简化税制时，将对企业征收的车船使用牌照税并入工商税，对个人和外侨仍按原规定继续征收。改革开放后，为了完善我国的税收制度，政府决定恢复对企业征收车船使用牌照税，考虑到原来的税种名称不够确切，将其更名为“车船使用税”。1986年9月，国务院颁布《中华人民共和国车船使用税暂行条例》，从同年10月1日起在全国施行，但对外资企业、外籍人员和港澳台同胞仍然征收车船使用牌照税，从而形成了对车船课税“内外有别，两税并行”的局面。2006年年末，为了统一税政、简化税制，国务院决定将《车船使用牌照税暂行条例》和《中华人民共和国车船使用税暂行条例》进行合并，颁布了《中华人民共和国车船税暂行条例》，从2007年1月1日起实施。《中华人民共和国车船税法》（以下简称《车船税法》）和《中华人民共和国车船税法实施条例》分别于2011年2月25日和2011年11月23日审议通过，自2012年1月1日起施行。

2. 征收车船税的意义

（1）有利于完善我国的地方税体系，为地方政府提供稳定的财政收入来源。

（2）有利于配合有关部门加强对车船的管理。

（3）有利于调节财富差距。车船税对人们拥有的财产或财富进行调节，以减少财富分配不公的现象。随着我国经济发展，部分先富起来的个人拥有私人轿车、游艇及其他车船的情况日益增加，征收车船税的财富再分配作用显得更加重要。

9.2.2 纳税人与征税范围

1. 纳税人

在中华人民共和国境内，车辆、船舶（以下简称车船）的所有人或者管理人应当依照《车船税法》的规定缴纳车船税。

2. 征税范围

车船税的征税范围是指在中华人民共和国境内属于《车船税法》所附《车船税税目税额表》规定的车辆、船舶。车辆、船舶是指：

（1）依法应当在车船管理部门登记的机动车辆和船舶。

（2）依法不需要在车船管理部门登记、在单位内部场所行驶或者作业的机动车辆和船舶。

车船管理部门是指公安、交通运输、农业、渔业、军队、武装警察部队等依法具有车船登记管理职能的部门；单位是指依照中国法律、行政法规的规定，在中国境内成立的行政机关、企业、事业单位、社会团体以及其他组织。

9.2.3 税目与税额

车船税实行定额税率，即对征税的车船规定单位固定税额。车船税确定税额总的原则是：非机动车船的税负轻于机动车船；人力车的税负轻于畜力车；小吨位船舶的税负轻于大吨位船舶。

车船税对载客汽车（含电车）和摩托车以“辆”为计税单位；对载货汽车、三轮汽车、低速货车、专项作业车和轮式专用机械车以“自重吨位”为计税单位，自重是指机动车的整备质量；对船舶以“净吨位”为计税单位；对客货两用汽车按照载货汽车的计税单位计税；对拖船按照发动机功率每2马力折合净吨位1吨计算征收车船税。

车船税的适用税额依照《车船税法》所附的《车船税税目税额表》（见表9-1）执行。

表9-1　车船税税目税额表

税目		计税单位	年基准税额（元）	备注
乘用车（按发动机汽缸容量（排气量）分档）	1.0升（含）以下的	每辆	60～360	核定载客人数9人（含）以下
	1.0升以上至1.6升（含）		300～540	
	1.6升以上至2.0升（含）		360～660	
	2.0升以上至2.5升（含）		660～1 200	
	2.5升以上至3.0升（含）		1 200～2 400	
	3.0升以上至4.0升（含）		2 400～3 600	
	4.0升以上的		3 600～5 400	
商用车	客车	每辆	480～1 440	核定载客人数9人（包括电车）以上
	货车	整备质量每吨	16～120	包括半挂牵引车、三轮汽车和低速载货汽车
挂车		整备质量每吨	按照货车税额的50%计算	
其他车辆	专用作业车	整备质量每吨	16～120	不包括拖拉机
	轮式专用机械车	整备质量每吨	16～120	
摩托车		每辆	36～180	
船舶	机动船舶	净吨位每吨	3～6	拖船、非机动驳船分别按机动船舶税额的50%计算；游艇的税额另行规定
	游艇	艇身长度每米	600～2 000	

国务院财政、税务主管部门可以根据实际情况，在《车船税税目税额表》规定的税目范围和税额幅度内划分子税目，并明确车辆的子税目税额幅度和船舶的具体适用税额。车辆的具体适用税额由省、自治区、直辖市人民政府在规定的子税目税额幅度内确定。

车辆整备质量尾数不超过0.5吨的，按照0.5吨计算；超过0.5吨的，按照1吨计算。整备质量不超过1吨的车辆，按照1吨计算。

船舶净吨位尾数不超过0.5吨的不予计算；超过0.5吨的，按照1吨计算。净吨位不超过1吨的船舶，按照1吨计算。

《车船税法》及其实施条例所涉及的排气量、整备质量、核定载客人数、净吨位、马力、艇身长度，以车船管理部门核发的车船登记证书或者行驶证相应项目所载数据为准。

依法不需要办理登记、依法应当办理登记而未办理登记或者不能提供车船登记证书、行驶证的，以车船出厂合格证明或者进口凭证相应项目标注的技术参数、所载数据为准；不能提供车船出厂合格证明或者进口凭证的，由主管税务机关参照国家相关标准核定，没有国家相关标准的参照同类车船核定。

9.2.4　应纳税额的计算与缴纳

纳税人按照纳税地点所在的省、自治区、直辖市人民政府确定的具体适用税额缴纳车船税。

（1）购置的新车船，购置当年的应纳税额自纳税义务发生的当月起按月计算。计算公式为：

应纳税额＝(年应纳税额÷12)×应纳税月份数

（2）在一个纳税年度内，已完税的车船被盗抢、报废、灭失的，纳税人可以凭有关管理机关出具的证明和完税证明，向纳税所在地的主管税务机关申请退还自被盗抢、报废、灭失月份起至该纳税年度终了期间的税款。

（3）已办理退税的被盗抢车船失而复得的，纳税人应当从公安机关出具相关证明的当月起计算缴纳车船税。

（4）在一个纳税年度内，纳税人在非车辆登记地由保险机构代收代缴机动车车船税，且能够提供合法有效完税证明的，纳税人不再向车辆登记地的主管税务机关缴纳车船税。

（5）已缴纳车船税的车船在同一纳税年度内办理转让过户的，不另纳税，也不退税。

例9－4

某运输公司有自重8吨的载货汽车20辆，大型载客汽车10辆，小型载客汽车2辆。当地规定载货汽车的每年税额为100元/吨，大型载客汽车的每年税额为600元/辆，小型载客汽车的每年税额为480元/辆。计算该运输公司应缴纳的车船税。

全年应纳税额＝8×20×100＋10×600＋2×480＝22 960(元)

9.2.5　税收优惠

1．法定减免

（1）捕捞、养殖渔船。指在渔业船舶管理部门登记为捕捞船或者养殖船的船舶。

（2）军队、武装警察部队专用的车船。指按照规定在军队、武装警察部队车船管理部门登记，并领取军队、武警牌照的车船。国家综合性消防救援车辆由部队号牌改挂应急救援专用号牌的，一次性免征改挂当年车船税。

（3）警用车船。指公安机关、国家安全机关、监狱、劳动教养管理机关和人民法院、人民检察院领取警用牌照的车辆和执行警务的专用船舶。

（4）依照法律规定应当予以免税的外国驻华使领馆、国际组织驻华代表机构及其有关人员的车船。

（5）对节约能源、使用新能源的车船可以减征或者免征车船税；对受严重自然灾害影响纳税困难以及有其他特殊原因确需减税、免税的，可以减征或者免征车船税。节约能源、使用新能源的车辆包括纯电动汽车、燃料电池汽车和混合动力汽车。纯电动汽车、燃料电池汽车和插电式混合动力汽车免征车船税，其他混合动力汽车按照同类车辆适用税额减半征税。

（6）省、自治区、直辖市人民政府根据当地实际情况，可以对公共交通车船，农村居民拥有并主要在农村地区使用的摩托车、三轮汽车和低速载货汽车定期减征或者免征车船税。

2. 特定减免

（1）经批准临时入境的外国车船和香港特别行政区、澳门特别行政区、台湾地区的车船，不征收车船税。

（2）按照规定缴纳船舶吨税的机动船舶，自《车船税法》实施之日起5年内免征车船税。

（3）机场、港口内部行驶或作业的车船，自《车船税法》实施之日起5年内免征车船税。

9.2.6 征收管理

1. 纳税期限

车船税的纳税义务发生时间为取得车船所有权或者管理权的当月，以购买车船的发票或其他证明文件所载日期的当月为准。

纳税人未按照规定到车船管理部门办理应税车船登记手续的，以车船购置发票所载开具时间的当月作为车船税的纳税义务发生时间。未办理车船登记手续且无法提供车船购置发票的，由主管地方税务机关核定纳税义务发生时间。

2. 纳税地点

车船税的纳税地点为车船的登记地或者车船税扣缴义务人所在地。依法不需要办理登记的车船，车船税的纳税地点为车船的所有人或者管理人所在地。

扣缴义务人代收代缴车船税的，纳税地点为扣缴义务人所在地。

纳税人自行申报缴纳车船税的，纳税地点为车船登记地的主管税务机关所在地。

依法不需要办理登记的车船，纳税地点为车船所有人或者管理人的主管税务机关所在地。

3. 纳税申报

车船税按年申报，分月计算，一次性缴纳。纳税年度为公历1月1日至12月31日。具体申报纳税期限由省、自治区、直辖市人民政府规定。

（1）税务机关可以在车船管理部门、车船检验机构的办公场所集中办理车船税征收事宜。

（2）公安机关交通管理部门在办理车辆相关登记和定期检验手续时，对未提交自上次检验后各年度依法纳税或者免税证明的，不予登记，不予发放检验合格标志。

（3）海事部门、船舶检验机构在办理船舶登记和定期检验手续时，对未提交依法纳税或者免税证明，且拒绝扣缴义务人代收代缴车船税的纳税人，不予登记，不予发放检验合格标志。

（4）在一个纳税年度内，纳税人在非车辆登记地由保险机构代收代缴机动车车船税，且能够提供合法有效完税证明的，纳税人不再向车辆登记地的地方税务机关缴纳机动车车船税。

对于依法不需要购买机动车交通事故责任强制保险的车辆，纳税人应当向主管税务机关申报缴纳车船税。

(5) 纳税人在首次购买机动车交通事故责任强制保险时缴纳车船税或者自行申报缴纳车船税的，应当提供购车发票和反映排气量、整备质量、核定载客人数等与纳税相关的信息及其相应凭证。

(6) 负责船舶登记、检验的船舶管理部门或者船舶检验机构为船舶车船税的扣缴义务人，应当在登记、检验时依法代收车船税，并出具代收税款凭证。

思考与练习

一、思考题

1. 房产税的征税范围与城镇土地使用税的征税范围有哪些区别和联系?
2. 房产税有哪两种计征方式?
3. 车船税分为哪几个税目? 各自的计税单位是如何规定的?

二、单项选择题

1. 下列房产属于免征房产税的是（　　）。

A. 国家机关使用的房产
B. 由国家财政部门拨付事业经费的单位使用的房产
C. 公园、名胜古迹自用的房产
D. 个人所有的房产

2. 下列对车辆车船税税额的规定正确的是（　　）。

A. 对船舶净吨位尾数在半吨以下者，不予计算
B. 对船舶净吨位尾数超过半吨者，按半吨计算
C. 对车辆自重尾数超过半吨者，按半吨计算
D. 对车辆自重尾数为半吨者，按1吨计算

三、多项选择题

1. 下列各项中应当计入房产税计税原值的有（　　）。

A. 与房屋不可分割的附属设施
B. 以房屋为载体，不可随意搬动的附属设备和配套设施
C. 更新的附属设备、零配件
D. 旧房后来安装的空调设备

2. 下列免缴车船税的车辆有（　　）。

A. 企业附设幼儿园所用的车辆　　B. 公安部门的警车
C. 武警的雷达车　　D. 汽车制造厂尚未销售的汽车

四、计算题

1. 甲企业某年1月以融资租赁方式出售给乙企业一栋房屋，原值为200万元，租期5年，年租金40万元，税务机关确定纳税人为承租方（该省规定允许按原值一次扣

除20%）。计算乙企业应缴纳的房产税。

2. 某汽车运输企业拥有整备质量为8吨的载货汽车20辆，载货挂车10辆，每辆整备质量为6吨，客货两用车6辆，每辆整备质量为2.5吨，其中有2辆归企业自办托儿所专用。该企业所在地载货汽车年税额为20元/吨。计算该企业当年应缴纳的车船税。

第 10 章

印花税和契税

学习目标

1. 掌握印花税和契税的基本税制要素、应纳税额的计算方法和税收优惠政策。
2. 理解印花税和契税的征收管理方法。
3. 了解印花税和契税的特点。

10.1 印花税

10.1.1 印花税概述

1. 印花税的概念

印花税是对经济活动和经济交往中书立、领受、使用的应税经济凭证所征收的一种税。因纳税人主要通过在应税凭证上粘贴印花税票来完成纳税义务，故名印花税。

印花税历史悠久，最早始于 1624 年的荷兰，后来发展成为世界各国普遍开征的一个税种。我国在北洋政府和国民政府时期也先后颁布印花税法，开征印花税。新中国成立以后，中央人民政府政务院于 1950 年发布《印花税暂行条例》，在全国范围内开征印花税；1958 年简化税制时，将印花税并入工商统一税，印花税不再单设税种征收，一直延续到经济体制改革以前。1988 年 8 月国务院发布《中华人民共和国印花税暂行条例》，自同年 10 月 1 日起恢复征收印花税。2021 年 6 月 10 日第十三届全国人民代表大会常务委员会第二十九次会议通过《中华人民共和国印花税法》（以下简称《印花税法》），自 2022 年 7 月 1 日起实施。

2. 印花税的特点

（1）征税范围广泛。印花税的征税对象包括经济活动和经济交往中的各种应税凭证，征税范围极其广泛。印花税已成为地方政府筹集财政资金的重要税种之一。

（2）税收负担较轻。应税凭证的签订各方都应缴纳印花税，无论合同是否履行都必须缴税。相对于其他税种，印花税税负较轻。同时印花税又具有轻税重罚的特点，有利于增强纳税人的税收法制观念。

（3）自我完成纳税义务。印花税的纳税方式与其他税种明显不同，它主要采取纳税人自行计算税款、自行购买税票、自行粘贴印花并在每枚税票的骑缝处盖戳注销或画销的方式纳税，有助于培养纳税人自觉纳税的意识。

（4）兼有凭证税和行为税性质。一方面，印花税是对单位和个人书立、领受的应税凭证征收的一种税，具有凭证税性质；另一方面，任何一种应税经济凭证反映的都是某种特定的经济行为，因此，对凭证征税实质上是对经济行为课税。

10.1.2 纳税人和征税范围

1. 纳税人

在我国境内书立应税凭证、进行证券交易的单位和个人，为印花税的纳税人。在我国境外书立在境内使用的应税凭证的单位和个人，也应当缴纳印花税。同一应税凭证由两方以上当事人书立的，按照各自涉及的金额分别计算应纳税额。

纳税人为境外单位或者个人，在境内有代理人的，以其境内代理人为扣缴义务人；在境内没有代理人的，由纳税人自行申报缴纳印花税，具体办法由国务院税务主管部门规定。

证券登记结算机构为证券交易印花税的扣缴义务人，应当向其机构所在地的主管税务机关申报解缴税款以及银行结算的利息。

2. 征税范围

印花税的征税范围是指《印花税法》中的《印花税税目税率表》列明的合同、产权转移书据和营业账簿等应税凭证及进行证券交易的行为。

其中的证券交易，是指转让在依法设立的证券交易所、国务院批准的其他全国性证券交易场所交易的股票和以股票为基础的存托凭证。证券交易印花税对证券交易的出让方征收，不对受让方征收。

10.1.3 税目和税率

印花税设合同（指书面合同）、产权转移书据、营业账簿、证券交易四个税目，适用比例税率。印花税具体税目和税率如表10-1所示。

表10-1 印花税税目税率表

税目		税率	备注
合同（指书面合同）	借款合同	借款金额的万分之零点五	指银行业金融机构、经国务院银行业监督管理机构批准设立的其他金融机构与借款人（不包括同业拆借）的借款合同
	融资租赁合同	租金的万分之零点五	
	买卖合同	价款的万分之三	指动产买卖合同（不包括个人书立的买卖合同）
	承揽合同	报酬的万分之三	

续表

税目		税率	备注
合同（指书面合同）	建设工程合同	价款的万分之三	
	运输合同	运输费用的万分之三	指货运合同和多式联运合同（不包括管道运输合同）
	技术合同	价款、报酬或者使用费的万分之三	不包括专利权、专有技术使用权转让书据
	租赁合同	租金的千分之一	
	保管合同	保管费的千分之一	
	仓储合同	仓储费的千分之一	
	财产保险合同	保险费的千分之一	不包括再保险合同
产权转移书据	土地使用权出让书据	价款的万分之五	转让包括买卖（出售）、继承、赠与、互换、分割
	土地使用权、房屋等建筑物和构筑物所有权转让书据（不包括土地承包经营权和土地经营权转移）	价款的万分之五	
	股权转让书据（不包括应缴纳证券交易印花税的）	价款的万分之五	
	商标专用权、著作权、专利权、专有技术使用权转让书据	价款的万分之三	
营业账簿		实收资本（股本）、资本公积合计金额的万分之二点五	
证券交易		成交金额的千分之一	

10.1.4　计税依据和应纳税额的计算

1. 计税依据

（1）应税合同的计税依据，为合同所列的金额，不包括列明的增值税税款。

（2）应税产权转移书据的计税依据，为产权转移书据所列的金额，不包括列明的增值税税款。

（3）应税营业账簿的计税依据，为账簿记载的实收资本（股本）、资本公积合计金额。

（4）证券交易的计税依据，为成交金额。

（5）应税合同、产权转移书据未列明金额的，印花税的计税依据按照实际结算的金额确定。

计税依据按照上述规定仍不能确定的，按照书立合同、产权转移书据时的市场价格确定；依法应当执行政府定价或者政府指导价的，按照国家有关规定确定。

证券交易无转让价格的，按照办理过户登记手续时该证券前一个交易日收盘价计算确定计税依据；无收盘价的，按照证券面值计算确定计税依据。

2. 应纳税额的计算

印花税的应纳税额按照计税依据乘以适用税率计算。同一应税凭证载有两个以上税目事项并分别列明金额的，按照各自适用的税目税率分别计算应纳税额；未分别列明金额的，从高适用税率。

已缴纳印花税的营业账簿，以后年度记载的实收资本（股本）、资本公积合计金额比已缴纳印花税的实收资本（股本）、资本公积合计金额增加的，按照增加部分计算应纳税额。

例10-1

某企业某年3月开业，领受房产权证、工商营业执照、土地使用证各一件，与其他企业订立转移专用技术使用权书据一件，所载金额为80万元；订立产品购销合同两件，所载金额为150万元；订立借款合同一份，所载金额为40万元。此外，企业的营业账簿中，“实收资本”科目载有资金600万元，其他营业账簿20本。当年12月该企业“实收资本”科目所载资金增加为800万元。试计算该企业3月应缴纳的印花税和12月应补缴的印花税。

分析：根据《印花税法》企业领受权利、许可证照不再征税。

订立产权转移书据应纳税额＝800 000×0.5‰＝400(元)

订立购销合同应纳税额＝1 500 000×0.3‰＝450(元)

订立借款合同应纳税额＝400 000×0.05‰＝20(元)

营业账簿中“实收资本”科目所载资金应纳税额＝6 000 000×0.25‰＝1 500(元)

3月企业应纳印花税：

应纳税额＝400＋450＋20＋1 500＝2 370(元)

12月应补缴印花税：

应补缴税额＝(8 000 000－6 000 000)×0.25‰＝500(元)

10.1.5 税收优惠和征收管理

1. 税收优惠

下列凭证免征印花税：

（1）应税凭证的副本或者抄本。

（2）依照法律规定应当予以免税的外国驻华使馆、领事馆和国际组织驻华代表机构为获得馆舍书立的应税凭证。

（3）中国人民解放军、中国人民武装警察部队书立的应税凭证。

（4）农民、家庭农场、农民专业合作社、农村集体经济组织、村民委员会购买农业生产资料或者销售农产品书立的买卖合同和农业保险合同。

（5）无息或者贴息借款合同、国际金融组织向中国提供优惠贷款书立的借款合同。

（6）财产所有权人将财产赠与政府、学校、社会福利机构、慈善组织书立的产权转移书据。

(7) 非营利性医疗卫生机构采购药品或者卫生材料书立的买卖合同。

(8) 个人与电子商务经营者订立的电子订单。

根据国民经济和社会发展的需要，国务院对居民住房需求保障、企业改制重组、破产、支持小型微型企业发展等情形可以规定减征或者免征印花税，报全国人民代表大会常务委员会备案。

2. 征收管理

(1) 纳税义务发生时间。印花税的纳税义务发生时间为纳税人书立应税凭证或者完成证券交易的当日，证券交易印花税扣缴义务发生时间为证券交易完成的当日。

(2) 纳税期限。印花税按季、按年或者按次计征。实行按季、按年计征的，纳税人应当自季度、年度终了之日起 15 日内申报缴纳税款；实行按次计征的，纳税人应当自纳税义务发生之日起 15 日内申报缴纳税款。证券交易印花税按周解缴。证券交易印花税扣缴义务人应当自每周终了之日起 5 日内申报解缴税款以及银行结算的利息。

(3) 纳税地点。纳税人为单位的，应当向其机构所在地的主管税务机关申报缴纳印花税；纳税人为个人的，应当向应税凭证书立地或者纳税人居住地的主管税务机关申报缴纳印花税。不动产产权发生转移的，纳税人应当向不动产所在地的主管税务机关申报缴纳印花税。

(4) 纳税方式。印花税可以采用粘贴印花税票或者由税务机关依法开具其他完税凭证的方式缴纳。印花税票粘贴在应税凭证上的，由纳税人在每枚税票的骑缝处盖戳注销或者画销。印花税票由国务院税务主管部门监制。

10.2 契　税

10.2.1 契税概述

1. 契税的概念

契税是在土地、房屋权属转移时对其承受人课征的一种动态财产税。由于这种税在签订土地、房屋权属转移合同等契约时征收，所以称为契税。

我国的契税起源于东晋时期，当时对进行奴婢、牛马、田宅等交易并书立契约者，按交易额的 4%征税，其中 3%由卖方缴纳，1%由买方缴纳，称为“输估”。此后，各朝代多有效仿，并不断改进。宋代规定，凡典卖房产、田地和牛畜，订立契约者要向官府纳税，称为“印契钱”。元、明、清各代都曾征收契税，民国时期沿袭清代的契税制度，除征收契税正税之外，还征收契税附加和验契费。中华人民共和国成立后，政务院于 1950 年 4 月颁布了《契税暂行条例》。该条例以保障人民土地、房屋的所有权为宗旨，对旧中国的契税制度进行改革，简化了税目，降低了税率，取消了契税附加和验契费等规定，减轻了纳税人的负担。改革开放以来，随着住房制度改革的不断深化和房地产市场的形成与迅速发展，房地产交易日益活跃，土地、房屋权属转移行为日趋频繁。在此情况下，新中国成立初期制定的《契税暂行条例》已不能完全适应经济发展的要求。于是，国务院 1997 年 7 月修订并重新颁布《中华人民共和国契税暂行条例》，自同年10月1日起实施。2020年8月11日第十三届全国人民代表大会常务委员会第二十一次会议通过《中华人民共和国契税法》，自2021年9月1日起正式实施。

2. 契税的特点

（1）契税属于财产转移税。它以权属发生转移的土地和房屋为征税对象，具有对财产转移课税的性质。

（2）契税由财产承受人纳税。一般税种在税制中都确定销售者为纳税人，即卖方纳税。对承受人征税的主要目的在于承认不动产转移生效，承受人纳税以后，便可拥有转移过来的不动产的产权或使用权。法律保护纳税人的合法权益。

3. 契税的意义

（1）广辟财源，增加地方财政收入。契税按财产转移价值征税，税源较为充足。它可以弥补对其他财产课税的不足，扩大征税范围，为地方政府增加财政收入。随着市场经济的发展和房地产交易的日趋活跃，契税的财政作用日益显著。

（2）保护合法产权，避免产权纠纷。不动产所有权和使用权的转移涉及转让者和承受者双方的利益。由于产权转移形式多种多样，如果产权的合法性得不到确认，事后必然会出现产权纠纷。已缴纳契税的契约由政府有关部门加盖印章，称为“红契”，意味着其产权得到国家的承认，是不动产所有者合法的产权证明。因而，长期以来，契税在群众中间产生了较为深远的影响。大多数纳税人主动向政府有关部门申报缴纳契税，使自己的产权受到法律的保护。

（3）规范房地产交易秩序，贯彻政府对房地产市场的宏观调控目标。在现有经济条件下，契税成为国家调控房地产市场的一项政策工具。契税由产权的承受人缴纳，实际上是对个人财富进行调节，并且会在一定程度上对房地产市场产生影响。近年来，国家对契税的减免政策做了一些调整，其目的就是在保护正常购房意愿的前提下，对房地产市场进行必要的调控。

10.2.2 纳税人与征税对象

1. 纳税人

契税以在我国境内转移土地、房屋权属的承受单位和个人为纳税人，包括以受让、购买、受赠、交换等方式取得土地、房屋权属的企业单位、事业单位、国家机关、军事单位、社会团体、其他组织、个体经营者及其他个人。

2. 征税对象

契税作为一种动态财产税，其征税对象是在我国境内转移的土地、房屋权属。

土地、房屋权属指土地使用权、房屋所有权。作为契税征税对象的转移土地、房屋权属行为，主要包括以下五种情况：

（1）国有土地使用权出让。指土地使用者向国家交付土地使用权出让费用，国家将土地使用权在一定年限内让予土地使用者的行为。

（2）土地使用权转让。指土地使用者以出售、赠与、交换或者其他方式将土地使用权转移给其他单位和个人的行为，但不包括农村集体土地承包经营权的转移。

出售指土地使用者以土地使用权作为交易条件，取得货币、实物、无形资产或者其他经济利益的行为；赠与指土地使用者将其土地使用权无偿转让给受赠者的行为；交换指土地使用者之间相互交换土地使用权的行为。

（3）房屋买卖。指房屋所有者将其房屋出售，由承受者交付货币、实物、无形资产或者其他经济利益的行为。

（4）房屋赠与。指房屋所有者将房屋无偿转让给受赠者的行为。

（5）房屋交换。指房屋所有者之间相互交换房屋的行为。

此外，对于以土地、房屋权属作价投资、入股，以土地、房屋权属抵债，以获奖方式承受土地、房屋权属，以及以预购方式或者预付集资建房款方式承受土地、房屋权属的行为，应视同土地使用权转让、房屋买卖或赠与征收契税。

【思考】为什么契税将纳税人设定为土地、房屋权属的承受方？契税与印花税对纳税人的规定有何不同？

10.2.3　税率、计税依据及应纳税额的计算

1. 税率

契税采用3%～5%的幅度比例税率，具体适用税率由省级人民政府在此幅度内提出，报同级人民代表大会常务委员会决定，并报全国人民代表大会常务委员会和国务院备案。

2. 计税依据

契税实行从价计征，其计税依据为不含增值税的价格，具体规定为：

（1）国有土地使用权转让、土地使用权出售和房屋买卖，以成交价格为计税依据。成交价格指土地、房屋权属转移合同确定的价格。

（2）土地使用权赠与、房屋赠与，计税依据由税务机关参照土地使用权出售、房屋买卖的市场价格核定。

（3）土地使用权交换、房屋交换，以所交换的土地使用权、房屋价格的差价为计税依据，由多交付货币、实物、无形资产或者其他经济利益的一方缴纳税款。交换价格相等的，免征契税。土地使用权与房屋所有权之间相互交换，依照上述规定征税。

（4）土地使用权出让的，计税依据包括土地出让金、土地补偿费、安置补助费、地上附着物和青苗补偿费、征收补偿费、城市基础设施配套费、实物配建房屋等应交付的货币以及实物、其他经济利益对应的价款；以划拨方式取得的土地使用权，经批准改为出让方式重新取得该土地使用权的，应由该土地使用权人以补缴的土地出让价款为计税依据缴纳契税；先以划拨方式取得土地使用权，后经批准转让房地产，划拨土地性质改为出让的，承受方应分别以补缴的土地出让价款和房地产权属转移合同确定的成交价格为计税依据缴纳契税。

（5）纳税人申报的成交价格明显低于市场价格并且没有正当理由的，或者申报的土地使用权、房屋的交换价格的差额明显不合理并且没有正当理由的，由税务机关依照《税收征收管理法》的规定核定。

3. 契税的计算

应纳税额＝计税依据×税率

例 10－2

居民甲拥有两套住房，将一套出售给居民乙，成交价格为500 000元；将另一套两室住房与居民丙的两处一室住房交换，并支付给丙换房差价款40 000元。试计算甲、乙、丙相关行为应缴纳的契税（假定税率为5%）。

甲应纳契税＝40 000×5%＝2 000(元)

乙应纳契税＝500 000×5%＝25 000(元)

丙不缴纳契税。

10.2.4 税收优惠

1. 契税减免的基本规定

（1）有下列情形之一的，免征契税：

1）国家机关、事业单位、社会团体、军事单位承受土地、房屋权属用于办公、教学、医疗、科研、军事设施。

2）非营利性的学校、医疗机构、社会福利机构承受土地、房屋权属用于办公、教学、医疗、科研、养老、救助。

3）承受荒山、荒地、荒滩土地使用权用于农、林、牧、渔业生产。

4）婚姻关系存续期间夫妻之间变更土地、房屋权属以及夫妻因离婚分割共同财产发生土地、房屋权属变更。

5）法定继承人通过继承承受土地、房屋权属。

6）依照法律规定应当予以免税的外国驻华使馆、领事馆和国际组织驻华代表机构承受土地、房屋权属。

7）城镇职工按规定第一次购买公有住房以及已购公有住房经补缴土地出让价款成为完全产权住房。

根据国民经济和社会发展的需要，国务院对居民住房需求保障、企业改制重组、灾后重建等情形可以规定免征或者减征契税，报全国人民代表大会常务委员会备案。

纳税人改变有关土地、房屋的用途，或者有其他不再属于上述规定的免征、减征契税情形的，应当缴纳已经免征、减征的税款。

（2）省、自治区、直辖市可以决定对下列情形免征或者减征契税：

1）因土地、房屋被县级以上人民政府征收、征用，重新承受土地、房屋权属。

2）因不可抗力灭失住房，重新承受住房权属。

上述规定的免征或者减征契税的具体办法，由省、自治区、直辖市人民政府提出，报同级人民代表大会常务委员会决定，并报全国人民代表大会常务委员会和国务院备案。

2. 契税减免的特殊规定

企业改制、事业单位改制、公司合并、公司分立、企业破产、资产划转、债权转股权等企业重组过程中发生的土地、房屋权属转移行为，符合规定条件的，免征或减征契税。

10.2.5　征收管理

1. 纳税义务发生时间

契税的纳税义务发生时间，为纳税人签订土地、房屋权属转移合同的当日，或者纳税人取得其他具有土地、房屋权属转移合同性质凭证的当日。

纳税人应当在依法办理土地、房屋权属登记手续前申报缴纳契税。

2. 应税凭证、涉税信息共享和退税管理

（1）具有土地、房屋权属转移合同性质的凭证包括契约、协议、合约、单据、确认书以及其他凭证。

（2）税务机关应当与相关部门建立契税涉税信息共享和工作配合机制。具体转移土地、房屋权属有关的信息包括：自然资源部门的土地出让、转让、征收补偿、不动产权属登记等信息，住房城乡建设部门的房屋交易等信息，民政部门的婚姻登记、社会组织登记等信息，公安部门的户籍人口基本信息。

（3）纳税人缴纳契税后发生下列情形，可依照有关法律法规申请退税：

1）因人民法院判决或者仲裁委员会裁决导致土地、房屋权属转移行为无效、被撤销或者被解除，且土地、房屋权属变更至原权利人的。

2）在出让土地使用权交付时，因容积率调整或实际交付面积小于合同约定面积需退还土地出让价款的。

3）在新建商品房交付时，因实际交付面积小于合同约定面积需返还房价款的。

思考与练习

一、思考题

1. 印花税具有哪些特点？
2. 印花税的纳税人和征税范围是如何规定的？
3. 开征契税的意义何在？近年来契税有哪些优惠政策？

二、单项选择题

1. 关于印花税的计税依据，下列表述中正确的是（　　）。

A. 应税合同的计税依据，为合同所列的含增值税金额

B. 证券交易的计税依据，为证券面值

C. 应税营业账簿的计税依据，为账簿记载的实收资本（股本）金额

D. 应税产权转移书据的计税依据，为产权转移书据所列的金额，不包括列明的增值税税款

2. 下列各项中可以不征收印花税的是（　　）。

A. 委托加工合同　　B. 审计合同

C. 技术开发合同　　D. 出版印刷合同

3. 在计算缴纳印花税时，对于某些特殊情况，税法做了特殊规定，下列论述中错

误的是（　　）。

A. 对已经贴花的凭证，凡修改后所载金额增加的，应对其增加额补贴印花

B. 按比例税率计算纳税而应纳税额不足1角的免征印花税

C. 财产租赁合同的应纳税额超过1角但不足1元的，按1元贴花

D. 同一凭证由两方以上当事人签订并各执一份的，由某一当事人就凭证所载金额全额贴花

4. 下列行为中不征契税的是（　　）。

A. 以房抵债　　B. 以房产对外投资

C. 房屋赠与　　D. 房屋使用权交换

5. 契税纳税义务发生时间是（　　）。

A. 纳税人签订土地、房屋权属转移合同的当天

B. 纳税人办妥土地、房屋权属变更登记手续的当天

C. 纳税人办妥土地、房屋权属变更登记手续的10日内

D. 房屋、土地移交的当天

三、多项选择题

1. 下列合同中应作为印花税征税对象的有（　　）。

A. 仓储、保管合同或作为合同使用的入库单

B. 银行同业拆借所签订的借款合同

C. 企业和个人出租门店柜台所签订的租赁合同

D. 会计师事务所签订的会计咨询合同

2. 印花税税率形式有（　　）。

A. 定额税率　　B. 超额累进税率

C. 比例税率　　D. 全额累进税率

3. 下列有关契税的说法中，正确的有（　　）。

A. 契税的纳税人是我国境内土地、房屋权属的承受者

B. 契税的征税对象是我国境内产权发生转移的不动产

C. 契税实行差别比例税率

D. 契税纳税人不包括在我国境内承受土地权属的外国个人

4. 甲厂与乙厂互换房屋产权，甲厂房屋价格为100万元，乙厂房屋价格为120万元。成交后，甲厂支付乙厂20万元的房屋差价款。该省规定契税税率为5%。关于此项业务，下列说法中正确的有（　　）。

A. 甲厂是纳税人　　B. 乙厂是纳税人

C. 应纳契税1万元　　D. 应纳契税6万元

四、计算题

某企业2月开业，领受房产证、工商营业执照、土地使用证各一件；与其他企业订立转移专有技术使用权书据，所载金额为90万元；订立产品购销合同，所载金额150万元；订立借款合同，所载金额为50万元；企业设立营业账簿20本，“实收资本”科目载有资金600万元；当年12月该企业“实收资本”科目所载资金增加为900万元。计算该企业应缴纳的印花税。

第11章

车辆购置税、耕地占用税和环境保护税

学习目标

1. 掌握车辆购置税、耕地占用税和环境保护税的概念、征税对象、计税依据、应纳税额的计算。

2. 理解车辆购置税、耕地占用税和环境保护税的意义、特点和作用。

3. 了解车辆购置税、耕地占用税和环境保护税征收管理的相关规定。

11.1 车辆购置税

11.1.1 车辆购置税概述

1. 车辆购置税的概念

车辆购置税是以在中国境内购置规定的车辆为课税对象，在购买环节向购车者征收的一种税。车辆购置税于2001年1月1日开始在我国实施，是在原交通部门收取的车辆购置附加费的基础上，通过“费改税”方式演变而来的。车辆购置税基本上保留了原车辆购置附加费的特点。车辆购置税已由全国人民代表大会常务委员会完成立法，自2019年7月1日起《中华人民共和国车辆购置税法》正式实施。

2. 车辆购置税的特点

（1）征税范围单一。车辆购置税以购置的特定车辆为课税对象，而不是对所有的财产或消费行为征税，范围窄，是一种特定的财产税。

（2）征收环节单一。车辆购置税实行一次性课征制，只限于消费环节，即购车时一次征收，而不是在生产、经营和消费的每个环节征收。

（3）征税具有特定目的。车辆购置税属于中央税，取之于应税车辆，用之于交通建设，其税款具有专门用途，可作为中央财政的经常性预算科目，由中央财政根据国家交通建设投资计划统筹安排。这种特定目的的税收可以满足国家财政支出的需要，既有利于统筹合理地安排资金，又可以满足特定事业和建设支出的需要。

（4）价外征收，不转嫁税负。征收车辆购置税的商品价格中不含车辆购置税，税收的缴纳者即最终的税收负担者，税负没有发生转嫁。

3. 征收车辆购置税的作用

将车辆购置附加费改为车辆购置税作为税费改革的突破口有重要意义。

（1）有利于规范政府行为，理顺税费关系，深化和完善财税制度改革。社会主义市场经济需要健全的宏观经济调控体系，以保证其快速协调发展和健康运行。一方面，税和费是有区别的，把收费改为征税，有利于理顺税费关系，进一步完善财税制度，实现税制结构的不断优化。另一方面，进行“费改税”改革，将其收入纳入国家预算，通过国家税收的形式加以规范，不但能规范政府行为，遏制乱收费，杜绝政府有关部门和人员挤占、挪用资金的现象，对正确处理税费关系、深化和完善财税体制改革也能起到积极作用。

（2）有利于合理筹集财政资金，促进交通基础设施建设事业的健康发展。国家通过开征车辆购置税参与国民收入的再分配，可以更好地将一部分消费基金转化为财政资金，为我国公共道路建设筹集更多的资金，以满足国家公共服务的需要。首先，车辆购置税在消费（使用）环节征收，具有经常税的特点，只要纳税人发生了购置、使用应税车辆的行为就要纳税，因此，税收具有及时性。其次，车辆购置税按统一比例税率征收，具有收入稳定性。最后，车辆购置税是“费改税”的产物，税收的强制性和固定性明显，因此，收入具有可靠性。车辆购置税主要用于我国公路建设，重点是纳入行业规划的国家干线公路、特大桥梁、隧道，以及具有重要意义的省级干线公路建设，这对促进我国交通基础设施建设有重要的保障作用。

（3）有利于调节收入差别，缓解社会分配不公的矛盾。车辆购置税在销售环节对消费应税车辆的使用者征收，可以对过高的消费支出进行调节，即高收入者多缴税，低收入者少缴税，如购置高档车的纳税人缴纳的车辆购置税要比购置经济型车的纳税人多。这不仅体现了税收的公平原则，而且体现了税收的负担能力原则，对缩小收入差距、平衡收入状况起到一定的作用。

（4）有利于配合打击走私，保护民族工业，维护国家权益。车辆购置税对同一课税对象的应税车辆（不论来源渠道如何）按同一比例税率征收，具有相同车辆税负相同的特性。因此，车辆购置税可以平衡进口车辆和国产车辆的税收负担，体现国民待遇原则。车辆购置税在车辆上牌使用前征收，具有源头控制的特点，可以配合有关部门在打击走私、惩治犯罪等方面起到积极的作用。

11.1.2 车辆购置税的课征制度

1. 纳税人

车辆购置税的纳税人是在我国境内购置应税车辆的单位和个人。购置是指购买使用行为、进口使用行为、自产自用行为、受赠使用行为、获奖使用行为和以其他方式（如拍卖、抵债、走私、罚没等方式）取得并自用的行为。

单位包括国有企业、集体企业、私营企业、外商投资企业、外国企业以及其他企业、事业单位、社会团体、国家机关、部队以及其他单位。

个人包括个体工商户及其他个人，既包括中国公民又包括外国公民。

2. 征税范围

车辆购置税以列举的车辆为征税对象，未列举的车辆不纳税。具体的征税范围包括汽车、有轨电车、汽车挂车、排气量超过 150 毫升的摩托车。

3. 税率

我国现行的车辆购置税实行单一的比例税率，税率为 10%。车辆购置税税率的调整由国务院决定并公布。

4. 税收优惠

(1) 外国驻华使馆、领事馆和国际组织驻华机构及其外交人员自用的车辆免税。

(2) 中国人民解放军和中国人民武装警察部队列入军队武器装备订货计划的车辆免税。

(3) 设有固定装置的非运输车辆免税。设有固定装置的非运输车辆是指挖掘机、平地机、叉车、装载车（铲车）、起重机（吊车）、推土机等工程机械。

(4) 悬挂应急救援专用号牌的国家综合性消防救援车辆免税。

(5) 回国服务的留学人员购买一辆国产小汽车自用免税。

(6) 长期来华定居专家进口一辆自用小汽车免税。

(7) 对购置挂车减半征收车辆购置税。

(8) 城市公交企业购置的公共汽（电）车辆免税。自 2021 年 1 月 1 日起至 2022 年 12 月 31 日止，对新能源汽车免税。

(9) 有国务院规定予以免税或者减税的其他情形的，报全国人民代表大会常务委员会备案。

免税、减税车辆因转让、改变用途等原因不再属于免税、减税范围的，应当在办理车辆过户手续前或者办理变更车辆登记注册手续前缴纳车辆购置税。

11.1.3 车辆购置税的计算

1. 计税依据

车辆购置税以应税车辆的价格为计税依据，实行价外计征。车辆购置税的计税依据分不同情况，按照下列规定确定。

(1) 购买自用的应税车辆计税价格的确定。纳税人购买自用的应税车辆的计税价格是纳税人购买车辆支付给销售者的全部价款，不包括增值税税款。

若应税车辆的价格含增值税，应将其换算为不含增值税的价格。换算公式为：

$$不含税价=含增值税的销售额\div(1+增值税税率或征收率)$$

购买自用的应税车辆包括纳税人购买自用的国产应税车辆和购买自用的进口应税车辆，如从国内汽车市场、汽车贸易公司购买自用的进口应税车辆等。

(2) 进口自用的应税车辆计税价格的确定。纳税人进口自用的应税车辆是指纳税人直接从境外进口或委托代理进口自用的应税车辆，即以非贸易方式进口自用的应税车辆。这种情况下以组成计税价格为计税依据。组成计税价格的计算公式为：

组成计税价格＝关税完税价格＋关税＋消费税

＝(关税完税价格＋关税)÷(1－消费税税率)

进口自用的应税车辆的计税价格应根据纳税人提供的、经海关审查确认的有关完税证明资料确定。

（3）自产自用应税车辆的计税价格，按照纳税人生产的同类应税车辆的销售价格确定，不包括增值税税款；没有同类应税车辆销售价格的，按照组成计税价格确定。组成计税价格计算公式如下：

组成计税价格＝成本×(1＋成本利润率)

属于应征消费税的应税车辆，其组成计税价格中应加计消费税税额。

上述公式中的成本利润率，由国家税务总局各省、自治区、直辖市和计划单列市税务局确定。

（4）纳税人以受赠、获奖或者其他方式取得自用应税车辆的计税价格，按照购置应税车辆时相关凭证载明的价格确定，不包括增值税税款。

纳税人申报的应税车辆计税价格明显偏低，又无正当理由的，由税务机关依照《税收征收管理法》的规定核定其应纳税额。

2. 应纳税额的计算

车辆购置税采用从价定率的办法计算应纳税额。应纳税额的计算公式为：

应纳税额＝计税价格×适用税率

车辆购置税的计税依据和应纳税额以人民币为单位计算。纳税人以外汇结算应税车辆价款的，按照申报纳税之日中国人民银行公布的人民币汇率中间价折合成人民币计算应纳税额。

由于应税车辆购置来源、应税行为发生以及计税价格组成的不同，车辆购置税应纳税额的计算方法也有区别。

（1）购买自用应税车辆应纳税额的计算。

例 11－1

王某上年购买一辆1.6升排量的小轿车自己使用，支付含增值税的价款175 500元，另支付购置工具件和零配件价款1 170元，车辆装饰费4 000元，以及销售公司代收保险费5 000元，支付的各项价款均由销售公司开具统一发票。计算王某应缴纳的车辆购置税。

计税价格＝(175 500＋1 170＋4 000＋5 000)÷(1＋13%)＝164 309.73(元)

应纳税额＝164 309.73×10%＝16 430.97(元)

（2）进口自用应税车辆应纳税额的计算。

应纳税额＝(关税完税价格＋关税＋消费税)×税率

例 11－2

某外贸进出口公司上年 2 月从国外进口 10 辆某品牌的小轿车。该公司报关进口这批小轿车时，经报关地海关对有关报关资料的审查，确定关税完税价格为每辆 200 000 元，海关按规定每辆征收了 220 000 元的关税，并代征进口环节应缴纳的增值税 75 157 元/辆和消费税 22 105 元/辆。由于业务工作的需要，该公司将一辆小轿车划归本单位使用。计算该公司应缴纳的车辆购置税。

组成计税价格＝200 000＋220 000＋22 105＝442 105(元)

应纳税额＝442 105×10%＝44 210.5(元)

(3) 自产自用应税车辆应纳税额的计算。

例 11－3

某客车制造厂将一辆自产的某型号的客车交给本厂的后勤部门使用，该厂在办理车辆上牌落籍前出具该车的发票，注明金额 55 000 元，并按此金额向主管税务机关申报纳税。该企业同类型车辆的销售价格为 72 000 元。计算该车应缴纳的车辆购置税。

应纳税额＝72 000×10%＝7 200(元)

(4) 特殊情形自用应税车辆应纳税额的计算。

1) 以受赠、获奖等方式取得自用车辆应纳税额的计算。

例 11－4

某单位将一辆闲置的商用客车捐赠给我国一家儿童基金会，该车排量为 2 300 毫升，该型号车辆的市场销售价格为 48 000 元。计算该车应缴纳的车辆购置税。

应纳税额＝48 000×10%＝4 800(元)

2) 减免税条件消失的车辆应纳税额的计算。对减免税条件消失的车辆，纳税人应按规定，在办理车辆过户手续前或者办理变更车辆登记手续前向税务机关缴纳车辆购置税。计税价格以免税、减税车辆初次办理纳税申报时确定的计税价格为基准，每满一年扣减 10%。

$$\begin{matrix}\text{应纳}\\\text{税额}\end{matrix}=\begin{matrix}\text{初次办理纳税申报时}\\\text{确定的计税价格}\end{matrix}\times(1-\text{使用年限}\times10\%)\times10\%-\begin{matrix}\text{已纳}\\\text{税额}\end{matrix}$$

应纳税额不得为负数。使用年限的计算方法是，自纳税人初次办理纳税申报之日起，至不再属于免税、减税范围的情形发生之日止。使用年限取整计算，不满一年的不计算在内。

例 11－5

某部队在更新武器装备的过程中，将设有雷达装置的某型号雷达车进行更换，该车使用年限为 10 年，已使用 6 年，属于列入军队武装设备计划的免税车辆。部队更换车辆时将雷达设备拆除，并将其改制为后勤用车。由于只改变车厢，经核实，该车发动机、底盘、车身和电气设备四大组成部分的性能数据与另一款汽车的性能数据接近。此款汽车核定的最低计税价格为65 000元。计算改制的这辆汽车应缴纳的车辆购置税。

应纳税额=65 000×(1−6×10%)×10%=2 600(元)

上述减免税条件消失的车辆，应按由以上方法计算的应纳税额减去已缴纳税金后的余额补征车辆购置税，多缴（即两者相抵后为负数）的不再退税。

【思考】车辆购置税与车船税应纳税额的计算方式有何区别？

11.1.4 征收管理

1. 申报纳税

纳税人在办理纳税申报时应如实填写车辆购置税纳税申报表，同时提供车主身份证明、车辆价格证明、车辆合格证明及税务机关要求提供的其他资料的原件和复印件。主管税务机关应对纳税申报资料进行核实，确定计税依据，征收税款，核发完税证明。

2. 纳税环节

车辆购置税是对应税车辆的购置行为课税。征税环节为使用环节，即最终消费环节。具体而言，纳税人应当在向公安机关车辆管理机构办理车辆登记前缴纳车辆购置税，即在应税车辆上牌登记前的使用环节纳税。公安机关交通管理部门办理车辆登记，应当根据税务机关提供的应税车辆完税或者免税电子信息对纳税人申请登记的车辆信息进行核对，核对无误后依法办理车辆登记。

车辆购置税实行一车一申报制度。购置已征车辆购置税的车辆，不再缴纳车辆购置税。

3. 纳税地点

纳税人购置应税车辆，应当向车辆登记地的主管税务机关申报纳税；购置不需办理车辆登记的应税车辆的，应当向纳税人所在地的主管税务机关申报纳税。

4. 纳税期限

纳税人购买自用应税车辆的，应当自购买之日起60日内申报纳税；进口自用应税车辆的，应当自进口之日起60日内申报纳税；自产、受赠、获奖或者以其他方式取得自用应税车辆的，应当自取得之日起60日内申报纳税。

这里的购买之日是指纳税人购车发票上注明的销售日期，进口之日是指纳税人报关进口的当天。

5. 缴税方法

（1）自报核缴。即由纳税人自行计算应纳税款，自行填报纳税申报表有关资料，向主管税务机关申报，税务机关审核后开具完税证明，由纳税人持完税凭证向当地金库或金库经收处缴纳税款。

（2）集中征收缴纳。包括两种情况：一是由纳税人集中向税务机关统一申报纳税。

它适用于实行集中购置应税车辆的军队、武警系统的缴纳和经批准实行代理制经销商的缴纳。二是由税务机关集中报缴税款。即纳税人向实行集中征收的主管税务机关申报缴纳税款，税务机关开具完税凭证后，由税务机关填写汇总缴款书，将税款集中缴入金库或金库经收处。它适用于税源分散、税额较少，税务部门实行集中征收管理的地区（如县、市级）。

（3）代征、代扣、代缴。即扣缴义务人按税法规定代扣代缴、代收代缴税款，税务机关委托征收单位代征税款的征收方式。它适用于税务机关委托征收或纳税人依法受托征收税款。目前税务机关委托交通部门稽征机构代征车辆购置税就属于这种情况。

6. 退税制度

已缴车辆购置税的车辆发生下列情形之一的，准予纳税人申请退税：

（1）因质量原因，车辆被退回生产企业或者经销商的。

（2）应当办理车辆登记的车辆，公安机关车辆管理机构不予办理车辆登记的。

纳税人申请退税时，应如实填写车辆购置税退税申请表，同时提供生产企业或经销商开具的退车证明和退车发票、完税证明正本和副本、公安机关车辆管理机构出具的注销车辆号牌证明。

因质量原因，车辆被退回生产企业或者经销商的，自纳税人办理纳税申报之日起，按已纳税款每满一年扣减 10%计算退税额，未满一年的按已缴纳税款全额退税；对公安机关车辆管理机构不予办理车辆登记的车辆，退还全部已缴纳的税款。

11.2 耕地占用税

11.2.1 耕地占用税概述

1. 耕地占用税的概念

耕地占用税是对占用耕地建房或从事其他非农业建设的单位和个人，就其实际占用的耕地面积征收的一种税，属于对特定土地资源占用课税。耕地占用税于 1987 年 4 月 1 日开征。2007 年 12 月 1 日，国务院发布第 511 号令颁布《中华人民共和国耕地占用税暂行条例》，于 2008 年 1 月 1 日起执行。2018 年 12 月 29 日，第十三届全国人民代表大会常务委员会第七次会议通过《中华人民共和国耕地占用税法》，自 2019 年 9 月 1 日起施行。

2. 耕地占用税的特点

（1）兼具资源占用税与特定行为税的性质。耕地占用税以占用农用耕地建房或从事其他非农业建设的行为为征税对象，以约束纳税人占用耕地的行为、促进土地资源的合理利用为课征目的，除具有资源占用税的属性外，还具有明显的特定行为税的特点。

（2）采用地区差别税率，具有因地制宜的特点。耕地占用税采用地区差别税率，根据不同地区的具体情况制定差别税额，以适应我国地域辽阔、各地区之间耕地质量差别较大、人均占有耕地面积悬殊的具体情况，具有因地制宜的特点。

(3) 在占用耕地环节一次性课征。耕地占用税在纳税人获准占用耕地的环节征收，除对获准占用耕地后超过两年未使用者须加征耕地占用税外，此后不再征收耕地占用税，因而耕地占用税具有一次性征收的特点。

(4) 税收收入专用于耕地开发与改良，具有“取之于地、用之于地”的特点。我国耕地资源相对较少，要用占世界总量7%的耕地养活占世界总量22%的人口，人多地少的矛盾突出。因此，我们必须十分重视保护耕地。耕地占用税收入按规定应用于建立发展农业专项基金，主要用于开发宜耕土地和改良现有耕地，具有“取之于地、用之于地”的补偿性特点。

11.2.2 纳税人与征税范围

1. 纳税人

耕地占用税的纳税人是指占用耕地建设建筑物、构筑物或从事其他非农业建设的单位和个人。单位包括国有企业、集体企业、私营企业、股份制企业、外商投资企业、外国企业以及其他企业、事业单位、社会团体、国家机关、军队以及其他单位；个人包括个体工商户以及其他个人。从2008年1月1日起，纳税人包括外商投资企业和外国企业。

2. 征税范围

耕地占用税的征税范围包括纳税人为建设建筑物、构筑物或从事其他非农业建设而占用的国家所有和集体所有的耕地。

耕地是指种植农作物的土地。占用耕地建设农田水利设施的，不缴纳耕地占用税。占用园地、林地、草地、农田水利用地、养殖水面、渔业水域滩涂以及其他农用地建设建筑物、构筑物或者从事非农业建设的，也应依法缴纳耕地占用税。

11.2.3 税率、计税依据和应纳税额的计算

1. 税率

由于在我国的不同地区，人口和耕地资源的分布极不均衡，各地区的经济发展水平有很大差异，耕地占用税在税率设计上采用了地区差别定额税率。具体规定如下：

(1) 人均耕地不超过1亩的地区（以县级行政区域为单位，下同），每平方米为10～50元。

(2) 人均耕地超过1亩但不超过2亩的地区，每平方米为8～40元。

(3) 人均耕地超过2亩但不超过3亩的地区，每平方米为6～30元。

(4) 人均耕地超过3亩的地区，每平方米为5～25元。

在人均耕地低于0.5亩的地区，省、自治区、直辖市可以根据当地经济发展情况，适用税额可以适当提高，但最高不得超过上述规定税额的50%（见表11-1）。

占用基本农田的，应当按照当地适用税额，加按150%征收。

表 11－1　各省、自治区、直辖市耕地占用税每平方米的平均税额　　单位：元

地区	每平方米的平均税额
上海	45
北京	40
天津	35
江苏、浙江、福建、广东	30
辽宁、湖北、湖南	25
河北、安徽、江西、山东、河南、重庆、四川	22.5
广西、海南、贵州、云南、陕西	20
山西、吉林、黑龙江	17.5
内蒙古、西藏、甘肃、青海、宁夏、新疆	12.5

2. 计税依据

耕地占用税以纳税人实际占用耕地面积为计税依据，以每平方米为计量单位。

3. 应纳税额的计算

耕地占用税以纳税人实际占用耕地面积为计税依据，以每平方米为计量单位，按适用的定额税率计征。其计算公式为：

应纳税额＝实际占用耕地面积(平方米)×适用定额税率

例 11－6

某市一家企业新占用 30 000 平方米耕地用于工业建设，所占耕地适用的定额税率为 20 元/平方米。计算该企业应缴纳的耕地占用税。

应纳税额＝30 000×20＝600 000(元)

11.2.4　税收优惠

1. 免征耕地占用税

(1) 军事设施占用耕地。

(2) 学校、幼儿园、社会福利机构、医疗机构占用耕地。

农村烈士遗属、因公牺牲军人遗属、残疾军人以及符合农村最低生活保障条件的农村居民，在规定用地标准以内新建自用住宅，免征耕地占用税。

2. 减征耕地占用税

(1) 铁路线路、公路线路、飞机场跑道、停机坪、港口、航道占用耕地，减按每平方米 2 元的税额征收耕地占用税。

(2) 农村居民占用耕地新建住宅，按照当地适用税额减半征收耕地占用税。

免征或者减征耕地占用税后，纳税人改变原占地用途，不再属于免征或者减征耕地占用税情形的，应当按照当地适用税额补缴耕地占用税。

11.2.5　征收管理

耕地占用税由地方税务机关负责征收。土地管理部门在通知单位或者个人办理占

用耕地手续时，应当同时通知耕地所在地同级地方税务机关。获准占用耕地的单位或者个人应当在收到自然资源主管部门办理占用耕地手续的书面通知的当日起 30 日内缴纳耕地占用税。自然资源主管部门凭耕地占用税完税凭证或者免税凭证和其他有关文件发放建设用地批准书。

纳税人临时占用耕地，应当依照相关规定缴纳耕地占用税。纳税人在批准临时占用耕地的期限内恢复所占用耕地原状的，全额退还已经缴纳的耕地占用税。

占用林地、牧草地、农田水利用地、养殖水面以及渔业水域滩涂等其他农用地建房或者从事非农业建设的，比照相关规定征收耕地占用税。

建设直接为农业生产服务的生产设施占用上述规定的农用地的，不征收耕地占用税。

11.3 环境保护税

11.3.1 环境保护税概述

1. 环境保护税的概念

环境保护税是出于保护和改善环境的目的，对直接向环境排放应税污染物的企业事业单位和其他生产经营者征收的一种税。

2016 年 12 月 25 日，第十二届全国人民代表大会常务委员会第二十五次会议通过《中华人民共和国环境保护税法》（以下简称《环境保护税法》），自 2018 年 1 月 1 日起实施，同时停征排污费。

2. 开征环境保护税的意义

（1）有利于推动“费改税”的进程。此次环境保护税的立法是“清费立税”的重要举措。我国自 1979 年确立排污费制度，该制度对于防治环境污染发挥了重要作用，但与税收制度相比，排污费制度存在执法刚性不足、地方政府和部门干预等问题，因此有必要进行环境保护费改税。

（2）有利于推动生态文明建设。制定环境保护税法，开征环境保护税，有利于促进企业强化环保意识、减少污染物排放。环境保护税主要对水污染、大气污染、固体污染物、噪声污染四个方面进行征税，以“寓禁于征”的手段倒逼企业减排，推进生态文明建设和绿色发展。环境保护税收入属于地方税收入，虽然环境保护税不采取专款专用的方式，但是各地承诺不会降低污染防治和生态环境保护方面的投入力度。

（3）有利于贯彻税收法定原则。作为党的十八届三中全会提出“落实税收法定原则”要求后全国人民代表大会常务委员会审议通过的第一部单行税法，《环境保护税法》在依法治国层面意义重大，它也成为继企业所得税、个人所得税、车船税之后第四个拥有独立法案的税种。《环境保护税法》实施后，排污企业将直接受到经济约束。该税法的出台是促进经济结构调整和经济发展方式转变、构建绿色税制的重要内容。

11.3.2　纳税人与征税对象

1．纳税人

在中华人民共和国领域和中华人民共和国管辖的其他海域，直接向环境排放应税污染物的企业事业单位和其他生产经营者为环境保护税的纳税人。

2．征税对象

环境保护税的征税对象包括大气污染物、水污染物、固体废物和噪声四类。有下列情形之一的，不属于直接向环境排放污染物，不缴纳相应污染物的环境保护税：企业事业单位和其他生产经营者向依法设立的污水集中处理、生活垃圾集中处理场所排放应税污染物的；企业事业单位和其他生产经营者在符合国家和地方环境保护标准的设施、场所贮存或者处置固体废物的。

11.3.3　税率、计税依据和应纳税额的计算

1．税率

环境保护税采用定额税率，具体参见《环境保护税税目税额表》（见表 11－2）。

表 11－2　环境保护税税目税额表

<table>
<tr><th colspan="2">税目</th><th>计税单位</th><th>税额</th><th>备注</th></tr>
<tr><td colspan="2">大气污染物</td><td>每污染当量</td><td>1.2～12 元</td><td></td></tr>
<tr><td colspan="2">水污染物</td><td>每污染当量</td><td>1.4～14 元</td><td></td></tr>
<tr><td rowspan="4">固体废物</td><td>煤矸石</td><td>每吨</td><td>5 元</td><td rowspan="4"></td></tr>
<tr><td>尾矿</td><td>每吨</td><td>15 元</td></tr>
<tr><td>危险废物</td><td>每吨</td><td>1 000 元</td></tr>
<tr><td>冶炼渣、粉煤灰、炉渣、其他固体废物（含半固态、液态废物）</td><td>每吨</td><td>25 元</td></tr>
<tr><td rowspan="6">噪声</td><td rowspan="6">工业噪声</td><td>超标 1～3 分贝</td><td>每月 350 元</td><td rowspan="6">（1）一个单位边界上有多处噪声超标，根据最高一处超标声级计算应纳税额；当沿边界长度超过 100 米有两处以上噪声超标，按照两个单位计算应纳税额。
（2）一个单位有不同地点作业场所的，应当分别计算应纳税额，合并计征。
（3）昼、夜均超标的环境噪声，昼、夜分别计算应纳税额，累计计征。
（4）声源一个月内超标不足 15 天的，减半计算应纳税额。
（5）夜间频繁突发和夜间偶然突发厂界超标噪声，按等效声级和峰值噪声两种指标中超标分贝值高的一项计算应纳税额。</td></tr>
<tr><td>超标 4～6 分贝</td><td>每月 700 元</td></tr>
<tr><td>超标 7～9 分贝</td><td>每月 1 400 元</td></tr>
<tr><td>超标 10～12 分贝</td><td>每月 2 800 元</td></tr>
<tr><td>超标 13～15 分贝</td><td>每月 5 600 元</td></tr>
<tr><td>超标 16 分贝以上</td><td>每月 11 200 元</td></tr>
</table>

应税大气污染物和水污染物的具体适用税额的确定和调整，由省、自治区、直辖市人民政府统筹考虑本地区环境承载能力、污染物排放现状和经济社会生态发展目标要求，在《环境保护税税目税额表》规定的税额幅度内提出，报同级人民代表大会常务委员会决定，并报全国人民代表大会常务委员会和国务院备案。

2. 计税依据

应税污染物的计税依据，按照下列方法确定：

（1）应税大气污染物按照污染物排放量折合的污染当量数确定。

（2）应税水污染物按照污染物排放量折合的污染当量数确定。

（3）应税固体废物按照固体废物的排放量确定。

（4）应税噪声按照超过国家规定标准的分贝数确定。

应税大气污染物、水污染物的污染当量数，以该污染物的排放量除以该污染物的污染当量值计算。每种应税大气污染物、水污染物的具体污染当量值依照应税污染物和当量值表执行。

每一排放口或者没有排放口的应税大气污染物，按照污染当量数从大到小排序，对前三项污染物征收环境保护税。

每一排放口的应税水污染物，按照应税污染物和当量值表区分第一类水污染物和其他类水污染物，按照污染当量数从大到小排序，对第一类水污染物按照前五项征收环境保护税，对其他类水污染物按照前三项征收环境保护税。

固体废物的排放量为当期应税固体废物的产生量减去当期应税固体废物的贮存量、处置量、综合利用量的余额。

一个单位边界上有多处噪声超标，根据最高一处超标声级计算应纳税额。

3. 应纳税额的计算

环境保护税应纳税额按照下列方法计算：

（1）应税大气污染物的应纳税额为污染当量数乘以具体适用税额。

（2）应税水污染物的应纳税额为污染当量数乘以具体适用税额。

（3）应税固体废物的应纳税额为固体废物排放量乘以具体适用税额。

（4）应税噪声的应纳税额为超过国家规定标准的分贝数对应的具体适用税额。

例 11-7

某化工厂2月经自动监测设备监测的污水排放量为3 000吨。已知第一类水污染物排放当量最高的五种污染物成分分别为总汞、总镉、总铬、六价铬、总砷，这五种污染物的排放量分别为80千克、500千克、4 000千克、1 800千克、1 000千克，经查这五种成分的污染当量值分别为每千克0.000 5，0.005，0.04，0.02，0.02。第二类水污染物悬浮物（SS）、生化需氧量、总有机碳、氨氮、挥发酚各排放20千克。第二类水污染物的污染当量值分别为4，0.5，0.49，0.8，0.08。假设每污染当量的单位税额均为2元，请计算该化工厂2月应缴纳的环境保护税。

分析：根据《环境保护税法》的规定，按照污染当量数从大到小排序，对第一类水污染物按照前五项征收环境保护税，对其他类水污染物按照前三项征收环境保护护税。

第一类水污染物污染当量＝80÷0.000 5＋500÷0.005＋4 000÷0.04
＋1 800÷0.02＋1 000÷0.02
＝500 000

第一类水污染物应纳税额＝500 000×2＝1 000 000(元)

第二类水污染物污染当量计算如下：

悬浮物(SS)：20÷4＝5
生化需氧量：20÷0.5＝40
总有机碳：20÷0.49＝40.82
氨氮：20÷0.8＝25
挥发酚：20÷0.08＝250

挥发酚（250）＞总有机碳（40.82）＞生化需氧量（40）＞氨氮（25）＞悬浮物（SS）(5)。

根据应税污染物和当量值表对同一排放口中的化学需氧量、生化需氧量和总有机碳，按三者中污染当量数最高的一项收取。因此其他类水污染物按照挥发酚、总有机碳、氨氮征收环境保护税。

第二类水污染物应纳税额＝(250＋40.82＋25)×2＝631.64(元)
应纳税额＝1 000 000＋631.64＝1 000 631.64(元)

例 11－8

甲企业某月在 A，B 两地作业均存在噪声超标问题。A 作业场所一个单位边界上有两处噪声超标，分别为超标 1～3 分贝、超标 7～9 分贝，超标天数为 18 天；B 作业场所沿边界长度 120 米，有两处噪声超标，分别为超标 1～3 分贝、超标 7～9 分贝，超标天数为 10 天。计算甲企业当月噪声污染应缴纳的环境保护税。

分析：按照规定，一个单位有不同地点作业场所的噪声污染，应分开计算，合并计征。

A 场所应纳税额＝1 400 元（注：同一单位边界多噪声超标按最高处声级计算）。

B 场所应纳税额＝(1 400＋1 400)÷2＝1 400 元（注：沿边界长度超过 100 米有两处以上噪声超标，按两处计算，即最高一处超标声级加 1 倍；声源一个月内超标不足 15 天，减半计算）。

特别提示

计算应税大气污染物、水污染物应纳税额的关键在于，明确污染当量数、污染当量数的排序以及不同省份的适用税额；计算噪声应纳税额时需注意是否符合《环境保护税税目税额表》中的备注条件。

11.3.4 税收减免规定

1. 免税规定

下列情形暂予免征环境保护税：农业生产（不包括规模化养殖）排放应税污染物的；机动车、铁路机车、非道路移动机械、船舶和航空器等流动污染源排放应税污染物的；依法设立的城乡污水集中处理、生活垃圾集中处理场所排放相应应税污染物，不超过国家和地方规定的排放标准的；纳税人综合利用的固体废物，符合国家和地方环境保护标准的；国务院批准免税的其他情形。上述免税规定需由国务院报全国人民代表大会常务委员会备案。

2. 减税规定

纳税人排放应税大气污染物或者水污染物的浓度值低于国家和地方规定的污染物排放标准30%的，减按75%征收环境保护税。纳税人排放应税大气污染物或者水污染物的浓度值低于国家和地方规定的污染物排放标准50%的，减按50%征收环境保护税。

11.3.5 征收管理

1. 纳税期限

纳税义务发生时间为纳税人排放应税污染物的当日。环境保护税按月计算，按季申报缴纳。不能按固定期限计算缴纳的，可以按次申报缴纳。

纳税人按季申报缴纳的，应当自季度终了之日起15日内，向税务机关办理纳税申报并缴纳税款。纳税人按次申报缴纳的，应当自纳税义务发生之日起15日内，向税务机关办理纳税申报并缴纳税款。

2. 征管模式

环境保护税的征收具有较高的技术性要求，应采用“企业申报、税务征收、环保监测、信息共享”的税收征管模式。

纳税人申报缴纳时，应当向税务机关报送所排放应税污染物的种类、数量，大气污染物、水污染物的浓度值，以及税务机关根据实际需要要求纳税人报送的其他纳税资料。

环境保护税由税务机关依照《税收征收管理法》和《环境保护税法》的有关规定进行征收管理。

环境保护主管部门依照环境保护税法和有关环境保护法律法规的规定负责对污染物的监测管理。因排放污染物种类多等原因不具备监测条件的，由各省、自治区、直辖市生态环境主管部门结合本地实际情况，科学合理制定抽样测算方法，以计算排污单位应税污染物排放量。

税务机关与环境保护主管部门在税务登记管理、计税依据确定、纳税申报信息比对、优惠管理等方面开展协作。县级以上地方人民政府应当建立税务机关、环境保护主管部门和其他相关单位分工协作工作机制，加强环境保护税征收管理，保障税款及时足额入库。

纳税人从事海洋工程向中华人民共和国管辖海域排放应税大气污染物、水污染物或者固体废物的，申报缴纳环境保护税的具体办法由国务院税务主管部门会同国务院海洋主管部门规定。

思考与练习

一、思考题

1. 什么是车辆购置税？应税车辆包括哪些？
2. 车辆购置税的计税依据是如何确定的？
3. 耕地占用税有哪些特点？
4. 耕地占用税的计税依据是如何确定的？

二、单项选择题

1. 下列关于车辆购置税的说法中，正确的是（　　）。

A. 纳税人购置自用的应税车辆，应自购买之日起 15 日内申报纳税

B. 纳税人进口自用的应税车辆，应自进口之日起 30 日内申报纳税

C. 纳税人购置需要办理车辆登记的应税车辆，向车辆登记地的税务机关申报纳税

D. 纳税人购置不需要办理车辆登记的应税车辆，向车辆销售商所在地的税务机关申报纳税

2. 下列关于车辆购置税申报与缴纳的说法中，正确的是（　　）。

A. 车辆购置税的征税环节是使用环节（即最终销售环节）

B. 购买已缴纳车辆购置税的旧机动车自用也要缴纳车辆购置税

C. 车辆购置税的纳税地点是销售应税车辆的 4S 店所在地

D. 免税车辆不需要办理车辆购置税申报手续

3. 车辆购置税的纳税期限为（　　）日。

A. 60　　B. 45　　C. 30　　D. 15

4. 车辆购置税实行单一比例税率，税率是（　　）。

A. 5%　　B. 10%　　C. 15%　　D. 20%

5. 下列关于车辆购置税的说法中，正确的是（　　）。

A. 车辆购置税就其性质而言属于间接税

B. 车辆购置税的税负具有转嫁性

C. 车辆购置税的征收环节单一

D. 车辆购置税针对国产与进口车辆实行不同的税率

6. 下列选项中不需要缴纳耕地占用税的是（　　）。

A. 农民占用耕地新建住宅

B. 农场占用耕地种植小麦

C. 农产品深加工企业占用耕地建造厂房

D. 房地产开发企业占用耕地建造商品房

7. 某市一家企业上年 5 月 31 日新占用 60 000 平方米耕地用于工业建设，所占耕

地适用税额为20元/平方米，该企业应缴纳耕地占用税（ ）元。

A. 500 000 B. 600 000 C. 700 000 D. 1 200 000

三、多项选择题

1. 下列行为中属于车辆购置税应税行为的有（ ）。

A. 销售应税车辆 B. 购买使用应税车辆

C. 进口使用应税车辆 D. 自产自用应税车辆

2. 下列车辆中，纳税人出具有效证明后，以统一发票或有效凭证注明的计税价格为车辆购置税计税依据的有（ ）。

A. 进口旧车 B. 库存超过3年的车辆

C. 减税条件消失的车辆 D. 因不可抗力因素导致受损的车辆

3. 下列车辆中属于车辆购置税征税范围的有（ ）。

A. 三轮摩托车 B. 无轨电车

C. 半挂车 D. 电动自行车

4. 下列车辆中免征车辆购置税的有（ ）。

A. 防汛部门专用指挥车 B. 森林消防专用指挥车

C. 1.6升及以下排量乘用车 D. 外国驻华使馆自用车辆

5. 某机关上年8月购买自用汽车一辆，随购车支付的下列款项中不应并入计税依据征收车辆购置税的有（ ）。

A. 控购费 B. 增值税税款

C. 零部件价款 D. 车辆装饰费

6. 下列选项中免征耕地占用税的有（ ）。

A. 铁路线路占用耕地 B. 学校占用耕地

C. 医院占用耕地 D. 军事设施占用耕地

7. 下列选项中属于耕地的有（ ）。

A. 花圃 B. 茶园

C. 果园 D. 企业废弃厂房所占土地

四、计算题

1. 李某上年1月从上海大众汽车有限公司购买一辆小轿车供自己使用，支付含增值税车价款128 000元，另支付代收临时牌照费150元，代收保险费350元，支付购买工具件和零配件价款2 034元，车辆装饰费1 000元。支付的各项价款均由上海大众汽车有限公司开具机动车销售统一发票和有关票据。计算李某应缴纳的车辆购置税。

2. 某公司上年接受捐赠小汽车10辆，该款小汽车排量为1.8升，成本为100 000元/辆，成本利润率为8%，市场不含增值税售价为140 000元/辆。计算该公司应缴纳的车辆购置税。

3. 上年2月，张某在某房地产公司举办的有奖活动中中奖获得一辆小汽车，房地产公司提供的机动车销售统一发票上注明价税合计金额80 000元。计算张某应缴纳的车辆购置税。

4. 回国留学人员王某于2×10年1月10日用现汇购买一辆国产小汽车自用，机动车销售统一发票上注明金额为235 800元。2×12年1月，王某将该车转让给刘某，转让价为 138 000 元，并于 1 月 10 日办理了车辆过户手续。计算刘某应缴纳的车辆购置税。

5. 某市建设机场新占用耕地 20 000 平方米，其中飞机场跑道占用耕地 9 000 平方米，已知该地区耕地占用税适用税额为 10 元/平方米。计算飞机场跑道占用耕地应缴纳的耕地占用税。

6. 某企业 1 月向大气中排放二氧化硫 20 千克，氮氧化物 40 千克，一氧化碳 600 千克，汞及其化合物 2 千克。该省大气污染物（除四类重金属污染物外）适用税额为每污染当量 1.2 元；四类重金属污染物（铬酸雾、汞及其化合物、铅及其化合物、镉及其化合物）适用税额为每污染当量 1.8 元。该企业只有一个排放口，计算该企业 1 月因大气污染物应缴纳的环境保护税（相应污染物的污染当量值分别为 0.95 千克、0.95 千克、16.7 千克和 0.000 1 千克）。

第 12 章

税收征收管理

学习目标

1. 掌握税收征管的基本环节与征收机关的主要职责。
2. 掌握纳税人、征收机关的基本权利与义务。
3. 理解纳税申报、税款征纳的方式与一般程序。

税收征收管理是国家及其税务机关依据税法指导纳税人正确履行纳税义务，并对征纳过程进行组织、管理、监督、检查等一系列工作的总称。① 税收征收管理法是规范征纳程序、征纳双方权利义务关系的一部税收程序法，对税收征收管理工作具有重要的指导意义。现行的《税收征收管理法》由 1992 年 9 月 4 日第七届全国人民代表大会常务委员会第二十七次会议通过，自 1993 年 1 月 1 日起施行，1995 年 2 月 28 日第八届全国人民代表大会常务委员会第十二次会议予以修正。2001 年 4 月 28 日第九届全国人民代表大会常务委员会第二十一次会议通过修订后的《税收征收管理法》，并于 2001 年 5 月 1 日起施行。2013 年 6 月 29 日，第十二届全国人民代表大会常务委员会第三次会议表决通过关于修改《税收征收管理法》的决定。原《税收征收管理法》第十五条第一款规定，企业在外地设立的分支机构和从事生产、经营的场所，个体工商户和从事生产、经营的事业单位（以下统称从事生产、经营的纳税人）自领取营业执照之日起三十日内，持有关证件，向税务机关申报办理税务登记，税务机关应当自收到申报之日起三十日内审核并发给税务登记证件。为了方便纳税人，简化登记程序，提高办事效率，将上述规定中的“税务机关应当自收到申报之日起三十日内审核并发给税务登记证件”修改为“税务机关应当于收到申报的当日办理登记并发给税务登记证件”。2015 年 4 月 24 日，全国人民代表大会常务委员会做出修订《税收征收管理法》的决定。

---

① 金鑫. 中国税务百科全书. 北京：经济管理出版社，1991：495.

12.1　税收征管法概述

12.1.1　立法目的与适用范围

1. 立法目的

《税收征收管理法》第一条对立法目的做了高度概括，即加强税收征收管理，规范税收征收和缴纳行为，保障国家税收收入，保护纳税人的合法权益，促进经济和社会发展。

（1）加强税收征收管理。税收征收管理是国家征税机关依据国家税收法律、行政法规的规定，按照统一的标准，通过一定的程序，对纳税人应纳税额组织入库的一种行政活动，是国家将税收政策贯彻实施到每个纳税人，有效地组织税收收入及时、足额入库的一系列活动的总称。税收征管工作的好坏，直接关系到税收的职能作用能否很好地发挥。因此，加强税收征收管理成为《税收征收管理法》立法的首要目的。

（2）规范税收征收和缴纳行为。《税收征收管理法》既要为税务机关、税务人员依法行政提供标准和规范，也要为纳税人缴纳税款提供标准和规范。税务机关、税务人员必须依照该法的规定征收税收，一切行为都要依法进行，违者要承担法律责任；纳税人只有按照法律规定的程序和办法缴纳税款，才能更好地保障自身的权益。在该法中加入“规范税收征收和缴纳行为”这一目的，是对依法治国、依法治税思想的深刻理解和运用，为《税收征收管理法》其他条款的修订指明了方向。

（3）保障国家税收收入。税收收入是国家财政的主要来源，组织税收收入是税收的基本职能之一。《税收征收管理法》是税收征收管理的标准和规范，其根本目的是保证税收收入及时、足额入库，这也是任何一部税收征收管理法都具有的目的。

（4）保护纳税人的合法权益。税收征收管理作为国家的行政行为，一方面要维护国家的利益，另一方面要保护纳税人的合法权益不受侵犯。纳税人按照国家税收法律、行政法规的规定缴纳税款之外的任何其他款项，都是对纳税人合法权益的侵害。保护纳税人的合法权益也是《税收征收管理法》的立法目的。

（5）促进经济和社会发展。税收是国家宏观调控的重要杠杆，《税收征收管理法》是市场经济的重要法律规范，这就要求税收征收管理的措施（如税务登记、纳税申报、税款征收、税收检查以及税收政策等）应当以促进经济发展和社会进步为目标，方便纳税人，保护纳税人。在该法中加入“促进经济和社会发展”这一目的，表明了税收征收管理的历史使命和前进方向。

2. 适用范围

《税收征收管理法》第二条规定，凡依法由税务机关征收的各种税收的征收管理，均适用本法。我国税收的征收机关有税务、海关、财政等部门，税务机关征收各种工商税；海关征收关税并代征部分工商税；农业税在部分地区由税务机关征收，部分地区由财政机关征收。

农业税征收机关负责征收的耕地占用税、契税的征收管理，由国务院另行规定；

海关征收的关税及代征的增值税、消费税，适用其他法律法规的规定。

目前，还有一部分费用（如教育费附加等）由税务机关征收，这些费用不适用《税收征收管理法》，不能采取《税收征收管理法》规定的措施，具体管理办法由相关的条例和规章决定。

12.1.2 税收征收管理法的遵守主体及各自的权利和义务

1. 税务行政主体的界定及其权利和义务

（1）税务行政主体的界定。《税收征收管理法》第五条规定，国务院税务主管部门主管全国税收征收管理工作。各地税务机关应当按照国务院规定的税收征收管理范围分别进行征收管理。《中华人民共和国税收征收管理法实施细则》（以下简称《税收征管法实施细则》）第九条指出，按照国务院规定设立的并向社会公告的税务机构，是指省以下税务机关的稽查局。稽查局专司偷税、逃避追缴欠税、骗税、抗税案件的查处。国家税务总局应当明确划分税务机关和稽查局的职责，避免职责交叉。上述规定既明确了税收征收管理的行政主体（即执法主体），也明确了《税收征收管理法》的遵守主体。

（2）税务机关的权力和责任。税务机关负责税收征收管理工作；税务机关依法执行职务，任何单位和个人不得阻挠。

税务机关应当广泛宣传税收法律、行政法规，普及纳税知识，无偿地为纳税人提供纳税咨询服务；加强队伍建设，提高税务人员的政治业务素质；秉公执法，忠于职守，清正廉洁，礼貌待人，文明服务，尊重和保护纳税人、扣缴义务人的权利，依法接受监督；不得索贿受贿、徇私舞弊、玩忽职守，不征或者少征应征税款；不得滥用职权多征税款或者故意刁难纳税人和扣缴义务人；各级税务机关应当建立健全内部制约和监督管理制度；上级税务机关应当对下级税务机关的执法活动依法进行监督；各级税务机关应当对其工作人员执行法律、行政法规和廉洁自律准则的情况进行监督检查；税务机关负责征收、管理、稽查、行政复议的人员的职责应当明确，并相互分离、相互制约；税务机关应为检举人保密，并按照规定给予奖励；税务人员在核定应纳税额、调整税收定额、进行税务检查、实施税务行政处罚、办理税务行政复议时，与纳税人、扣缴义务人或者其法定代表人、直接责任人有夫妻关系、直系血亲关系、三代以内旁系血亲关系、近姻亲关系、可能影响公正执法的其他利益关系的，应当回避。

2. 税务行政管理相对人及有关单位和部门的界定

（1）税务行政管理相对人。《税收征收管理法》第四条规定，法律、行政法规规定负有纳税义务的单位和个人为纳税人。法律、行政法规规定负有代扣代缴、代收代缴税款义务的单位和个人为扣缴义务人。纳税人、扣缴义务人必须依照法律、行政法规的规定缴纳税款，代扣代缴、代收代缴税款。第六条规定，纳税人、扣缴义务人和其他有关单位应当按照国家有关规定如实向税务机关提供与纳税和代扣代缴、代收代缴税款有关的信息。根据上述规定，纳税人、扣缴义务人和其他有关单位是税务行政管理的相对人，是《税收征收管理法》的遵守主体，必须按照《税收征收管理法》的有关规定接受税务管理，享受合法权益。

（2）有关单位和部门。《税收征收管理法》第五条规定，地方各级人民政府应当依法加强对本行政区域内税收征收管理工作的领导或者协调，支持税务机关依法执行职务，依照法定税率计算税额，依法征收税款。各有关部门和单位应当支持、协助税务机关依法执行职务。这说明包括地方各级人民政府在内的有关单位和部门同样是《税收征收管理法》的遵守主体，必须遵守《税收征收管理法》的有关规定。

12.2 税务登记与发票管理

12.2.1 税务登记管理

税务登记是税务机关对纳税人的生产、经营活动进行登记并据此对纳税人实施税务管理的一种法定制度。税务登记又称纳税登记，是税务机关对纳税人实施税收管理的首要环节和基础工作，是征纳双方法律关系成立的依据和证明，也是纳税人必须依法履行的义务。

根据有关工作部署，2015 年 10 月 1 日在全国全面推行"三证合一、一照一码"登记改革，近年来又推行了"五证合一""六证合一"。其中，涉及税务登记方面的内容主要包括：

新设立企业、农民专业合作社（以下统称"企业"）领取由工商行政管理部门核发加载法人和其他组织统一社会信用代码（以下称"统一代码"）的营业执照后，无须再次进行税务登记，不再领取税务登记证。企业办理涉税事宜时，在完成补充信息采集后，加载统一代码的营业执照可代替税务登记证使用。

除以上情形外，其他税务登记按照原有法律制度执行。

工商登记"一个窗口"统一受理申请后，申请材料和登记信息在部门间共享，各部门数据互换、档案互认。各级税务机关要加强与登记机关沟通协调，确保登记信息采集准确、完整。

对于工商登记已采集信息，税务机关不再重复采集；其他必要涉税基础信息，可在企业办理有关涉税事宜时，及时采集，陆续补齐。发生变化的，由企业直接向税务机关申报变更，税务机关及时更新税务系统中的企业信息。

企业办理注销登记须先向税务主管机关申报清税，填写清税申报表。税务机关应当分类处理纳税人清税申报，扩大即时办结范围。根据企业经营规模、税款征收方式、纳税信用等级指标进行风险分析，对风险等级低的当场办结清税手续；对于存在疑点情况的，企业也可以提供税务中介服务机构出具的鉴证报告。税务机关在核查、检查过程中发现涉嫌偷、逃、骗、抗税或虚开发票的，或者需要进行纳税调整等情形的，办理时限自然中止。在清税后，经举报等线索发现少报、少缴税款的，税务机关将相关信息传至登记机关，纳入"黑名单"管理。

12.2.2 发票管理

税务机关是发票的主管机关，负责发票的印制、领购、开具、取得、保管、缴销的管理和监督。

1. 发票印制管理

增值税专用发票由国务院税务主管部门指定的企业印制；其他发票，按照国务院税务主管部门的规定，分别由省、自治区、直辖市税务机关指定企业印制。未经规定的税务机关指定，不得印制发票。

2. 发票领购管理

依法办理税务登记的单位和个人，在领取相关证件后向主管税务机关申请领购发票。对无固定经营场地或者财务制度不健全的纳税人申请领购发票，主管税务机关有权要求其提供担保人，不能提供担保人的，可以视其情况要求提供保证金，并限期缴销发票。对发票保证金应设专户储存，不得挪作他用。纳税人可以根据自己的需要申请领购发票。

3. 发票开具、使用、取得的管理

单位、个人在购销商品、提供或者接受经营服务以及从事其他经营活动的过程中，应当按照规定开具、使用、取得发票。普通发票开具、使用、取得的管理应注意以下几点（增值税专用发票开具、使用、取得的管理见第2章）：销货方按规定填开发票；购买方按规定索取发票；纳税人进行电子商务必须开具或取得发票；发票要全联一次填写；发票不得跨省、自治区、直辖市使用；发票限于领购单位和个人在本省、自治区、直辖市内开具；发票领购单位未经批准不得跨规定使用区域携带、邮寄、运输空白发票，禁止携带、邮寄或者运输空白发票出入境；开具发票要加盖财务印章或发票专用章；开具发票后，发生销货退回需开红字发票的，必须收回原发票并注明"作废"字样或取得对方有效证明；发生销售折让的，在收回原发票并证明"作废"后，重新开具发票。

4. 发票保管管理

根据发票管理的要求，发票保管分为税务机关保管和用票单位、个人保管两个层次，都必须建立严格的发票保管制度，包括专人保管制度、专库保管制度、专账登记制度、保管交接制度、定期盘点制度。

5. 发票缴销管理

发票缴销包括发票收缴和发票销毁。发票收缴是指用票单位和个人按照规定向税务机关上缴已经使用或者未使用的发票；发票销毁是指由税务机关统一将自己或者他人已使用或者未使用的发票销毁。发票收缴与发票销毁既有联系又有区别，发票销毁首先必须收缴，但收缴的发票不一定都要销毁，一般按照法律法规保存一定时期后才能销毁。

6. 网络发票管理

《网络发票管理办法》针对网络发票的开具、使用等问题做了一系列规定，主要包括：税务机关应根据开具发票的单位和个人的经营情况，核定其在线开具网络发票的种类、行业类别、开票限额等内容；开具发票的单位和个人开具网络发票应登录网络发票管理系统，如实完整填写发票的相关内容及数据，确认保存后打印发票；单位和个人取得网络发票时，应及时查询验证网络发票信息的真实性、完整性，不符合规定的发票不得作为财务报销凭证，任何单位和个人有权拒收；开具发票的单位和个人需要开具红字发票的，必须收回原网络发票全部联次或取得受票方出具的有效证明，通过网络发票管理系统开具金额为负数的红字网络发票；开具发票的单位和个人应当在办理变更或者注销税务登记的同时，办理网络发票管理系统的用户变更、注销手续并缴销空白发票。

12.3　纳税申报与税款征收

12.3.1　纳税申报

纳税申报是纳税人按照税法规定的期限和内容，向税务机关提交有关纳税事项书面报告的法律行为，是纳税人履行纳税义务、界定纳税人法律责任的主要依据，是税务机关税收管理信息的主要来源和税务管理的重要制度。

1. 纳税申报的对象

纳税申报的对象为纳税人和扣缴义务人。纳税人在纳税期内没有应纳税款的，也应当按照规定办理纳税申报。纳税人享受减税、免税待遇的，在减税、免税期间应当按照规定办理纳税申报。

2. 纳税申报的内容

纳税申报的内容主要在各税种的纳税申报表和代扣代缴、代收代缴税款报告表中体现，还可以在随纳税申报表附报的财务报表和有关纳税资料中体现。纳税人和扣缴义务人的纳税申报和代扣代缴、代收代缴税款报告的主要内容包括：税种、税目，应纳税项目或者应代扣代缴、代收代缴税款项目，计税依据，扣除项目及标准，适用税率或者单位税额，应退税项目及税额、应减免税项目及税额，应纳税额或者应代扣代缴、代收代缴税额，税款所属期限、延期缴纳税款、欠税、滞纳金等。

3. 纳税申报的期限

《税收征收管理法》规定纳税人和扣缴义务人都必须按照法定的期限办理纳税申报。申报期限有两种：一种是法律、行政法规明确规定的；另一种是税务机关按照法律、行政法规的规定，结合纳税人生产经营的实际情况及其所应缴纳的税种等相关问题予以确定的。两种期限具有同等的法律效力。

4. 纳税申报的要求

纳税人办理纳税申报时，应当如实填写纳税申报表，并根据不同的情况相应报送下列有关证件、资料：

（1）财务会计报表及其说明材料。

（2）与纳税有关的合同、协议书及凭证。

（3）税控装置的电子报税资料。

（4）外出经营活动税收管理证明和异地完税凭证。

（5）境内或者境外公证机构出具的有关证明文件。

（6）税务机关规定应当报送的其他有关证件、资料。

（7）扣缴义务人代扣代缴、代收代缴税款的，应当如实填写代扣代缴、代收代缴税款报告表，并报送代扣代缴、代收代缴税款的合法凭证以及税务机关规定的其他有关证件、资料。

5. 纳税申报的方式

纳税人、扣缴义务人可以直接到税务机关办理纳税申报或者报送代扣代缴、代收代缴税款报告表，也可以按照规定采取邮寄、数据电文或者其他方式办理上述申报、报送事项。目前，纳税申报的方式主要有以下三种：

（1）直接申报。指纳税人自行到税务机关办理纳税申报。这是一种传统的申报方式。

（2）邮寄申报。指经税务机关批准的纳税人使用统一规定的纳税申报特快专递专用信封，通过邮政部门办理交寄手续，并向邮政部门索取收据作为申报凭据。

纳税人采取邮寄方式办理纳税申报的，应当使用统一的纳税申报专用信封，并以邮政部门收据作为申报凭据。邮寄申报以寄出的邮戳日期为实际申报日期。

（3）数据电文申报。指采用经税务机关确定的电话语音、电子数据交换和网络传输等电子方式办理纳税申报。例如，目前纳税人的网上申报就是数据电文申报方式的一种形式。

纳税人采取电子方式办理纳税申报的，应当按照税务机关规定的期限和要求保存有关资料，并定期书面报送主管税务机关。纳税人、扣缴义务人采取数据电文方式办理纳税申报的，其申报日期以税务机关计算机网络系统收到该数据电文的时间为准。

除上述方式外，实行定期定额缴纳税款的纳税人，可以采取简易申报、简并征期等申报纳税方式。简易申报是指实行定期定额缴纳税款的纳税人在法律、行政法规规定的期限内或税务机关依据法规的规定确定的期限内缴纳税款的，税务机关可以视同申报；简并征期是指实行定期定额缴纳税款的纳税人，经税务机关批准，可以采取将纳税期限合并为按季、半年、年的方式缴纳税款。

6. 延期申报管理

延期申报是指纳税人、扣缴义务人不能按照税法规定的期限办理纳税申报或报送扣缴税款报告表。纳税人因有特殊情况，不能按期进行纳税申报的，经县以上税务机关核准，可以延期申报，但应当在规定的期限内向税务机关提出书面延期申请，经税务机关核准，在核准的期限内办理。纳税人、扣缴义务人因不可抗力不能按期办理纳税申报或者报送代扣代缴、代收代缴税款报告表的，可以延期办理，但应当在不可抗力情形消除后立即向税务机关报告。

经核准延期办理纳税申报的，应当在纳税期内按照上期实际缴纳的税额或者税务机关核定的税额预缴税款，并在核准的延期内办理纳税结算。

12.3.2 税款征收

税款征收是税收征收管理工作的中心环节，在整个税收征收管理工作中占据极其重要的地位。

1. 税款征收方式

税款征收方式是指税务机关根据各税种的不同特点、征纳双方的具体条件而确定的计算征收税款的方法和形式。税款征收的方式主要有：

（1）查账征收。指税务机关按照纳税人提供的账表所反映的经营情况，依照适用税率计算应纳税款的方式。这种方式一般适用于财务会计制度较为健全、能够认真履行纳税义务的纳税单位。

（2）查定征收。指税务机关根据纳税人的从业人员、生产设备、所采用原材料等因素，对其产制的应税产品查实核定产量、销售额并据以征收税款的方式。这种方式一般适用于账册不够健全，但是能够控制原材料或进销货的纳税单位。

（3）查验征收。指税务机关对纳税人应税商品，通过查验数量，按市场一般销售单价计算其销售收入并据以征税的方式。这种方式一般适用于经营品种比较单一，经营地点、时间和商品来源不固定的纳税单位。

（4）定期定额征收。指税务机关通过典型调查，逐户确定营业额和所得额并据以征税的方式。这种方式一般适用于无完整考核依据的小型纳税单位。

（5）委托代征税款。指税务机关委托代征人以税务机关的名义征收税款，并将税款缴入国库的方式。这种方式一般适用于小额、零散税源的征收。

（6）邮寄纳税。这种方式主要适用于那些有能力按期纳税，但采用其他方式纳税又不方便的纳税人。

（7）其他方式。如利用网络申报、用 IC 卡纳税等方式。

2. 税款征收制度

（1）代扣代缴、代收代缴税款制度。

1）对法律、行政法规没有规定负有代扣、代收税款义务的单位和个人，税务机关不得要求其履行代扣、代收税款义务。

2）税法规定的扣缴义务人必须依法履行代扣、代收税款义务。如果不履行义务，就要承担法律责任。除按《税收征收管理法》及其实施细则的规定给予处罚外，应当责成扣缴义务人限期将应扣未扣、应收未收的税款补扣或补收。

3）扣缴义务人依法履行代扣、代收税款义务时，纳税人不得拒绝。纳税人拒绝的，扣缴义务人应当在 1 日之内报告主管税务机关处理。不及时向主管税务机关报告的，扣缴义务人应承担应扣未扣、应收未收税款的责任。

4）扣缴义务人代扣、代收税款，只限于法律、行政法规规定的范围，并依照法律、行政法规规定的征收标准执行。对法律法规没有规定代扣、代收的，扣缴义务人不能超越范围代扣、代收税款，扣缴义务人也不得提高或降低标准代扣、代收税款。

5）税务机关按照规定付给扣缴义务人代扣、代收手续费。代扣、代收税款手续费只能由县（市）以上税务机关统一办理退库手续，不得在征收税款过程中坐支。

（2）延期缴纳税款制度。纳税人和扣缴义务人必须在税法规定的期限内缴纳、解缴税款。但考虑到纳税人在履行纳税义务的过程中，可能会有遇到特殊困难的客观情况，为了保护纳税人的合法权益，《税收征收管理法》规定，纳税人因有特殊困难，不能按期缴纳税款的，经省、自治区、直辖市税务机关批准，可以延期缴纳税款，但最长不得超过3个月。

（3）税收滞纳金征收制度。纳税人未按照规定期限缴纳税款的，扣缴义务人未按照规定期限解缴税款的，税务机关除责令限期缴纳外，从滞纳税款之日起，按日加收滞纳税款万分之五的滞纳金。加收滞纳金的具体操作按下列程序进行：

1）先由税务机关发出催缴税款通知书，责令限期缴纳或解缴税款，告知纳税人如不按期履行纳税义务，将依法按日加收滞纳税款万分之五的滞纳金。

2）从滞纳之日起加收滞纳金（加收滞纳金的起止时间为法律、行政法规规定或者税务机关依照法律、行政法规的规定确定的税款缴纳期限届满次日起至纳税人、扣缴义务人实际缴纳或者解缴税款之日止）。

3）拒绝缴纳滞纳金的，可以按不履行纳税义务实行强制执行措施，强行划拨或者强制征收。

（4）减免税收制度。

1）减免税必须有法律、行政法规的明确规定（具体规定在税收实体法中体现）。地方各级人民政府、各级人民政府主管部门、单位和个人违反法律、行政法规规定，擅自做出的减税、免税决定无效，税务机关不得执行，并应向上级税务机关报告。

2）纳税人申请减免税，应向主管税务机关提出书面申请，并按规定附送有关资料。

3）减免税的申请须经法律、行政法规规定的减税、免税审查批准机关审批。

4）纳税人在享受减免税待遇期间，仍应按规定办理纳税申报。

5）纳税人享受减税、免税的条件发生变化时，应当自发生变化之日起15日内向税务机关报告，经税务机关审核后，停止其减税、免税；对不报告，又不再符合减税、免税条件的，税务机关有权追回已减免的税款。

6）减税、免税期满，纳税人应当自期满次日起恢复纳税。

7）减免税分为报批类减免税和备案类减免税。报批类减免税是指应由税务机关审批的减免税项目；备案类减免税是指取消审批手续的减免税项目和不需税务机关审批的减免税项目。

纳税人享受报批类减免税，应提交相应资料，提出申请，经按有关规定具有审批权限的税务机关（以下简称有权税务机关）审批确认后执行。未按规定申请或虽申请但未经有权税务机关审批确认的，纳税人不得享受减免税待遇。

纳税人享受备案类减免税待遇，应提请备案，经税务机关登记备案后，自登记备案之日起执行。纳税人未按规定备案的，一律不得享受减免税待遇。

8）纳税人同时从事减免税项目与非减免税项目的，应分别核算，独立计算减免税项目的计税依据以及减免税额度。不能分别核算的，不能享受减免税；核算不清的，由税务机关按合理方法核定。

9）纳税人依法可以享受减免税待遇，但未享受而多缴税款的，凡属于无明确规定需经税务机关审批或没有规定申请期限的，纳税人可以在规定的期限内申请减免税，要求退还多缴的税款，但不加算银行同期存款利息。

（5）税额核定和税收调整制度。

1）税额核定制度。纳税人（包括单位纳税人和个人纳税人）有下列情形之一的，税务机关有权核定其应纳税额：

a. 依照法律、行政法规的规定可以不设置账簿的。

b. 依照法律、行政法规的规定应当设置但未设置账簿的。

c. 擅自销毁账簿或者拒不提供纳税资料的。

d. 虽设置账簿，但账目混乱或者成本资料、收入凭证、费用凭证残缺不全，难以查账的。

e. 发生纳税义务，未按照规定的期限办理纳税申报，经税务机关责令限期申报，逾期仍不申报的。

f. 纳税人申报的计税依据明显偏低，又无正当理由的。

税务机关核定税额的方法主要有以下四种：

a. 参照当地同类行业或者类似行业中，经营规模和收入水平相近的纳税人的收入额和利润率核定。

b. 按照成本加合理费用和利润的方法核定。

c. 按照耗用的原材料、燃料、动力等推算或者测算核定。

d. 按照其他合理的方法核定。

采用以上一种方法不足以正确核定应纳税额时，可以同时采用两种以上的方法核定。

纳税人对税务机关采取规定的方法核定的应纳税额有异议的，应当提供相关证据，经税务机关认定后，调整应纳税额。

2）税收调整制度。税收调整制度主要指的是关联企业的税收调整制度。企业或者外国企业在中国境内设立的从事生产经营的机构、场所与其关联企业之间的业务往来，应当按照独立企业之间的业务往来收取或者支付价款、费用；不按照独立企业之间的业务往来收取或者支付价款、费用，而减少其应纳税的收入或者所得额的，税务机关有权进行合理调整。

（6）未办理税务登记的从事生产、经营的纳税人，以及临时从事生产、经营的纳税人的税款征收制度。对未按照规定办理税务登记的从事生产、经营的纳税人以及临时从事生产、经营的纳税人，由税务机关核定其应纳税额，责令缴纳；不缴纳的，税务机关可以扣押其价值相当于应纳税款的商品、货物。扣押后缴纳应纳税款的，税务机关必须立即解除扣押，并归还所扣押的商品、货物；扣押后仍不缴纳应纳税款的，经县以上税务局（分局）局长批准，依法拍卖或者变卖所扣押的商品、货物，以拍卖或者变卖所得抵缴税款。

（7）税款的退还和追征制度。

1）税款的退还。纳税人超过应纳税额缴纳的税款，税务机关发现后应当立即退还；纳税人自结算缴纳税款之日起 3 年内发现的，可以向税务机关要求退还多缴的税款并加算银行同期存款利息，税务机关及时查实后应当立即退还；涉及从国库中退库的，依照法律、行政法规中有关国库管理的规定退还。

2）税款的追征。因税务机关的责任，致使纳税人、扣缴义务人未缴或者少缴税款的，税务机关在 3 年内可要求纳税人、扣缴义务人补缴税款，但是不得加收滞纳金。

因纳税人、扣缴义务人计算错误等失误，未缴或者少缴税款的，税务机关在3年内可以追征税款、滞纳金；有特殊情况的，追征期可以延长到5年。

特殊情况是指纳税人或者扣缴义务人因计算错误等失误，未缴或者少缴、未扣或者少扣、未收或者少收税款，累计数额在10万元以上。

对逃税、抗税、骗税的，税务机关追征其未缴或者少缴的税款、滞纳金或者所骗取的税款，不受上述规定期限的限制。

12.4 纳税担保、税收保全与税收强制执行

12.4.1 纳税担保

纳税担保是指经税务机关同意或确认，纳税人或其他自然人、法人、经济组织以保证、抵押、质押的方式，为纳税人应当缴纳的税款及滞纳金提供担保的行为。

1. 纳税保证

纳税保证是指纳税保证人向税务机关保证，当纳税人未按照税收法律、行政法规规定或者税务机关确定的期限缴清税款、滞纳金时，由纳税保证人按照约定履行缴纳税款及滞纳金的行为。税务机关认可的，保证成立；税务机关不认可的，保证不成立。

（1）纳税保证人。纳税保证人是指在中国境内具有纳税担保能力的自然人、法人或者其他经济组织。法人或其他经济组织财务报表资产净值超过需要担保的税额及滞纳金两倍以上的，自然人、法人或其他经济组织所拥有或者依法可以处分的未设置担保的财产的价值超过需要担保的税额及滞纳金的，为具有纳税担保能力。

国家机关、学校、幼儿园、医院等事业单位、社会团体不得作为纳税保证人。

企业法人的职能部门不得作为纳税保证人。企业法人的分支机构有法人书面授权的，可以在授权范围内提供纳税担保。

有以下情形之一的，不得作为纳税保证人：

1）有逃税、抗税、骗税、逃避追缴欠税行为被税务机关、司法机关追究过法律责任未满两年的。

2）因有税收违法行为正在被税务机关立案处理或涉嫌刑事犯罪被司法机关立案侦查的。

3）纳税信誉等级被评为C级以下的。

4）在主管税务机关所在地的市（地、州）没有住所的自然人或税务登记不在本市（地、州）的企业。

5）无民事行为能力或限制民事行为能力的自然人。

6）与纳税人存在担保关联关系的。

7）有欠税行为的。

（2）纳税担保范围。纳税担保范围包括税款、滞纳金和实现税款、滞纳金的费用。费用包括抵押、质押登记费用，质押保管费用，以及保管、拍卖、变卖担保财产等相关费用支出。

纳税人有下列情况之一的，适用纳税担保：

1）税务机关有根据认为从事生产、经营的纳税人有逃避纳税义务行为，在规定的纳税期之前责令其限期缴纳应纳税款，在限期内发现纳税人有明显的转移、隐匿其应纳税的商品、货物以及其他财产或者应纳税收入的迹象，责成纳税人提供纳税担保的。

2）欠缴税款、滞纳金的纳税人或者其法定代表人需要出境的。

3）纳税人同税务机关在纳税上发生争议而未缴清税款，需要申请行政复议的。

4）税收法律、行政法规规定可以提供纳税担保的其他情形。

（3）纳税保证责任。纳税保证为连带责任保证，纳税人和纳税保证人对所担保的税款及滞纳金承担连带责任。纳税人在税收法律、行政法规或税务机关确定的期限届满未缴清税款及滞纳金的，税务机关可要求纳税保证人在其担保范围内承担保证责任，缴纳担保的税款及滞纳金。保证人用于纳税担保的财产、权利的价值不得低于应当缴纳的税款、滞纳金，并考虑相关的费用。纳税担保的财产价值不足以抵缴税款、滞纳金的，税务机关应当向提供担保的纳税人或纳税担保人继续追缴。

用于纳税担保的财产、权利的价格估算，除法律、行政法规另有规定外，由税务机关参照同类商品的市场价、出厂价或者评估价估算。

（4）纳税担保时限。

1）纳税担保书须经纳税人、纳税保证人签字盖章并经税务机关签字盖章同意方为有效。纳税担保从税务机关在纳税担保书上签字盖章之日起生效。

2）保证期间为纳税人应缴纳税款期限届满之日起 60 日内，即税务机关自纳税人应缴纳税款的期限届满之日起 60 日内有权要求纳税保证人承担保证责任，缴纳税款、滞纳金。

履行保证责任的期限为 15 日，即纳税保证人应当自收到税务机关的纳税通知书之日起 15 日内履行保证责任，缴纳税款及滞纳金。

纳税保证期间内税务机关未通知纳税保证人缴纳税款及滞纳金以承担担保责任的，纳税保证人免除担保责任。

3）纳税人在规定的期限届满未缴清税款及滞纳金，税务机关在保证期限内书面通知纳税保证人的，纳税保证人应按照纳税担保及约定的范围，自收到纳税通知书之日起 15 日内缴纳税款及滞纳金，履行担保责任。

纳税保证人未按照规定的履行保证责任的期限缴纳税款及滞纳金的，由税务机关发出责令限期缴纳通知书，责令纳税保证人在限期 15 日内缴纳；逾期仍未缴纳的，经县以上税务局（分局）局长批准，对纳税保证人采取强制执行措施，通知其开户银行或其他金融机构从其存款中扣缴所担保的纳税人应缴纳的税款、滞纳金，或扣押、查封、拍卖、变卖其价值相当于所担保的纳税人应缴纳的税款、滞纳金的商品、货物或者其他财产，以拍卖、变卖所得抵缴担保的税款、滞纳金。

2. 纳税抵押

纳税抵押是指纳税人或纳税担保人不转移可抵押财产的占有，将该财产作为税款及滞纳金的担保。纳税人逾期未缴清税款及滞纳金的，税务机关有权依法处置该财产以抵缴税款及滞纳金。

纳税人或者纳税担保人为抵押人，税务机关为抵押权人，提供担保的财产为抵押物。

（1）可以抵押的财产。

1）抵押人所有的房屋和其他地上定着物。

2）抵押人所有的机器、交通运输工具和其他财产。

3）抵押人依法有权处分的国有的房屋和其他地上定着物。

4）抵押人依法有权处分的国有的机器、交通运输工具和其他财产。

5）经设区的市、自治州以上税务机关确认的其他可以抵押的合法财产。

以依法取得的国有土地上的房屋抵押的，该房屋占用范围内的国有土地使用权同时抵押。以乡（镇）、村企业的厂房等建筑物抵押的，其占用范围内的土地使用权同时抵押。

（2）不得抵押的财产。

1）土地所有权。

2）土地使用权，上述（1）中抵押范围规定的除外。

3）学校、幼儿园、医院等以公益为目的的事业单位、社会团体、民办非企业单位的教育设施、医疗卫生设施和其他社会公益设施；学校、幼儿园、医院等以公益为目的的事业单位、社会团体，可以其教育设施、医疗卫生设施和其他社会公益设施以外的财产为其应缴纳的税款及滞纳金提供抵押。

4）所有权、使用权不明或者有争议的财产。

5）依法被查封、扣押、监管的财产。

6）依法定程序确认为违法、违章的建筑物。

7）法律、行政法规规定禁止流通的财产或者不可转让的财产。

8）经设区的市、自治州以上税务机关确认的其他不予抵押的财产。

（3）抵押办理程序。

1）填写纳税担保书和纳税担保财产清单。纳税担保书和纳税担保财产清单须经纳税人签字盖章并经税务机关确认。

2）提供抵押登记的证明及其复印件。纳税抵押财产应当办理抵押物登记。纳税抵押自抵押物登记之日起生效。纳税人应向税务机关提供由相关部门出具的抵押登记的证明及其复印件。

3）抵押财产的处理。

a. 在抵押物灭失、毁损或者被征用的情况下，税务机关应该就该抵押物的保险金、赔偿金或者补偿金要求优先受偿，抵缴税款、滞纳金。在抵押物灭失、毁损或者被征用的情况下，抵押权所担保的纳税义务履行期未满的，税务机关可以要求将保险金、赔偿金或补偿金等作为担保财产。

b. 纳税人在规定的期限内未缴清税款、滞纳金的，税务机关应当依法拍卖、变卖抵押物，变价抵缴税款、滞纳金。

c. 纳税担保人以其财产为纳税人提供纳税抵押担保的，按照纳税人提供抵押担保的规定执行；纳税担保书和纳税担保财产清单须经纳税人、纳税担保人签字盖章并经税务机关确认。

d. 纳税人在规定的期限届满未缴清税款、滞纳金的，税务机关应当在期限届满之日起 15 日内书面通知纳税担保人自收到纳税通知书之日起 15 日内缴纳担保的税款、滞纳金。

纳税担保人未按照上述规定的期限缴纳所担保的税款、滞纳金的，由税务机关责令限期在 15 日内缴纳；逾期仍未缴纳的，经县以上税务局（分局）局长批准，税务机关依法拍卖、变卖抵押物，抵缴税款、滞纳金。

3. 纳税质押

纳税质押是指经税务机关同意，纳税人或纳税担保人将其动产或权利凭证移交税务机关占有，将该动产或权利凭证作为税款及滞纳金的担保。纳税人逾期未缴清税款及滞纳金的，税务机关有权依法处置该动产或权利凭证以抵缴税款及滞纳金。纳税质押分为动产质押和权利质押。

动产质押包括现金以及其他除不动产以外的财产提供的质押。权利质押包括汇票、支票、本票、债券、存款单等权利凭证提供的质押。

对于实际价值波动很大的动产或权利凭证，经设区的市、自治州以上税务机关确认，税务机关可以不接受其作为纳税质押。

（1）动产质押。纳税人以动产提供质押担保的，应当填写纳税担保书和纳税担保财产清单并签字盖章。

（2）权利质押。

1）纳税人以汇票、支票、本票、公司债券出质的，税务机关应当与纳税人背书清单记载“质押”字样。以存款单出质的，应由签发的金融机构核押。

2）以载明兑现或者提货日期的汇票、支票、本票、债券、存款单出质的，汇票、支票、本票、债券、存款单兑现日期先于纳税义务履行期或者担保期的，税务机关与纳税人约定将兑现的价款用于缴纳或者抵缴所担保的税款及滞纳金。

（3）质押的处理。

1）纳税担保人以其动产或财产权利为纳税人提供纳税质押担保的，按照纳税人提供质押担保的规定执行；纳税担保书和纳税担保财产清单须经纳税人、纳税担保人签字盖章并经税务机关确认。

2）纳税人在规定的期限内未缴清税款、滞纳金的，税务机关应当在期限届满之日起 15 日内书面通知纳税担保人自收到纳税通知书之日起 15 日内缴纳担保的税款、滞纳金。

3）纳税担保人未按照上述规定的期限缴纳所担保的税款、滞纳金的，由税务机关责令限期在 15 日内缴纳；缴清税款、滞纳金的，税务机关自纳税担保人缴清税款及滞纳金之日起 3 个工作日内返还质押物、解除质押关系；逾期仍未缴纳的，经县以上税务局（分局）局长批准，税务机关依法拍卖、变卖质押物，抵缴税款、滞纳金。

12.4.2　税收保全措施

税收保全措施是指税务机关对可能由于纳税人的行为或者某种客观原因，致使以后税款的征收不能保证或难以保证的案件，采取限制纳税人处理或转移商品、货物或其他财产的措施。

税务机关有根据认为从事生产、经营的纳税人有逃避纳税义务行为的，可以在规定的纳税期之前，责令限期缴纳税款；在限期内发现纳税人有明显的转移、隐匿其应纳税的商品、货物以及其他财产迹象的，税务机关应责令其提供纳税担保。如果纳税人不能提供纳税担保，经县以上税务局（分局）局长批准，税务机关可以采取下列税收保全措施：

（1）书面通知纳税人开户银行或者其他金融机构冻结纳税人的金额相当于应纳税款的存款。

（2）扣押、查封纳税人的价值相当于应纳税款的商品、货物或者其他财产。其他财产包括纳税人的房地产、现金、有价证券等不动产和动产。

纳税人在上述规定的期限内缴纳税款的，税务机关必须立即解除税收保全措施；限期期满仍未缴纳税款的，经县以上税务局（分局）局长批准，税务机关可以书面通知纳税人开户银行或者其他金融机构，从其冻结的存款中扣缴税款，或者依法拍卖或者变卖所扣押、查封的商品、货物或者其他财产，以拍卖或者变卖所得抵缴税款。

采取税收保全措施不当，或者纳税人在期限内已缴纳税款，税务机关未立即解除税收保全措施，使纳税人的合法利益遭受损失的，税务机关应当承担赔偿责任。

个人及其所扶养家属维持生活必需的住房和用品，不在税收保全措施的范围之内。个人所扶养家属是指与纳税人共同居住生活的配偶、直系亲属以及无生活来源并由纳税人扶养的其他亲属。生活必需的住房和用品不包括机动车辆、金银饰品、古玩字画、豪华住宅或者一处以外的住房。税务机关对单价5 000元以下的其他生活用品不采取税收保全措施和强制执行措施。

1．采取税收保全措施的前提和条件

税务机关采取税收保全措施的前提是从事生产、经营的纳税人有逃避纳税义务的行为。也就是说，税务机关采取税收保全措施针对的是逃税的纳税人。采取税收保全措施时，应当符合下列两个条件：

（1）纳税人有逃避纳税义务的行为。没有逃避纳税义务行为的，不能采取税收保全措施。逃避纳税义务行为的最终目的是不缴或少缴税款，采取的方法主要是转移、隐匿可以用来缴纳税款的资金或实物。

（2）必须是在规定的纳税期之前和责令缴纳应纳税款的期限内。如果纳税期和责令缴纳应纳税款的期限届满，纳税人仍没有缴纳应纳税款，税务机关可以按规定采取强制执行措施，就无所谓税收保全了。

2．采取税收保全措施的法定程序

（1）责令纳税人提前缴纳税款。税务机关有根据认为从事生产、经营的纳税人有逃避纳税义务行为的，可以在规定的纳税期之前，责令限期缴纳应纳税款。对有逃税行为的纳税人，在规定的纳税期之前责令限期缴纳税款时，主管税务机关应下达给有逃税行为的纳税人执行。同时，主管税务机关填制由纳税人签字盖章的《税务文书送达回证》。执行时应注意以下问题：

1）“有根据认为”是指税务机关依据一定线索做出的符合逻辑的判断。根据不等于证据，证据是能够表明真相的事实和材料，须依法定程序收集和取得。税收保全措施是针对纳税人即将转移、隐匿应税的商品、货物或其他财产所采取的一种紧急处理措施，不可能等到事实全部查清、取得充分的证据之后再采取行动。如果这样，纳税人早已将其收入和财产转移或隐匿完毕，到时再想采取税收保全措施就晚了。当然，这并不是说税务机关可以随意确定采取税收保全措施的时间。

2）可以采取税收保全措施的纳税人仅限于从事生产、经营的纳税人，不包括非从事生产、经营的纳税人，也不包括扣缴义务人和纳税担保人。

（2）责成纳税人提供纳税担保。在限期内，纳税人有明显的转移、隐匿应纳税的商品、货物以及其他财产或者应纳税收入迹象的，税务机关可以责成纳税人提供纳税担保。

1）纳税担保的具体内容。纳税担保是纳税人为按时足额履行纳税义务而向税务机关做出的保证。纳税担保人是指在中国境内具有纳税担保能力的公民、法人或其他经济组织。国家机关不得作为纳税担保人。

2）纳税担保的提供。纳税担保人同意为纳税人提供纳税担保的，填写纳税担保书，写明担保对象、担保范围、担保期限和担保责任以及其他有关事项。担保书须经纳税人、纳税担保人和税务机关签字盖章方为有效。纳税人以其所拥有的未设置抵押权的财产作为纳税担保的，应当填写作为纳税担保的财产清单，并写明担保财产的价值以及其他有关事项。纳税担保清单须经纳税人和税务机关签字盖章方为有效。

（3）冻结纳税人的存款。纳税人不能提供纳税担保的，经县以上税务局（分局）局长批准，书面通知纳税人开户银行或者其他金融机构冻结纳税人的金额相当于应纳税款的存款。

（4）查封、扣押纳税人的商品、货物或其他财产。纳税人在开户银行或其他金融机构中没有存款，或者税务机关无法掌握其存款情况的，税务机关可以扣押、查封纳税人的价值相当于应纳税款的商品、货物或其他财产。查封、扣押应注意以下几个问题：

1）税务机关扣押、查封商品、货物或者其他财产时，必须由两名以上税务人员执行，并通知被执行人。被执行人是公民的，应当通知被执行人本人或成年家属到场；被执行人是法人或者其他组织的，应当通知其法定代表人或者主要负责人到场；拒不到场的，不影响执行。

2）税务机关按照上述方法确定应扣押、查封的商品、货物或者其他财产的价值时，还应当包括滞纳金和扣押、查封、保管、拍卖、变卖所发生的费用。

3）扣押、查封价值相当于应纳税款的商品、货物或者其他财产时，参照同类商品的市场价、出厂价或者评估价估算。

4）税务机关扣押商品、货物或者其他财产时，必须开付收据；查封商品、货物或者其他财产时，必须开付清单。

5）税务人员私分所扣押、查封的商品、货物或者其他财产的，必须责令退回并给予行政处分；情节严重、构成犯罪的，移送司法机关依法追究刑事责任。

3. 税收保全措施的终止

税收保全的终止有两种情况：一是纳税人在规定的期限内缴纳应纳税款的，税务机关必须立即解除税收保全措施；二是纳税人超过规定的期限仍不缴纳税款的，经税务局（分局）局长批准，终止保全措施，转入强制执行措施，即书面通知纳税人开户银行或者其他金融机构从其冻结的存款中扣缴税款，或者拍卖、变卖所扣押、查封的商品、货物或其他财产，以拍卖或者变卖所得抵缴税款。

12.4.3 税收强制执行措施

税收强制执行措施是指当事人不履行法律、行政法规规定的义务，有关国家机关采用法定的强制手段，强迫当事人履行义务的行为。

从事生产、经营的纳税人、扣缴义务人未按照规定的期限缴纳或者解缴税款，纳税担保人未按照规定的期限缴纳所担保的税款，由税务机关责令限期缴纳，逾期仍未缴纳的，经县以上税务局（分局）局长批准，税务机关可以采取下列强制执行措施：

（1）书面通知其开户银行或者其他金融机构从其存款中扣缴税款。

（2）扣押、查封、依法拍卖或者变卖其价值相当于应纳税款的商品、货物或者其他财产，以拍卖或者变卖所得抵缴税款。

税务机关采取强制执行措施时，对上述纳税人、扣缴义务人、纳税担保人未缴纳的滞纳金同时强制执行。

个人及其所扶养家属维持生活必需的住房和用品，不在强制执行措施的范围之内。

根据上述规定，采取税收强制执行措施应注意以下五个方面。

1. 税收强制执行的适用范围

强制执行措施的适用范围仅限于未按照规定的期限缴纳或者解缴税款，经责令限期缴纳，逾期仍未缴纳的从事生产、经营的纳税人。需要强调的是，税收强制执行措施适用于扣缴义务人、纳税担保人，采取税收保全措施时则不适用。

2. 税收强制执行应坚持的原则

税务机关采取税收强制执行措施时，必须坚持告诫在先的原则，即纳税人、扣缴义务人、纳税担保人未按照规定的期限缴纳或者解缴税款的，应当先行告诫，责令限期缴纳。逾期仍未缴纳的，再采取税收强制执行措施。如果没有责令限期缴纳就采取强制执行措施，就违背了告诫在先的原则，所采取的措施和程序就是违法的。

3. 采取税收强制执行措施的程序

（1）税款的强制征收（扣缴税款）。纳税人、扣缴义务人、纳税担保人在规定的期限内未缴纳或者解缴税款或者提供担保的，由主管税务机关责令限期缴纳，逾期仍未缴纳的，经县以上税务局（分局）局长批准，书面通知其开户银行或者其他金融机构从其存款中扣缴税款。

在扣缴税款的同时，主管税务机关按照《税收征管法》第六十八条的规定，可以处不缴或者少缴的税款50%以上5倍以下的罚款。

（2）扣押、查封、拍卖或者变卖，以拍卖或者变卖所得抵缴税款。扣押、查封、拍卖或者变卖等行为具有连续性，即扣押、查封后，不再给纳税人自动履行纳税义务的期间，税务机关可以直接拍卖或者变卖其价值相当于应纳税款的商品、货物或者其他财产，以拍卖或者变卖所得抵缴税款。

4. 滞纳金的强行划拨

采取税收强制执行措施时，对纳税人、扣缴义务人、纳税担保人未缴纳的滞纳金必须同时强制执行。对纳税人已缴纳税款，但拒不缴纳滞纳金的，税务机关可以单独对纳税人应缴未缴的滞纳金采取强制执行措施。

5. 其他注意事项

（1）实施扣押、查封、拍卖或者变卖等强制执行措施时，应当通知被执行人或其成年家属到场，否则不能直接采取扣押和查封措施。但被执行人或其成年家属接到通知后拒不到场的，不影响执行。同时，应当通知有关单位和基层组织，他们是扣押、查封财产的见证人，也是税务机关执行工作的协助人。

（2）扣押、查封、拍卖或者变卖被执行人的商品、货物或者其他财产，应当以应纳税额和滞纳金等为限。对于被执行人必要的生产工具，他本人及他所扶养家属的生活必需品应当予以保留，不得对其进行扣押、查封、拍卖或者变卖。

（3）对价值超过应纳税额且不可分割的商品、货物或者其他财产，税务机关在纳税人、扣缴义务人或者纳税担保人无其他可供强制执行财产的情况下，可以整体扣押、查封、拍卖，以拍卖所得抵缴税款、滞纳金、罚款以及扣押、查封、保管、拍卖等费用。

（4）实施扣押、查封时，对有产权证件的动产或者不动产，税务机关可以责令当事人将产权证件交税务机关保管，同时可以向有关机关发出协助执行通知书，有关机关在扣押、查封期间不再办理该动产或者不动产的过户手续。

（5）对查封的商品、货物或者其他财产，税务机关可以责令被执行人负责保管，保管责任由被执行人承担。

继续使用被查封的财产不会减少其价值的，税务机关可以允许被执行人继续使用；因被执行人保管或者使用的过错造成的损失，由被执行人承担。

（6）税务机关将扣押、查封的商品、货物或者其他财产变价抵缴税款时，应当交由依法成立的拍卖机构拍卖；无法委托拍卖或者不适于拍卖的，可以交由当地商业企业代为销售，也可以责令纳税人限期处理；无法委托商业企业销售，纳税人也无法处理的，可以由税务机关变价处理，具体办法由国家税务总局规定。国家禁止自由买卖的商品，应当交由有关单位按照国家规定的价格收购。

拍卖或者变卖所得抵缴税款、滞纳金、罚款以及扣押、查封、保管、拍卖、变卖等费用后，剩余部分应当在 3 日内退还被执行人。

12.5　税务检查

税务检查是税务机关依据国家税收政策、法规和财务会计制度对纳税人、扣缴义务人履行纳税义务、扣缴税款义务的情况进行监督检查的一种管理活动，它是税收管理制度的重要内容。

12.5.1　税务检查中税务机关的权责

（1）检查纳税人的账簿、记账凭证、报表和有关资料，检查扣缴义务人的代扣代缴、代收代缴税款账簿，记账凭证和有关资料。

因检查需要时，经县以上税务局（分局）局长批准，可以将纳税人、扣缴义务人以前会计年度的账簿、记账凭证、报表和其他有关资料调回税务机关检查，但是税务机关必须向纳税人、扣缴义务人开付清单，并在3个月内完整退还；有特殊情况的，经设区的市、自治州以上税务局局长批准，税务机关可以将纳税人、扣缴义务人当年的账簿、记账凭证、报表和其他有关资料调回检查，但是必须在30日内退还。

（2）到纳税人的生产、经营场所和货物存放地检查纳税人应纳税的商品、货物或者其他财产，检查扣缴义务人与代扣代缴、代收代缴税款有关的经营情况。

（3）责成纳税人、扣缴义务人提供与纳税或者代扣代缴、代收代缴税款有关的文件、证明材料和有关资料。

（4）询问纳税人、扣缴义务人与纳税或者代扣代缴、代收代缴税款有关的问题和情况。

（5）到车站、码头、机场、邮政企业及其分支机构检查纳税人托运、邮寄应税商品、货物或者其他财产的有关单据凭证和资料。

（6）经县以上税务局（分局）局长批准，凭全国统一格式的检查存款账户许可证明，查询从事生产、经营的纳税人、扣缴义务人在银行或者其他金融机构的存款账户。税务机关在调查税收违法案件时，经设区的市、自治州以上税务局（分局）局长批准，可以查询案件涉嫌人员的储蓄存款。税务机关查询所获得的资料，不得用于税收以外的用途。上述所称“经设区的市、自治州以上税务局（分局）局长”包括地（市）一级（含直辖市下设区）的税务局（分局）局长。

税务机关查询的内容包括纳税人存款账户余额和资金往来情况。查询时应当指定专人负责，凭全国统一格式的检查存款账户许可证明进行，并有责任为被检查人保守秘密。

（7）税务机关依法进行税务检查时，有权向有关单位和个人调查纳税人、扣缴义务人和其他当事人与纳税或者代扣代缴、代收代缴税款有关的情况，有关单位和个人有义务向税务机关如实提供有关资料及证明材料。税务机关调查税务违法案件时，对与案件有关的情况和资料，可以记录、录音、录像、照相和复制。

（8）税务人员进行税务检查时，应当出示税务检查证和税务检查通知书；无税务检查证和税务检查通知书的，纳税人、扣缴义务人及其他当事人有权拒绝检查。税务机关对集贸市场及集中经营业户进行检查时，可以使用统一的税务检查通知书。

（9）税务机关对纳税人、扣缴义务人及其他当事人处以罚款或者没收违法所得时，应当开付罚没凭证；未开付罚没凭证的，纳税人、扣缴义务人以及其他当事人有权拒绝给付。

（10）对采用电算化会计系统的纳税人，税务机关有权对其会计电算化系统进行检查，并可复制与纳税有关的电子数据作为证据。税务机关进入纳税人电算化系统进行检查时，有责任保证纳税人会计电算化系统的安全性，并保守纳税人的商业秘密。

12.5.2 税务检查的形式

（1）重点检查。指对公民举报、上级机关交办或有关部门转来的有偷税行为或偷税嫌疑的，纳税申报与实际生产经营情况有明显不符的纳税人及有普遍逃税行为的行业的检查。

（2）分类计划检查。指根据纳税人历来纳税情况、纳税人的纳税规模及税务检查间隔时间的长短等综合因素，按事先确定的纳税人分类、计划检查时间及检查频率而进行的检查。

（3）集中性检查。指税务机关在一定时间、一定范围内，统一安排、统一组织的税务检查，这种检查一般规模比较大，以前年度的全国范围内的税收、财务大检查就属于这类检查。

（4）临时性检查。指各级税务机关根据不同的经济形势、偷逃税趋势、税收任务完成情况等综合因素，在正常的检查计划之外安排的检查，如行业性解剖、典型调查性的检查等。

（5）专项检查。指税务机关根据税收工作实际，对某一税种或税收征收管理某一环节进行的检查，如增值税一般纳税专项检查、漏征漏管户专项检查等。

12.5.3 税务检查的方法

（1）全查法。指对被查纳税人一定时期内所有会计凭证、账簿、报表及各种存货进行全面、系统的检查。

（2）抽查法。指对被查纳税人一定时期内的会计凭证、账簿、报表及各种存货，抽取一部分进行检查。

（3）顺查法。与逆查法对称，是指对被查纳税人按照其会计核算的顺序，依次检查会计凭证、账簿、报表，并将其相互核对。

（4）逆查法。与顺查法对称，是指逆会计核算的顺序，依次检查会计报表、账簿及凭证，并将其相互核对。

（5）现场检查法。与调账检查法对称，是指税务机关派人员到被查纳税人的机构办公地点对其账务资料进行检查。

（6）调账检查法。与现场检查法对称，是指将被查纳税人的账务资料调到税务机关进行检查。

（7）比较分析法。是对被查纳税人检查期有关财务指标的实际完成数进行纵向或横向比较，分析其异常变化情况，从中发现纳税问题的线索。

（8）控制计算法。也称逻辑推算法，是根据被查纳税人财务数据的相互关系，用可靠的或科学测定的数据，验证其检查期账面记录或申报的资料是否正确。

（9）审阅法。指通过直观地审查阅览被查纳税人的会计账簿、凭证等账务资料，发现其在纳税方面存在的问题。

（10）核对法。指通过对被查纳税人的各种相关联的会计凭证、账簿、报表及实物进行相互核对，验证其在纳税方面存在的问题。

（11）观察法。指在被查纳税人的生产经营场所、仓库、工地等现场实地察看其生产经营及存货等情况，以发现纳税问题或验证账中可疑问题。

（12）外调法。指对被查纳税人有怀疑或已掌握一定线索的经济事项，通过向与其有经济联系的单位或个人进行调查，予以查证核实。

（13）盘存法。指通过对被查纳税人的货币资金、存货及固定资产等实物进行盘点清查，核实其账实是否相符，进而发现纳税问题。

（14）交叉稽核法。国家为加强增值税专用发票管理，应用计算机将开出的增值税专用发票抵扣联与存根联进行交叉稽核，以查处虚开及假开发票行为，避免国家税款流失。目前这种方法通过“金税工程”体现，对利用增值税专用发票偷逃税款行为起到了极大的遏制作用。

思考与练习

一、思考题

1.《税收征收管理法》的适用范围是如何界定的？

2. 税务登记分为哪几种？

3. 网络发票的管理有哪些规定？

4. 税款征收制度包括哪几个方面的内容？

5. 什么是纳税担保？它有几种方式？

6. 税收保全措施和税收强制执行措施有什么联系？

7. 税务机关的税务检查权体现在哪些方面？

二、单项选择题

1. 下列各项中不属于税收管理活动的是（　　）。

A. 税务管理　　B. 税款征收　　C. 工商登记　　D. 税务检查

2. 因纳税人、扣缴义务人计算错误等失误，未缴或者少缴税款的，税务机关在3年内可以追征税款、滞纳金，有特殊情况的，追征期可以延长到（　　）年。

A. 5　　B. 6　　C. 7　　D. 8

三、多项选择题

1. 根据税收征收管理法律制度的规定，下列各项中属于税收保全措施的有（　　）。

A. 书面通知纳税人开户银行从其存款中直接扣缴税款

B. 拍卖纳税人的价值相当于应纳税款的商品、货物或其他财产

C. 书面通知纳税人开户银行冻结纳税人的金额相当于应纳税款的存款

D. 扣押、查封纳税人的价值相当于应纳税款的商品、货物或者其他财产

2. 税款征收的方式包括（　　）。

A. 查账征收　　B. 查定征收　　C. 委托代征税款　　D. 邮寄纳税

图书在版编目（CIP）数据

中国税制/盖地主编；刘秀丽，刘荣副主编. --6版. --北京：中国人民大学出版社，2022.4
高等学校经济管理类主干课程教材. 会计与财务系列
ISBN 978-7-300-30381-9

Ⅰ.①中… Ⅱ.①盖… ②刘… ③刘… Ⅲ.①税收制度-中国-高等学校-教材 Ⅳ.①F812.422

中国版本图书馆CIP数据核字（2022）第033843号

高等学校经济管理类主干课程教材·会计与财务系列
中国税制（第6版）
主　编　盖　地
副主编　刘秀丽　刘　荣
Zhongguo Shuizhi

出版发行	中国人民大学出版社		
社　　址	北京中关村大街31号	**邮政编码**	100080
电　　话	010－62511242（总编室）		010－62511770（质管部）
	010－82501766（邮购部）		010－62514148（门市部）
	010－62515195（发行公司）		010－62515275（盗版举报）
网　　址	http://www.crup.com.cn		
经　　销	新华书店		
印　　刷	北京密兴印刷有限公司	**版　　次**	2014年5月第1版
规　　格	185 mm×260 mm　16开本		2022年4月第6版
印　　张	23.5 插页1	**印　　次**	2025年8月第5次印刷
字　　数	532 000	**定　　价**	56.00元

中国人民大学出版社　管理分社

教师教学服务说明

中国人民大学出版社管理分社以出版工商管理和公共管理类精品图书为宗旨。为更好地服务一线教师，我们着力建设了一批数字化、立体化的网络教学资源。教师可以通过以下方式获得免费下载教学资源的权限：

★ 在中国人民大学出版社网站 www.crup.com.cn 进行注册，注册后进入“会员中心”，在左侧点击“我的教师认证”，填写相关信息，提交后等待审核。我们将在一个工作日内为您开通相关资源的下载权限。

★ 如您急需教学资源或需要其他帮助，请加入教师 QQ 群或在工作时间与我们联络。

中国人民大学出版社　管理分社

教师 QQ 群：648333426(工商管理)　114970332(财会)　648117133(公共管理)
教师群仅限教师加入，入群请备注（学校＋姓名）

联系电话：010-62515782，82501868，82501048，62514760

电子邮箱：glcbfs@crup.com.cn

通讯地址：北京市海淀区中关村大街甲 59 号文化大厦 1501 室（100872）

管理书社　　人大社财会　　公共管理与政治学悦读坊